八十载薪火相传　新时代砥砺前行

谨以此书献给
黑龙江大学建校80周年
俄语学院建院80周年

Исследования по русскому языку и методике его преподавания

第21辑

孙　超◇主编　黄东晶　关秀娟◇副主编

俄语教学与研究论丛

黑龙江大学出版社
HEILONGJIANG UNIVERSITY PRESS

图书在版编目（CIP）数据

俄语教学与研究论丛．第21辑 / 孙超主编．-- 哈尔滨：黑龙江大学出版社，2021.9（2022.8重印）
ISBN 978-7-5686-0684-4

Ⅰ．①俄… Ⅱ．①孙… Ⅲ．①俄语－教学研究－高等学校－丛刊 Ⅳ．①H359.3-55

中国版本图书馆CIP数据核字（2021）第167236号

俄语教学与研究论丛·第21辑
EYU JIAOXUE YU YANJIU LUNCONG·DI 21 JI
孙　超　主编　黄东晶　关秀娟　副主编

责任编辑　张微微　王瑞琦　徐晓华
出版发行　黑龙江大学出版社
地　　址　哈尔滨市南岗区学府三道街36号
印　　刷　三河市佳星印装有限公司
开　　本　720毫米×1000毫米　1/16
印　　张　26.5
字　　数　421千
版　　次　2021年9月第1版
印　　次　2022年8月第2次印刷
书　　号　ISBN 978-7-5686-0684-4
定　　价　80.00元

《俄语教学与研究论丛·第 21 辑》

主　编　孙　超

副主编　黄东晶　关秀娟

编　者　（按姓氏音序排列）

葛新蓉　关秀娟　黄东晶

孙　超　杨志欣　赵　洁

序

2021年，在黑龙江大学全体师生喜迎建校八十周年之际，《俄语教学与研究论丛》第21辑即将问世。这既是俄语学院教师团队对最近几年教学、科学研究工作的总结和梳理，同时也是向母校、母院八十华诞献礼。

自1941年以来，黑龙江大学俄语学科赓续红色基因，扎根龙江沃土，秉持为党育人、为国育才的初心和使命，为新中国的建设、地方经济社会发展做出了卓越的贡献，赢得了国内外同行的一致赞誉和肯定。

近年来，学院牢牢把握学校对俄办学战略，发挥俄语学科优势，全面提升办学育人水平，在人才培养、科学研究、国际交流与合作、社会服务、文化传承等方面取得了一项又一项骄人的成果。继以俄语学科为龙头的外国语言文学学科在全国第四轮学科评估中获评A类后，2018年获批黑龙江省"双一流"重点建设学科；2019年和2020年俄语、翻译专业先后被评为国家级一流本科专业；2019年，"新华现汉俄译工程"入选国家社科基金重大项目；2020年，俄语专业开国内先河，首批通过教育部高等教育评估中心中俄联合专业认证，极大地提升了黑大俄语在国内外的影响力和品牌示范效应；2021年，俄语语言文学导学团队获黑龙江省优秀研究生导学团队。

本辑论丛特开设"黑大俄语学科成立80周年专栏"，并把六位老校友（陈叔琪、龙翔、吕存亮、钟国华、袁长在、邢慈娥）的专访列入其中，以表达我们对老一辈黑大俄语人的深深敬意！

在"十四五"规划开局之年，俄语学院将不忘红色初心，牢记强国育人使命，结合"新文科建设""双万计划""专业学科一体化"等，强化内涵建设，优化师资队伍结构，持续推进人才培养模式改革，多元视角拓宽人才培养视野和规格，切实推进现代信息技术与专业建设的深度融合，不断提升人才培养水平，为国家对俄战略、"一带一路"倡议和地方经济社会发展需求贡献智慧和力量。

最后，对在本辑论丛出版过程中付出辛勤汗水的各位老师、同学以及编辑人员表示最诚挚的感谢。

孙超

2021年9月9日

目 录

黑大俄语学科
成立 80 周年专栏

筚路蓝缕七十载　风雨兼程荣耀路

——陈叔琪教授访谈录

孙　超　刘聪颖　孙露露　陈叔琪

陈：我是 1949 年的 4 月到哈外专来的，怎么到这儿来了呢？我原来是在党的干部学校——华北大学学习，华北大学是从老区迁出来到北平的。我们上学时有三个单位可供选择，一个是华北大学，一个是华北人民革命大学，还有第四野战军的南下工作团。华北大学是从老区迁来的，革命传统比较好，我们就都考到了这个学校。当时我们的想法是学习 3—6 个月，再随着部队南下。没想到我们在这儿待了不到一个月的时间，王季愚校长通过中央、东北局、华北局调了 400 个学生到哈外专来学俄语。我当时被分配到华北中学 31 班 6 组，我们每组一共 10 个人，班主任齐一来找我谈话，说"组织上分配你到哈尔滨学俄语去"，我说"服从组织分配"，这样就到了哈尔滨。

这里边有一个问题：为什么我们会到哈尔滨学俄语？

我们都是服从分配来的，不是自己想要做什么事情，就做什么事情。我们那个时代是工作挑人，不是人挑工作。分配你做什么，你就做什么。大家的学习积极性都非常高，交给什么学习任务，大家都拼命学，很努力学。

刘：您当时教过什么课？

陈：我在系里教过两门课，一个是苏联概况，一个是苏联地理。苏联概况是在一年级用汉语教，苏联地理是在三年级用俄语教。我从 72 级教到 83 级，然后 1985 年离开俄语系到辞书所编词典了。俄语系的一些教师，像邓军、赵为、荣洁、孙淑芳、何文丽，我都教过。

孙 1：陈老师，当时辞书所有多少老师？

陈：辞书所，1985 年有十几个人。在这之前，俄语系有词典组。他们从1975年开始就编词典,最初编的是《大俄汉词典》。《大俄汉词典》编完后,赵洵校长从北京要了个任务:《苏联百科词典》的译审。在北京翻译完了,审查完定稿就能印刷。他们干这个《苏联百科词典》的工作,又干了几年,大约从1975年一直干到1985年。词典组的好多人干了相当长时间的词典编写工作。从1975年开始算的话,都十年了。再早,李锡胤和潘国民从1958年就开始编词典了。从编写词典的理论和实际经验来看,他们觉得能编一本更好的词典,应该能在离休、退休之前给国家做最后一份贡献。他们编《俄汉详解大词典》不是国家下达的任务,而是他们自己想编一部词典,回报党和国家对自己的培养。他们建议潘国民牵头给赵校长写一封信,说我们要编《俄汉详解词典》。赵校长很支持继续编写《俄汉详解词典》。

刘:您班的同学还有哪些?您记不记得?

陈:我们班同学,有一些人的名字我还能记得。班长叫丁世昌,分配到装甲兵司令部。徐露分配到空军的航校。你看这是徐露写的一篇文章——《在空军锻炼成长》。她是我的同班同学,初中一年级的文化水平。她从初一就来到这里学习俄语了,在哈外专待了一年就分配到空军当翻译了,这文章是她自己写的。

刘:老师您还记不记得,她当年在哈外专的时候是怎么学习的?因为只有初中一年级文化水平,来了学习外语,为什么还能学得那么好呢?

陈:我们当时都是苏侨教师上课,这是哈外专的一个很大的特点。为什么中央决定1946年,延安外国语学校复校的时候选在哈尔滨?后来听说,1949年到1950年那个阶段,哈尔滨人口大约有80万,苏联侨民占10万,师资条件充分供我们选择。大部分是中学毕业的学生,文化程度都比较高。我们学俄语的时候,老师一句汉语不会说。第一天上课来了,在黑板上写一大堆俄文名字。苏侨教师不会叫中国人名,叫不出来,就给每一个人起一个俄文名字。老师写一大黑板俄语名字,让你自己上去选,想叫什么名字自己上去挑。我去挑了 Слава,还有三个学生都挑了 Юра,这样就用 первый、второй、третий 来区别他们。然后还用字母卡片来练习发音、拼读。拿一支铅笔(карандаш)、一个钢笔(ручка),就是拿起实物,慢慢地训练我们。苏侨教师授课,都用直接教学法,不通过翻译,是非常成功的经验。所以,哈外专的学生有几个特点。第一,政治思想好,政治思想坚定。第二,俄语口语好,胆子大,敢说。别的学校的学生在外人面前不敢说话,哈外专的学生全能说。然后是拼命地钻研业务,分配干什么,就再学什么东西,很快就成为本行业的专家。

刘:那您认为直观的教学方法是对您记忆单词有效,还是理解情境有效,还是方方面面都有效?

陈:从方方面面都有效,它从开始就训练语感。

刘:你们当时都是零起点的,一点俄语都不懂。然后那个外教全说俄语,你们没有产生过厌烦啊,没有兴趣啊,不想学了的这种感觉吗?

陈:没有,我们都拼命地在那儿学。

刘:大家为什么都拼命地学啊?

陈:当时就是给的任务,政治上的任务。

每一个班都有政治助理员来管理政治思想工作,还有业务助理员辅导俄语。苏侨教师上课后,下午业务助理员到班里来。同学有不明白的地方就问问业务助理员,他再帮助学生进行消化理解。

我给你讲一个我自己的故事。1956 年,学校送我到东北师大进修教育学,北京教师进修学院有一苏联专家安娜·斯塔西耶娃到学校讲学。有一天我去听她的报告,她带的翻译病了。系主任就找他们学校一个女老师叫池恩莲,在苏联留学了五年,专门学教育专业的来翻译。系主任让她翻译,她说翻译不了。系主任问我:“你能不能翻译啊?”我说我试试吧。这是学校给我的训练,我三年内没有经历过教学工作,我就在资料室工作。但一旦工作需要的时候,我说我试试吧,我就做了一场翻译。有不明白的地方我就问她。我就说:Объясните, пожалуйста! 我听不懂的时候,她就给我讲。这个翻译我做下来了,这是哈外专给我训练的基本功。隔了几年之后,突然需要的时候,我能顶上来。我比留学五年、十来年的都厉害。这是哈外专培养的学生的特点,基本功扎实。

刘:实践能力强。

陈:对! 实践能力强! 有时候隔了几年,一旦需要,这个基本功在这儿放着,上来就能上场。

刘:老师,您上大学的时候,除了俄语类的专业课以外,还学什么样的课啊?

陈:嗯,我们当时就是两门课,一个是俄语,一个是政治。别的就没有了。后来学校招了一批初中毕业生,叫作预科。预科的学生上过语文课。

孙1:是李凤林大使他们(那一批学生)。

陈:平常的本科没有语文课,就是两门课,学五天俄语,上一天政治课。

刘:嗯,政治课当时都讲些什么?您还记得吗?

陈:我们当时,王季愚校长亲自给我们讲课,她讲过社会发展史、中国革命史,她还给别的学生讲过哲学、政治经济学。

刘:王校长真是一位多才多艺的老师!

陈:是!王校长和我一起给俄语系的学生开过教育学讲座。那大概是1963年给俄语系学生开过教育学讲座。王校长讲党的教育方针政策,我讲教学原则、教学内容、教学方法。

我还曾经给各个系开过教育学共同课,也是1963年、1964年。我记得有一次在后楼,四楼方厅,靠近这边原来有一个方厅,现在都隔成小教室了,后楼四楼方厅那,给数学、物理、化学三个系的学生上大课,一个系80人,(一共)240人,我给他们上过教育学的课。

刘:老师,当时咱们哈外专为什么设计教育学这门课啊?咱们并不是培养教师、师资的一个专门的院校啊!

陈:当时最初是培养翻译,军事翻译、工业翻译,然后慢慢地就转到,为高校培养师资,或者培养中学骨干师资。这需要开教育学课,给学生在这方面稍微做一点准备。

刘:当时思想政治课是怎么培养学生的道德品质的?如何进行的?您还记得吗?

陈:我们那时候就是一方面开政治理论课,另一方面进行时事政策教育。王季愚校长通过延安时期的老关系,把延安时期《解放日报》的国际评论员陈泉璧请到学校来当政治课教研室的主任,他经常给学生做时事报告,讲得非常生动,有很多有意思的材料。我有一份材料,这是我1949年的日记摘抄,我们当时的学生生活是这么过的。

这里面有两个地方提到陈泉璧的报告,一次报告他讲到“第三次世界大战梦呓”,就是这些资本主义国家吵吵嚷嚷地说“要发生第三次世界大战”。另外一次就是讲解放军打过长江以后的军事形势。他讲了很多振奋人心的事,我们听了平常都听不到的内容,学生都觉得受很大的鼓舞。陈泉璧的政治报告起了很大的作用。我们还经常组织一些时事讨论会。另外,要求学生天天读报。每个班、每个组都订了《东北日报》。当时要求天天读报,所以这个时事政策教育这一块儿,就是通过一方面讲政治理论课,另一方面讲时事政策来对学生进行教育。

刘:老师,你们听了陈泉璧老师的讲座后,您觉得最大的收获是什么?对咱们学俄语的人有什么样的重要作用?

陈:我们就觉得他把我们这个视野拓展了,(眼界)提高起来了。我们能看到国家的大事,看到世界的大事。因为他分析的时候,有时候分析得非常精确。当时朝鲜战争正在进行,陈泉璧给我们做报告,讲朝鲜战争的发展形势,谈谈打打、打打谈谈。

刘:谈谈打打、打打谈谈?

陈:有一阵子是打仗的,有一阵子是谈判的,谈过了又打,打过了又谈,他总结了"谈谈打打、打打谈谈"这几个字,是对这整个朝鲜战争的战争形势的估计,非常准确。然后我记得有一次在全校的时事讨论会上,陈泉璧主持讨论,我在 40 班,代表 40 班做发言。说朝鲜战争打起来之后,会不会引起第三次世界大战?我的看法就是不会。它引起局部战争,我们把它扑灭了,那不至于变成一次世界范围内的战争。后来陈泉璧在总结工作的时候说,40 班学生的这个观点挺正确。

刘:陈泉璧老师的这个报告有没有让你们察觉到安全意识教育的重要性?安全意识教育,当时有吗?

陈:嗯,当时没有,他主要是讨论国内、国际的形势什么的啊。

刘:那你们自己学俄语的时候意识到了吗?就是作为一个学外语的人,国家安全意识是很重要的。

陈:当时没有。

刘:老师,我刚才听您讲,你们上学那个时候除了这个政治课就是俄语课。那比如说苏联概况啊,地理啊,苏联文化这一类的课有没有啊?

陈:都没有。

刘:您认为就是这类课不学,有没有对您在和苏联人交往的时候,有一些文化差异方面的影响?

陈:当时都是学习时间很短,学完了就出去工作了。我在研究生班的时候吧,那课就比较多了。除了政治课以外,我们学毛主席著作。之后是苏联文学,选用苏联那个教材,叫«Родная литература»。然后就是政治时事文章,那个课当时选的教材是《联共党史》[《联共(布)党史简明教程》],还有苏联出的一本书«Наша великая Родина»,讲到苏联的历史、政治、经济、文化方方面面的情况,就是一些政治普及性的知识。

刘：Общее знание?

陈：对对对，这方面。还有一个课就是会话课。

刘：Разговор?

陈：专门有助教给学生上会话课啊，当时就开这么几门课。

刘：当时研究生的政治方向那个课是用俄语，教材是《Учебник на русском языке》吗？

陈：政治课教材，《联共党史》都是俄文的，俄文版的。

刘：老师，您记不记得，就是你们上本科的时候那些教材里面的内容，它们突出的特点是什么？

陈：学校编的都是很简单的俄语课本，内容都是非常简单的。我脑子里面记着的还剩一个教材里的一句话"ши да каша，пища наша"，就是我还记得这么一句话，非常简单。我还给你讲一个故事，研究生班考试的时候，笔试是俄语译成汉语，我在那翻译翻译就翻译不出来了。赵校长来监考，走到我跟前儿，一看我翻译不出来了，小声儿地和我说，Париж，巴黎。学了一年一个地名都没学过，那上哪知道 Париж 是巴黎啊？根本不知道。大概就是赵校长提醒了我，我才考上了研究生。

刘：啊！是吗？那赵校长是您的贵人！当时那个课本里，就那个教材里政治内容很多，是吗？就是选的那个小 текст、разговор 什么的，都是日常生活方面的，日常生活的内容比较多。

陈：日常生活的，最最基础的，非常简单。

刘：都是咱们那些外教编的吗？

陈：对对对。

刘：那您记得当时您上学的时候还有哪些外教吗？

陈：有，待会儿我跟你说，我先跟你说教材。

刘：好，您按照您的思路说吧。

陈：研究生班的时候，我们学那文学课《Родная Литература》。2004年的时候我在学校校史馆工作了 10 个月，我把这本教材送给校史馆了。嗯，其中有一篇文章我特别喜欢，我就把它保留下来，Симонов 写的《Сын Константина》长诗，当时我把这个教材里的那几页留了下来。

我本科的老师叫谢维留科夫，课讲得非常好，和同学的关系也非常好。每次上课的时候第一句话先问同学"Как настроение?"，同学们回答"Бодрое!"，然后继续讲课。后来呢，他回了苏联，听说去了哈萨克斯坦，就没有联系了。

陈叔琪老师向访谈人刘聪颖展示苏联诗人西蒙诺夫的一首长诗《Сын Константина》。
这是陈叔琪老师最喜欢的一首诗歌

刘：Это мужчина，Да？您这个老师是男的？

陈：Да，мужчина。研究生班助教叫 Костя，他负责我们会话课，就住在我们男生宿舍旁边。

刘：哦，那每天都可以见面聊天。

陈：每天都可以见面，有问题我们就去找他。他养了一只大黄狗，就趴在门口，有时候早上的大黄狗挠门要出去，我们就开门把狗放出去。他的祖籍是波兰，在哈尔滨待了很多年。后来他回到波兰，回到波兰之后呢，就跟我通信，写了很多信，我觉得这些在现在看来是非常有意义的事，体现了哈外专的师生关系。

刘：嗯，您还有吗？这些信？

陈：我这就跟你说，后来，我就跟赵校长学习，赵校长翻译了一本书，Светлана 的《致友人的二十封信》。我跟校长学，选编了《致学生的二十封信》，十年以前，印了一个小册子，印了一百份，我复印了一份送给你们。

刘：谢谢老师，谢谢老师！太珍贵了！

孙1：陈老师，当时您在研究生班学习的时候有导师吗？

陈：没有，没有专门的人，就是一个人一个人啊，就是整个班级全班上课。

这还有一篇文章。中国社科院院报的编辑，有一次忽然想起来在教师节之前要发表一篇文章,就是《外国教师和中国学生的关系》。这个编辑找到社科院情报所外专的校友,他们让他去找黑大李锡胤。电话打到了李锡胤家,李锡胤说你找陈叔琪啊!他和这个老师有联系。编辑的电话就打到我家。我说我可以给你写《半个世纪师生情》,就是和老师之间的这些关系。写完了之后发出去,赶在教师节之前,在中国社科院院报发表了这篇文章。

刘:是2001年9月6日在中国社会科学院院报上发表的啊,真是在教师节之前。

陈:嗯嗯,赶在教师节之前发表的。

刘:老师,那您在和外国老师相处的过程当中,您有什么体会?就是苏联的老师是怎么对待学生们的,让您能和老师有这么深厚的感情?

陈:当时就是像Костя这样的老师,(彼此)不像师生关系,像朋友关系。年纪都差不多。天天早上Костя在院子里面领我们做早操、跑步,喊着口令领我们做操。当时就他这个俄语的喊口令嘛,和汉语不一样,我们觉得是非常新奇。

刘:怎么喊的,老师?我们平常所做的,12345678、22345678。Костя怎么喊呢?

陈:раз、два、три、четыре、пять、шесть、семь、восемь、восемь、семь、шесть、пять、четыре、три、два、раз,这样子倒过来的。他教我们,立正走、齐步走、шагом марш、мирно(立正)、вольно(稍息),日常生活的用语。我们住在一起,他对我们特别好。然后有同学发音不好啊,去找他。什么时候找他,他什么时候给我们解答。

刘:嗯,这种陪伴很重要啊!老师,您可以按照您想的那个讲啊。我总插话,因为遇到有趣的点,我就想多问一些。

陈:我们研究生班的同学,分配的地方,北京大学、中国人民大学、中国社科院,高等学校去的比较多,还有哈尔滨工业大学、东北林业大学,还有到人民日报社、北京第二外院、天津师范大学的。

艾钢阳分配到北京协和医院当副院长。她的故事很有意思,艾钢阳是我们研究生班同班同学,她过去在上海是地下党员,在上海医学院学习,参加学生工作,国民党要抓她,她就跑到解放区了,然后转到这边来了。研究生班毕业之后,学校让她当教务处副处长。后来她学了医,在上海医学院学医,在北京的协和医院那边还学过。毕业之后就当了协和医院的副院长。

　　还有个学生叫伍铁平,是15班的学生。他呢,在抗日战争胜利之前,在国民党的部队里头,当过一个半月的英语翻译。有一次,学校有五个学生得了伤寒病,死了四个,活下伍铁平一个人。王校长跟别人说伍铁平是从国民党统治区冒着生命的危险,通过封锁线到咱们解放区来的,咱们对他要像对待自己的孩子一样爱护。王校长住的地方旁边有一个屋子,她让伍铁平住在校长旁边这个屋里,并找炊事员专门给他调节饮食做饭。还有一个同学,不记得叫什么名字,胃肠非常弱,是一个哈尔滨籍的学生,伤寒病后,回家吃了鸡蛋就死了。在校长的精心爱护之下,伍铁平一个人活了过来,校长把他救过来。另外,校长对好多学生都是非常关心的,有个女同学叫欧阳小华。她的爸爸是著名的作家,叫欧阳宇靖还是欧阳靖宇?我就不记得了,和王校长是老相识。欧阳小华她爸爸给她送到这儿来学俄语,来哈外专之前,欧阳小华学了5年的钢琴,校长一直记着这个事儿。有一次王校长领着几个学生到外文书店买书,买给别人的是文学作品,给欧阳小华买了一本书,《钢琴的修理》。

　　刘: 嗯,如何修理钢琴。

　　陈: 毕业分配的时候,欧阳小华是分配到文化部的第一个人。过去大家都是去军事部门、工业部门,去文化部门的没有。王校长就是方方面面都看中她,说"你学了5年的钢琴,你在这方面是和别人不一样的"。到文化部以后,(欧阳小华)接见外国代表团得心应手。后来呢,她成了音乐理论家、俄语翻译家。这是王校长因材施教的结果,她记得每一个学生的特点。

　　刘: 您记得两位校长对老师的关爱有什么特点?

　　陈: 等一会儿跟你说。还有一个学生叫王乃仁,侏儒症,长得特别矮,腿特别短,入学考试的时候别人都不准备要他。他的身体条件不合乎高教部招生的条件。王校长把他招进来。他是烈士子弟,脑袋和正常人一样,甚至还更聪明,就是身体长得特别矮,侏儒症。校长把他招进来之后,他毕业了,一直在辞书所编词典,编得非常好,编词典的稿子质量是一等的。后来评的研究员。不是王校长的话他上不了大学。

　　刘: 嗯,王校长改变了他的命运。

　　陈: 嗯。还有个学生叫郭鹏,女生。学校撤退到佳木斯的时候,学生坐的这个卡车,车翻了,把手轧坏了。两个校长赶到医院,告诉大夫,无论如何把这个学生的手保住。后来，还是，手的机能受了很多的限制，不能和正常人一样，然后校长给她安排到学校的医务所，当负责人，后来把她送到医科大学学医。医科大学毕业之后，郭鹏成了医生，后来也组建了家庭。这是校长对这个郭鹏的特殊关照。还有一个学生叫张大可，得了风湿症。在哈尔滨治不好，两个校长给他送到汤岗子去泡温泉，用的温泉治疗，把他的病彻底治好了。后来他到了好几个国家当大使。

访谈结束后，参与访谈的人员与陈叔琪老师合影。左一孙露露（黑龙江大学俄语学院研究生）、左二刘聪颖老师（黑龙江大学俄语学院副教授）、中间陈叔琪老师、右一杜宇（黑龙江日报记者）、右二孙超（黑龙江大学俄语学院院长）

两位校长在师资培养上是特别注意的。培养了两支队伍，一个是政治理论课的教师队伍，一个是俄语课的教师队伍。俄语课的教师队伍呢，有实践课的教师、俄语理论课的教师、俄语翻译课的教师。还成立了教师进修班。有的时候把学生送到教师进修班进行学习。苏联专家来了以后呢，组织大家学习苏联专家课，赵校长也亲自来听这个课。还有一些教师送到哈尔滨市的苏联侨民中学，到那儿去提高俄语水平。苏联中学，它各门课都是用俄语上的，而且跟那些中学生整天在一起的话，口语提高得更快。嗯，当时就是想用各种各样的办法来提高学生能力，培养这些学生。

对这边的这两个问题，一个问题是研究生班的情况，一个问题是俄语教师研究会的情况，我曾经写的一篇文章就送给你了。

刘：谢谢老师，太好了！

陈：《哈外专历史中的闪光点》中就提到了这个研究生班，提到了俄语教学研究会。所以请你们看这篇，详细的我就不跟你们说了。

刘：好的，老师，太好了！

陈：咱们学校的校友总会的杂志《沙曼杨柳》上也有，里面有一些错误，我都已经校对好了。

刘：哎呀，陈老师，太谢谢啦！

陈："您觉得有哪些优良传统需要现在的年轻人继承和发扬？"我讲两个校友的故事，一个叫章金树，文章的章，黄金的金，大树的树。这个学生是 1947 年入学的，他是从新四军过来的，当时编到 3 班，老 3 班，都是很老的学生了。1949 年 9 月毕业，分配到中央军委工作。这个章金树到中央军委之后，经常给国家领导人当翻译。哈外专的毕业生，早期的学生很多都在中央工作。所以，很多中央首长了解哈尔滨外专学生的水平，政治水平和思想水平。哈外专，师资的条件、师资的人数、学生的人数在这解放区都是首屈一指的。中央都了解这个情况，所以给你下达的这个任务。这说明学校在历史发展的过程当中啊，在俄文人才培养方面起了很重要的作用。

刘：咱们哈外专是首屈一指的，值得信任！

陈：另外有一个学生叫潘占林，1964 年从黑大俄语系毕业，后来他 1966 年呢，从北京外院研究生班毕业，当过中国驻吉尔吉斯斯坦、乌克兰、南斯拉夫和以色列等国的大使。1999 年，科索沃战争爆发，北约飞机轰炸南斯拉夫首都贝尔格莱德，中国大使馆的人员没有撤退，表示对南斯拉夫的坚决支持。（当地时间）5 月 7 日午夜大概是 23 点 45 分，美国飞机轰炸了中国驻南斯拉夫大使馆，建筑物被炸毁，三位记者遇难，有人受伤。潘占林大使在北约的狂轰滥炸之中坚持工作。后来他写了一本书叫《战火中的外交官》。这两个毕业生的故事就是说明学校培养的学生的政治坚定性，这是最重要的。

还有一个毕业生的故事呢，这个人叫李延龄。

这个人有三件事情可以说。第一件事情，中国俄侨文学研究专家。他毕业以后，到齐齐哈尔大学工作，有一天在街头小摊儿上买东西的包装纸，然后回家一看，哎哟，包装纸上有很重要的文学作品。他就回去找这个小摊儿摊主，把他半麻袋的包装纸都买回去，好说歹说就都买回去了。嗯，他从这开始在国内和国外收集中国俄侨文学作品。2002 年，《中国俄罗斯侨民文学丛书》(中文版),由北方文艺出版社出版。2005年,《中国俄罗斯侨民文学丛书》(俄文版),由中国青年出版社出版,在莫斯科举行首发式,在俄罗斯引起轰动。中国俄侨文学,俄罗斯没人研究,中国人出的十卷本书,普京亲自授予他奖章,这是他的第一方面的事儿。第二方面的事儿,他在俄罗斯出版了四本俄文诗集,一本叫《我爱俄罗斯》,一本是《心与心的交流》,第三本《黑龙江畔之歌》,第四本《李延龄诗选》,他被评为俄罗斯联邦作家协会的会员,是唯一成为俄罗斯联邦作家协会会员的中国作家,四本俄语诗集在俄罗斯出版。第三件事情,2019年6月5日被评为"中俄人文交流领域十大杰出人物",这是中国和俄罗斯两国联合评选的。李延龄是非常杰出的一个校友,如果校庆的时候他来学校的话,嗯,你们记得请他给学生做个报告。

还有一个学生是王桂珠烈士。1949年10月毕业于哈外专5班,这是相当老的学生了。毕业以后呢,就分到空军部队航校工作。1950年的2月,就随着苏联顾问到南京机场清查国民党军队遗留下来的弹药、弹药库,因公殉职,遗体后来安葬在哈尔滨烈士陵园。将来你们有机会领着学生到那边去进行缅怀烈士的祭扫活动。

还有一个学生叫孙维韬,这个人很有意思,是二级部的学生,比我们早来了也就几个月,毕业分配的时候呢,和我的同班同学徐露一起分配到空军的航校。他俄语学得比较好,胆子比较大啊。到航校以后呢,苏联专家上专业课,一些翻译的事推选这个孙维韬去做,但苏联专家讲话他根本听不懂。专家就把他赶下讲台:"换,你不行,翻译不了。"以后呢,他拼命学这个航空的专业术语。过了几个月之后,这些专家讲课他都能翻译了,而且慢慢翻译得比较熟练了。大家都争着让他当翻译。有一次,空军司令刘亚楼来检查工作,发现这个年轻人挺不错,了解到是哈外专毕业的。刘亚楼说:"是我的学生。"刘亚楼兼哈外专的校长两年。刘亚楼告诉秘书,问他叫什么名字,把名字记下。回到北京之后把孙维韬调到空军司令部,当刘亚楼的翻译。

哈外专的校友当中有很多杰出的人物,这些人的故事如果让年轻的学生们知道的话,我觉得会对他们产生潜移默化的影响,让他们从老校友的这些经历当中学到怎么做人。

我对院里头有一个建议。建议资料中心开辟一个专柜,把有关哈外专历史的书、刊物、报纸都集中起来,放到这一个地方。能不能编一个文章的目录索引？然后就散在各个地方，编一串比较完整的目录索引，将来能不能出几本书？如果把哈尔滨外国语专科学校史料、有关的材料都集中到一起，出几本书的话，对我们学习、研究和传承哈外专的革命传统会有很大的帮助。哈外专的精神应该是我们校史当中非常宝贵的一份财富。这个宝库需要我们去发掘，需要我们去研究，需要我们去传承，我就准备这些东西，曾经有过这么个想法。

刘：嗯，老师，我还想问，您认为咱们哈外专的这个精神到底是什么？能用一句话或者几句话概括一下吗？

陈：前些日子，学校校友总会给我打了一电话，说要开一次"王季愚教育思想研讨会"。我在准备发言稿的过程当中呢，我想了一个问题，"王季愚教育思想"，确切地说应该是"王季愚、赵洵教育思想"，因为两个校长的关系太密切了，不能分开。你中有我，我中有你。

"王季愚、赵洵教育思想"的源头在什么地方？源头有两个。一个源头，刘亚楼的指示。他的办学思想，就是坚定正确的政治方向、艰苦朴素的工作作风、机动灵活的战略战术。抗大的学风是团结、紧张、严肃、活泼。另外一个源头，周恩来的指示。1949 年 8 月，周恩来召见王季愚到北京汇报工作，给她布置任务，对学校办学做了详细的指示，并形成文件《哈尔滨外国语专门学校办学的其他规定》，以中共中央办公厅的名义下发。哈外专的教育思想源头就是直接按照中央的方针来办，特别是注重政治思想工作，所以当时出息的毕业生绝大多数在政治方面都是坚定的，俄语水平基本功方面都是过硬的。这些毕业生出去之后大受欢迎。各个地方都来人、来信要这些毕业生。咱们学校档案馆就存了很多有关单位要人的信件，其中有刘亚楼亲笔给王季愚写的信，为空军要翻译。省档案馆将其鉴定为二级文物。还有一些军事单位、一些学校、全国总工会，甚至李立三签名要翻译。咱们学校当时首先是满足军队需要，各个军兵种都有专门的翻译。我 40 班有同学叫梁德凤就是分配到南京高级步兵学校，丁世昌分配到装甲兵司令部，郭奇格分配到空军，徐露分配到空军。我还整理了一篇文章，就是《潜艇部队翻译组所起的作用》。有一本书叫《忆老虎尾》，里边写到这个潜艇学习翻译组里有几个哈外专的毕业生。宣传部的副部长杨其滨，我跟他说过。也不知道通过什么方法买到了这个《忆老虎尾》，所以说我们就很圆满，而且时间跨度很长了。《忆老虎尾》，说了我们的毕业生在潜艇学习队中当翻译的一些情况。后来我们写的一篇文章在《往事》校友回忆录的第 1 辑里边发表,在校刊上也发表过。先是部队各行各业的,还有专门分到各高射炮兵的,他们也写了回忆文章,就是有十几个毕业生分配到高射炮部队。在那以后,经济建设的 156 项重点工程、第一个五年计划,我们的毕业生,到底在哪些工程里头工作过,一直在研究。

我可以跟你们说一个故事,哈外专召开第一次教学研讨会的时候,我那时候在资料室当资料员,整理一个专栏,其中有学校的教学计划、教学大纲、教材、毕业生分配情况,还有一些实物。其中,有两件珍贵的实物。一件珍贵的实物,教务处处长卢振忠在延安大生产运动当中,用羊毛自己纺的毛线,自己织的毛衣。另外一个珍贵的物件,鞍山钢铁公司制造出来的第一根无缝钢管儿,截成了小段,一段、一段、一段的,系一个红绸子,送给哈外专一段。我们的毕业生在这里头(钢管生产中)做了工作,给苏联专家当了翻译。当时哈尔滨亚麻厂来了苏联专家,又调我们的毕业生临时在那工作,工作一段时间,后来还是回原来学校。哈尔滨亚麻厂、哈尔滨"三大动力"即电机厂、锅炉厂、汽轮机厂,我们翻译都在那工作过。

刘:哈飞厂呢?还有一个哈尔滨飞机制造厂。平房那个,有没有?

陈:那个不太清楚。第二批就是这 156 项工程,然后逐渐分配方向,就是高等学校、学术文化部门。学校培养俄文干部,在国家的军事建设、经济建设、文化建设方面起了很大作用。

抗美援朝的时候有好多毕业生到朝鲜工作过。有一篇文章提到有 2 000 个学生去那,后来我觉得没有那么多。我问了杨其滨,我说你什么时候到北京的时候找一些去过朝鲜的毕业生,打听一下大概能有多少人。后来他问了孙维韬,孙维韬告诉他就是四五百人吧。那么抗美援朝当中去的,因为在抗美援朝的时候有的是直接到朝鲜战场的,有的是在中国境内做翻译工作。那你当翻译的话,那就是不用你上朝鲜去,有的是到朝鲜去了。孙维韬就去过朝鲜。他这本书里头曾经讲过这个事儿。

刘:老师,那您对咱们学校办的一个学术性的期刊,叫作《外专校刊》,这个,有没有印象?

陈:这个杂志原来叫《外专校刊》,后来成这个《外语学刊》。这个刊物从其他俄语院校层面来看呢,也是办得比较早的。我那个时候在资料室工作,也就没有写过什么东西。后来到辞书研究所写了一些东西,都是词典编写方面的东西。

刘：老师，还有一些小问题，就是当时有没有人说你们必须要做科研？您是在一种（完成）任务的情况下还是一种自愿的情况下去做科研呢？

陈：做科研呢，在当时，你说的两种情况都有。有的情况是自愿的，接着对某一个问题就感兴趣了，你写点东西是好的。有的是领导分配的任务，让你写什么东西你就写什么东西。因为我们这个《俄汉详解大词典》出版之后，辞书研究所想在杂志开辟一个专栏，来介绍这部词典。那这一些文章都是辞书研究所的领导下的任务啊，让你写什么，你得写什么。让我写了两篇文章，一篇文章《〈俄汉详解大词典〉的例证选配》，就是讲你这个词示例完了之后，你得有例证，例证怎么选配。另外一篇文章则是详解大词典的附录。这是潘国民给我下达的任务。第一篇文章，这个词典的例证选配，我说这个东西我怎么写呢？我到资料室就查辞书研究杂志，不全，我找李锡胤，他那比较全，他有几年的词汇研究杂志我都借来。所有有关例证选配的文章我都做了卡片，就是做了个提纲——它从哪些方面来探讨这个问题？我用了五周的时间写了这篇文章。我觉得和过去人家发表的一些文章比有所提高，不是简单地重复人家说的那些话。然后我们这些稿子就寄到这个上海辞书研究编辑部，编辑部最初审查过后退回了两个文章。一个是我写的这个，一个是王乃仁写的，提意见啊，还得修改，完以后就可以定稿了。这就是领导给你出题目，你写。有一篇文章是我自己写的，就是《每一个词条都应该撰写成一篇科研论文》。这是我在改别人的稿子的过程当中，有一些体会，然后把这些体会写成了一篇文章。有一次在咱们学校开全国的辞书研究年会，我在这个会上做了发言。后来这个会没有刊登每一个人的发言全文，只发一个摘要。之后我把全文拿到咱们系里面，在《俄语教学与研究论丛》，俞约法和我和华劭我们三个人编的这个论丛里发表了。后来，我们写了一本书，叫《词典的历程》，是在黑大出版社出版的。在这本书里介绍了《俄汉详解大词典》和《新时代俄汉详解大词典》的编撰始末，把《每一个词条都应该撰写成一篇科研论文》这篇文章加到这里来了。

刘：老师，最后想问一下，您对咱们俄语学院和学校的未来发展有什么样的建议？

陈：我离开俄语系的时间太长了，从1985年就离开系了，所以对系的情况也不了解，提不出什么具体的意见。因为教学情况、学生情况，方方面面，离开的时间确实是太长了。

刘:对我们年轻的老师做科研有没有什么建议？

陈:年轻的老师应该是一方面搞教学,一方面搞科研。不要忙着教学,忘了科研。教学是最根本的,一定要教好课。在其他的时间选题目钻研,一定在理论方面提高自己。

刘:老师,马上要校庆和院庆了,想让您给咱们院庆和校庆送上几句祝福。

陈:学校走过这80年不容易,应该说取得了非常大的成绩。咱们学校,是有延安光荣革命传统的学校,我们一定要继承延安的革命传统,赶上时代的步伐,让它不断地发扬光大,把我们的学校、把我们的系办得更好。不忘过去就能展望未来。过去有些经验要继承,有些教训要记起。因为我们走路也不是一直走直路,有时候也走弯路。我们犯过错误、走过弯路,吸取经验教训,这样才能走得更快、走得更好!

刘:谢谢老师!

(2021 年 6 月 18 日于黑龙江大学家属区)

﹡**访谈中人物介绍:**

陈:陈叔琪,黑龙江大学俄语学院退休教师。

孙1:孙超,黑龙江大学俄语学院教授。

刘:刘聪颖,黑龙江大学俄语学院副教授。

孙:孙露露,黑龙江大学俄语学院硕士研究生。

陈叔琪老师简介:

陈叔琪,1930 年 10 月 13 日生于北平。1948 年入辅仁大学生物系。1949 年 3 月入华北大学,同年 4 月入哈尔滨外国语专门学校学习俄语。1950 年本科毕业。1952 年研究生班毕业,任六级部 78 班助教。1953 年任俄语资料室资料员。1956 年至 1958 年在东北师范大学进修教育学。1959 年至 1963 年任俄语系资料室副主任。1963 年开教育学课。1972 年至 1976 年任俄语系资料室副主任。1976 年任俄语系苏联问题研究室副主任。1974 年至 1985 年在俄语系开苏联概况和苏联地理课。编写了高校教材《苏联地理》。该教材于 1986 年由上海外语教育出版社出版。1985 年到辞书研究所,在赵洵、李锡胤、潘国民三位主编领导下,参与《俄汉详解大词典》编写工作,并任第二卷副主编。1987 年被评为教授。

1998 年该词典（四卷本）由黑龙江人民出版社出版。1999 年该词典获国家图书奖。2005 年在潘国民主编领导下，参与《新时代俄汉详解大词典》编写工作。2014 年该词典（四卷本）由商务印书馆出版。2016 年该词典获黑龙江省社会科学优秀成果一等奖，同年该词典编写团队被评为 2016 "感动龙江"年度人物（群体）。2018 年黑龙江大学出版社出版了由潘国民任主编、陈叔琪和叶其松任副主编的《词典的历程——〈俄汉详解大词典〉和〈新时代俄汉详解大词典〉的编纂始末》。

扎根实践黑土　龙翔俄语九天

——龙翔教授访谈录

关秀娟　孙露露　龙　翔

　　时值党的百年华诞和黑龙江大学建校八十周年暨黑龙江大学俄语学院建院八十周年之际,为回望党史校史,重温奋斗历程,黑龙江大学俄语学院邀请到学院离休老干部龙翔老师进行了访谈。黑龙江大学俄语学院领导班子成员及龙翔老师亲属、学院教师和在校生代表参加了本次访谈活动。访谈由俄语学院副院长关秀娟老师主持。

　　关:龙老师,我们先从您来开始聊起啊,您是哪年入黑大,哪年毕业?

　　龙:1950 年,我从上海来到哈尔滨,那时王季愚校长、赵洵校长主持教育工作。我们都是从南方来的 20 岁左右的年轻人。王校长、赵校长对我们像子女一样进行教育,十分关心学生的成长,我们是在当时的革命熔炉里面长大、懂事的。到现在为止,我也一直怀着非常感激的心情,感谢哈外专、哈外院、黑龙江大学对我们的培养。今天,学院年轻的领导又邀请我来参加这样一个隆重的聚会,我感到特别高兴。我也希望我们学院、学校蒸蒸日上,越办越好。

　　1950 年上学,在哈外专进行两年学习以后,我直接升入研究生班。当时王季愚校长、赵洵校长发现,我们的老师都是侨民,苏联侨民,他们预测到这些侨民迟早要回去,所以必须要培养自己的老师,学校就把我们当作培养对象。

龙翔老师(中)与俄语学院领导班子成员及教师代表合影

关:您上的是第一批研究生班?

龙:我还不是第一批,我是第二批。

关:咱是1951年第一批,1952年第二批,记得学校一共办了六期的研究生班。

龙:对!

关:在研究生班你们都学些什么呢?

龙:我们那时主要是外教教,以俄语实践为主。苏联专家来了以后,理论课的东西才开始有。以实践为主,所以我们同学的实践能力是很强的,这在当时是一个特色。

关:特色啊!办研究生班这件事儿,在全国也是比较领先的。后期的理论学习都包括什么内容呢?是语言学理论还是教学法方面的呢?

龙:语言学理论多,当时苏联专家已经来了,他们基本上都是搞语言学理论的。

关:教学法这方面呢?怎么教?

龙:开始有些,我们有几个同学已经开始学教学法了。

关:早期,教学法做得也挺深的,对吧?

龙:对。

关:当时,你们有没有出国的机会呢?出国学习的机会,有吗?

龙：出国学习机会有，但也不多。那时不提倡一定要到苏联学习俄语。

关：本地的苏联老师就很多。

龙：国内就已经很不错了。

关：当时有侨民老师，是吧？

龙：对对对。

关：这有什么区别呢？

龙：专家主要是教理论啊，上理论课。

关：侨民主要会一些俄语，教一些实践对吧？

龙：口语、实践。

关：老师，您来黑大的时候黑大当时只有俄语吗？

龙：对，只有俄语。

关：是您自己选择来学习俄语还是您对俄语感兴趣？

龙：我觉得很有意思啊。我看报纸上有哈外专的广告，当时就对哈外专很感兴趣。我是江西人，到东北很远，但是在当时我还抱着一种好奇心，就一人离开家，从上海直接到哈尔滨来了。

关：您以前接触过俄语吗？

龙：没有，都不知道俄语是怎么回事儿。

关：您来时是二十几岁？

龙：二十。

关：您班上当时有多少同学啊？您还记得他们吗？

龙：现在班上的同学好像在这儿的还有五六个吧。当时我们吃住都是公家的，所以和同学的关系都是特别亲密的。像吕和新老师、秦万年老师、钟国华老师，都是我的同学。

关：是吗？现在相当于还在一起，他们也都在这儿。

龙：对对对，在这儿，还有五六个吧。

关：是吧，这已经是一辈子的朋友了。当时你们学俄语是怎么学呢？

龙：有外教，主要是侨民老师。教科书是他们编的，负责我们教学的老师叫舍列波娃，这个老太太非常好，像母亲一样教育我们。

关：你们也有固定的教材，他们编好教材，根据教材来教，教材成型吗？

龙：不太成型。

关:他们讲到什么就把什么编在一起,几年之后可能就好一些了。

龙:对对对,后来才开始。后来我的工作以编教材为主。

关:当时上的俄语课分科目吗?比如,实践课啊,听力啊,阅读啊……有这样分吗?

龙:没有分,直接按照实践课来上,这些都是后来才形成的。

关:您记不记得当时的一些老师?刚才您提到了一位,您还有没有其他的老师?只有苏联老师……有中国老师吗?

龙:中国老师有叫王钢的。他之前讲中文语法,因为他早学一点儿。

关:教你们的外教有几个呢?

龙:教我们的一个老太太叫姆拉多娃,舍列波娃是像教务处处长一样的。

关:做管理工作的?

龙:管这些外教,后来慢慢地我这些同学就接手了,开始能当老师了。

关:当时,王季愚校长还设过电教室,您对电教室有印象吗?

龙:电教室,那是后来才有电教室,开始没有。

关:您的学习是一个外教来教。这样一来,听说啊,读啊,就全包括了,是吧?类似于带着学。

龙:对对对。

关:你们学习的时候,有考试吗?怎样来评定学习成果?

龙:我们的考试也很有意思,有口试、有笔试,口试是每个人都有一个记分册。

关:平时记吗?

龙:对,记分册要给你记分的,成绩都给你记上,每个人都有一本。

关:学习很艰苦,你们有没有业余的时间?业余时间都干点什么呢?

龙:有,就是当时很有意思,我们的学习和现在的是不一样的。我们学六天,有一天学政治,其他课都是业务学习。

关:政治课是谁来教呢?都学些什么?

龙:当时政治课是王季愚校长以大课的形式教,在入学的时候给我们讲社会发展史。

关:您有什么印象呢?她讲的内容对您有什么影响?

龙:都是最基本的、启蒙的,讲社会发展是怎么来的。当时我们是参加革命嘛,身处革命之中要讲一些革命道理。

关:给大家树立一个最终学习目标。

龙:对。

关:人生观、价值观一类的东西。刚才说是一天的政治学习,然后五天的业务学习?

龙:对对对。

关:休息一天,这样的学习还是比较劳逸结合的啊。对现在的学生学习,您有什么建议?大家怎么能学好?现在大家学习很困难。

龙:现在的学生学习是完全不一样的。现在分科,有各种各样的课。我们那时一定要有一天的政治学习。但是现在我们对政治的学习都是书本的学习。

关:刚才说到王季愚校长,您对王季愚校长的印象应该是非常深刻的啊,您再多聊一聊对王季愚校长、赵洵校长的印象,有没有直接的接触?

龙:像我自己母亲一样,包括赵洵校长,这两位女校长很关心我们的生活,特别是在困难时期。我记得很清楚,那时我们有浮肿病,就被迫到农村去了。王校长专门到农村看我们,当时农村生活条件特别不好,后来她去省里边申请,最后我们又回来了。

关:赵洵校长呢?有接触吗?

龙:有接触,她主要管教学,我们接触很多的。

关:虽然她们是校长,你们也是有很多接触的?

龙:对,接触很多的。

关:有教课的,日常生活方面也有一些接触?

龙:对,很好的。两位校长都有延安的精神,对我们都非常好。

关:本身是"老革命"了,都带有革命的精神。老师,我们对哈外专、哈外院这段历史都非常感兴趣,您觉得哈外专、哈外院的办学特色有什么?

龙:办学特色啊,我现在想起都模糊了。

关:或者管理方面,校长怎么激发大家的工作热情?比如说,老师们可能工作很热情,学生学习也很有劲头,这是怎么形成的呢?这种精神对我们来说应该是非常有启发作用的。

龙:这主要是延安办学的精神来的。

关:您再稍微说一下,教学这方面有什么特色?哈外专、哈外院在教学方面有哪些特点?当时成绩是非常突出的,短时间内就能培养出像你们这些非常优秀的老师或者给社会培养了一些翻译官,这是怎么做到的呢?

龙:当时我们国家需要干部,学生不可能三年四年五年都不毕业。有的学了几个月就拉出去了,国家需要翻译,后来等我毕业的时候,我学习的时间相对来说是比较长的。

关:两年的时间?

龙:嗯。

关:两位校长办学是比较成功的,这两位校长是怎么建设师资队伍的呢? 刚才您也提到,两位校长早就想到侨民非常多,要培养自己的老师。

龙:对,当时侨民要走,学校就办研究生班,我们就是在研究生班毕业的,在当时办研究生班是很明确的。当时明确规定,生活上要有所保障。我们吃饭要由大灶变成中灶,一桌四个菜,慢慢地我们就变成干部灶了。我体会到,国家对干部的培养是不惜一切代价的,想尽办法要满足需求,所以,我们的工作积极性也很高,这也是国家培养干部的特点。

关:您上研究生班时是一边学习、一边工作吗? 当时是留校了吗?

龙:对。

关:留校的年轻老师上研究生班,是吗?

龙:对,我们上研究生班是准备当老师的。

关:那时给学生上课了吗? 还是,只是在研究生班学习?

龙:还没有给学生上课,自己还只是学习。

关:上完研究生班之后,再给学生上课?

龙:对!

关:得是成才了以后再上课。您是哪年开始在校任教的呢?

龙:我 1954 年正式教课。

关:您教课之后有没有指导您的老师呢? 一般年轻老师会有个指导的老教师,谁来指导您呢?

龙:有有有,我们教务处的副主任舍列波娃。她是管外教的,教务这些东西都是她管,教学完全跟着外教来学。

龙翔老师接受关秀娟老师采访

关：对您教学啊，科研啊，影响比较大的老师，您觉得有哪些呢？

龙：影响比较大的是我们前期同学，王超尘，他教学、科研比较好，起了带头作用。

关：开始教课的时候，您都教什么？

龙：实践课。我们没有搞理论的。

关：您带的第一拨学生有多少人呢？

龙：学生我忘了，名字也记不起来了。

关：有留校的吧？

龙：教过的学生有，现在都记不起来了。

关：一个班里大约有多少学生？十五个？二十个？

龙：十五到二十个。

关：您已经上研究生班了，水平应该很高了。在工作过程中，您再提高水平是通过什么途径呢？

龙：通过教学、工作，这是提高很快的。

关：您后来进行专门的学习了吗？

龙：都是业余学习，跟苏联专家的业余学习。外教走了以后就是苏联专家管了。苏联专家搞理论，那时我们有的也不太愿意学，理论的东西多。

关:刚才说到研究生班是哈外专、哈外院的教育方式,研究生教育对俄语教育有哪些好处呢?您是怎么看的?

龙:还是有好处的,它注重实践,不是纯理论的东西。

关:是从实践到理论的升华。刚才您说,理论不是很好做,您对科研感不感兴趣?

龙:我不感兴趣,我对理论的东西不太喜欢。

关:您研究过点什么问题吗?

龙:我没有。我在研究生班主要注重实践。

关:当时办学校不是太正规的,一般是培训班的性质。当时两位校长提出了"学术建校"的理念,您对这个有印象吗?当时想正规化办学。

龙:"学术建校"的口号提出过。

关:您对这个有没有什么看法?

龙:"学术建校",基本理论的东西还是要有,但是不能搞纯理论,光搞研究无意义。

关:当时校长为了实施"学术建校"的想法办了"一刊两会",刊物是《外专校刊》,您有印象吗?

龙:有。

关:后来发展成《外语学刊》了。

龙:对对对。

关:您对《外专校刊》有哪些印象呢?您稍微说一说。

龙:《外专校刊》主要是理论的东西多,实践少一些。一般搞实践课的老师对那个兴趣不是很大。

关:当时人是分成了两拨,实践课老师主要攻实践教学,也有一部分老师专门搞科研,对吗?

龙:也有,都是写文章的。

关:您还记得都有谁吗?

龙:王超尘老师,可能调走了。

关:1955年开了一次全国性的俄语教学研讨会,在当时的影响应该是比较大的。在这个会的影响下,大家愿意去搞一些科学研究吗?

龙:对,那个会起到了作用,它倾向于理论研究,我们原来都是做实践,它给后来开了个搞理论研究的头啊。

关:年轻人都跟着这个走了吗?

龙:对,有一些。

关:真的有引领作用,是吧?

龙:对。

关:当时您有没有点儿想法呢?

龙:没有,我不是搞理论的,我不喜欢理论,专注实践。

关:这个会第二年又举办了。

龙:对对。

关:制订了一个七年的科研规划。

龙:搞得很隆重。

关:年轻人也有一些被带起来了,是吧?大家也能写一些东西。但是从整个环境来看,科学研究在当时是小众的,还是大众的呢?

龙:小众的,大家不搞这个,我们搞的都是实践教学。

关:咱们黑大的传统还是非常重视实践的,实践比较能体现大家的水平。

龙:对对。

关:目前,大家非常愁的还是教学和科研的关系。

龙:是的。

关:大家的时间都非常有限,你们那时有的重视教学,有的重视科研,只做一边就可以了。现在我们年轻人教学和科研都得做,您觉得这种关系怎么处理呢?

龙:当时我们和上外就有这种分歧,上海外院搞了很多理论的东西,我们哈尔滨呢,还是以实践为主。

关:您对我们年轻人有什么建议?我们应该怎么平衡教学和科研之间的关系呢?

龙:我想,年轻人不能过多地搞理论的东西,年轻教师还得以搞实践为主,应该把实际掌握语言作为主要的目的。搞过多的理论,就成哑巴了,就没办法在学生面前起到示范作用了。

关:嗯,黑大俄语具有悠久的历史,您觉得有哪些优良传统需要我们年轻人大力继承和发扬呢?

龙:实际掌握外语,应该以实践为主。

关:今天的学习条件还是非常优越的。影视的啊,录音材料啊,纸质的材料啊,都非常丰富。龙老师,您是做过系主任的,您是哪年做的系主任?

龙:我都忘了,我都忘了,你记着吧?

刘:1985 吧,1985 年,我们在校的时候就是 1985 年。

关:做了几年?

刘:干到 1988 年,干了四五年吧。

关:您是做过整个系的管理工作的,您觉得在管理这方面有什么好的经验能向我们传授传授?

龙:当时也是赶鸭子上架,哈哈。

关:您肯定是非常优秀的!

龙:不行,那时比较累,因为得教学啊,传统是语言实践。但是做管理,理论方面还得照顾,所以有时也是很麻烦的。

关:您怎么激发老师们的工作积极性?

龙:工作积极性啊,一定要照顾老师的工作量,负担不能太重,否则会影响老师的身体。

关:科研呢? 您得鼓励他们做点科研吧?

龙:对,科研。你不要对这要求太高。

刘:主张要以实践为主,科研不要太重。孙淑芳老师、荣洁老师当时都在这当学生。

关:就是自由选择是吧?

刘:对,自由选择。研究生也特别少啊,那时每年留的一到两个都当老师了,其他的就是实践能力比较强。

关:当时的老师都是尽力而为,是吧?

龙:对。

关:大家能做些什么就做什么,没有什么量化的要求。

龙:对对对,后来我们也想的是对老师的要求不能过高。

关:学生那块儿的要求呢? 您怎么要求学生啊?

龙:我当时还是主张实践,不主张过多地搞理论。

关:龙老师,您也编写过一些教材啊,都编写了哪些教材呢?

龙:编写的教材主要是实践课,四册子。

刘:四册子,小本十六开的,咱们这儿有。

关:编了几年呢? 有哪些老师在一起编?

刘:主要是龙老师和闫老师编,再版了几次。

关:没有团队?

刘:没有团队。都是从实践角度写的,当时普院有一个原版教材,他们从中吸取很多东西。

龙:后来邓军管了,是不是?

刘:闫老师之后是张家骅老师。

龙:哦哦。

刘:张家骅老师之后是邓军老师。

关:你们当时编教材也借用了普院的一些教材,是吗?

龙:对对对。

关:结合中国学生的特点,编成我们自己的教材。这套教材用了多久呢?

刘:在我们之前就用,用到 2000 年吧。2000 年一直在用,后来自考也一直用这个教材。后来从邓军、赵为开始编大本的之后,咱们才不用小教材。

关:就是用了二十多年,一九八几年之后。

龙:还有上外编的是吧?

刘:上外编的,咱们没有集中用它。

龙:现在的教材呢?

刘:现在的教材是咱自己编的。新一代老师,邓军老师、荣洁老师、赵为老师,领着一个团队……一个大本的,不是竖开的。

关:现在都是彩色的了,设计得很漂亮的。后来您编了一些词典吗?

龙:我编了词典吗?

刘:没有,龙老师没编词典。他们就是在辞书那边做管理服务,他们是一个团队、一个研究机构了,不参与俄语系的实践教学,他们是两个部门。龙老师没参与编词典的工作,编词典的主要是李锡胤、潘国民、陈叔琪、邢慈娥、吕存亮这些老师,一共十四个专职人员,他们在编词典。

关:当时咱们编的教材只有实践的教材,其他的有没有配套的阅读、听力什么的?

龙:听力有吧?

刘:当时咱们就是用北外、上外的阅读教材。我们学的时候,实践课教材是咱们自己编的,阅读是用上外粉色大本的那个。后来在邓军之后,编系列教材了,把阅读也编了。咱们自己用自己的教材,我们上学的时候都没有阅读的,阅读都是用北外、上外的教材。

关:在座的各位老师、同学有什么问题可以跟龙老师交流一下,机会是非常非常难得的。刘老师是亲学生,也在身边呢,有一些问题也可以帮助解答。滕仁老师。

滕:龙老师好,其实我没有问题,但我的感触还是挺深的。我本身对黑大校史的了解就很有限,特别是咱们俄语学院的历史,知道一些,但是都不确切。今天龙老师到这,应该是缅怀了一下自己的青春,也给我们介绍了一下黑大俄语学院的发展脉络,我个人感受到了龙老师对黑大俄语学院深深的眷恋之情,还有作为黑大俄语人的无比自豪之情。龙老师的介绍,特别是缅怀了王季愚和赵洵两位校长的事迹,可以说给我们上了一堂非常生动的校史课,也是我们的院史课,让我们对黑大俄语今天的成绩有了更深刻的认识。作为新一代的黑大俄语人,我们一定努力,把老一辈先生们的精神发扬光大,让咱们黑大俄语以后越走越好,走向更辉煌的明天。最后希望龙老师一定要注意身体,保重啊,晚年幸福,谢谢您。

龙:在座的都是教师?

关:我们有各种代表,刚才非常年轻、帅气的滕仁老师是基地那边的老师。

滕:我是俄语学院的学生,俄语学院的硕士和博士。

关:在原来辞书研究所的基础上,发展成了基地,他(腾仁)是基地党支部书记,非常优秀的年轻学者。我们各个老师非常有代表性,这边还有学生。俄语学院的党支部书记也说一说,那边最远的那位。

刘1:龙老师,您好!我是刘聪颖,很仰慕您。我没有什么可说的,但是,我有一些问题想和您交流。我现在正好在教一年级的实践课,对于孩子们的一些学习问题,我特别困惑。想问问您,老师您当年是零起点学俄语的吗?

龙:对,零起点的。

刘1:太好啦!我就想问一下,您零起点学俄语的时候,是怎么开始学俄语的啊?

龙:我们当时就是跟外教学,外教怎么说,我们就跟着怎么学。没什么章法,只能跟外教、侨民,跟着他们学。

刘1:您觉得在学习进程中是学生个人的努力很重要,还是老师的带动很重要?

龙:哦,这个双方面都有。

刘1:我特别感兴趣想问一问,当时你们用的是怎样的学习方法,怎样的学习时间安排,能让您最后在实践中就能够掌握俄语?

龙:就是跟着学,慢慢就知道了,这个实践比较重要。我们一点基础都没有呢,就是跟着学。这么过来的,慢慢地就上道了,实践非常重要。

刘1:从开始学到上道,你觉得大约有多长时间?

龙:有好几个月。

刘1:我比较感兴趣的就是您时间段的安排,比如,可能早晨五点就爬起来学习,然后晚上还继续在教室里狠下功夫,学到十点多或十一点多。

龙:没有,我们那时没有那么用功,主要是有外教,就是慢慢学,慢慢地就上道了。

刘1:上课的时候有外教,下课的时候呢? 你们自己怎么办呢?

龙:下课的时候就自己念,同学之间互相念呢。

刘1:您觉得这个学习方法就是模仿是吧?

龙:对,是的。

刘1:你们那时有一个特别的良好条件,一上学就是外教教,外教会不会汉语啊?

龙:不会不会。

刘1:啊,我想知道最开始你们学习的时候是如何与外教进行沟通和联系的呢? 建立了学习兴趣?

龙:她怎么说我们就怎么模仿,就没有什么章法。

刘1:我感觉当时你们的学习就是一定要把它学会,一定把它啃下来。

龙:对,一定要学会。我们的目的就是学会俄语。

刘1:这在当时是一个政治任务吗? 还是个人的一个远大理想?

龙:也是政治任务。我们就得学,我们的目的就是学俄语。

刘1:啊,老师,我觉得我想问的差不多了。还有一个就是,您认为,俄语的实践能力,它究竟是用一种什么样的方法来培养的?

龙:就是模仿,开始学主要就是模仿。

刘1:那时有录音吗? 比如说各种各样的录音?

龙:对,也有。

刘1:啊,然后自己要反复听?

龙:嗯,后来就有英语了啊,有英语。

刘1:您最开始零起点模仿的时候肯定是存在一定的困难的,是不是?比如说,语调上模仿得不像,语音上,可能会有一些口音在这里面。这个问题你们是怎么克服的?

龙:这个自然就克服了。

刘1:还是用心了,分析着读。

龙:是。

刘1:比如说外教给您纠正的那些错误什么的,您是怎样对待的啊?

龙:外教怎么说你就怎么做,你不能按照你的那一套。我们那个外教像妈妈一样的,跟着她来,非常好。

刘1:您那时有没有一个什么记错误的小本啊?比如说语音上有错误,记录一下。

龙:都没有,完全是靠模仿。

刘1:好的,龙老师,我的问题问完了。都是结合教学上我学生的一些问题和困惑,谢谢您,龙老师!在外语教学和外语学习方面,模仿很重要。

龙:对对。

刘1:孩子们还是不太信服这个方法,但是您今天给了我很大的信心。谢谢您,龙老师,我代表我的孩子们感谢您,好,我的问题问完啦。

关:龙老师,您除了跟外教用俄语沟通时能说俄语以外,在社会上有没有一些说俄语的机会?怎么实践?

龙:我们宿舍对面就是电影院,叫"和平电影院"。一下课我就往电影院跑,非常方便,那里苏侨多,可以唠嗑。现在要想办法创造模仿的条件。

关:关键词是模仿。现在模仿的条件非常丰富,视频、音频,但是真人还是更好的,是吧?我们再找学生来说一说。杜宇吧,你先来说一说。

杜:好的。刚才您提到过,您当时吃饭的时候是八个人,然后四个菜,那四个菜都是哪四个菜呢?

龙:哈哈哈,这都忘记了。在研究生班的时候吃得很好!那个时候叫中灶。

龙老师女儿:爸爸说过,那个时候高粱米饭好吃。

杜：有没有您印象最深刻的一道菜？

龙：我们开始入校时吃大灶，后来变成中灶了，那时就是大灶、中灶、小灶。

关：您留校任教了之后，就是吃小灶了？

龙：对，就吃小灶了。

刘1：龙老师，还有一个问题，刚才您提到政治任务了，这个政治任务指的是什么啊？学俄语的政治任务？

龙：你学好俄语就是政治任务。

刘1：是当时的外交部说你们学好了要往哪儿派，还是军队说学好了要到军队服务，还是咱们学院说学好的留校，类似的一个政治任务？

龙：这个都不知道的，直到毕业的时候才知道。

刘1：但是一来学院就跟你们谈这个问题了，学好俄语是一个政治任务。所以就很认真地对待这个事情。

龙：对。完全是国家的需要，不知道上哪去。

刘1：明白了，好，谢谢。

关：应该是这样的一个高度，学习本身就是政治任务。

刘：社会主义建设时期，每天都有调函。所以这些学生每天都在学习，王季愚和赵洵校长打的基础特别好，他们为了国家也要学，这是政治任务。外教不会汉语，要配助教，助教就是中国老师了，他们当时是这样一种结合。当时外教说俄语的时候使用直接教学法，用图片和手势进行讲解，讲解不会之后再讲解，讲完之后再复习。他们是军队建设，所以他们是供给制，都是国家给他们的，他们不需要为了生活去奔波，学好俄语就是一个任务，就是完成政治任务。像刚才龙老师说的，舍列波娃当时是教务长，赵洵老师当时是主管教学的副校长，她们的整个思想、她们的工作能力都是非常非常优秀的。王季愚老师主要做政治思想工作，从中国革命史啊，从延安传统，各方面的，就是从人生观教育上打下非常好的基础。所以咱们学生那时就是为了这个目标、为了国家来学习。

龙：现在教师都有出国学习的经历，基本上条件好多了。

关：现在本科、研究生基本都出过国，到俄罗斯学习过，但这种使命感还不太容易建立起来。龙老师，我再给您介绍个学生，庆民，这个学生是二年级，已经被确认派往外交部了，外交部培养人才。庆民长得很帅，学习也很好，你跟老师聊一聊，你听老师讲的故事里什么让你有所收获？

龙:二年级就确定去外交部了?

关:现在咱们俄语学院,二年级会选定一批学生派到外交部,他就是成功选定的学生。经过我们培养,四年级时最终到外交部工作,庆民是非常优秀的学生。

龙:这个好啊!

关:他呢,也是有使命的,也有政治任务。

龙:现在学习任务还没完?

关:对,现在二年级嘛,还要再学两年。

龙:这么早就作为对象进行培养了?

关:对啊,他现在学习俄语就是政治任务了。

张:今天非常荣幸能够听龙老师的访谈,一起回顾咱们学院的院史——学院从建立到发展的一个艰辛历程。对于我自己来说,最大的一个感想是您刚才提到的实践的重要性,我可能把太少的精力放到俄语实践上了。今天也像关院长说的,我是在场唯一的本科生,本科阶段就是要学好俄语的基础课,我今后也会把更多的精力放到基础的学习上,非常感谢您,感谢您在编撰教材这些建设上做出的贡献,感谢您的付出。

龙:好好学习!

关:庆民的诗朗诵非常优秀,获得过诗歌朗诵比赛一等奖。庆民能不能给老师朗诵朗诵? 第一名的选手,特别特别有范,您看看庆民的实践水平怎么样,好吗?

龙:好!

关:俄语的诗朗诵哈。

张:我来给您朗诵一首《青铜骑士》,«Медный Всадник»,普希金写的第一段。

关:庆民同学给您朗诵一首俄语的《青铜骑士》。

龙:好。

关:非常非常优秀,您来欣赏一下。

张:

На берегу пустынных волн

Стоял он, дум великих полн,

И вдаль глядел. Пред ним широко

Река неслася; бедный челн

По ней стремился одиноко.

По мшистым, топким берегам

Чернели избы здесь и там,

Приют убогого чухонца;

И лес, неведомый лучам

В тумане спрятанного солнца,

Кругом шумел.

龙：好。

关：好，非常好，是吧？在您看来，实践过关了。对他来说，未来也是非常非常美好的，再次感谢庆民。由于时间关系，老师您九十多岁了，（访谈时间太长的话您的）身体也会吃不消。今天我们就先聊这么多，非常非常高兴老师能给我们讲黑大的历史和故事，我们在座的老师和同学应该听得非常非常感动，是吧？也非常受启发啊，应该说我们工作、学习更有动力了，我们也要带着一种使命感。我们为您的老黑大精神点个赞，再次感谢您，辛苦了！

龙：谢谢、谢谢。

关：好的、好的，有机会您再来做客，或者我们到您家里去做客。我们多交流，今天先到这儿。

龙：谢谢、谢谢！

（2021 年 6 月 17 日于黑龙江大学主楼 A418 室）

* **访谈中人物介绍**：

龙：龙翔，黑龙江大学俄语学院退休教师。

关：关秀娟，黑龙江大学俄语学院教授。

刘：刘伟，黑龙江大学俄语学院副研究馆员。

刘 1：刘聪颖，黑龙江大学俄语学院副教授。

杜：杜宇，校友。

滕：滕仁，黑龙江大学俄罗斯语言文学与文化研究中心副研究员。

张：张庆民，黑龙江大学俄语学院学生。

你两次选择我　我终生追随你

——吕存亮教授访谈录

杜明珍　王雨欣　吕存亮

来校七十有二秋,学习进步不曾休。
跟着时代迈向前,笑迎盛世乐悠悠。

平凡,不可平庸。
知足,而知不足;
越学越觉知之少。
每天学一点,
每天进步一点。

吕存亮老师手稿

杜: 吕老师,您好! 您是哪年入校的啊?

吕: 我是 1949 年入校的,来到这已经有 72 年了。

杜: 您家是哪里的呢?

吕: 我原来是北京人。来到这里,不是我想来学习俄语,而是组织分配我来哈尔滨学习俄语的。因为我当时是在北京上学,中学快毕业的时候北京解放,从一些大学(师范大学)来了老师,来做我们的指导教师,他们讲了很多革命的道理。那时候我考入了华北大学,也就是原来的陕北公学,现在的中国人民大学。我们这里的很多老师都是从华北大学来的,比如说陈叔琪老师,只不过他在华北大学没有学习,而我是在那里结业了,然后分配过来的。那时候组织问我:你要到哪里去? 我说我也不知道要到哪里去,服从组织的分配,然后组织通知我要去哈尔滨学俄语。很多人知道以后都想来哈尔滨,但是那个时候已经都定下来了。所以不是说我要学俄语,而是组织分配要我学俄语。

杜: 那您当时是怎么学习俄语的?

吕：我学的第一个字母是来到哈外专之后发的一个圆圆的校徽上的字母。那时候和我住在一个屋子里的老同学问："你认识这个字吗？这个是 Я，就是'我'的意思。"我认识的第一个俄语字母就是 Я。那时候校徽上 ИИЯ，就是 институт иностранных языков（外国语专科学校）。第一节课就是苏联老师上的课，一个班三四十人。那时候大家手头都还没有 ручка 呢，老师左手拿着铅笔，右手拿着 перо。"—Что это？—Это карандаш. —Что это？—Это перо."开始老师就这样教我们，我们就这么学的。

杜：当时的老师都是苏联人吗？

吕：对，都是苏联人。当时的助理员不叫助教，叫业务助理员，政治课的叫政治助理员，就相当于现在的政治辅导员，业务助理员就相当于现在的助教。

杜：您现在还记得您的那些同学吗？

吕：我们在华北大学结业之后，就准备随军南下做工作队，我们来的时候都互相不认识。那时候我在华北大学的 114 班，一百多个人当中抽出两个人来学习俄语。那个时候我也不知道要学什么，就想着要服从组织分配，直到分配当天才宣布去哈尔滨学俄语。我到哈尔滨以后，就与南下的同学没有了联系，他们可能牺牲了很多。因为当时军队在解放村庄，让我们这些在华北大学结业的学生留下做地方工作。那时候南方的土匪比较多，社会治安就是这样，就像大家看到的《解放大西南》那样。南方有的土匪比较猖狂，有打暗枪的，所以做地方工作牺牲很大，我们在哈尔滨不断听到我们同学牺牲的消息。当时在 47 班和我一起学习的同学一般都比我大，现在我都八十八岁了，他们可能都九十岁左右。就像和我一起来的那个老大哥，当时我十六岁，他可能已经将近三十了。因为当时分配有人住大屋，有人住小屋。我们那时候在华北大学，条件是差一些的，全国刚刚解放，我们每天吃小米。十几个人一个铁桶，这个桶是多用途的，我们打饭、洗脸、用水都用这个铁桶。我们当时住在正定，就在教堂里全体打地铺，跳蚤特别多。但当时就只有这样的条件，我们也都过来了，也是都挺好的。那时候就是跟着部队走嘛，是组织让我来到哈尔滨，我是不是扯远了？

杜：没有没有。

吕：我来到哈尔滨之后，我描述一下当时的情况，我们当时穿的都是四野留下的军服。那个大棉裤什么的,都是这么窝着的,都不是像现在这个样子。我那个棉裤特别大,都到我的胸前了,衣服穿起来都到我的膝盖了。我们都穿成那样来的哈尔滨,来到哈尔滨以后才发现我们穿得非常朴素。当时的哈尔滨大街上人不多,才四十万人,大街上走的很多都是苏联老太太,她们走得很快,她们穿的都是大衣,然后穿袜子和裙子,就那юбка。大街上寥寥几个人,好多都是苏联人,我们这些人来了之后,一下子增添了新生力量。所以组织马上给我们换装,我们那时候都是供给制,生活虽然苦一点,但是不分心。吃、穿、住都是供给制,大衣、棉衣,甚至牙膏都是国家给。我们来的时候带的被子很薄,组织就给你加棉花。与现在相比,条件当然是差一点,但是我们很满意啦。我们以前吃小米饭,到这后吃高粱米和红豆,那吃得可香了,在饮食方面给我们提高了好大一截。居住条件比华北大学又提高了一些,住楼房有暖气,不是打地铺。虽然现在比原来条件要好,但是我们当时有当时的优越性,我们那时候是供给制,不用自己考虑今天买什么菜,反正大家都一样,但现在需要你为自己考虑了。

杜:吕老师,您是哪年毕业的?

吕:我是1953年毕业的。为什么我毕业比较晚呢?当时也是组织照顾,我有两次组织分配,一个是学习俄语不是我决定的,另一个是留校不是我决定的,都是组织决定的。那个时候我就到了73班,为什么到了73班呢?因为我有两次大病,一次是(20世纪)50年代初,突然来这里有点不太习惯这里的气候,所以经常犯鼻炎,然后就做了透视。透视结果说是肺不好,学校马上用大马车给我送到了哈医大一院。当时组织照顾得非常周到,我在医院住了一个多月。那时候的待遇非常好,有人把饭给你端到床前来,天天有肘子等等这些更高级的东西。住了一个多月,发现不是那么严重,然后就出院了,这就是我的一次生病经历。除此之外,工作的时候又有一次,因为心梗,学校又给我送到了医院,因为那时候我已经是副教授了,所以还住了高级病房。所以这两次大病,都是组织把我从病魔手中拯救出来了。我自己感觉,自己学俄语和留校都是组织决定的,而且组织的两次照顾把我从很危险的情况下拯救出来。那时候(1949年)得肺病是很严重的,比如肺结核,我那时候的病叫肺部浸润。1982年的时候说我是心梗,心肌梗死,那两次都是很吓人的。虽然我自己感觉没什么事情,但是两次组织都是给我送到了医院,而且受到的都是比较好的医

· 39 ·

疗待遇。

杜：吕老师，您是1953年毕业，那您上过研究生班吗？

吕：我1953年毕业就工作了，工作一年后进的进修班。我们留下的同学当时都是课代表，大多数都是五分的学生。留下的人有一部分读了研究生，有一部分当了教师。我是属于工作的，我的工作是助教。助教做了一年，又从我们这批人里抽出一些来学习。那个时候不叫研究生班，叫教师进修班。

杜：您做助教的时候教什么？

吕：我做助教的时候，学生都比我大，因为有的人已经工作了，有的是"调干"，好几个人都比我大。那时候都是外教教课，我们是下午辅导。但说老实话，当时我学习的条件远不如现在。我们入学就没有一本字典，全年级好几百人没有一本字典。有的一本字典，还是俄日字典，就是日本人编的叫《露和辞典》。俄语单词是用日语解释的，你想象一下学习俄语是用日语来解释的，没有汉语。

杜：相当于没有字典。

吕：对，没有字典。后来得到的就是陈昌浩的《俄华辞典》。当时也没有什么语法书，就只有北京大学出了一本语法书。所以说当时要学习什么课外的，都没有什么材料，只有一本特别小的杂志叫《俄语学习》，教材基本上也没什么。我参加工作之后没辅导的时候，就去资料室多看些资料。

杜：那苏联人教课的时候，您能听懂吗？

吕：开始听不懂，后来就慢慢听懂了。就是有人接受得快一点，有人接受得慢一点。我反正也就稀里糊涂地学了，而且成绩也还可以。我留的这些资料也不多了，我看看当时都有什么课啊。这是当时（1953年）哈外专的毕业证书和成绩单。

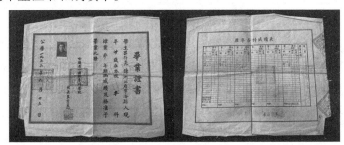

吕存亮老师的毕业证书和成绩单

杜：您的成绩很优秀啊！

吕：课就这么几门。那个时候是五分制，отлично 是五分，хорошо，удовлетворительно，就这么三种，两分是 двойка。

杜：您这几乎都是五分。

吕：可能是因为这个，所以就留校了。

杜：吕老师，您业余时间都做什么？

吕：说老实话，我们那个业余时间不像现在。那时就是大家吃过晚饭后班里的同学一起唱唱歌，星期六有舞会，但是也很少，况且我也不参加这个。

杜：您学习俄语之后和同学之间的交流是用俄语还是用汉语啊？

吕：那时候是要求我们 везде и всегда говорить по-русски，就是随时随地要说俄语。但是我们可能是因为气氛还不够，很难张口说俄语。但是学校要求我们随时随地说俄语，要有这样的氛围。那时候毕竟是苏联人教，就听到了苏联人的讲话，但是要住在苏联的环境里呢，那条件就更好一些了。像袁长在老师，他从前在苏联中学学习。在苏联中学学习的，他们总是和苏联小孩儿待在一起，那肯定说俄语要流利一点。就像我们现在听广播里有的外国人说汉语说得非常好，甚至比个别中国人还要地道，表达得还要准确，音更加准。这是因为他们在环境中受到了熏染，而且主观能动性更强一点，模仿能力还要强一点。外语环境很重要。我到苏联交流过两个月，去那边合编字典。当时我就感觉到，在那里的交际和生活到处都是用俄语，所以学习什么都非常快。有一次，我住的那个屋子里电灯坏了，我去找管理员。我当时一下子想不起来怎么说了，说的就是一些低级的俄语。我就说"Лампа перестала работать."，然后管理员马上说"Загорела."，用了一个在字典上也查不到的表达法。我说的是"不干活了"，她（管理员）说的也是"对，不干活了"。实际上是 перегорела 这个词，表达的是电灯泡烧坏了，但我当时也不知道，我就得说 перестала работать 来表示不工作了。经过这事之后我就学会了这词，而且印象非常深刻。还有一次我到商店里去看那个高压锅，俄语叫 скороварка。我一想是"煮得快"的意思，这样我就记住了，而且过了二三十年也不忘记。在语言环境里，你不学习也能学到很多东西，而且慢慢那味道自然就出来了。所以在语言环境中学习地道的表达方式，这还是起着一定作用的。

杜：吕老师，请问俄语语法这么难，您在学习过程中是怎么理解、接受的?

吕:我们没有教语法的老师。那个时候就是要我们背一下"名形数代动,不变副前连语感"。讲十大词类,名词是最多的,而动词的变化则是最复杂的,而数量最少、最好学的是数词。数词也就这几十个来回倒换,不管多大数也就那几十个词,就跟汉语那十几个词一样。比如七千八百万、六亿五千万,咱们就加上个京、兆,像亿、京、兆、个、十、百、千,俄语也就那些。像数字 15,那是 10 加 5,пятнадцать;50 是 5 乘 10,пятьде-сят,就那么学,比较单一。形容词的变化和名词的变化,数词就不带了,很快就能分辨出。但那个时候没人给我们指点,就是"名形数代动"变化,主要教名词,我们就得背那个 а、у、о,就是这么跟着苏联人学。

杜:那时候您对教学法有什么认识?

吕:苏联专家来了后,我们才有了学术建设和理论建设。苏联专家的业务水平比苏联侨民高很多。苏联侨民虽然俄语说得很流利,但是他们只有初高中的文化水平,教的知识方面还是有欠缺,而且他们也不是教师,没有受过师范类的训练,也不掌握教学方法,但我们那时候就是跟着学。到 1956 年,学校改成了外国语学院,慢慢地苏联侨民就走了,他们一部分回到了苏联,有一部分去了澳大利亚。

杜:吕老师,您什么时候开始做科研的呢?

吕:科研的问题提不到日程,因为手头资料有限,连本字典都没有,还怎么搞科研啊?苏联专家来了之后,我们的资料稍微增多了,那时也知道苏联的文章了。资料有了,我们也有复印机了,就把外国的书影印,这样我们就能得到大量的资料了,这时候才能开始把理论建设、科研提上日程。以前根本不能提上日程,写的都是通讯类文章,也没法研究。专家来了后,接收的资料多了,给我们讲课的中国人也逐渐代替了苏联人。苏联人陆续走了,中国人的实践课、理论课、语法课和语音课就慢慢分开了,有人专攻语音,有人专攻语法,有人带实践课,教师也就分开了。老师为了提高教学水平,还要拼命地备课,科研啊什么的根本提不上日程。

杜:当时哈外专、哈外院的办学特色是什么?

吕:当时它的特色就是需要什么人才,就培养什么人才。我们之前的那批人都是满足军队需要,后来我在的 73 班全都是抗美援朝来的,所以没有女生。

杜:我看您这个成绩单里有口译课,当时这门课也是苏联人讲吗?

吕：不是，口译课是中国人讲。那时候苏联人就上实践课。

杜：当时考试形式是什么样的？

吕：我们考试有笔试和口试。一般笔试都要苏联人出题、苏联人判卷。口试有时候也有研究生的，陈叔琪老师就在研究生班教书。到考试的时候他们就和苏联人一起坐在后面，我们就坐在桌子前面来回答，这就是口试，就是用俄语来讲话。有时候还有中文的问题，比如这个研究生问你"市场怎么说？"，我们没马上想起来，就说 базар。但其实这是"八杂市"，市场得用 рынок。过去我们叫"三堂会审"，这儿是主审官、主考官，我们就坐在前面。

杜：吕老师，您主编过词典，当时您编纂词典的初衷是什么？

吕：我是后到词典组的，我原来长期教俄语实践基础，也教过教师进修班和理论语法。当时理论语法的这几个老师都是苏联专家带出来的。起先是 Уханов 来教我们，他让我们很多人都开窍了。后来又来了几个专家，他们带了几个研究生，那时候开始就往科研那个方向转型了，起先还谈不到科研。我教进修班时也看了一些资料，那时候写的是 книга брата 和 братья книга，就是物主代词和名词二格在语义上、修辞上和语法上的差别，翻译后给专家看，专家看完之后也没说啥。反正我就觉得，这不是小儿科吗？于是就把那些东西扔了。那时候研究名词二格和关系代词之间的关系这个题目确实是可以的，在修辞上、在语义上、在语法结构上，当然啦，在语法结构上就比较清楚了，但在修辞上和语义上到底有什么区别，有哪些区别，以及类别有多少，这也是后来有的人在研究的内容。那个时候我就开始研究，也着重在这方面发展。汉俄语音方面的对比还比较容易，那时候研究的人比较多，因为这个领域苏联人研究不了。苏联人哪里懂得中国人的发音，什么舌前音、舌中音、舌后音，还得是中国人来研究舌头的位置比较方便，与苏联人在音素上进行对比是我们的特长，他们也没有那么多汉语的语音资料，所以我们首先在这方面有了突破。那要是研究语义、词法这一些方面，怎么研究也超越不了人家。在对比或是在研究汉语、俄语或是在教学中，中国人很习惯用汉语的思维来表达，但 русские так не говорят（苏联人不这么说）。像我们在教学过程中就经常会出现这种状况和类似的问题，但是我们本身说的是不是地道的俄语也很难说，因为我们学的东西非常有限。这样的话，在这方面可以多下一些功夫，而且也能发挥我们的特长——汉俄的差异对比。至于教学呢,可以研究中国学生容易犯的错误,哪些是出于中国人的表达习惯。那时候有一个"给祖国写信"的例子,中国人不习惯用 куда,但苏联人就用这个。中国学生一提到"给中央委员会写信",一想"给",就要用第三格,但是在苏联就必须要用 куда 做状语,要是用 кому 的话就是做补语。我们不习惯提"你往哪里写信",虽然也说但比较少,我们还是习惯用 кому 这个方式。这个就是汉语思维在俄语表达中很容易犯错误的地方,所以在这一方面我又多做了一些科研工作。地道的俄语是用 куда,提到 писать куда 好像不符合我们的表达习惯,教课的时候也不会很注意这个问题,但是要注意的是,我们讲的是俄语,所以要按照俄罗斯人的表达方式来表达。

杜:吕老师,您参编字典的过程中,感悟最深的是什么?

吕:编纂字典要求你的知识面要广一些,得会查。因为有很多东西不是你原来脑子里就有的。一个人不可能识遍天下字、读遍天下书。我们会的还是有限的,还得会查资料。在编纂字典的过程中,我经常会想,我们那时候为什么没有一本自己的字典呢?字典这个工具我们确实需要,工欲善其事必先利其器嘛。连一个工具书都没有,很多学问就很难学得很好。既然是工具书,那就必然会要求精准,不许出现任何的差错,但是也难免会出现一些问题。我认为我们要善于查找一些中文资料和俄语资料。有些错误延续了很长时间,我们现在看的字典上可能还存在着一些错误。现在看起来,这都是难免的事情,还会出现这样或是那样的问题。有些错误的出现是因为你查得不够,所以要做到细中求细,还要掌握查找的技能。人家可能两分钟能查到,你可能花的时间要多。为啥呢?那就是你要掌握这个会查资料的技能。

杜:要怎么掌握这个技能呢?

吕:我们都是自己探索的。那时候要求我们是杂家嘛,学的内容要多一些。就像有的人没有学过语言学理论,那他在语言的分类上就很容易出问题。现在也经常出现这个问题,把俄语划为东斯拉夫语族——它其实不属于东斯拉夫语族,而属于东斯拉夫语支。语族要大一些。它(俄语)属于语支。我们说斯拉夫语族、印欧语系,但是我们在很多书上还可以看到东斯拉夫语族:俄语、乌克兰语、白俄罗斯语。按书上说是叫语族,但实际上不能够叫作语族,而应该叫作语支。这我认为就是一个漏洞。我认为就是知识面不够,因为每一个人的知识面都有限,但是你可以多查

· 44 ·

一查啊。像类似的问题还是会有的,虽然在所难免,但我们要尽量避免。对于那些普遍的问题,那就更应当要注意了。

王:老师,请问您是党员吗?

吕:嗯,我是党员,我入党比较晚,我是1973年入党的。

王:您觉得您自己身上让您不断进取、不断学习、每日三省吾身的精神是什么?

吕:就是国家需要。抗美援朝,需要军事翻译,就多招收一些,后来又转到工业和机械方面。什么需要,就讲什么,但都只是一些皮毛。到了工作岗位再学。之前学的那些很不够用,那些都是最基础的知识,和工作上差距很大。但是有一些基本词掌握了的话,到了工作岗位学一些新鲜的东西就很好掌握,要是基本词汇都没有掌握的话,那就不好办了。

杜1:您上学的时候,有没有对您最照顾,或者说您心目中认为最好的老师?

吕:最好的老师,是一个苏联侨民。身形比较高大一些,他讲课的时候能够把词根给你讲出来,给你分析,他讲过的记单词方法,我们回去再琢磨琢磨,再学习一点,就越积累越多。有很多同学发现在学习的过程中,单词越来越好记了。开始你必须要死记硬背,一个是一个,但到后来就越学越容易了。比如说 идти、ходить 这些单词,就可以加前缀 за-、при-、про-,学会一个,其他就都顺便记下来了。像定向动词和不定向动词,我们汉语没有这个语法范畴,也没有相应的语法形式和语法意义,而俄语有。这些动词都和运动有关系,идти、ходить 和"走"有关,"飞、游泳、携带、爬","飞在天上、站在地上"等都和运动有关系。但是汉语中没有这种表达习惯,它不需要有这种特殊的语法形式,另外,它的意义也没有什么特殊的。俄语运动动词的意义还有一定的特殊性,比如说 идти、ходить,我们用的最简单的是"一次"和"多次",但实际上不是这样,是朝着一定方向和多方向。这是学习俄语的过程中很难理解的地方,中国人学习就比较困难,但是你多看就懂了。идти 也不见得是"一次",每次可以朝着一定的方向进行,ходить 也不见得是"来回、反复"。

关:我们特别期待多跟你们这些老教师交流。刚刚上课的时候我还在和学生说,我们正在做一件很有意义的事情,就是跟你们这些老教师有一些交流和沟通。

吕:现在我的知识还是不行。我就是知足,知不足。知不足,指的是知识不足,学无止境,学海无涯,每天学习一点,每天进步一点。

关:您这么高龄了,我们也可以从刚才的谈话中看出您说话都滔滔不绝的,简直像脑袋里装着一个词典。您回过家乡吗?

吕:我原籍是浙江人,没回去过。我们73班大多数人都分配到了北京,就把我一个人留下了。我就问了一下组织,说我回北京行不行,不用组织出派遣费,我自己回北京,但组织说不行。

关:还是我们黑大特别需要您来教育下一代,培养更多的人。

杜:您当时学俄语的方法和现在的比较起来,您对现在的学生学习俄语有什么建议吗?

吕:我没什么建议,因为现在的条件和过去相比真是太好了。还是得好学,善学不如好学,得学出兴趣来,那才能学进去。要是见到俄语就有点儿烦,那就学不好。现在和我们过去不一样,过去吃、穿、住、工作都不用我们管,我们就是学习,学完了就有工作。虽然生活质量不是那么高吧,但是生活必需品全都有。我自己认为比较好的就是一开始吃小米,后来吃高粱米,最后吃大米,生活质量是越来越好,所以我很知足。但是知识确实不足。

杜:吕老师,您作为老一辈的黑大人,您对现在的年轻教师和学生有什么建议吗?

吕:现在的年轻人的学习条件和过去不可同日而语,还是要好好珍惜现在的学习条件。另外,搞俄语的话,汉语不能丢了,汉语也得钻研,能学点儿第二外语也很好,相辅相成,会使你对俄语的理解更深。对汉语的理解深了,对外语的理解也就深了,对比一下有时候很有意思。现代俄语恐怕外来语借鉴的更多一些,从英语过来的更多一些。咱们其实懂了俄语之后,英语的语法就不算太难了,两者之间有很多相通的地方。所以我们借助这样的条件,要使自己的汉语水平继续提高。另外,还要把实践和教学结合起来。光有 знание 和 умение 不行,还得有 навык。

杜:吕老师,今年是黑龙江大学建校 80 周年,也是俄语学院建院 80 周年,您作为老黑大人,可以为校庆和院庆说点祝福语吗?

吕:希望我们学校办得越来越好,能够将老黑大人的精神和优良传统发扬光大,争取成为第一流的学校。让我们一起努力吧。

有一句俄语:старость не радость,就是说上了年岁之后太明白也不是一件快乐的事情。记忆力、认知能力、表达能力都不行了,所以说话有些欠周的地方,请大家多原谅。

(2021 年 6 月 22 日于黑龙江大学主楼 A418 室)

＊访谈中人物介绍:

吕:吕存亮,黑龙江大学俄语学院退休教师。

杜:杜明珍,黑龙江大学俄语学院研究生教务员。

杜 1:杜宇,校友。

王:王雨欣,黑龙江大学俄语学院研究生。

关:关秀娟,黑龙江大学俄语学院教授。

七十载峥嵘岁月　八十年薪火相传

——钟国华教授访谈录

冯雪晨　李荣华　钟国华

冯:钟老师您好,非常感谢您接受学院的专访,同时也很高兴能够有机会和您聊一聊我们黑大的老故事,听一听您的人生经历。今年是黑大建校八十周年,也是俄语学院建院八十周年。您作为一位老黑大人一定有很多的话想说。

钟:很高兴能够在我们学校八十周年校庆的时候,和大家谈一谈我自己和学校以前的一些情况。当时为了适应我们国家的经济建设,需要培养大量干部,咱们学校在北京、天津、上海招收了一批学生,共有300多人。我是在1950年8月份,坐了四天四夜的火车来到哈尔滨的,当时我19岁,现在我90岁了,我在这儿待了整整71年。当时的哈尔滨人很少,只有80万人,建筑几乎都是俄式的,跟上海的建筑完全不一样,而空气又特别好,所以我心里非常高兴。

冯:您当时是如何开始学习俄语的? 当时一个年级有多少学生,您还记得吗?

钟:从此之后我们就在这儿开始学习了,学习很简单,教我们的都是当地的苏联侨民。除了外教外,每三个班还有一个中国助教,主要解决翻译中的文章理解问题,另外还有一个就是专门管理政治思想的政治助理员。此外,每个班有一个党员、一个团支部。老师们教的很简单,我们当时也没有什么教材,就在黑板上写字母,比如:к-н-и-г-а,книга,逐渐地开始深入学习。当时我们大家都很努力,因为我们都知道,我们到这里,并不是简单地学习,而是到这来参加革命的,这是很光荣的一件事情。当时有一批学生特别好,1950年抗美援朝开始,哈尔滨市、长春市一些地方的青年要参军去抗美援朝。结果因为年纪太小,国家就把这些学生全送到咱们学校来学俄语。他们大多是工农子弟，全是男学生，大概有500名学生，所以也叫他们"五百罗汉"。后来毕业的时候，很多人都去了国家比较重要的地方。

在我们学了近两年半的时候，学校准备扩大规模，培养一部分师资，就把其中学习比较好的同学挑了出来，送入了当时办的研究生班。我们来的时候已经有了一个研究生班，我们这一期办了五个研究生班，当时大约有200个人。1954年我从研究生班毕业了。

冯：您当时都学了哪些课程呢？

钟：我们除了学习俄语实践外，还学习一些理论。那个时候苏联专家帮助我们学习教育学、语法理论和词汇理论。由于大家都比较努力，平时听得多练得多，所以我们的口语水平也比较好。1954年，学校扩大招生，招了约1 700名学生，分成了70个班。由于非常缺少教师，所以就让我们当这70个班的主讲教师，也就是从那个时候开始，中国人成为主讲教师。

我们当时的学习很简单，只有两门课，一门俄语课，一门政治课。只有星期天休息，六天中，五天上俄语课，一天专门上政治课。俄语课上午是由教师主讲，下午由他们轮流辅导我们做练习。政治课主要是王季愚校长给我们讲的，先学习社会发展史、中国革命史，之后学政治经济学。所以我们这些人当时的思想觉悟主要是靠学校对我们的政治教育帮助形成的。我们刚开始工作，很努力，因为我们知道尽管学了四年俄语，但是底子还不是很扎实。学校也想了很多办法来帮我们提高业务水平，开各种各样的班来帮助我们提高教学水平、管理水平和理论水平，再加上我们自身的努力，在1954到1956这几年时间里我们成长的速度非常快。其中有一部分青年老师已经被评为助教、讲师、副教授，有一些兼职的也成功加入讲师的队伍了。成为教授以后，学校对我们的教学抓得很紧，整个教研组的活动很紧凑，还派有经验的教师来做教研室主任或组长。通过集体备课、共同（写）教案、抽查教案、抽查教学笔记、检查性地听课、开展公开课、观摩教学等活动，来提高我们的教学水平。后来，大批的苏侨离开了，学校里除了个别的苏侨，其余都是我们中国人在这里讲课，也同样取得了很好的成绩。这些是我们学校发展的一个情况，也就是我们当时的学习情况。

冯：1955年召开了全国第一次俄语教学研讨会，影响很大，当时为什么要开这个会？都研究了哪些问题？

　　钟：当时的教学有一个很重要的问题，就是我们学校是以实践口语为主，强调学生应该会说、会讲、会学、会听、会翻译，但是还有一些人主张要用理论来指导实践。我们不否认理论指导实践，但是过多的理论，完全通过翻译的方法来教学也不行。为此，1955 年，王季愚校长主张开一个科研大会，主要处理如何认识理论和实践的关系问题，即在教学里是否需要运用翻译法、对比法来培养学生口语的问题。当时我们对这个会议感到很新鲜，因为在此之前从来没有参加过类似的科研大会，会上有报告、副报告、讨论等，当时还有一些苏联专家也来指导了我们的工作。

　　当时苏联有比较流行的一个教学法——自觉对比法。这一方法就是强调理论，强调翻译的对比，即通过两种语言的对比来进行教学。这一观点和我们学校当时传统的教学法不完全相同，我们学校认为理论是需要的，但对于学生来说，过多、过深的理论是没有必要的，只要这个理论能够指导我们的实践就足够。而对于教师来说，理论水平则越高越好，但在教学的过程中不能用过于高深的理论进行教学。对当时而言，这是亟须解决的一个问题，理论是需要的，但还是以实践为主。最终大会得出了一个结论：没有理论指导的实践是盲目的实践，不为实践服务的理论是僵死的理论。不管是翻译法还是对比法，实践发展口语是主要的。理论再好，但指导不了口语和实践能力的提高，那么理论也是没有用的。从此以后，我们坚持指导老师在语言理论水平及教学法理论水平方面的自我提升。但是对于学生却不能这样要求，他们有一定的理论就可以了。

　　所以我们编的这套教材里面就能体现这个原则，我们当时用的四本教材，就是以语音为主，同时学习一定的语法、词汇，每一课都增加一定的词汇，有一定的语法主题和一定的练习。在四册全部学完以后，也就是两年学习结束以后，就可以具备俄语的基础实践能力。我们自己也有一套理论课的教材，理论课教材就是把俄语里面的语音学、语调、词法学、句法学、词汇学都整合在一起，是一个综合性的教材，供我们四年级的学生使用。

　　冯：当时大家都喜欢做科研吗？都研究些什么？

　　钟：当时学校的老师大量做科研，大家开始研究教学法、语言理论、言语问题，研究语言和文化的关系等问题，之后就出了由我们自己编写的一套丛书。同时，我们学校也开始编撰刊物。该刊物最初只在内部发行，到

1956年,经过改版的《俄语教学与研究》开始在全国发行。以前的主编有吴翠萍、华劭老师等。1966年,由于历史原因停刊了,改革开放以后,我们又重新办了这个刊物,名字改为《外语学刊》。1984年,我从俄语系调到《外语学刊》(编辑部),我在《外语学刊》编辑部干了十几年,一直到1997年退休。《外语学刊》当时在国内有一定的影响力。当时我们国内有好几个刊物,比较知名的有上外的《外国语》、北外的《外语教学与研究》、我们的《外语学刊》,还有洛阳外国语学院、南京国际关系学院、大外出版的一些刊物等。黑大的《外语学刊》是全国四大外语刊物之一,我们是以俄语为主,因此我们能够集合全国的俄语写作力量,当时我们还是研究会的副会长单位。此刊物对全国的俄语教学也起到一定的作用。

俄罗斯曾经连续两次派专家来参加《外语学刊》的会议,在会上,他们对我们的刊物表示肯定和赞赏。在科研大会以及创办《外语学刊》之后,黑大老师们的科研水平、科研强度开始提高。尤其是我们学校的俄语实践和俄语理论,在国内也起了比较好的作用。

冯:哈外专的教学特色是什么? 您认为,哈外专俄语教学成绩斐然的主要原因是什么?

钟:我想重点谈一下当时俄语教学的特点。第一个特点就是以实践和口语为主,让学生实际掌握所学外语是大学本科外语教学的一个根本任务。当时俄语教学的特点主要就是用各种办法来加强我们的口语实践。这也就是我们学校能够站住脚,能够在国内有一些名气的原因,这是很重要的因素。我记得有一次我们和苏联专家们在北京开会,各大学报的编辑进行发言,几乎所有人的口语都不是很好。我是最后一个发言的,苏联专家听后很吃惊,还问我是哪个学校的,我说我是黑龙江大学的。

第二个特点是大量进行外语实践训练。一开始就让学生进入语言三大要素的训练当中,也就是语音、词汇和语法三大要素的综合练习和运用。

第三个特点是入学以后,相当长一段时间的主要任务就是打好外语基础,也就是让语音、词汇和语法三个要素之间的综合训练能够有个比较牢固的基础,要进行大量的外语基本功的训练,而这个训练,应该是循序渐进的,是由容易到困难、由简单到复杂的一个过程。

第四个特点是从打基础的内容来看,主要分为两个方面,一个就是语言方面的,一个是言语方面的。语言方面指的是我所说的三大要素,即语音、词汇和语法的自动化训练,要做到 знание(知识)、умение(能力)和 навыки(素养)的全面提高。言语方面,要重点培养综合运用上述技巧来进行交际的能力,即口语、阅读、写作和翻译的能力。其中口语是重点,是基础中的基础。

第五个特点是在不同的场合中,能够把我们所学到的知识自觉灵活地运用到实践交际当中去,这就要求我们的教学要有交际性、创造性。记得我们以前课堂上经常开展各种会话活动,比如商店购物的场景对话等。此外,当时哈尔滨秋林公司的苏联售货员有很多,课后我们经常去和她们聊天、练习口语。

第六个特点是扩大阅读量、词汇量,创造外语的语言环境。当时学校为了创造语言环境,就连打字员、清洁工都招苏侨,一定要让学生达到交际的目的。

第七个特点就是正确处理理论和实践的关系。理论不能太高(深),但是必要的那些基础规则一定要知道,而且要牢固地树立一切为了实践的观念,把言语的实践始终放在教学首位。

冯:您对王季愚和赵洵两位校长有什么印象?有什么故事给您留下最深的印象?

钟:王季愚校长是 1908 年出生的,赵洵校长是 1917 年出生的,两个人相差 9 岁。她们是在上海参加革命的时候认识的,抗战胜利后,在分别时两人相约:"将来不管到什么地方,我们都要兴办教学,兴办教育。"这是为什么呢?她们说:"我们在农村待的时间太长了,看到农村的文化太落后了,所以我们一定要办教育,通过教育来把我们的国家强大起来,然后使我们的人民有文化。"她们当时许下了这个诺言。1946 年,她们在佳木斯重逢,之后又在哈尔滨相聚,此后,她们一直就在一起。

王季愚校长是 1981 年去世的,赵洵校长是 1988 年去世的。在哈外专时期,王校长主要讲政治课,也讲文化课、语文课,有时候还给初中毕业的学生讲课;而赵校长主要负责教学、科研、教材(编写)等。教材编写及后来我们编的词典,赵校长起了很大作用。可以说,两位校长共事了很多年,把我们的黑大办起来是很不容易的,尤其是建校一事。当时学校除了此处以外,还有好多地方,整个学校都是分散的。王校长认为,既然我们要办一个正规的学校,必须要有一个属于自己的宽敞的校园,校园应该有树、有草地、有俱乐部、有游泳池、有体育场等,这些设施都应该配备。如果一直在市里办学,这些想法都无法实现,而且当时征用的教学场地可能随时就得归还给各个单位。因此王校长坚持将学校迁至郊区,直到今天。学校刚刚搬迁过来时规模并不大,只是占据了现在黑大校园联通广场那个地方,后来经过不断的努力,我们的校区逐渐扩大。两位老校长当时还种下了并肩站立的两棵椴树,如今那两棵树的根已经连在了一起,成了姊妹树。所以,现在黑大有这样的一个规模是王季愚校长坚持的结果。

当时的哈外专,由于条件限制,很多同学长时间回不去家,两位校长对学生们爱护有加。有些年龄稍大的学生是带着孩子来的,为解决孩子的养育问题,学校开办托儿所、幼儿园,还特别为孩子们买了两头荷兰奶牛。两位女校长在学生们的心目中如慈母一般。

王校长对有残疾的人也特别照顾。我记得俄语系有一个男生,他患有侏儒症,按照当时的教育部规定,这样的学生根本就不能入学的,但是王校长把他接收了进来。后来他对打字排版很有兴趣,就留在学校的印刷厂工作了很多年,之后又在俄语系工作到退休。此外,学校还培养了很多非俄语干部,尽管当时是按照学习俄语招进来的,但在学习过程中发现他们的特长不是学俄语,就让他们做自己擅长的事情。有很多学生,有某一方面的才能,学校都想办法去培养他们,(让他们)去学他们的专业。我们班上有个女同学,歌唱得特别好,俄语学得一般,学校就感觉她学俄语就可惜了,于是就介绍她到中央音乐学院学习,毕业后就在中央歌剧舞剧院担任主持人,她叫潘凌云。类似的例子还有很多,学校发现有好的人才,就一定竭尽全力来培养。咱们学校有一个年轻女医生名叫郭鹏,不知道什么原因把手弄伤了,医生说很严重,需要截肢。王校长去医院和大夫恳求,求他一定要把她救下来,不要截肢。结果还真把她救下来了。后来这个女生去学医,成了一名外科医生。

王校长个儿不高,短发,穿着布衣裳、布鞋,挺朴实的一个老人,很平易近人。她喜欢看京剧,我们学校自己也演京剧。有时候北京、上海来了演员,她还专门买票请老师和同学一起去看,活跃他们的文化生活。当时哈尔滨市所有的学校,每年的"五一""十一"都有全市的集会,黑大的学生是最整齐的,尽管没有好的衣服,但都穿着统一的制服,还做了很多的模型,拿着自己做的鲜花,个个精神饱满地路过检阅台。我们还有个大合唱团,专门唱《黄河大合唱》,多次和省市的专业队伍合在一起演唱,咱们学校的学生还是很好的。

冯：今年是黑大建校八十周年和俄语学院建院八十周年，您对学校和学院有什么希望吗？

钟：我希望俄语学院能够不断继承哈外专的一些优良传统，要特别注重（学生）口语的发展，（引导学生）用俄语为人民和国家服务，不断加强自身的语言修养。（学生）也应对俄语某一方面能够有所专长和爱好，比如俄罗斯文学、绘画、音乐、摄影。我的意思是，既然我们学俄语，那么应该对俄罗斯的文化有所追求。

此外，我觉得学生应该更活跃一些。当时的我们经常参加市里的活动、舞会和各式各样的比赛，这也很有利于调动学俄语的积极性。

另外，我希望学院的领导能够更加关心同学，能够来指导他们，让他们更好地发展口语（能力）。因为当时我们练习口语是很艰苦的，但现在的条件比我们那时候的好多了，有很多电子设备等。

最后，我希望俄语学院能够不断发展壮大，黑大的俄语地位不断提高，能够继续在全国俄语界发挥教学和科研的带头作用！

冯：感谢您给我们讲了这么多黑大故事，很感人，我们很受鼓舞！为您的黑大精神点赞！再次谢谢您！

（2021 年 6 月 23 日于黑龙江大学家属区）

* **访谈中人物介绍：**

钟：钟国华，黑龙江大学俄语学院退休教师。

冯：冯雪晨，黑龙江大学俄语学院助理馆员。

李：李荣华，黑龙江大学俄语学院硕士研究生。

机缘巧合邂逅俄语　铿锵有力诵读人生

——袁长在教授访谈录

李德一　张昕伟　袁长在

李：袁老师您好，首先感谢您接受学院的这次访谈，很高兴有机会能和您聊一聊黑大的往事。今年是咱们黑大建校 80 周年，也是俄语学院建院 80 周年。作为老黑大人，您一定有很多话要说。

袁：对的，谢谢大家来访。我今天心情可能比你们还激动，因为今天看到你们，让我想起了 60 年前的事情，恍如昨日。

1956 年，我来到哈尔滨外国语学院，那时候大家还是习惯叫它哈外专。（那时候）哈外专刚刚走过 15 周年，在它 15 岁的时候我就来了。我当年是 21 岁，那个时候不叫参加工作，叫参加革命。可以说，我进哈外专的第一天起，就受到了党的关怀、党的教育，也正是在党的关怀和教育下，我成长了起来，一直走到今天。

我当年毕业于哈尔滨市苏联第二中学，它隶属哈尔滨市教育局，当年在哈尔滨共有 7 所苏联中学，那里都是当年在哈苏侨的年轻后代。当时的中学是十年制，我 1955 年在十年制高中毕业，毕业以后我到北京铁道部干部学校教俄语，教了半年，也就是一个学期，有些想家。因为我当年才 20 岁，还是个小孩，所以我就回来了，1956 年 3 月份来到了哈外专。这就是我开始工作的情况。

从第一天党就给予了我特别的关怀、特别的教育，就这样，我成长起来了。当年哈外专是咱们全国第一所俄语学校，之后有三个俄语学校，哈外专、北京外国语学院和上海外国语学院三足鼎立。而哈外专是首屈一指的，因为它的出身特别，其前身是抗日军政大学第三分校俄文队，1941 年诞生于革命圣地延安，它从诞生那天起就具有抗大的精神、革命的传统，1946 年搬到哈尔滨后，继续发扬革命的传统。我来到这个学校的时候,给高年级,也就是三、四年级讲俄语实践课,我也是当年哈外专第一个为高年级讲授俄语实践课的中国教师。

当年我们的中国教师都在低年级也就是一、二年级教学。三、四年级的俄语实践课全是由苏侨教师来上的。那时候一个教研室有七八十人。为什么那么多呢?刚解放,我们国家需要人才,需要建设人才。因为当时有苏联专家的援助,需要大批的俄语翻译。所以跟你们说一个新鲜事儿,哈外专第一年的招生人数是1 700人,而现在(俄语学院)每年的招生人数也就是100人左右。这说明什么问题?这说明当年国家的建设需要人才,需要一个翻译对接一个苏联专家,因为一个翻译对接十个专家肯定是不行的。这足以说明哈外专的特殊性,它的任务很艰巨。我在高年级一直担任着实践课的教师,上课时教师的主要的任务就是教授口语,通过文学著作分析讲解,然后问答,注重口语教学,当年的哈外专就是以实践为主,逐渐把教学与科研联系起来,主要思想就是理论联系实际,理论与实践相结合。

我当时还很年轻,才21岁,可以说是初学乍练,没有非常丰富的教学经验。我的学生当时年龄最大的有三十四五岁的。国家需要人才,俄语需要人才,他们都是各个单位的劳动模范,在那个年代这些人叫作“调干”。他们工作了多年,已经是干部了,都是优秀的人才,并且来到这里学习俄语。他们的学习精神、学习劲头给了我很大的鼓励。

21岁就上了讲台,我很激动。从进入哈外专的第一天起我就感到党在关心我,在培养我。因为能让我成为第一个为高年级讲实践课的中国教师,这就足以证明党对我的信任,让我把我的才能充分发挥出来。

我还要讲一讲我和老校长赵洵之间的故事,我记得当年赵校长曾给予我特殊的关怀。赵校长说的俄语是非常地道的,她是哈尔滨工业大学毕业的,当年在哈尔滨工业大学全是用俄语讲课,教师都是苏联教授。有一次,赵洵校长要给外教讲话,本来她的俄语说得很流畅,但我还是被叫去了,有人跟我说:“赵校长要讲话,你去给她翻译吧。”“好!”我当时毫不犹豫地答应了下来。

如今当我回想这些事的时候深有感触,就感觉当时的自己就是初生牛犊不怕虎,要是今天跟我说这句话,我恐怕会有些犹豫了,当翻译没有那么容易。自己也没有准备,就说赵校长要讲话,然后我就毫不犹豫地顶上去了。

但这说明了一件事情,那就是党和国家还有学校领导方方面面地对我进行了培养,我认为这对我来说也是一个机会,所以我就去了。回想起来翻译得好像还可以,赵校长没挑我的毛病。但要是今天再有这样的事,我可能就不太敢接受了。

所以我想说明的是,语言有深度、有灵活性、有技术性,不是说你懂得 стол、книга 就行了,语言是需要多方面练习的,但学生首先一定要把词汇学好。

这么多年来,我一直在高年级讲实践课,研究生班、教师研究生班、全国的优秀俄语教师进修班,(他们)到黑大俄语学院来,我都讲过课。最近几年有一个外国留学生班还邀请我去讲课,但是我就不讲俄语了,我讲翻译,讲同声传译。我的弟子们来自俄罗斯、乌克兰,还有乌兹别克斯坦、塔吉克斯坦这些中亚国家。这些学生们主要是要提高自己的汉语水平。所以说我时至今日一直在教学一线,贡献着自己的力量。

今天我很高兴看到你们这群年轻人学习俄语,这说明我们的事业在继续,我的学生遍布全国,在俄罗斯也有不少,有部长,有大使。有的学生就在咱们身边。比如说孙淑芳教授、荣洁教授、何文丽教授,这都是我的亲传弟子,是我班里的学生。那个时候一个班也就十几个同学,最多的时候是 15 个人,因为强调时间,每堂课每个人都要说上 10 分钟的俄语。所以说我今天看到你们年轻一代,感到特别亲切,我的劳动都体现在这里。

从 1956 年 15 周年校庆到今年 80 周年校庆,光阴似箭,你们也要珍惜时间,要尽全力来学习。

我从小就开始学习俄语,但是学俄语的起因非常偶然。起初,我在哈尔滨市马家沟小学校上学,这是很有名的一所学校。因为当时我家就住在马家沟附近的芦家街。我在马家沟小学念到四年级,东北解放以后学校就停课了,将近一年的时间没有课。1946 年的一天下午,三点多,我偶然碰到了一个同学,他叫海成,我说:"海成你上哪去了?我最近怎么见不着你了?"海成说:"我最近也没见着你。"我说:"你最近干啥呢?"他说他上苏联学校学俄语了。我记得我说:"我也去!""好,明天我领你去!"

就这么两句话,决定了我一生要走的路,这就是生活。没有什么思路,也不考虑预算,那个时候我一个字母都不认识,但一个 12 岁的孩子也没有什么思想,这一去就是 70 多年。

从字母学起很难,班里都是七八岁的苏联孩子,一个班里 20 个人,有五六个中国小孩,也包括我。班里七八岁的孩子什么都会说了,但是在学校里还是要按字母学习 папа、мама,这些都可以跟着学。后来老师说:"你个子都这么大了,上三年级吧,二年级不用念了。"我说:"好。"这样我就上三年级了。三年级学的词汇就不是"爸爸""妈妈"了,也不是"1 + 1 = 2"了,多少就有点学问了。要学自然,学花、草、树、木怎么写,(我)跟不上,所以当时我的俄语考试(成绩)是两分。听写就是老师念一篇故事,一句话念一遍,听完以后念第二遍,一个句子念两遍,之后写下来,那时的我单词也不怎么知道,写什么呢?得两分是多的,有时候甚至会得零分,什么都没写出来。三年级俄语不及格,需要补考。但我们院子里全是苏联人,有一个老师是哈工大的教授,放假我就去找他补习。我进屋后向他问好:"Здравствуйте!""Здравствуйте! Садись!"之后他拿出了契诃夫的中篇小说《草原》,和我说:"Читай!"他就教我读这本小说。一堂课四五十分钟都在读。我有些词不懂,他就让我查字典,然后写在本子上,我写了很多,然后一遍一遍地念。假期结束以后我就通过了补考,升入了四年级。四年级我就有进步了,会说完整的话了。几十年了我就记得一句话,当时在课堂上老师问:"Что такое ветер?"得用俄语回答,我回答道:"Ветер, это движение воздуха."我答对了。我认为这句话的意义在于帮助我理解了什么是第二格。

但是我四年级还是不及格,因为学的东西太多了,单词背不过来,于是跟着这位老师又把这本书读了一个假期。(假期后)通过了四年级的补考,我升入了五年级。但我五年级的时候,成绩就是全优了。到了五年级有物理、化学、代数、几何了,也有地理和历史了,很多专业的词汇根本背不过来,但那时候我已练成过目不忘的本领,学习起来就轻松多了。

在这里我想说一个学语言的重要规律,那就是一定要有量,记的词汇要有量,100 个、1 000 个、2 000 个、3 000 个单词,单词的量变一定会引起质变。单词的量够了,自然而然就会进入到语言学习的自由王国,就会运用自如,所以语言就不是什么障碍了。

我也没念七年级。老师说了,让我直接上八年级,但是所有的考试得通过,我别的不记得,就记得苏联的宪法,也就是法律课的内容。顺便说一句,我最不喜欢的一门课是历史,因为需要背人物、时间和历史事件。还要学世界史、中世纪史和近代史,但是这些科目的考试我都通过了。我还记得历史老师是怎么考我的,老师把我叫到一个八年级的教室里,同学们在上课,老师坐在那里考我七年级的历史,具体考了什么我已经不记得了,但是我记得老师最后说的一句话:"Мы его пропустим?"老师说完后全班同学齐声说道:"Пропустим!"

我怎么通过的我不知道,也不知道自己得了几分,但是考试确实是通过了。到了八年级、九年级、十年级,就是高中了,那时我的成绩绝对优秀,4分、5分是家常便饭了。高中的课有文学、心理学、逻辑学还有解剖学。这4门课很有用,现在这些课都融入别的课中了。

比如说夏至是6月22日,往后推6个月来到了12月22日,即冬至。那它们的特点是什么呢?那就是在6月22日这天北半球的白天是最长的,而到了(6月)23日北半球的白天就开始变短了。短到哪一天呢?短到12月22日冬至,冬至以后白天又开始变长了。这是我学天文学时记住的内容。这就是我学习时候的一些经历。到了工作的时候,这些曾经学过的词汇都可以用得上。

我记得有一年咱们黑龙江大学校长带访问团到新西伯利亚国立大学访问,叫我去随团翻译,李校长,还有教导主任,还有省教育厅负责人一行5人。新西伯利亚国立大学是一所综合性大学,各类专业都有,比如说物理专业,在翻译时就要涉及物理学的一些词汇,还有化学专业,那么相应地就会涉及化学专业词汇,这就很难了,但这些东西我都学过,虽然我不怎么懂,但是这些词我都知道。举个例子,速度是 скорость,而加速度则是 ускорение,因为我学过,所以这些词对我来说也就不是什么生词了。

这就是我在学习方面的经历,我工作教学几十年一直没有离开过这个讲台,而学校教学、治学的思想就是理论联系实际,所以我在教学过程当中,除了为学生讲授课程,也会结合实践。教学这么多年,可以说我的学生们都是高才生,学习都很用功,他们身上的干劲也鼓舞了我,用现在的话叫正能量。而从学校的教学思想来看,理论联系实践,除了教学实践以外,也有理论学习,我当年就在这种思想的指导下。除了课堂教学,我还需要录课本(内容),也就是本科阶段的8册教材。这对我来说也是一个很好的实践经历。但是在课本里有散文,有长篇文章的段落,有诗歌,还有寓言,各种文体都有,所以说不能按照一个声调念,这样我就开始思考并研究这些问题。

那时候教师都搞科研,所谓科研就是对语言教学过程当中遇到的语言问题进行深入挖掘。比如说读散文,需要用一种声调,但是如果要读诗的话就需要用另外一种声调。因此到了1960年,(我)在朗读方面进行了研究,开始读一些理论书籍,因为授课就是授课,除了课程本身之外,自己也要有一些研究方向。今天你们中间有本科二年级的学生,二年级还是在基础阶段。等到学习更加深入一些的时候,就可以有研究的倾向性了。在学习语言的过程中,除了词汇量以外,在听、说、读、写、译这五个方面当中要有侧重,看自己对哪一方面擅长且有兴趣,愿意去做,那么科研也就具有倾向性了。

比如说翻译有笔译,可能有一句话不会说,但是拿笔就能翻译过来。还有口译,在同声传译中,讲话人说完了,译者最多有一两秒的反应时间,要是5秒就不行了。讲话人说完一句话,译者应该马上接上,不能说我得想一想再研究一下。口译和笔译不同,它有它本身的特点,那就是在讲话人说的时候,译者听的时候译文就已经成型了,译者的反应跟不上是绝对不行的,所以到了高年级,学语言就要有倾向性。但是我要告诉大家一个"众所周知的秘密",那就是:兴趣决定一切。我再举一个例子:小孩子在玩的时候玩一天也不会觉得寂寞,因为他有兴趣。而到了该上学的年纪,孩子在班级里就不能随时站起来玩耍了。因此到一定的时候要将兴趣转移到看书、写字、唱歌、跳舞等方面。所以我们到了高年级学语言需要有兴趣,要知道自己擅长什么、喜欢什么。比如说文学方面,自己喜欢哪位作家,或者哪类诗歌,那么就应该往哪个方向发展。

又例如,在"读"这方面,我就是读出来的,老师没给我讲过俄语中有6个格、3个性、2种数和3种时态,都是通过自己看书或者朗读,通过读就可以把这些知识消化掉。这都是学语言的一些方法。

找到自己的兴趣点后,我在教学的同时也开始进行一些科研工作。因为我经常朗读,在读的过程当中就会遇到一些问题。比如:诗歌应该怎么读?散文应该怎么读?就像托尔斯泰的《安娜·卡列尼娜》或者他其他的长篇著作应该怎么读?有些长句甚至占据了半页的篇幅,在这种情况下像念经般的朗读是绝对不行的,所以我就开始了这方面的研究。在研究期间读的书多了,我就总结出了俄语逻辑语调和俄语表情语调,后者又称俄语情感语调。逻辑语调主要研究是什么构成了语调,也就是在探究语调的主要组成部分,主要(组成部分)有:音调、停顿、语段、语速和语气。每个组成部分都有其作用,语气对语调具有决定作用。逻辑语调的主要目的是表达思维、表达思想,不着重强调喜、怒、哀、乐等情感。苏联科学院的《俄语语法》是最权威的俄语语法书籍,书中有句法学部分。对这一部分所囊括的句型,我们都用俄语逻辑语调这一理论进行了分析,最后得出结论,即:俄语一共有 9 种语调。通常我们学习的是陈述、疑问、祈使和感叹 4 个语调,除此之外还有列举语调、提示语调等,我们这个理论基本适用于俄语句法学中的所有句子。基于此,我们编写了《俄语语调》一书,这也是我们的科研的成果。科研成果需要供人评说,也要经得起考验。因为这本书叫作《俄语语调》,所以不仅要面向中国读者,更要面向俄语国家的读者。这本书是用中文写成的,俄语国家的读者要想研究这本书难道还要学十年的汉语吗?这显然是不现实的。所以我们将这本书译成了俄语,即将面世,希望可以为建党 100 周年和黑龙江大学建校 80 周年、俄语学院建院 80 周年献上一份小小的礼物,这也是我工作这么多年来,在党的培养、教育、关怀和指导下做出的一点点成绩,也希望能给咱们黑龙江大学增光。

接着再说一说另一项成果:俄语情感语调,简单来说就是表情朗诵。有一个小小的遗憾就是这项理论暂未成书,但我有另外一本书,那就是《俄语诗歌散文 100 首朗诵集》,书中有一个光盘,我把文字的东西转换成音频存储其中。我曾经参加了黑龙江省教育厅举办的俄语风采大赛,先在全国各地进行比赛,胜出的选手来到哈尔滨,参加在黑龙江大学举办的比赛。最终的决赛在符拉迪沃斯托克,因为在俄罗斯有好多留学生也参与其中,评委都是俄罗斯的专家、教授。我在决赛中选取了马雅可夫斯基的长诗《好!》中的一个片段进行朗诵,获得了冠军,这也了却了我的一个心愿。

常言道,我们要实现中国梦,而中国梦就是我们每个人的梦。谈到梦想,我在今后的日子里要实现两个梦想:第一个梦想是我要再出一本朗诵诗集,叫作《世界和平》,主要选取在苏联和俄罗斯时期发表的关于战争的诗歌;第二个梦想就是希望我有朝一日能站在俄罗斯的舞台上,给俄罗斯的听众朋友们朗诵俄语诗歌。作为一个中国人,能有这个机会为自己人增光添彩,我将深感荣幸与自豪。

回到《俄语语调》这本专著上,俄语语调有着自己的理论,但是在这之前我们从来没有将其理论化、系统化。而我们中国人将它提了出来,并且也在俄语相关的一系列理论中有了立足之地,而这都是在党的教育下、党的关怀下、党的领导下尽心尽力去研究,最终才取得这些小小的成绩,我也为此感到高兴。

回想党的100年走过的历程和咱们黑龙江大学俄语学院80周年的历史,我感到特别高兴,尤其是看到你们年轻的一代,我感到特别激动。我在到学校里看望同学们或者做报告的时候,偶尔也会流泪,这个心情难以言表。我们今天还常常说:"生命不息,奋斗不止。"看到了你们仿佛就看到了祖国的希望。80年过去了,在我12岁的时候,也没有想到今天是这样的景象。未来,我们的国家一定会更加繁荣富强。更何况现在是和平时期,大家都生活在幸福的环境下,在党的领导下一心一意地搞建设、搞创新,努力过上幸福的日子。现在,我每天的生活也十分幸福,每当说到自己的年龄时,我都不认为自己已经86岁了。

李:袁老师,今年是黑龙江大学建校80周年和俄语学院建院80周年,您可以为我们说一段寄语吗?

袁:80年来我一直在党的关怀、教育和培养下走过来,取得了一点点成绩。在党的100周年和黑龙江大学俄语学院建院80周年的日子里,我以最忠诚、最喜悦的心情,祝愿我们祖国在党的领导下继续奋勇前进,我们俄语学院继续发扬抗大的精神,发扬革命的精神,继续创新,不断在教学、科研等方面取得更新、更大的成就!

(2021年6月23日于黑龙江大学家属区)

＊访谈中人物介绍:
袁:袁长在,黑龙江大学俄语学院退休教师。
李:李德一,黑龙江大学俄语学院办公室主任。
张:张昕伟,黑龙江大学俄语学院研究生。

潜心辞书编纂　匠心铸就不凡

——邢慈娥教授访谈录

刘　珣　李春钰　邢慈娥

黑龙江大学俄语学院历史悠久、积淀深厚、名家辈出,这些名师大家历经岁月沧桑,始终不忘初心、一生奉献、甘为人梯,用双手托起了黑龙江大学俄语学院的今天,可谓是"黑大俄语的脊梁"。邢慈娥教授年逾八十,她的大半生都奉献给了黑龙江大学俄语学院,奉献给了终身热爱的辞书事业。邢慈娥等老一辈黑大俄语人的家国情怀和俄语辞书人精益求精的工匠精神,为我国俄汉词典事业奠定了坚实基础。作为年轻一代的黑大俄语人,我们应以这些老前辈为榜样,踏实肯干、砥砺前行,共筑黑大俄语梦!

邢慈娥教授近照

邢慈娥,黑龙江大学俄汉词典编纂团队主要成员,参与了《新时代俄汉详解大词典》《俄汉详解大词典》《大俄汉词典》《苏联百科词典》《俄语8000 常用词词典》《俄语常用词词典》《俄汉新词词典》《俄语新词语词典》《俄语新词新义词典》《便携俄汉大词典》《俄汉双解俄语方言词典》《新编俄汉缩略语词典》《俄汉成语辞典》《俄语多功能词典》《俄语常用动词分类词典》等词典的编纂工作,在俄汉词典领域取得了不凡成就。

1. 缘起黑大俄语

1959 年,邢慈娥考入东北林学院(现东北林业大学)学习俄语,并留在东北林学院从教。1960 年,邢慈娥通过"师资委培"渠道来到黑龙江大学(以下简称"黑大")继续学习俄语,毕业后留在黑大任教,此后直至 2000 年退休,邢慈娥一直在黑大工作,主要从事辞书编纂工作,与黑大俄语结下了不解之缘。

邢慈娥教授满怀深情和骄傲地讲述了其于二十世纪六十年代初在黑大的俄语学习经历。邢慈娥教授所在的俄语班是专门为"师资委培"学生开设的班级。当时学校提供的俄语学习条件并不好,没有多媒体语音设备,没有俄语外教,只能靠中国老师教俄语。好在俄语课程设置全面、实用性强,俄语教师的知识储备丰富、教学态度严谨。俄语专业课包括词法、句法、语音学、文学史、文选,此外还开设了教育学与教学法。张会森老师主讲词法、句法,陈叔琪老师主讲教育学,各位老师分工明确、团结协作,充分发挥自己的教学和研究特长,所讲授的课门门都是精品,深受学生的喜爱。学生们没有过多的课业压力,课堂上就基本可以将老师讲授的所有知识消化吸收,课堂教学效率极高。邢慈娥教授还充满骄傲和自豪地说,她所在的黑大俄语 60 级人才辈出,培养出了很多大使、少将、翻译家、教育家和科研工作者,他们的身影遍布我国政治、经济、国防、文化、教育等多个领域,为祖国的建设事业做出了不可磨灭的贡献。

值得一提的是,这一段黑大俄语学习经历,让邢慈娥教授结识了一生的挚爱——姚伟丹教授。两位教授说起初识的情景,都害羞地笑了起来。姚伟丹教授年长邢慈娥教授近十岁,曾任教于邢慈娥教授所在的"师资委培"班,两人自此相识,后姚伟丹教授由于学校需要转入英语系任教。邢慈娥教授留校任教后,与姚伟丹教授有了更多交集,两人相知相爱,携手步入婚姻的殿堂,成为令众人羡慕不已的"神仙眷侣"。邢慈娥教授与姚伟丹教授是最亲密的爱人,也是最亲密的战友,两人一同深耕于外国语言文学领域,分别在俄语与英语领域取得了丰硕成果。如今,虽然邢慈娥教授与姚伟丹教授年事已高,但彼此相伴仍让两位老人的脸上时刻带着幸福的微笑,令人动容。

2. 深耕辞书编纂事业

邢慈娥教授从 1975 年到 2000 年退休一直在黑大从事辞书编纂工作,是黑大词典编辑室的骨干成员。邢慈娥教授大半生潜心俄汉词典编纂,即使退休后也在从事《便携俄汉大词典》的修订工作,她以坚韧的执着心和责任心坚守着所钟爱的俄汉词典编纂事业,彰显了黑大俄语人无私为国、为校的高尚情怀。

邢慈娥教授向大家娓娓道来黑大俄汉词典的编纂历史。新中国俄汉词典的编纂事业始于二十世纪五十年代的黑大的哈外(哈尔滨外国语专门学校,哈尔滨外国语专科学校,哈尔滨外国语学院)时期。"一五计划"苏联援建期间,我国需要将大量俄文资料译成中文,但翻译过程苦于工具书的匮乏。于是赵洵副校长决定组织中苏两国编译员编纂俄汉词典,但这条词典编纂之路可谓困难重重。1958 年,赵洵副校长开始组织编纂《俄汉详解词典》,但其间遭受冲击。1975 年,我国词典编纂工作重新启动,黑大承担了俄汉大词典的编纂工作。也是在这一年,邢慈娥教授开始正式参与黑大俄汉词典编纂工作。1981 年,赵洵来黑大组织《苏联百科词典》的译审工作,并通过学校向省里争取来了科研编制,以保障黑大辞书团队编纂词典的时间和精力,黑大词典编辑室正式成立,成员包括陈楚祥、李锡胤、潘国民、何兆源、高森、穆武祥、张娟云、郭育英、李蕴真、王乃仁、卜东新、郑述谱、邢慈娥这 13 人。1981 年,黑大词典编辑室承担了《苏联百科词典》的译审工作,《苏联百科词典》于 1986 年由中国大百科全书出版社出版,1990 年获得黑龙江省社会科学优秀科研成果一等奖。十年磨一剑,1985 年,由黑大词典编辑室编纂的、商务印书馆出版的《大俄汉词典》正式问世,收录了 157 000 词条,增加了词的新义与新的用法、成语、常用的缩略语,反映了现代俄语发展新现象。1986 年,黑龙江大学辞书研究所在黑龙江大学俄语系词典编辑室的基础上成立。1989 年,郑述谱、邢慈娥主编了《俄语多功能词典》,该词典由电子工业出版社出版。这是一部具有多种用途的新型俄语工具书,全书以 2 500 个最积极的常用词为中心,引出约 10 000 个俄语词,同时反映俄语词与词之间的同义、反义等关系,并提供与常用词相关的国情知识。它既是一部能对俄语学习起到帮助和引导作用的教学词典,又是进行语言研究及词汇语义研究时的重要参考书。1998 年,由黑大辞书研究所编纂、黑龙江人民出版社出版的《俄汉详解大词典》终于问世,这部词典收词 246 343 条,超过了《俄汉大词典》和《大俄汉词典》以及《现代俄语词汇汇编词典》,成为当时中国当之无愧的最大的双语词典,具有一定的国际影响力。1999 年,《俄汉详解大词典》获得第三届国家辞书奖一等奖,这是黑龙江省图书首次获得国家图书大奖。

讲起黑龙江大学辞书研究所和俄汉词典,邢慈娥教授满是自豪。她的家里有一面大书柜,整整齐齐地摆放着她参编的各类俄汉大词典。每一本俄汉词典都是邢慈娥教授的功勋章。

3. 忆辞书编纂团队

邢慈娥教授在接受采访的过程中多次深情提及昔日并肩作战的老"战友"——黑龙江大学辞书研究所的同事们——赵洵、李锡胤、潘国民、吕存亮、郑述谱、陈叔琪等。邢慈娥教授表示,历代黑大俄语人谨记赵洵校长的谆谆教诲,坚定传承延安精神和抗大传统,不忘初心、牢记使命、精诚协作、共创佳绩。

赵洵,黑龙江大学"哈外专时期"奠基人、著名教育家及俄语翻译家(哈尔滨外国语专门学校、哈尔滨外国语专科学校、哈尔滨外国语学院时期担任副校长、副院长)。2017 年是赵洵百年诞辰,邢慈娥教授同潘国民、陈叔琪、秦万年、李蕴真、郑述谱、龙翔、姚伟丹、袁长在等老一辈黑大俄语人怀着敬仰、思念之情,在俄语学院与赵洵老校长的后辈亲属进行了座谈,回忆赵洵副校长生前工作与生活的点点滴滴。老教授们满含深情地回忆起赵洵副校长组建、培养和建设《俄汉成语词典》编纂队伍,亲自主编《俄汉详解大词典》,以伟大的母爱之心关心、爱护每一名学生、教师和职工,以自身的榜样力量耐心地、潜移默化地带动和引导师生们茁壮成长等往事。谈起老校长对自己的谆谆教诲与拳拳关爱,以及老校长为学校的建设发展、祖国的文化事业所付出的辛劳,在场的每一位无不被深深感动,几度流下热泪。赵洵副校长为黑龙江大学的建设做出了历史性的不可磨灭的贡献,创造了宝贵的丰富的精神财富。她丰厚的学术成就、高尚的人格品质、精深的办学理念、丰富的教育思想,以及时至今日仍被黑大人秉承和坚守的俄语实践教学方法,极具借鉴价值与启示意义,是鼓舞当代黑大俄语人在新的历史起点和发展时期不忘初心、再创辉煌的强大精神动力。

李锡胤,1926 年生,浙江绍兴人。教授、研究员,博士生导师。蜚声国内的辞书学家,语言学家,俄罗斯国家级奖章"普希金奖章"获得者。1952 年毕业于哈尔滨外国语专门学校。先后在哈尔滨外国语学院、中国科学院语文研究所任教和从事研究工作。1972 年起任黑龙江大学研究员、辞书研究所所长。李锡胤教授和邢慈娥教授作为《大俄汉词典》(商务印书馆,1985)、《大俄汉词典》修订版(商务印书馆,2001)、《苏联百科词典》(中国大百科全书出版社,1986)、《俄汉详解大词典》(黑龙江人民出版社,1998)等重要大型俄语工具书的主要编写人,共事多年,私交甚笃。邢慈娥教授给予李锡胤教授极高的评价,称他不仅是俄语方面的专家,也是中文方面的专家,具有真正的大家风范,令人钦佩。

宝剑锋从磨砺出,梅花香自苦寒来。邢慈娥教授表示,词典编纂并非易事,必须要有一个基本功过硬的团队密切协作,十年甚至十二年磨一剑,才能完成一本大部头的辞书编纂工作,搞科学研究要坐得住冷板凳、不能急功近利。黑大俄语人的家国情怀和俄语辞书人精益求精的工匠精神,将我国俄汉词典事业不断推向新的高峰。

4. 俄文歌曲常伴左右,点亮退休生活

邢慈娥教授即便在退休后也难以割舍心爱的俄语,她以其他方式在俄语领域与中俄文化交流方面继续发光发热。

2005 年,黑龙江大学"老枫树"(Старый клен)合唱团正式成立。合唱团以苏联著名影片《姑娘们》的插曲"老枫树"命名,由黑龙江大学俄语学院退休教师、俄语学院早期毕业生及通晓俄语的俄罗斯歌曲爱好者们组成,共有成员 60 余人。邢慈娥教授属于最早的一批合唱团成员。这支合唱团与众不同的是团员们唱的都是俄文歌曲,如《莫斯科郊外的晚上》《晚钟》《纺织姑娘》等。歌声飘过二十年,如今合唱团团员的平均年龄已逾七十,最大年龄的团员年逾八十,但合唱团仍旧非常活跃,不久前还参加了黑龙江大学俄语学院庆祝建党百年暨建校八十周年大合唱比赛。邢慈娥教授在歌唱俄文歌中追忆着自己的青春年华,在美妙的歌声中享受着俄语带来的愉悦。

俄文歌曲陪伴了邢慈娥教授的一生。自学生时代起,"老枫树"合唱团团员就与俄文歌曲结下了不解之缘,他们在离退休后自动组织起来,用

歌唱俄文歌曲的方式继续表达对俄语的热爱。"老枫树"合唱团每周日都会在黑龙江大学老干部活动中心练习。合唱团伴着手风琴练唱俄文歌曲，优美的歌声、地道的俄文发音、准确的俄文唱词常常引来中国学生和俄罗斯留学生观看。邢慈娥教授说，大家从年轻时代就开始接触苏联文化，看苏联电影、听苏联歌曲成为大家的业余最爱。现在她还能回忆起第一次歌唱《卡琳卡》《田野静悄悄》《致凯恩》等俄文歌曲时的情景。进入黑龙江大学学习俄语后，老师们也会通过教唱俄文歌曲，帮助学生学习俄语。当时学唱的《莫斯科郊外的晚上》这首俄文歌曲的歌词，邢慈娥教授至今没有忘记，就像印刻在脑海里一样。歌曲和歌声是没有国界的，邢慈娥教授对俄文歌曲的喜欢一直都在，经常在心里哼唱那些优美的俄文歌曲，有时还会在家低声唱上几句。退休后，当年的老同学、老同事有机会聚到一起，拉起手风琴，共同大声歌唱陪伴了他们一生的俄文歌曲。"老枫树"合唱团用嘹亮的歌声为中俄友谊搭建起了一座桥梁，以独特的方式为中俄文化交流做出了贡献。邢慈娥教授说，歌曲往往是拉近人们感情的最好方式，在与外国友人接触的时候，最容易通过歌曲进行沟通。大家唱起俄文歌曲时，往往会带动周围的俄罗斯人一起唱，大家的气氛会变得非常融洽。在 2006 年 3 月夏利亚宾来哈巡回演出七十周年的纪念会上，"老枫树"合唱团献上了一首首地道的俄文歌曲，让在场的俄罗斯友人非常惊讶和高兴。

一首首动听的俄文歌曲使"老枫树"合唱团的团员们重返青春时代，使不再年轻的他们忘记了年龄，忘记了世间一切，这些永不消逝的经典俄文歌曲将继续陪伴他们，在带给他们幸福和喜悦的同时，也为中俄文化交流贡献更多力量。

5. 难忘这片黑土

退休后，邢慈娥教授与姚伟丹教授本有机会去北京过条件更加优越的生活，但是对龙江这片黑土，对黑大母校、对黑大俄语的眷恋，让他们毅然决然地回到这片黑土地。邢慈娥教授与学校、同事的深刻情谊将在这片黑土地上继续下去。

随着年事渐高，邢慈娥教授与姚伟丹教授独自在黑大家属区的生活变得艰难起来。2019 年，邢慈娥教授与姚伟丹教授决定听从儿子的安排，前往北京，并准备在燕达金色年华健康养护中心养老。养护中心的生活条件特别好,有宽敞明亮的居住房间、菜品种类繁多的餐厅、专供休闲娱乐的地方、专业性强的工作人员。但是自入住养护中心的第一天起,老两口就思念起居住多年的老家属楼,以及一起学习和工作多年的老同学和老同事。随着日子一天天流逝,这种思念之情愈发浓烈,邢慈娥教授与姚伟丹教授决定回到故土,继续在黑大家属区生活。然而,回到黑大家属区居住不久,就碰到了新冠肺炎疫情,老两口被阻隔在家,不能外出,基本生活所需难以得到保障。这时,由黑龙江大学俄语学院教师组成的志愿者团队及时为邢慈娥教授解决了购买蔬菜水果困难等问题,并转达了学院的慰问之情。邢慈娥教授深受感动,采访过程中多次提到此事。近来,姚伟丹教授查出左眼视网膜脱落,右眼视力也严重下降。在四处寻医的过程中,黑龙江大学俄语学院的吴丽坤老师提供了无私援助。吴丽坤老师与邢慈娥教授多年前相识于普希金俄语学院,此后一直保持着密切联系,在邢慈娥教授退休后一直帮忙照料她和爱人的生活起居。我们在采访过程中问邢慈娥教授与姚伟丹教授是否后悔回到黑大生活,二人立马异口同声地回答"不后悔",在这段艰难的日子里,两位老人真切地感受到了学校、学院、同事对他们的情谊。邢慈娥教授特别感谢了黑龙江大学,感谢了黑龙江大学俄语学院,是学校和学院在退休前为她提供了如此舒心、愉悦的工作环境,让她能够专注于俄汉词典编纂工作,又在她退休后给予了他们很多生活方面的保障和情感关怀,使老两口尽可能地安度晚年。

邢慈娥教授对龙江这片黑土、对黑龙江大学、对黑龙江大学俄语学院爱得深沉,始终关心黑龙江大学、黑龙江大学俄语学院的发展状况。她在采访中多次询问当前黑龙江大学俄语专业的教学情况和科研情况、教师队伍发展情况、学生毕业后的升学和就业情况。邢慈娥教授表示,虽然她现在年岁已高,但是仍然愿意为学校和学院的发展建设发挥一份自己的余热,殷切希望在学校和学院领导的强有力带领下,黑龙江大学的俄语学科越来越强大,为祖国的各项事业输送越来越多的优秀俄语人才。

6. 薪火相传,共谱黑大俄语美好篇章

值黑龙江大学建校八十周年、黑龙江大学俄语学院建院八十周年之际,邢慈娥教授分别对黑龙江大学、黑龙江大学俄语学院、黑龙江大学俄语教师与学生寄予了殷切希望。

邢慈娥教授表示,作为一位黑大俄语人,她深感骄傲,祝福黑龙江大学这所寄托着赵洵等新中国外语教育事业开拓者心血与厚望的红色大学越办越好,不断创造新的发展业绩;希望黑龙江大学俄语学院蓬勃发展,为祖国培养出更多的优秀俄语人才;希望黑大俄语一线教师能够继续秉承优良传统,大力继承和弘扬老一辈黑大俄语人在育人、育才方面的思想精髓与实践经验,薪火相传、潜心育英才;希望黑大俄语专业的同学们努力学习俄语,不断拓宽自己的知识面,到祖国需要的各行各业中去,为祖国发展、母校进步贡献一份自己的力量。

邢慈娥教授等老一辈黑大俄语人的家国情怀和俄语辞书人精益求精的工匠精神给了我们师生莫大的鼓舞,我们将担负起时代重任,坚守初心、深耕专业、砥砺前行,为祖国的建设与发展贡献全部力量!

(2021 年 6 月 23 日于黑龙江大学家属区)

* 访谈中人物介绍:

邢慈娥,黑龙江大学俄语学院退休教师。

刘珣,黑龙江大学俄语学院讲师。

李春钰,黑龙江大学俄语学院硕士研究生。

赵洵的外语教育思想及学术贡献

孙　超

人民教育家赵洵（1917—1988）是哈尔滨外国语专门学校（以下简称"哈外专"）副校长、新中国俄语教育奠基人和开拓者之一、翻译家、辞书专家、苏联东欧问题学者。从 20 世纪 30 年代初参加革命起，在半个多世纪的革命生涯中，赵洵为党和人民做了大量工作，对中国的俄语教育教学、俄苏文学翻译、俄汉双语辞书编纂、中苏友好等事业做出了卓越的贡献。赵洵的外语教育思想及学术建树可分为以下四个方面：

1. 外语教育思想

赵洵在学生时代就走上了革命道路。她参加过轰轰烈烈的学生抗日运动，当过党的地下交通员，在白色恐怖笼罩下的北平、上海做过革命地下工作，坐过国民党的牢。之后又在敌后根据地之一的晋察冀边区、滹沱河畔的华北联合大学、延安宝塔山下的鲁迅艺术文学院和延安外国语学校等地战斗和工作过，经受了战火的考验和艰苦生活的磨炼。抗战胜利之后，赵洵满怀对祖国未来的憧憬，毅然选择教育为自己报效国家的终生事业。她的心愿是"不管到哪里都要兴办教育"，要"去东北——我的家乡——开辟'根据地'"。赵洵决心献身教育，一是因为她"久处农村，看见中国文化太落后了"，二是受了我国著名教育家成仿吾先生的影响。赵洵曾于 1940 年 10 月至 1944 年 4 月在华北联合大学任俄语教员，当时成仿吾先生任该校校长，成老对青年学生和干部的关心和爱护，艰苦朴素、以身作则的作风，对教育事业无私奉献的精神，深深地感染了赵洵，给了她一股巨大的动力，她决定要像成老一样把自己的爱献给青年学生，献给祖国的教育事业。

赵洵很快就如愿以偿地被派遣到东北搞教学，她先去了北安的一所中学，后到东北民主联军司令部附设外国语学校。在这里，她和老战友王季愚校长重逢了。从此,两位执着的革命女性和学校的其他领导一起,在东北这块黑土地上,延续着延安外国语学校的历史,继承着中国人民抗日军事政治大学的革命传统,为解放战争的胜利和新中国的建设培养了一大批德才兼备的俄语人才,并为新中国的俄语教学和科研事业奠定了坚实的基础。

赵洵同志在长期领导俄语教学和科研工作的实践中逐渐形成了自己的外语教育思想,主要包括以下几个方面:

首先,以多元化为特色的师资建设观。赵洵善于调动教师和学生的积极性。一是经常教育教师要热爱自己的事业,要有敬业精神。她多次勉励教师“应该把教育事业看成一种光荣的事业,英雄的事业,勇敢的事业”。二是通过各种途径,特别是提倡教师搞科研来提高他们的知识水平、业务能力和教学水平。1954年1月,借苏联派来专家系统开设俄语理论课程之机,赵洵制订了一个教师四年在职进修计划,主要课程类型有:现代俄语及语言学概论(两年)、词汇(一年)、文学讲读课教学法及教育学(一年)、心理学概论(一年)和俄罗斯文学及文学概论(两年,其中经典文学和当代文学各一年),具体课程包括语音学、词汇学、句法学、俄语教学法、语言学概论、俄语历史语法、古斯拉夫语、俄语文学语言史、俄苏文学史、文学概论等。进修计划的开展掀起了“学术建校”的高潮,赵洵组织一个大班(全体俄语教师参加)和一个小班(俄语理论课教师参加),还有一个领导干部班(教研室主任以上领导干部参加,赵洵自己也在这个班学习),学习成绩作为干部考核的重要内容之一。赵洵对学习时间进行了详细的规定,要求每周平均学习时间为四个小时;还确定了进修的基本原则:提高与普及相结合,提高全体教师与提高领导相结合。三是通过苏侨教师帮助中国教师提高实际运用俄语的能力。赵洵规定苏侨教师每周要有三个小时给中国教师上口语课,还选派一批年轻教师到哈尔滨俄侨中学学习,训练口语。

学校对教师的使用不拘一格,力求使教师能够各尽其才。在服从工作大局的前提下,根据教师的志趣和专长,安排他们负责不同课程的教学。对一些有突出才能的教师还进行专门的训练和培养,使他们脱颖而出;对一些责任心强、工作努力、成绩显著的青年教师及时给以晋升或委以一定的领导工作。

总之,在王季愚、赵洵两位校长的领导下,在短时间里,哈外专培养出了一支思想先进、业务精通、作风过硬的教师队伍。这支教师队伍不仅在当时,而且在后来乃至今日仍是我国俄语教学的中坚和骨干。赵洵在教师工作中的另一个重要贡献是团结了全校的苏侨教师,使他们充分发挥专长和积极性,为培养我国的外事翻译干部和俄语教师服务。赵洵珍惜中苏友谊,尊重苏侨教师,在生活上、工作中关心他们、帮助他们,以诚相待,博得了广大苏侨教师的爱戴。

其次,现代化的教学管理观。教学工作必须规范化、科学化,教学管理要制度化,这是赵洵的外语教学思想中极其重要的方面。教学工作是学校的中心工作。赵洵有教学的实践经验,又精通俄语,因此她在她领导的教务工作中一贯主张在教学中必须按"教学的客观规律办事",要"合乎教育法原则",也就是说,教学工作必须规范化、科学化。为此,在赵洵的主持下,学校制订并逐步完善了教学大纲、教学计划、课程设置方案等教学工作文件。这些教学工作文件的内容既符合学生培养目标的要求,又遵循了教学的客观规律和学习外语的规律。赵洵在贯彻这些文件时特别重视教学过程的稳定和有序,强调学习的循序渐进,反对教学中任何形式的违反教学规律的突击或速成。

在教务工作中,赵洵还致力于教学管理的制度化。她将教学过程中的各个环节、各种机构的规范和职能等通过订立条例的办法固定下来,形成制度,然后照章行事。学校对各种规章制度的执行情况进行定期检查,每学期、每学年都要进行总结,不断改进管理,从而保证了整个教学过程的稳步运行。

此外,赵洵对学生严格要求,非常重视考查学生成绩,尤其注重阶段性考核。考核学生成绩的具体方法包括平时考查、书面作业、小测验、月考、期末考试。通过考核,不仅能够了解学生的学习状况,而且可以找出教学中的缺点,进而提出改进的办法,不断提升教学质量。

再次,立足国情的教材编写观。赵洵重视教材建设,主张教材必须"合乎教育法原则"。她直接领导教材的编写,亲自审定各科教材。哈外专组织了由中外教师参加的教材编写机构,先后多次编写符合中国学生学习特点、体现哈外专教学经验的俄语实践课教材、语法教材、会话教材、阅读教材以及现代俄语理论课教材,满足了教学的需要。

赵洵总结了编写实践课教材的经验,提出了一些重要的编写原则,如:教材必须符合教育法原则;要围绕基本词汇精选教材内容,并注意词汇的复现率;难点要分散,避免在一课内集中大量生词和语法题目;语法规则要有计划地分散讲解;课文题材要由近及远,先选课堂生活、学校活动,再逐渐扩展到政治论文、文艺作品、科技文章;选择文艺作品做课文时既要注意思想性,又要考虑语言的因素;等等。许多原则后来成了编写教材的指导思想。

最后,脚踏实地的教学方法观。赵洵赞成将发展口语作为教学的中心,提倡综合教学法,把直接教学法和翻译教学法有机地统一起来,以利于学生言语能力(听、说、读、写、译)的培养和提高,使学生能通过对俄汉两种语言的比较更好地掌握俄语。她认为,这种教学法的最大优点有二:第一,借助外国教师直接教学的特点,使学生每天都可以听到"活"的俄语,进而达到技巧熟练的程度;第二,借助母语,可以正确地进行两种语言的比较,加速语法的学习。赵洵主张在基础阶段的实践课上以语法为纲,把实践课和系统的语法知识紧密地结合起来。她一直强调教师的讲解必须贯彻"少而精"的原则,深入浅出。赵洵十分重视学习外语的语言环境,要求学生积极参加各种外语课外活动(如俄语晚会、俄语讨论会、俄语节目等),以训练和巩固言语技巧。

2. 俄苏文学翻译

赵洵在上女师初中时,就阅读过鲁迅、茅盾、托尔斯泰、屠格涅夫、陀思妥耶夫斯基等作家的作品,在她幼小心灵里播下了对被侮辱、欺凌的孔乙己、玛丝洛娃等人的无限同情和对中国"五四"以来新文学、俄罗斯文学的深挚的爱。早在20世纪30年代中期,赵洵就开始了自己的翻译生涯,一直坚持到20世纪80年代她的生命终结而止。据估计,赵洵一生翻译、校译、编译的俄文资料、俄语教材,以及苏联的政治和文学作品、音乐著作,总字数达800万字之多。

赵洵第一部问世的译作是《静静的顿河》第一、二卷(肖洛霍夫著),先由赵洵译自俄文,再由其丈夫黄一然依据英译本逐章对照,如有不同之处,以原文为准。该书于1936年由上海光明书店出版,其翻译和出版得到了鲁迅先生的鼓励。

1940年,赵洵在华北联合大学译完了小说《钢铁是怎样炼成的》,该译作于1945年由延安韬奋书店出版。在延安期间,她还为《解放日报》翻译苏联著名作家爱伦堡、西蒙诺夫等人的战地通讯。这些通讯文字优美、情节生动,以细腻的笔触描绘了前方战地军民同敌人进行殊死搏斗的英雄事迹,受到读者的欢迎和喜爱。

抗战胜利后不久,在哈外专工作期间,赵洵亲自审校翻译过来的教材和参考资料,校订《俄语语法》《俄汉成语词典》等译文。1962年起,赵洵在中国社会科学院(以下简称"社科院")语言研究所主编词典之余曾为友人校对《恰巴耶夫》(《夏伯阳》)、高尔基的中篇小说《夏天》的译文。

赵洵译作最丰时期是她的晚年。她翻译并出版了一本文学性较强的《致友人的二十封信》(中国社会科学出版社,1979)。该书为斯维特兰娜·阿利卢耶娃所著,出版后立即引起巨大反响。赵洵的译作保持了原作文字优美、文笔流畅的风格和略带伤感的基调,是赵洵最好的几部译作之一。

之后,赵洵的文学翻译主要介绍一些著名的但在中国尚鲜为人知的俄苏作家及其作品。1981年,赵洵翻译出版了蒲宁的小说集《故园》(四川人民出版社),稍后又翻译了他的诗集《夏夜集》(四川文艺出版社,1985),这两本译作堪称译苑瑰宝(李莎语),杨绛曾来信盛赞《夏夜集》译文传神且韵在其中("文字流畅自然,超出外国语的羁绊,摆脱洋诗格律的束缚,真是了不起的成就")。1987年,赵洵翻译出版了屠格涅夫的《贵族之家》(四川文艺出版社,1986)。赵洵的最后一部译作是苏联作家纳吉宾的小说集《皇村的早晨》(四川文艺出版社,1989)。

赵洵译笔精到,对原作既"达旨"又"传神",就是要把微妙的"弦外之音"、修辞色彩、国情背景最大限度地复现出来。她的诗歌翻译更具特色,重原作的内容和风格特点,不拘于其形式;另外,她主张译诗必须考虑韵律问题,如实在难"步"原韵,这时千万不要"凑韵",取汉语抑扬顿挫的音乐性特点就可以了。总之,赵洵译诗力求表达诗歌原作的"诗魂"。

赵洵一生的译作门类多,内容广,如果从译作翻译的历史背景看,我们几乎可以从每一部译作中感受到译者强烈的时代使命感和求索精神。抗战时期的译作是这样,晚年的译作也是这样,甚至连20世纪50年代的译作《近代史教程1—4卷》(苏联科学院历史研究所著,1950)等也有这样的特点。

此外,赵洵曾多次参与国际会议的口译工作,其中包括中国共产党代表团出席苏共二十一大、八十一国共产党与工人党代表会议、二十六国共产党与工人党代表会议和苏共二十二大等的翻译工作。

3. 俄汉辞书编纂

赵洵主持编纂的第一部辞书是《俄汉成语词典》，从1951年开始编写到1958年问世，前后用了七年时间。这七年是赵洵认真实践辞书编纂的七年。她在确定成语、选择例句、审校译文等工作中投入了巨大的精力，在辞书编纂的有关理论问题上得到了当时在校的苏联专家的指导。《俄汉成语词典》的出版受到当时苏联科学院辞书部的关注，苏联著名辞书学家布多林专门为该词典做了介绍。这部词典的编纂实践为赵洵后来主持俄汉辞书的编纂工作提供了有益的经验。

鉴于同义词和近义词的辨析和词的搭配是俄语词汇学习中的两大难点，为了帮助学生解决学习上的困难，并据此从理论上研究词汇单位的聚合关系和组合关系，赵洵于1954年起组织编写《俄语词汇辨异》和《俄语搭配词典》，意图提供丰富用例，尽可能详尽地勾画出词的"真面貌"和搭配范围。前书编出后供内部使用，后书虽曾着手编写，但因种种原因未能问世。

1958年，赵洵着手主编以苏联科学院《俄语词典》为蓝本、结合中国人学习特点的《俄汉详解词典》。1959年，赵洵到莫斯科大学专修词汇学和词典学，于1961年通过论文答辩，获莫斯科大学语文学副博士学位，她的论文的主要内容是编写俄汉词典的理论和经验。1962年，赵洵回国后调至社科院语言研究所工作，《俄汉详解词典》的编纂工作也由黑龙江大学转移到社科院语言研究所，基本编写思想是利用汉语确切地解释词义，以补救对应翻译的不足。1966年，当该词典第一卷的清样刚排出不久时，该词典的一切工作被迫停止。

赵洵晚年有两大辞书工程：一是主持翻译《苏联百科词典》并任译审委员会主任；二是主编《俄汉详解大词典》。在这两大工程中，赵洵倾注了她晚年全部的精力和心血、希望和爱心。她在自己生活并不宽裕的情况下，把三年辛劳所得的《苏联百科词典》的5 000元稿酬全部捐赠给了"王季愚、赵洵俄语奖学金基金会"。

《苏联百科词典》是苏联百科全书出版社于1980年出版的单卷本综合性百科工具书，其特点是选收范围广泛、释义简明、科学性强、资料新颖。在当时百科性工具书极为缺乏以及有关苏联的新资料较少的情况下，国家决定翻译出版这部百科词典。1981年暑假，赵洵受中国大百科全书出版社姜椿芳总编辑的委托,来黑龙江大学组织译审工作。赵洵通过学校向黑龙江省争取了科研编制,组建了 13 人的词典编辑室,所有成员都参加了《苏联百科词典》的译审工作,在翻译过程中采取不增、不改的原则,尽量尊重原文,保留了原书的面貌。该书于 1985 年 2 月交稿,1986 年 8 月由中国大百科全书出版社出版,共计 920 万字,赵洵审核了其中的人文科学词目近 600 万字。1990 年,《苏联百科词典》获黑龙江省社会科学优秀科研成果一等奖。

在完成译审《苏联百科词典》的任务以后,黑龙江大学词典编辑室成员潘国民等人给赵洵写信,阐述再次编写《俄汉详解词典》的设想。赵洵向黑龙江省委领导转交了这封信。在黑龙江省委领导和黑龙江大学领导的关心和支持下,词典编辑室得以保留,成为直属学校领导的辞书研究所,并决定由赵洵、李锡胤、潘国民任主编。这样,之前被迫停止编纂的《俄汉详解大词典》在多年后的 1985 年终于又得以重新启动。为使《俄汉详解大词典》能列入国家"七五""八五"社科规划项目,赵洵四处奔走。当词典成功列入国家哲学社会科学"七五"规划重点项目、《中苏文化合作交流计划》和《中苏教育科学合作计划》后,她又竭力为之筹措经费,并以极大的热情投入到组稿、联络、召集编委会、研究词典的指导思想、制订编纂细则等相关工作中,还亲自承担了 650 万字的审稿任务。赵洵把这本词典看作自己毕生的事业。她在去世前不久还计划"四年内要完成这部大字典";就在她去世的前一天,北京的编者还去她家里取她看完的稿子;在她离去的前几个月,她在一封信中开玩笑说,她已老矣,也许活不到大词典编完,表示要抓紧为落实编写大词典所需全部经费奔波……

可以告慰赵洵的是,她的学生们和晚辈们早已实现了她的遗愿:《俄汉详解大词典》已编就付梓,于 1998 年出版问世。特意赶制的几套《俄汉详解大词典》在叶利钦总统率俄罗斯代表团于 1997 年访问我国途经哈尔滨时,由黑龙江大学作为礼物送给了叶利钦总统。该词典获第三届国家辞书奖一等奖和第四届国家图书奖。

《俄汉详解大词典》全书四卷,共 24.6 万个词条,是我国收词最多的双语词典。这部词典具有如下几个特色:收词量大,超过了《现代俄语词汇汇编词典》所收 14 部俄语词典词条的总和;收词涵盖面广,既有百科词典的内容也有各学科常用的专业词汇和人名、地名等专有名词;引用大量书证,除词组和短句例证外,还选收了俄苏文学经典作品中的大量例句。该词典是首部系统地采用书证的双语词典,这使其在反映语言深度与文化内涵丰富性方面实现了重大突破。可以说,《俄汉详解大词典》是赵洵一生献身俄语事业的结晶,也是她终身为中俄人民友谊而奋斗的硕果。

赵洵的辞书学思想分散地体现在她的学位论文和关于词典学理论的几篇演讲稿中,可惜这些文稿大都遗失,现存的只有一篇《辞书学的几个理论问题》(《辞书研究》,1985 年第 6 期)。在文章中她讨论了四个问题:词、语义和语义场;词条的层次;词的界限问题;辞书的分类。她着重强调俄汉语词汇单位在语义和搭配力方面的对比。她认为,语言好比一个"筛子",它有选择地反映客观现实和人们头脑里的观念,编写双语词典要在两个"筛子"上下功夫,无时无刻不在"对比"中寻找"对应物"。这一思想无疑是相当深刻的。

另外,苏联科学院院士谢尔巴提出过编写用本族语来详解外语词义的"外语—俄语词典"的思想,赵洵很赞成,想用这种思路编写《俄汉详解词典》。由于汉语不属于印欧语,与俄语区别很大,所以编写俄汉双语词典时遇到的问题也更为复杂。她很想在词典编成之后,组织编写一本俄汉辞典学论文集。

4. 中苏友好的使者

赵洵作为俄语专家和研究苏联问题的专家,毕生致力于推进中苏友好事业,不懈地研究苏联社会、历史、文化等各方面,是真正意义上的中苏友好活动家。

赵洵从少年时就开始受到苏联文学的影响,接受俄语教育。在哈尔滨工业大学预科班上学时,赵洵住在她姑父的朋友彼廖兹金夫妇家,开始用俄语交际。

在哈外专工作期间,赵洵结交了不少苏联朋友。在 1951 年以前,哈外专没有固定的学习期限,国家什么时候需要,学生就什么时候"毕业",立即报到。当时学校聘请了数十位苏联侨民任教,在教学中直接用俄语进行强化教学。赵洵在苏侨教师中做了大量的团结教育工作,以共产党人的博大胸怀做到了以诚会友、平等待人。她在担任教务处处长时,聘请了苏侨奥尔加·亚历山大罗夫娜·舍列波娃任教务处副处长,她们俩既是同事,又是朋友,感情极好。苏联专家来校后,赵洵利用他们的专长来提高中国教师的俄语理论水平。正像她在 1954 年俄文教学会议上致开幕词时所说的那样:成绩的取得是和全体中苏教师的团结互助分不开的。没有这种团结,就谈不到运用最大优点的综合教学法,也无法解决教材问题。我校的苏侨教师在解放战争时期及三年经济恢复时期都和中国人民同甘苦、共患难,现在又在我国社会主义建设上和我们分担这一艰巨使命。她和不少苏联专家及回国苏侨保持着长期的交往,有的终生都有往来。赵洵聪慧明达、乐观敬业、深受苏籍教员的尊敬和爱戴,不少人亲切地称她为"我们的妈妈"。1987 年,库兹涅佐夫和舍列波夫到中国访问母校黑龙江大学时,曾专程赴京看望赵洵。

1979 年调任社科院苏联东欧研究所副所长后,赵洵怀着满腔热情投入科学研究和建所工作中。一方面她继续深入研究了一些理论问题,还以"布哈林专家"的身份到大学做报告。另一方面,她为研究所的各项建设和干部培养倾注了大量心血和精力,热心筹建苏联东欧学会。当时研究所的建筑年久失修,急待修整,赵洵设法弄到了经费,随后便埋头于工程设计,按照自己的想法改造旧房。离休以后,她一如既往地积极关心苏联东欧学会的研究课题,曾荣获社科院颁发的"老有所为精英奖"(1988年)。

赵洵担任着"中国苏联东欧学会""中国俄语教学学术讨论会""中苏友好协会""中国翻译协会"等数十个团体的副会长、常务理事、理事等名誉职务,但她不挂虚名,为中苏友好做了大量工作。如她非常关心和热心于苏联东欧学会的工作,经常参加学会的学术活动,为学会的活动募集资金。她在中国人民对外友好协会、中国翻译协会等团体组织中参与工作量相当大的学术和交流活动。

赵洵为新中国外语教育奔波忙碌的时代已经远去,世界已然发生巨大的变化,中国的发展也已日新月异,但赵洵精深的办学经验、外语教育思想、翻译原则、辞书编纂理念、对外交往观念非但没有没落,反而在历史的检验中更显出深远影响。今天,我们铭记并缅怀赵洵,梳理她在外语教育实践中的思想及她对翻译、辞书编纂、苏联东欧问题研究所做的贡献,学习、传承和发展她的人才培养观及学术建树,将有助于我们牢牢把握我国外语教育发展方向,探求外语教育特色,在外语教育教学规划以及国别与区域人才培养方面坚持正确的道路,推动我国俄罗斯学乃至外语教育事业不断发展!

参考文献

[1] 怀念敬爱的赵洵校长[C]. 北京:赵洵同志纪念文集编辑组出版,1992.

[2] 李锡胤. 语言·词典·翻译论稿[M]. 哈尔滨:黑龙江人民出版社,2007.

[3] 刘伟. 黑龙江大学俄语学科词典编纂历史探究[J]. 黑龙江教育(高教研究与评估),2018(3):1-3.

[4] 钟国华. 一生奋斗,鞠躬尽瘁——纪念赵洵校长八十冥寿[J]. 外语刊(黑龙江大学学报),1998(2):55-59.

[作者简介]:孙超(1972.07—),男,黑龙江逊克人,黑龙江大学俄语学院教授,博士,博士生导师,研究方向为俄罗斯文学、俄语教育。

黑龙江大学俄语学科资料中心
建设历史纵观

刘　伟

1. 引言

在黑龙江大学有一个展示俄语学科丰硕研究成果和进行对外文化交流的地方——黑龙江大学俄语学科资料中心（以下也称"俄语资料室""俄语资料中心"），它跨越了半个多世纪，一路走来，风雨兼程，成为非俄语国家最大的俄语专业文献资料中心。该资料中心包含了从哈尔滨外国语专门学校发展至黑龙江大学各个时期几代俄语人积累和建设取得的学术成果，对俄语学科的建设和发展具有特殊的价值和举足轻重的作用。它是教学和科研的后勤基地，是教学和科研的情报信息中心。俄语资料室的藏书、期刊，资料档案的质量、管理状况及服务能力直接反映俄语学科的教学和科研水平。黑龙江大学俄语学科资料中心的服务手段和学术水平在国内同类院校中占据领先地位，为推动学科的创新和发展提供有力的支撑。1989 年，黑龙江大学俄语资料室获得了首届国家优秀教学成果特等奖，这是在这个资料室工作的几代俄语人辛勤劳动的结晶。

2. 俄语资料室（中心）的建设概况

1948 年底，东北全境解放，东北民主联军司令部附设外国语学校归中国共产党东北中央局宣传部领导，并改名为哈尔滨外国语专门学校。至此，学校开始发展壮大并逐渐走上新型正规化道路。东北局任命王季愚为校长，赵洵为副校长兼教务处主任。

哈尔滨外国语专门学校是一所在解放战争时期诞生的学校，没有任何可继承的图书资料遗产。王季愚校长在其教育生涯中非常重视学校的图书资料建设。在办学初期，她把学校的图书资料建设纳入教师队伍建设、教材建设、图书资料建设、现代化电教技术设备建设这"四大基本建设"之中。待哈尔滨外国语专门学校的办学环境相对稳定后，王季愚校长立即着手学校图书资料的建设工作，每年都从教育经费中拿出大量资金用于图书资料的购置，并将重点放在俄文原版（当时苏联出版的）图书和期刊上，包括成套购买了苏联文学名著、语言学专著、教材、期刊和各种报纸等。1953 年，在王季愚校长的亲切关怀下，学校成立了专供教师使用的俄语资料室。至 1956 年哈尔滨外国语学院时期，俄语资料室的俄文原版图书资料库藏已经具备系统性强、功能完善、层级较高的特点。按照当时教学和科研的要求，俄语资料室的库藏图书体系已基本形成，在全国高校图书馆的同类藏书体系中堪称首位。其中有些重要的核心期刊是从创刊号开始连续收藏的，这些图书资料甚至在俄罗斯的一般院校也是很难找到的。

1958 年，哈尔滨外国语学院扩建为黑龙江大学，学校主管教学的领导王季愚校长于 1963 年主持召开全校性的资料室工作会议，并在会上做了重要讲话，明确提出了"办好系资料室是办好系的一半"和图书资料人员要"帮助别人搞学问，自己也要搞学问"的建设学校俄语资料室的思想。"办好系资料室是办好系的一半"的思想从理论高度确立了当时及以后俄语资料室的建设和发展的指导性意见。在此思想指导下，俄语资料室顺利开展工作，其服务手段和学术水平能够在全国同类院系中居领先地位。

在贯彻"帮助别人搞学问，自己也要搞学问"要求方面，俄语资料室从始建之初就受到王季愚校长的关注。王季愚校长重视俄语资料室建设的教育思想是全面的，这里既包括物的建设，也包括人的建设。为了加强和提高俄语资料室的服务能力，王季愚校长安排了一些素质好、学术水平高、科研能力强，又有学术见识的教师专门负责或兼顾俄语资料室的工作。20 世纪 50 年代前期，俄语资料室创建伊始，领导就安排哈尔滨外国语专门学校第一代有经验的骨干教师池凤年（后调广西大学，教授）主持室务，后又把从研究生一班毕业不久的高才生陈叔琪（新中国培养的第一代俄语教授）调到俄语资料室协助组建工作，陈叔琪后来长期负责这一方面工作，为俄语资料室的建设打下了良好的基础。20 世纪 50 年代中期，事业心极强的冈晋麟被调到俄语资料室工作，以后又被安排主持俄语资料室的工作。冈老师在俄语资料室工作长达 30 年之久，为俄语资料室建设做出了突出贡献。为了使俄语资料室能够更好地满足俄语语言文学学科建设的需要,俄语系领导根据王季愚校长的相关教育思想,从教师队伍中选出博学、有治学经验且热心学科建设的系科研秘书俞约法老师为俄语资料室学术顾问,并使其参与教师阅览室学术科研图书书库的建设。在俞约法老师的长期辛勤劳动下,俄语资料室收集的俄语语言学与教学法乃至普通语言学与语言教育学方面的学术性著作在全国居于首位。

这些人在图书资料的收集、分类、加工、整理、借阅及对图书资料的深层次开发工作中,为俄语资料室打下坚实基础,同时也做出了光辉典范。俄语资料室一代代的工作人员在"帮助别人搞学问"中自己也在搞学问。他们通过艰苦细致的文献加工,为系内教学和科研提供了一流的服务,同时自己也在资料工作中积累经验。他们中的许多人成了各自学科的专家,如李锡胤、潘国民、陈叔琪、李蕴真、俞约法、冈绪麟、蔡学举、马桂琴等,他们为俄语资料室的工作做出了重要的贡献。

3. 俄语资料室(中心)的信息服务工作

黑龙江大学俄语学院拥有老一辈外语教育家王季愚、赵洵多年培养的教师队伍和科研队伍,以及规模和水平都相当可观的俄语资料室。虽然各个时期国内的办学条件不同、任务不同,但学校领导对俄语资料室建设一直是给予支持的,可以说,俄语资料室是黑龙江大学俄语学科的重要组成部分,是教学与科研的资料信息中心,其信息服务质量直接反映该学科的发展水平。它在教学和科研中所发挥的特殊作用是图书馆所不能替代的。俄语资料室正是出于教学和科研工作的资料信息需要而设置的。俄语资料室的工作就是针对这种需要多方收集、长年积累,建设内容丰富的资料室藏,使其有序化、可检索化、情报化,在信息服务基础上形成的新的教学和科研成果也作为文献资料收集入库,进入新的循环。这种循环是一种螺旋式的运动,教学质量、科研水平在一定程度上就是沿着这条螺旋线升高的。俄语资料室以做好文献采集、加工及管理为宗旨,从四个方面进行选择:一是根据各学科、专业的性质和发展方向进行选择;二是根据教师的科研课题进行选择;三是根据研究生的论文需求进行选择;四是根据本科生的毕业论文题目进行选择。俄语资料室将上述四个方面进行综合分析,全面考量。从需求上,既要考虑科研又要考虑教学,既要考虑教师又要考虑研究生。根据这些需求,有目的、有针对性地对文献的内容进行分析和筛选,然后按学科或主题集中整理成系统的专题文献。通过对某一课题或某一领域的相关信息进行归纳、整理、分析、研究,系统阐述该领域的内容、意义、历史、现状以及发展趋势,也可以通过对某一领域的研究课题或科研成果的水平、现状、发展动向及影响等进行全面系统的分析与评价,形成一种全新的文献资料。俄语资料室帮助教师和科研人员了解有关领域的发展概况和发展趋势,为确定科研方向和科研课题制订各种计划和策略,例如,筛选出俄语中的常用词、常用词义、常用词形、常用词组、常用句作为编写教材的科学依据。为帮助翻译组完成国家委托的经典著作和文史著作翻译任务,俄语资料室梳理了大量的文史资料,并在俞约法教授的带领下,首创性地引进苏联的"语法翻译法""自觉实践法""视听法""直接法""认知法"等一系列教学方法论丛书,以及苏联语言学、文学、国情学的原版文献。这些文献为黑龙江大学在词典学、俄罗斯术语学、俄罗斯心理语言学、对外俄语教学法、俄罗斯词汇语义学等诸多领域的研究奠定了基础,帮助取得众多首创性成果,为俄语在中国的推广做出卓越贡献。俄语资料室发挥信息职能,开发和利用文献资源,为科学地评价科研成果提供参考依据。

4. 俄语资料室(中心)的学术性工作

俄语资料室在高校教学科研活动中承担着重要角色,专业性强、学术性突出是其最大特点。俄语资料室的工作内容十分丰富,可以说学术性体现于资料工作的各个环节之中。资料文献的搜集、整理、加工、检索、报导等,以及资料工作的组织管理和对现代化手段的研究应用都说明,资料室在工作层次、广度、深度、方法和服务内容等方面都能够反映它的学术性。仅就积累资料这一项工作而言,它是一项长期而精细的工作,要下很大功夫才能积土成山,汇滴成渊,才可以为教学科研人员在本学科领域创造领先的条件,为教学科研提供源源不断的"活水"。在积累过程中,所有的资料都要经过精心的分析、研究、选择、整理、加工,同时还要根据教学科研纵横交换的需要不断地剔旧更新,不断地加以细化和丰富。例如:从 1953 年开始,俄语资料室的藏书体系开始按照俄语学科的分类进行收集,经过 60 年的积累,本门学科俄文书、期刊文献资料在全国同类院校中居领先地位,其中大多数是国内俄语语言文学理论类的孤本藏书,俄文学术期刊有《Вопросы Языкознания》(1952)、《Известия академии наук СССР》(1953)、《Русский язык в школе》(1948)、《Литература в школе》(1949)、《Советская педагогика》(1951)等近40种,相当一部分学术期刊从创刊开始连续订阅至今;中文文献如《外语教学与研究》《外国语》《外语研究》《外语学刊》《当代语言学》《中国语文》等60余种学术期刊在有中国知网之前从创刊开始也是连续订阅至今。俄语资料室还收集了在几十年教学科研过程中形成的学科档案等各种原始资料,如:从哈尔滨外国语专门学校开始梳理的俄语实践课教学教案、理论课研究教案;从1952年开始的俄语专业课试题;教师教学工作日记;教学工作总结;教学工作会议综述;苏联教师(外教)工作报告;从1958年开始的俄语教师参加国内外学术会议的相关资料;从1960年开始的本科生、硕士生、博士生的毕业论文;教师在教学科研活动中形成的文字材料、照片、示范课录音;国外专家讲学声像资料;各种教学用地图、语言卡片、会话卡片、苏俄名人名画集、名胜古迹图片等。这些资料是俄语学科的一笔巨大财富。几十年的实践证明,这些资料对俄语教学科研发挥着不可估量的作用。这些文献经过多年的收集、整理,才能逐渐形成具有一定规模的学科文献体系。看似最平常的工作并非想象的那么简单,绝非是与学术无关的事务性工作。资料人员必须具备一定的素质和能力才能做好这些工作,譬如:比较广博的学科知识面、一定的学科研究经验、敏锐的鉴别能力、超前的预测能力与积极的捕捉意识等。

如果说资料积累工作不论对资料人员的要求多高,终究是搜集他人的创造成果,其学术性仍有一定的局限性,那么对这些成果的开发,使其原有价值得到提高的资料加工等研究工作就完全是一种重新组织知识的创造活动了。俄语资料室的老师针对教学科研需要选编、译注、编写各种形式的参考资料,参与编写教材,并且独立为一线实践课教师编写了《教师课堂用语》[《Песенник》(内部文献)]等材料。以二次文献加工工作——目录索引工作为例,俄语资料室的蔡学举老师整理出《外国语言研究论文索引》(内部文献),刘伟老师整理出《全国俄语语言文学博士、硕士学位论文题目索引》(内部文献)。资料加工等研究工作的成果是揭秘室藏和科学信息的重要工具,为老师和研究生提供了重要的科学依据,实用性强,这项工作是需要资料人员发挥极大的耐性、能动性和创造性来开发、组织和利用知识的科学劳动,学术性贯穿它的始终。

5. 俄语资料室(中心)的互联网资源检索工作

黑龙江大学俄罗斯语言文学与文化研究中心能够跻身教育部人文社会科学百所重点研究基地,正是因为自哈尔滨外国语专门学校至今,多年来,黑龙江大学俄语学科的几代俄语人共同努力,在俄语语法、俄语教学、俄罗斯语言学、俄罗斯词典学、俄罗斯文学等研究领域撰写、出版大量理论成果和应用成果,奠定了比较坚实的研究基础。黑龙江大学的俄语语言文学学科被教育部评为国家重点学科,拥有从大学本科到博士后流动站完整的人才培养体系,有实力很强的研究队伍,一直承担教育部重大研究项目。俄语资料中心是俄语学科建设的重要组成部分,如何将其建设成为具备国家级水平的专业资料中心,自然也具有十分重要的战略意义。

第一,将俄语资料中心的工作由传统的人工管理向计算机管理转变,使俄语资料中心的各项工作均可通过计算机进行,包括采访、编目、借阅、参考咨询、文献检索、统计等。同时,使俄语资料中心成为校园网的一个终端,能通过校园网与学校图书馆及其他用户相链接,并能进入 SSCI 社会科学引文索引、CNKI 中国知网、中国人民大学复印报刊资料(库)、全国报刊索引等中文数据库。俄语学院还购进了《俄罗斯大全》数据库,它是目前全球最大的收录俄罗斯学术资源的数据库,内容权威,涉及范围广泛,是研究俄罗斯与独联体国家政治、经济、文化、法律、历史、军事、安全、外交、科技、医学等方面以及学习俄罗斯语言文学的重要资源。该数据库共收录资源 600 种左右,文章超过 1 000 万篇,全部内容提供全文并可进行全文检索,同时收录了大量过刊。资料人员通过二次文献工作及时将这些材料推荐给教师和学生以满足他们的需求。

第二,建立俄语资料中心网站,选购先进的管理系统软件,创建具有多种检索功能的特色数据库,根据现有资源优势建立回溯书目数据库和各种专题数据库。把现有图书和文献资料分编整理后录入回溯书目数据库,根据教学和科研的需要编制多种专题数据库。这种专题数据库的收录范围明确,服务针对性强。开展定题情报检索、专题追踪检索和科研课题查新,把所需信息补充到专题数据库中去。做出目录清晰、结构合理、内容独特新颖、具有本专业特色的网站。将俄语资料中心的信息资源与图书馆的信息资源在校园网上并网运行,使全国俄语工作者都能利用网络获取俄语资料中心的文献,真正实现信息资源共享,提高信息资源的利用率,使文献资料建设向多元化方向发展。

6. 结束语

黑龙江大学俄语学科资料中心贴近教学科研第一线,它的文献资料丰富,在学科范围内的文献已达到完备级,应积极创造条件把在国内有明显优势的黑龙江大学俄语学科资料中心建设成为国内俄语学科文献的收藏中心、查询中心和服务中心,成为国家级的俄语语言文学文献中心。

参考文献

[1]刘伟. 建设国家俄语语言文学资料中心的战略思考[J]. 图书馆建设,2001(5):
42 – 45.

[2]刘伟. 论高校专业学科资料室的情报职能[J]. 情报科学,2002(5):478 –
479,482.

[3]刘伟. 再论高校专业学科资料室工作的学术性[J]. 牡丹江师范学院学报(哲学
社会科学版),2002(4):117 – 118.

[4]刘伟. 黑龙江大学俄语系资料室的情报服务[C]//俄语教学与研究论丛(内部文
献). 2001(第十五辑).

[5]马桂琴. 办好系资料室是办好系的一半[M]//黑龙江大学《俄罗斯语文学研究》
编委会. 俄罗斯语文学研究——王季愚、赵洵同志纪念文集. 哈尔滨:黑龙江人民
出版社,1998.

[作者简介]:刘伟(1964.08—),女,黑龙江哈尔滨人,黑龙江大学俄语学院副研究馆员,硕士,研究方向为俄语文献学、俄语教学史、俄语教育思想。

王季愚教育思想与外语专业一流课程建设

赵　洁

随着全球化的发展,国际交往合作的领域不断扩大,我国对外语人才的需求量越来越大,对外语教育的要求越来越高,无论是支撑国家发展,还是应对全球性挑战,培养高素质的外语人才都是迫在眉睫的任务。但目前高校外语教学的效果不能达到推动社会经济发展和对外交流合作的要求,尤其是非通用语人才的短缺不能满足"一带一路"倡议的需要。在新时代背景下,回顾和梳理我国卓越的外语教育家王季愚的外语教育思想,学习并创新她外语教学的实践举措,对今天的高校外语教学有着积极的现实意义。

1. 强化外语技能培养,重视外语和专业融通的课程教学

早在二十世纪六十年代,王季愚校长就已经认识到,传统的外语知识传授教学模式存在"单一化"问题。在王季愚看来,学校"培养目标、规格学制、课程设置、教材选用、教学方法等方面都或多或少有这样的毛病",特别是对于各类人才如外交人员、导游、翻译、科研人员的培养模式"一锅煮","规格、教学内容与方法大同小异,没有特色"。为解决这个问题,王季愚提出,应该实施多样化课程教学,增设一些人文学科的其他专业和系,使学生不仅掌握外语工具,而且在某一学科领域里进行专业性的学习和研究。她主张,一方面要重视学生"听说读写译"言语技能的全面发展,另一方面要强调外语与专业的相互融通,外语专业人才应该在掌握语言技能的同时,能够根据社会需要,了解并掌握其他专业知识,以适应各行业的工作,这样才有利于人才的综合素质提升和综合能力培养。不难看出,这一思想与我们当今高校大力推行的"一流课程"建设有暗合之处。

"一流课程"的本质是课程目标、课程内涵的与时俱进,以满足国家、

社会和学生的需要,这要求高校随着社会的发展和技术的更新不断调整课程,建立课程动态调整机制,去除与人才培养目标缺乏支撑关系的课程、内容陈旧过时的课程、内容重复过多的课程。每门专业课对专业人才培养目标的达成度都要有贡献,保证专业课程体系与培养目标的一致性。而且一流本科课程建设要突破传统的教学体制,外语课程应与其他学科课程融合,以社会需求为导向,组建不同学科背景的教师团队,课程建设需要交叉学科知识的支撑。例如,面对人工智能、机器翻译的快速发展,有必要融入神经科学、心理科学、认知科学等知识要素,根据培养目标构建特色课程。创建一流大学、一流学科、一流课程,归根结底的任务是培养一流人才,应以学生的学习和发展为中心,以学生的能力培养为重点,以社会的需求为导向。

2. 强调课堂精讲多练,坚持外语教学的实践性原则

二十世纪五十年代,哈外专(哈尔滨外国语专门学校,哈尔滨外国语专科学校)的教学传统曾一度受到冲击。有的苏联专家认为直接教学法不可取,他们强调理论的重要性,强调两种语言的对比,强调自觉实践。于是在这种思想的指导下,1955 年,哈外专开始推行分科教学,开设语音、语法、词汇等课程,每门课程各自独立,有自己的教学大纲、教材和教研组。分科教学的弊端是三门课缺乏配合,教师讲解的理论过多,忽视语言的综合训练,导致学生口语、听力等能力的不足。[1]面对这种状况,在1956 年召开的俄语教学会议上,王季愚校长强调,俄语实践教学必须保证学生能实际掌握俄语进行交际,实践课必须贯彻实践性原则,在教学中要进行大量的语言实践,要发扬哈外专长期形成的强调外语实践的好传统……在语言实践课上讲授给学生的语言理论知识必须是少而精的,经过精心选择的,有利于学生言语实践的。[2]之后分科教学被否定,学校重新又回到了综合教学的体系上,教学中一度出现的偏向及时得到了纠正。

秉承老校长的教学思想,黑龙江大学俄语专业的课程教学历来重视学生语言实践能力的培养,多年来形成了“小问题”“小对话”“小短文”等灵活多样的教学方法,开展教师和学生之间、学生和学生之间的有效互动,从而活跃课堂气氛,提高学生的参与度,教学的传统一直是“精讲多练”,教师的讲解不超过课堂时间的三分之一,学生语言能力的实践训练

不少于课堂时间的三分之二,在传承哈外专教学思想的基础上又提出了"三精"、严把"三关"等一系列行之有效的教学方法。

3. 立足中国国情,自编适合中国人学外语的教材

1958 年,在哈尔滨外国语学院的基础上,黑龙江大学正式成立,王季愚校长在创建文理各系的同时,提出了重视"三材"发展的学科建设思想,即注重人才、教材和器材的建设,她强调要抓好外语教育的四大基本建设:教师队伍建设、教材建设、图书资料建设、现代化电教技术设备的建设。

人才建设指的是坚持"教育者必须先受教育"的原则,通过组织进修班、研修班、理论班、高级学习班等方式,打造一支基础知识过硬、专业技能突出、结构优化合理的师资队伍;教材建设秉持"结合工作实际,贴近生活"的原则,积极组织教师自编自写教材,强调教材编写要讲求实效,符合我国的外语教学实际情况,抓住中国人学习外语的难点;器材建设指的是图书资料建设,在哈外专时期,王季愚校长就高度重视图书资料建设工作,认为图书资料是教师教学和学生学习的重要载体,是激活教师和学生主体内在动力的要素之一。从建设资料室到成立图书馆,她亲自筹划购书经费,与国内有关部门联系以寻找书源、补充馆藏。此外,哈尔滨外国语学院在成立初期就建立了语音实验室、电化教研室,可以说,她在几十年前就注意在教学中应用信息技术。

王季愚校长认为外语教材的编写是重中之重,她曾在外语教学研究会成立大会上指出:"我国外语教材建设工作还有不少问题。我们学院 31 年来编写、修订的各种教材就有 914 册之多,可是能相对稳定地用上几年的却很少。这些教材大多是实践课的,而且没有配套成龙;编写教材的路子不够宽,内容也不够新颖……我们应该在进一步总结经验教训的基础上,编好多种多样的教材,使教材建设工作更上一层楼。"[3]

一直以来,黑龙江大学俄语学院铭记王季愚老校长的教诲,在积累教学经验的基础上,本着紧密联系中国国情、结合教学实际、注重日常交际、突出实用性的原则,以最新外语教学理论为指导,编写了俄语专业系列教材,这些教材被国内外多所院校的俄语专业采用。进入新时代以来,学院进一步完善课程内容更新机制,鼓励教师开发专业教材,更新教学材料,扩充教学资源,尤其注重开发信息化教学资源,于 2016 年、2018 年对学

院自编的实践课教材《俄语》进行了修订,更新了教材内容,现正组织教师进行《俄语阅读》和《俄语听力》系列教材的修订和重新编写,将最新的充满时代气息的内容加进课堂,做到与时俱进,力求编写出注重知识脉络的整理、习题的新颖和针对性、有声材料和视频材料的配套、课内内容与课外内容的整合、课堂辅导与线上辅导的结合等多维度、高效度的系列教材,使专业教材建设不断得到推进。

目前,我国在着力推动高校加快现代信息技术与教育教学的深度融合,外语专业更应该改革传统的教学模式,重塑课程体系,注重互联网时代新的教育信息化理念,全面提高教学水平和人才培养质量。应该充分利用课堂内外、线上线下的教学资源,尤其要将国家精品视频资源课的优质平台引入教学当中;对于现有的多媒体课件,应该适当增加适合学生自主学习的内容,力求立足实际,使其发挥更多的教学辅助作用。

半个世纪过去了,国际环境发生了巨大的变化,中国的发展更是日新月异,王季愚校长的办学举措和外语教育思想不仅没有过时,而且经受住了时间的检验,今天仍显示出卓有成效的深远价值,值得我们不断学习、传承和发展。

参考文献

[1] 徐翁宇. 哈外院的外语教育思想——缅怀老校长王季愚和赵洵[J]. 外语学刊, 1998(2):52 – 54,85.

[2] 俞约法. 王季愚同志外语教育思想研究管见[J]. 外国语(上海外国语学院学报),1988(2):13 – 15.

[3] 王季愚. 外语教学的回顾与展望[J]. 中国教育学会通讯,1981(2):46 – 50.

[4] 章振郑. 怀念王季愚同志[J]. 外国语,1996(4):7 – 9.

[5] 蒋红雨. 王季愚创新办学思想研究[J]. 黑龙江教育(理论与实践),2020(7):1 – 3.

[6] 陈文远. 王季愚办学治校思想与实践的时代新论[J]. 黑龙江教育(理论与实践),2020(6):2 – 5.

[作者简介]:赵洁(1971.11—),女,黑龙江哈尔滨人,黑龙江大学俄语学院教授,博士,硕士生导师,研究方向为俄语语言学。

王季愚"学术建校"思想探索与启示

关秀娟

人民教育家王季愚是我国外语教育的开创者和奠基人之一,自1946年担任东北民主联军司令部附设外国语学校(黑龙江大学前身)负责人起,直至1981年逝世,她在我国外语教育战线上工作长达35年,亲手开创和发展了黑龙江大学、上海外国语大学的外语教育事业,被两所大学的师生亲切地称为"老校长"。王季愚凭借实事求是、尊重外语教育规律的治学理念和卓越的胆识、前瞻性的战略眼光,在黑龙江大学的哈外(哈尔滨外国语专门学校,哈尔滨外国语专科学校,哈尔滨外国语学院)时期为新中国俄语教育事业创造了一系列光辉业绩,使哈外在全国确立了俄语教学和研究的领先地位,为国家培养了大批优秀的俄语专业人才,为全国外语教育院系和科研机构输送了大量教学科研骨干,成为新中国俄语教育的"摇篮"和"圣地"。这一时期,由王季愚、赵洵等开创性提出的"学术建校"教育思想,成为我国俄语教育事业发展的重要里程碑。

1. 王季愚"学术建校"思想探索

王季愚"学术建校"思想形成于20世纪50年代初,经历了实践摸索、理念提炼、再实践、再发展的过程。形成过程有其特殊的历史背景,但更多体现了王季愚革命家办教育的眼光、胆魄,和一切从实际出发、坚持按外语教育规律治学的马克思主义理论修养。

在解放战争时期和新中国成立初期,哈外的主要办学目标是培养军政翻译,学校更像是一个短训班式的革命干部学校。为了适应国家建设的形势需要,也为了哈外的长远发展,王季愚认识到,必须走正规化办学的道路。她明确提出,把"学术建校"提到日程上来是我国社会主义建设事业发展的要求,也符合正规化高等学校自身发展的规律。[1]王季愚指出:办学校必须从学术研究着手,单靠改进教学方法还不够,根本出路在于提高外语理论水平。[2]哈外结合当时全面"向苏联学习"的时代背景，确立了以加强语言科学的学习研究和科学教学法的探索研究为主要内容的"学术建校"之路，在哈外形成教学和科研并重的建校模式。通过对先进理论的学习和对科研能力的培养，全面提高教师的学术素质、业务水平和解决实际问题的能力，从而促进外语教学质量的提高，培养出建设国家需要的更高水平的外语人才。

在"学术建校"思想的指导下，哈外推出了一系列重要举措。一是充实专业师资力量和提升师资学术能力。（1）创办研究生班。实际上，哈外很早就开始了对"学术建校"的探索。为了培养和扩充专业教师队伍，哈外先办研究生班，再办副博士班，再按细化的研究方向培养研究生。1950年12月，在王季愚、赵洵等的推动下，哈外开办了新中国首个外语类研究生班，到1952年又开办了5期研究生班，1956年11月尝试招收副博士，有计划地培养具有较高理论水平的中国师资队伍。在黑龙江大学成立后，虽然遇到了一些思想阻力，由王季愚主管的外语系继续在1959年、1960年招收了两期研究生班，而且分研究方向进行培养。这些探索为黑龙江大学能顺利于第一批获得俄语专业硕士授予权奠定了基础。哈外先后聘请苏侨教师中的优秀者、苏联专家讲授俄苏文学、现代俄语（语音、形态、结构）、语言学、教育学、教学法等课程。研究生班的教学大大提高了学员的学术意识和学术水平。（2）开展师资培训。一方面扩充师资力量，一方面全面提高现有师资的学术理论水平。1953年，哈外聘请苏联专家到校执教，对学校人员进行语言理论培训，授课对象包括领导干部、中国教师等，1954年起又选派21名教师到苏联留学，1956年选派教师到国内师范院校进修教育学等。

二是大力推动学术活动的开展。（1）召开俄语教学研讨会。1955年5月2日，哈外第一届俄语教学研究会议召开。此次会议是王季愚"学术建校"思想形成和走向实践的重要标志。会上首次明确提出"学术建校"思想，目标是实现哈外由一个中心（教学中心）向教学和科研两个中心相结合转变。由于该会议也是全国性的俄语教学研讨会，当时国内几乎所有的俄语教学单位都参加了会议，会议成果对全国许多教学单位的教学科研发展都产生了积极影响，该会议成为中国俄语教学史，乃至中国外语教育史上的重要一页。此次会议的召开激起了哈外教师的科研热情，群众性科研活动在校园里广泛开展起来。（2）创办学术刊物。脱胎于《教务工作通讯》的《外专校刊》于 1954 年更名创刊,承担起开展科学研究的任务,具备学术刊物的雏形。而后接替出版的《俄语教学与研究》则成为新中国外语院校最早的学报,主要刊登苏联的俄语研究成果和介绍本、外校语言理论研究文章及教学经验等。后来,该刊又在更名为《外语教学》《黑龙江大学学报》之后发展成为现在的全国首届优秀社科学术期刊、全国外语类核心期刊《外语学刊》。创办学术期刊既能保证教师和研究生拥有学术交流的平台,不断提高研究者的学术水平,使外语教学与研究常态化,又能使研究成果沉淀下来,为后来的外语教学与研究工作所用。(3)学校制订了科学工作 7 年规划,每年召开一次"教学研究会",号召开展群众性的科研活动。教研室成立核心组,检查指导科研选题研究情况。

三是组建教研机构,搭建教研设施,营造教研环境。(1)先后成立了翻译教研室、词汇教研室、语法教研室、语音教研室、理论教研室等教学与科研相结合的教研机构,细化科研目标和对象,培养各专业(方向)的学术人才。(2)加强教材和设施器材建设。推动俄文编译室、理论教研室等教研单位开展学术研究活动并产出学术成果,编写了《俄语语法》《现代俄语通论》,编译了《俄语成语辞典》《俄语词汇辨异》等有重要影响的教材和工具书。投入有限资金,在新中国外国语学院中最早建成电化教学实验室;重视图书馆建设,努力扩大藏书规模,哈外图书馆曾是大专院校中俄文藏书最丰富的图书馆,俄语资料室是全国俄语学科最大的教研后勤基地。

2. 王季愚"学术建校"思想启示

王季愚在"学术建校"和研究生培养工作中进行了良好的探索,为国家培养了大量优秀的外语人才,为外语教育留下了丰富的经验,其思想和实践对今天的大学建设和人才培养仍有巨大借鉴意义。

第一,推动教学研究型大学建设。按照教学和研究的投入侧重划分,大学的类型有研究型、研究教学型、教学研究型、教学型之说。[3] 多数地方性高校属于教学研究型高校,介于研究教学型高校和教学型高校之间,不仅重视教学质量,而且重视科学研究。王季愚在校时期,黑龙江大学通过实施"学术建校"理念,加强学术研究工作,提升教学质量,使学校从教学型高校向教学研究型高校发展,为黑龙江大学的长远发展指明了方向。

当前的黑龙江大学，经历了改革开放以来40多年的发展，教学和科研得到了长足进步和丰硕成果，学校的建设目标应由教学研究型转向研究教学型，旨在进一步提升学校的教学和科研水平，朝"双一流"高校建设方向而努力。为此，外语院系应加强外语教学研究，特别是研究生教育培养，以提升外语教育水平，培养满足新时代发展需要的高水平人才。同时加强外国语言文学一级学科下各专业研究方向的前沿科学研究，以提高学校在该领域的学术影响力，为国家建设乃至世界的语言服务做出重要贡献。

第二，引导科研成果的教学实践转化。王季愚当年所倡导的学术研究既包括语言文学研究，也包括教学法研究，其目的是提高教学质量，为国家培养急需的外语人才。的确，教学与科研本质上都是学术。[4]教学研究和科学研究都是大学教师应从事的学术研究。科研的目的是教学，科研成果最终要用于教学，科研应与教学相结合，二者不可偏废，不服务于教学的科研是没有意义的，没有科研成果指导的教学是不科学的。对教学一线的教师而言，教学研究是学术增长点，是必不可少的研究方向。无论是教学研究型教师，还是研究教学型教师，都应使教研方向和专业方向协同发展，从中找到更多的学术增长点。[5]因此，应引导教师从事外语教育教学改革研究，加强教学研究，精于设计，将先进的教学法用于教学之中。教学改革的目的是解决教学中的难题，适应时代需要的线上教学及线上线下混合式教学，都应该成为教师思考和解决的问题。同时，教师应将自己的外国语言文学研究成果有效应用于教学实践，以专业高度为水准，提升教学质量。

第三，培养面向师资储备的研究生。王季愚重视研究生班学生培养，依靠苏联专家和苏侨教师指导研究生从事科学研究，主要目的是为外语教育充实高水平的中国教员。王季愚老校长认为，应以教师建设为中心，只有培养一支能力过硬的教师队伍才能实现教学质量的根本提高，才能培养出高水平人才。对于外语教育来说，教师格外重要，语言理论与语言实践双优的教师非常宝贵，需要精心培养。今天，研究生仍是储备师资的主要来源，应根据现实需要强化培养措施，在硕博研究生中培育出"想研究、能研究、会研究"且理论与实践俱佳的新师。[6]当前，很多高校缺少优秀的年轻教师，特别是经济欠发达地区的高校，如何留住年轻的好苗子是比较棘手的问题。可以通过学科专业一体化建设、本硕博一条龙培养，将发现的好学生作为预留师资认真、全面培养,做到感情留人、资金留人、重点学科留人,使好学生因对母校的多年感情而留校,因良好的待遇而留校,因母校的学科领先而留校。

第四,促进学科专业一体化建设。王季愚在黑龙江大学期间将外语研究生教育与本科教育相连接,使外语教育具有连续性。而后在上海外国语学院(现上海外国语大学)期间,王季愚将外语教育的链条又向前、向后进行了延伸,本科之前开设了附属外语学校,本科之后开设研究生班、出国进修班,使外语教育实现了一条龙培养体系。这对我们当前进行的学科专业一体化建设具有极大的启发作用:应强化学科专业的一体化建设,全力推进本硕博一条龙的外语专业人才培养,使本科、硕士研究生、博士研究生期间的知识形成体系,能力培养形成梯度,使人才的成长自然顺畅;应敢于延伸外语人才培养链条,勇于开发中小学外语专门教育,为外语院校选育优质学苗;应加强出国外语培训基地建设,帮助有志于出国深造的学生奠定语言基础,为社会提供优质的语言服务。

参考文献

[1]上海外国语大学. 一位杰出的教育家——王季愚同志生平及其教育思想[M]//戴炜栋. 爱心的回响——缅怀人民教育家王季愚. 上海:上海外语教育出版社,1997.

[2]姜君正,刘敏. 呕心沥血育人才[M]//戴炜栋. 爱心的回响——缅怀人民教育家王季愚. 上海:上海外语教育出版社,1997.

[3]钱厚斌. 关于教学研究型大学建设的思考[J]. 继续教育研究,2011(12):20-22.

[4]陈大兴. 教学学术是大学教师专业发展的核心[N]. 中国社会科学报,2013-08-14(A8).

[5]关秀娟. 青蓝互融出新彩[M]//黄忠廉. 人文社科论文修改发表例话. 北京:科学出版社,2020.

[6]关秀娟. 创新新时代研究生教育培养方式[N]. 中国社会科学报,2020-09-14(5).

[作者简介]:关秀娟(1975.10—),女,黑龙江大学俄语学院教授,博士,博士生导师,研究方向为翻译学、外语教育。

文学文化翻译篇

词汇函数 Magn 在汉俄翻译中的应用

蒋本蓉

　　熟语性词汇搭配是外语学习的一个难点。熟语性词汇搭配不是名词与形容词,副词与动词等形式的自由搭配,而是词与词具有熟语性的组合形式。外语学习者都有这样的体会,在对熟语性词汇搭配形式进行汉外翻译时,容易受到汉语搭配习惯的影响,结果出现译文不当或错误。例如,"深爱"易受汉语"深深相爱"的影响,译为 глубоко любить。实际上,俄语中形容词和名词搭配时可以用 глубокая любовь,副词和动词搭配时要用 сильно любить。

　　俄语词汇函数(лексическая функция,简称 ЛФ)理论可以帮助我们有效解决这一问题。20 世纪 60 年代,莫斯科语义学派 И. А. Мельчук、А. К. Жолковский、Ю. Д. Апресян 等学者在《现代俄语详解组合词典》(«Толково-комбинаторный словарь современного русского языка»)中最先采用词汇函数描写熟语性词汇搭配。Ю. Д. Апресян 采用词汇函数编写俄语系统性、积极性词典,如《新编俄语同义词解析词典》(Апресян, 2004),《俄语积极词典》(Апресян, 2014)。本文以词汇函数 Magn 为例,尝试把词汇函数理论用于词或词组的汉俄翻译中。

1. 词汇函数的概念及类型

　　"函数"是数学上的一个概念,它表示,按照某种确定的对应关系 f,对于集合 A 中的任意一个数,在集合 B 中都有唯一确定的数 $f(x)$ 和它对应,表示为 $y = f(x)$。其中 x 叫作自变量,y 叫作函数值。词汇函数借用了数学"函数"概念,表示词汇语义单位之间的组合关系。词汇函数共有 70 多种类型。下文将进行具体分析。

　　(1)词汇函数的概念

　　И. А. Мельчук 指出,f 描写一个词汇语义单位或一个词汇语义单位的组合 X 与另一些词汇语义单位或词汇语义单位的组合构成的集合之间的依存关系{Y_i} = $f(x)$。f 表示特定的抽象语义类型,例如,"同义""反义""极大特征""良好特征""开始""结束""进行"等,用拉丁语的缩略形式表示为 Syn、Anti、Magn、Bon、Incep、Fin、Oper 等。X(关键词或词组)是词汇函数 f 的变项,{Y_i} 是词汇函数 f 的意义或表达式。(Мельчук,1999:78)词汇函数揭示了某种抽象的语义关系中词与词之间的熟语性组合关系。

词汇函数 Oper 表示某种概括性的动作"进行"(совершать)。关键词 X 表示情景名称。$\text{Oper}_1(X)$,即 X 所表示情景的主体是句子的主语;$\text{Oper}_2(X)$,即 X 所表示情景的客体是句子的主语。此处的下角标 1、2 等表示关键词的语义配价。例如,关键词 помощь 有两个语义配价——主体 1 和客体 2。Oper_1(помощь)表示 помощь 的主体做句子的主语,即主体对客体进行帮助,Oper_1(помощь) = оказывать;Oper_2(помощь)表示 помощь 的客体做句子的主语,即客体受到主体的帮助,Oper_2(помощь) = получать。再如:Oper_1(поддержка) = оказывать(给予支持),Oper_2(поддержка) = находить, встречать(获得支持);Oper_1(совет) = давать(提出建议),Oper_2(совет) = получать(得到建议)。试看下例:Oper_1(преступление) = совершать(进行犯罪),Oper_1(эксперимент) = производить, ставить(进行试验),Oper_1(визит) = наносить кому визит(进行访问),Oper_1(решение) = принимать(做决定),Oper_1(радость) = доставлять(给予快乐);Oper_2(радость) = получать(得到快乐),Oper_2(защита) = находиться под защитой(受到保护),Oper_2(подозрение) = подвергаться подозрению(受到怀疑)。再看下面的例子:

Degrad 表示"事物变坏"。例如,Degrad(хлеб) = плесневеть(面包发霉),Degrad(молоко) = киснуть(牛奶变酸),Degrad(штаны) = разорваться(裤子破了),Degrad(машина) = сломаться(车坏了),Degrad(шина) = сесть(轮胎瘪了),Degrad(погода) = портиться(天气变坏),Degrad(воздух) = загрязняться(空气污染),Degrad(брак) = трещать по швам(婚姻岌岌可危)。

从形式的角度来看,词汇函数的自变项 X 是某些词,而意义取值 Y 是词和词组的集合。从上文的例子中可以看出,关键词 X 与意义 f 的意义取值 Y 之间具有熟语性的固定组合关系,即词汇函数的表达式只与特定变项 X 有依存关系,与其他变项不形成依存关系,词汇函数表达式 Y 要根据具体的关键词 X 来确定。从内容的角度来看,词汇函数是某种概括、抽象的意义类型,例如,意义的相等(同义 Syn),意义的对立(反义 Anti),使出现(使役 Caus),开始(Incep)等。如果有一些关键词 X,那么词汇函数会列出与每一个 X 相对应的表达式 Y。从广义上说,属于同一词汇函数的词都是同义词。

词汇函数的本质是描写词汇的熟语性搭配,更确切地说,是如何选择词来表达已有的意思。例如,词组 очень(абсолютно, совершенно, полностью)здоров(非常健康)表示"健康的极大特征"(词汇函数 Magn),而表达同样的意思——"疾病的极大特征",应说 тяжело болен,而不是 * очень(абсолютно, совершенно, полностью)болен。类似地,可以说 делать доклад(做报告),但同样的意思换成 лекция(讲座)表述时,应表达为 читать лекцию(做讲座),不能说 * делать лекцию。

(2)词汇函数的类型

词汇函数分为变值词汇函数和常值词汇函数。在上下文中词汇函数 Y 表达的意义要根据具体的关键词 X 来确定,这种非自由组合关系的词汇函数叫作变值词汇函数。例如,上文的 Oper 和 Degrad 就是变值词汇函数。具有自由组合关系的词汇函数叫作常值词汇函数。常值词汇函数遇到任何变项都有相同的 Y。常值词汇函数不是我们研究的重点。

词汇函数还分为"标准词汇函数"(стандартная ЛФ)和"非标准词汇函数"(нестандартная ЛФ)。标准词汇函数有两个主要特点:

①具有广泛的语义搭配性能,适用于各种不同的自变项,具有广泛的概括性。

②具有丰富的语言表达式。

俄语中有一个熟语性的固定表达方式 черный,用来表示"不加糖、牛奶等东西,原味的"意思,在这个意义上只能用 кофе 与之搭配,而表达同样的意思,чай 却不可搭配,черный чай 表示"红茶"。从表面上看,черный кофе 是具有熟语性的固定组合,似乎是标准词汇函数。但是它并不符合特征①、②的要求——它只能与"咖啡"连用,只有一种表达式(черный),因此它是非标准词汇函数。具有变值的、普遍搭配性质的词汇函数是标准词汇函数,具有常值的或者个别搭配性质的词汇函数是非标准词汇函数。

俄语熟语性固定组合的数量数不胜数,但是表达某种意义类型的词汇函数的数量是有限的,共有 70 多个。按照词汇函数表达式的词类,词汇函数主要分为名词性、限定性、动词性 3 大类。限于篇幅,下面对主要类别做简要介绍。

1)名词性词汇函数。S_i 表示关键词的语义配价——关键词所表示情景的主要成分,字母 i 是表示配价名称的数字。例如,продавать 有 4 个配价:S_1(продавать) = продавец(售货员),S_2(продавать) = товар(商品),S_3(продавать) = покупатель(顾客),S_4(продавать) = цена(价格)。S_c 表示状态元——关键词所表示情景的次要成分,例如:工具(S_{instr}),S_{instr}(стрелять) = оружие;行为方式、方法(S_{mod}),S_{mod}(смотреть) = взгляд;地点(S_{loc}),S_{loc}(учиться) = школа;结果(S_{res}),S_{res}(работать) = зарплата 等。此外,Cap 表示某组织或机构的领导者,如 Cap(университет) = ректор(校长)。Equip 表示成员名称,如 Equip(страна) = население(居民)。Doc 表示某种证明或文件,如 Doc(рождение) = свидетельство о рождении(出生证)等。

2)限定性词汇函数。限定性词汇函数表示关键词的某些属性特征,通常是形容词。例如:极大特征 Magn,Magn(дождь) = проливной(暴雨),Magn(молчание) = гробовое(死寂);符合规范的特征 Ver,Ver(общество) = гармоничное(和谐社会),Ver(закон) = справедливый(公正的法律);良好特征 Bon,Bon(климат) = приятный(气候宜人),Bon(квартира) = уютная(舒适的住宅);可能性特征 Able,Able(изменяться) = изменчивый(易变化的),Able(есть) = съедобный(可食用的)等。

3)动词性词汇函数。上文提到的两个函数 Oper 和 Degrad 属于动词性函数。再如:Incep 表示行为开始,Incep(дружиться) = подружиться(交上朋友),Incep(дождь) = пойти(下起雨);Cont 表示继续,Cont(традиция) = продолжать традицию(继承传统),Cont(силы) = сохранять(保存实力);Fin 表示结束,Fin(спать) = просыпаться(醒来),Fin(университет) = окончить(大学毕业)。Caus 表示使出现,Caus(школа) = открывать школу(开办学校),Caus(вакцина) = разрабатывать вакцину(研制疫苗);Liqu 表示使不存在,Liqu(ресторан) = закрывать(关闭饭店),Liqu(собрание) = отменять(取消会议)。

Fact 表示功能或要求得以实现，Fact（судно）= перевозить（грузы，пассажиров）（轮船运输货物或乘客），Fact（эксперимент）= удаваться（实验成功）；Func$_0$ 表示事物自身的发展进程，Func$_0$（цветы）= цвести（花开），Func$_0$（река）= течь（河水流淌）。Perm 表示允许，Perm（высказываться）= предоставлять слово（允许发言），Perm（экзамен）= допускать к экзамену（允许考试）；Prepar 表示使处于准备状态，Prepar（чай）= заваривать（沏茶），Prepar（мобильник）= заряжать（手机充电）等。

除了以上几种，还有其他一些函数。例如：Son 表示典型声响，Son（кошка）= мяукать（喵喵叫）；Figur 表示隐喻，Figur（сон）= объятия сна（梦乡）；Attr 表示换喻，Attr（шофер）= баранка（方向盘，指代司机）等。

2. 词汇函数 Magn 的概念

词汇函数 Magn 属于限定性函数，表示"极大特征"（即 очень，большой）意义。当 x = дождь 时，y = проливной дождь（暴雨）；当 x = снег 时，y = большой снег（大雪）；当 x = температура 时，y = высокая температура（高温）；当 x = мороз 时，y = крепкий（большой，сильный）мороз（严寒）；当 x = чай 时，y = крепкий чай（浓茶）；当 x = болен 时，y = тяжело болен（病重）；当 x = любить 时，y = сильно любить（深爱）。关键词可以是词组，例如：x = бледное лицо（苍白的脸），y = как смерть（像死人一样）；x = красное лицо от стыда（羞红的脸），y = как рак（像大虾一样）。x 是名词、名词性词组或动词，y 是表示"极大特征"Magn 意义 f 时所对应的表达式，x 与 y 是熟语性搭配。可以说 проливной дождь，不能说 * проливной ветер；可以说 большой снег，不能说 * большая температура；可以说 глубоко дышать，不能说 * глубоко любить。

除了形容词，Magn 还可以表示副词性短语。例如，Magn（приветствовать）= горячо（热烈欢迎），Magn（аплодировать）= бурно，горячо（热烈鼓掌），Magn（обниматься）= тепло（热烈拥抱），Magn（влюбляться）= страстно，по уши（热恋），Magn（спорить）= жарко，горячо（热烈争论），Magn（отзываться）= восторженно（热烈称赞），Magn（воспевать）= пламенно（热烈歌颂）。可以看出，俄语中不同动词表示 Magn

· 103 ·

意义时,对应的副词是不同的,但是译为汉语都是"热烈地"。

　　俄语中词汇函数描写的是具有熟语性搭配的词与词的组合,而汉语中表示 Magn 意义的既有词,又有词组,译为俄语都是词组。如果利用词汇函数理论进行汉俄翻译,就会得到地道的俄语搭配形式,避免出现受汉语思维方式影响的汉语式俄语(如上文的 * глубоко любить)。为此需要借助俄语语料库、俄语详解词典,采用词汇函数理论编写俄语搭配词典或俄汉学习词典,按照不同的语义类型编写词条,这样我们就能找到任意关键词所对应的组合表达式,换句话说,这样就能掌握地道的汉译俄词组的搭配形式。

3. Magn 的形容词性俄译分析

　　Magn 的形容词性俄语表达式主要分为以下 5 种类别。

　　1)超出正常的属性特征

　　汉语中常用"大""高""巨(大)""强""重"等形容词表示在数量、规模、种类、级别、程度、强度等方面超出一般的或正常的特征。这类词或词组译为俄语时常用 большой、крупный、высокий、сильный、огромный 等。口语中可用 сердитый("过高的",常指价格),бешеный(极度的)。

　　形容词"大"通常译为俄语 большой、крупный、огромный,表示"丰盛的,丰富的"意思时译成 богатый。例如:大丰收 большой(богатый)урожай,大数据 большие данные,大价钱 большая(высокая)цена,大满贯 Большой шлем,大奖 большой приз、большая премия(высокая награда),大计 большие планы;大作家,文豪 крупный писатель;大餐 богатый стол。此外,"大"表示"范围广、级别高、数量多"等意义时,根据所搭配的名词意义译成其他形容词,例如:大检查 общая проверка,大修 капитальный ремонт;大权 верховная власть;大出血 массовое(профузное)кровотечение。

　　形容词"高"常译为俄语 высокий、старший、громкий、высший。высокий 最常用,表示速度、温度、高度、水平高,例如,高科技 высокая технология,高级谈判 переговоры на высоком уровне;старший 表示职称、职务、级别、年级高,如高年级 старший класс,高级讲师 старший преподаватель;громкий 表示声音高,如高声 громкий звук;высший 表示高等的、高级的,如高等教育 высшее образование,高级动物 высшие животные。此外,"高"表示"级别高""年龄大"意义时可译成其他词,如高官 высокопоставленный чиновник,高龄 преклонный возраст。再如:

Magn(金钱) = 巨款 огромные деньги;重金 крупные деньги(крупная сумма денег)

Magn(著作) = 巨著 монументальное произведение

Magn(国家) = 强国 могучая держава

Magn(敌人,对手) = 强敌 сильный противник

Magn(价钱) = 高价 высокая цена;天价 бешеная(сердитая)цена

Magn(利润) = 暴利 бешеная прибыль

Magn(计划) = 宏图 грандиозные планы,великие замыслы

Magn(志愿) = 宏愿 великое стремление

Magn(军队) = 雄兵,雄师 могучая(сильная)армия

"大""高""巨""强"可以表示人在某方面具有的极端特点。例如:书面语中在科学、文学艺术等方面有极大成就的人被称为"巨匠" великий мастер;口语中把非常成功的人叫作"大咖" важная шишка;在某方面极有权威的人叫作"大拿" большой мастер;学术、技能高超的人被称作"高人" высокообразованный человек, высококвалифицированный человек;坚强能干的人被叫作"强人",如女强人 сильная женщина。

2)自然现象的极端特征

汉语中许多与极端天气、季节等自然现象有关的词或词组可以用 Magn 来表示。其中,"大"最常用,通常译为 большой、сильный、крепкий。其中"大雨"和"大风"既可用 сильный,也可用 большой 表示,"大雪"通常说 большой снег,通常不说 * сильный снег。因为 сильный 表示"强劲的,强烈的",强调力度大,可以与"风""雨"搭配,而"大雪"指的是降雪量大,与力度无关,所以 снег 只能与 большой 连用。

除了"大",汉语常用"暴"来表示突然而且猛烈的自然现象:暴雨 проливной дождь,暴风 буйный ветер,暴雷 внезапный удар грома。"酷"表示"程度深的;极"[《现代汉语词典》(第 7 版)(以下简称《现汉》)2016:755]。例如,酷暑(炎夏)знойное лето,酷热(炎热)сильная жара,酷寒 жестокий мороз。Magn 还可表示"时间长久"特征,例如,连绵不停的雨叫"淫雨",表示为 Magn^{时间长}(雨) = 淫雨 затяжной дождь。再如:

Magn（雨）= 倾盆大雨 как из ведра

Magn（风）= 劲风 неистовый ветер, 狂风 свирепый (бешеный) ветер

Magn（冷）= 刺骨的寒冷 резкий холод

Magn（冬天）= 严冬 суровая (лютая) зима

Magn（雾）= 大雾 сильный туман, 浓雾 густой туман

Magn（云）= 浓云 (密云) густые облака

Magn（干旱）= 大旱 сильная засуха

3）感情的强烈特征

汉语中表示强烈的感情特征意义时最常用的词是"巨大的"，通常译为большой、огромный。例如，巨大痛苦 большое горе，极度不安 большая тревога，万分激动 огромное волнение 等。此外，"深"用来形容感情深厚，许多表达感情的词或词组都和"深"的相关词进行搭配，译为俄语常用 глубокий。例如，深厚的感情（深情）глубокое чувство，深爱 глубокая любовь，深切同情 глубокое сочувствие，深深的失望 глубокое отчаяние，深厚的友情 глубокая дружба。Magn^{时间长}（友情）= 永远的友情 дружба навсегда (на всю жизнь)。除了 глубокий，表示强烈感情特征的形容词还有：

Magn（爱）= 热爱 горячая (страстная) любовь

Magn（恨）= 痛恨 лютая (смертельная) ненависть

Magn（喜悦）= 狂喜 бурный (дикий) восторг；буйная (большая, огромная, безумная) радость

Magn（愤怒）= 大怒（盛怒）сильный (яростный, неистовый) гнев

Magn（痛苦）= 巨大的痛苦 большое (ужасное, лютое) горе

Magn（忧伤）= 无限忧伤 бесконечная печаль

Magn（悲痛）= 无限悲痛 бесконечная скорбь

口语中常用 ужасный、смертельный、безумный 表示强烈的感情特征。例如，十分嫉妒 безумная ревность，非常激动 ужасное волнение，怕得要命 смертельный страх 等。而 бесконечный 具有书面语色彩，表示"莫大的，极度的"。

4）情况、事件等的严重性

Magn 表示情况、事件、形势、伤病等的严重性。汉语中这类词译为俄

语常用形容词 тяжелый、серьезный、важный 等。汉语常用"重"表示"程度深的,严重的,重大的"。例如,重罪 тяжелое преступление,重罚 тяжелое наказание,重病(重症)тяжелая болезнь,重伤 тяжелая рана(тяжелое ранение)。此外,根据具体词义,"重"可译成 большой、сильный、важный、опасный 等其他形容词。重任 большая ответственность,重感冒 сильная простуда,重度昏迷 глубокий обморок,重犯 опасный преступник,重病号 опасный(трудный)больной,重托 важное поручение。再如:

Magn(惩罚)= 严罚 суровое наказание

Magn(刑罚)= 严刑 жестокая пытка

Magn(手术)= 大手术 серьезная операция

Magn(错误)= 大错 грубая(большая)ошибка

Magn(警告处分)= 大过(严重警告)строгий выговор

5)食品的极端属性特征

Magn 表示食物的极端属性特征,如黏稠性、强刺激性等,通常译为 крепкий、густой。крепкий 表示"浓度高的、烈性的",常指饮料或烟草,густой 表示"黏稠的,浓的",常指粥或汤等液体食物。口语用 сердитый,意思是"烈性的,很冲的"。试看下例:

Magn(咖啡)= 浓咖啡 крепкий кофе

Magn(茶)= 浓茶 крепкий чай

Magn(酒)= 烈性酒 крепкое(сердитое)вино, крепкий алгоколь

Magn(烟草)= 很冲的烟草 крепкий(сердитый)табак, крепкая сигарета

Magn(醋)= 极酸的醋 крепкий уксус

Magn(芥末)= 辣芥末 сердитая горчица

Magn(粥)= 稠粥 густая каша

Magn(牛奶)= 浓牛奶 густое молоко

Magn(汤)= 浓汤 густой суп

4. Magn 的副词性俄译分析

Magn 的副词性俄语表达式包括 2 种形式:副词、前置词加名词短语或带 как 的比较短语,表示"很,非常"。例如,лететь во весь опор(飞奔),хорошо помнить(清楚地记得)。汉语副词"很""非常""极其""十分"等译成俄语最常用 очень。очень 的同义词有很多,包括 весьма、чрезвычайно、крайне、необычайно、исключительно 等。这些副词是常值函数,在此不做研究。

"痛"表示"尽情地;深切地;彻底地"(《现汉》2016:1317)。"痛"经常翻译成 сильно,例如,痛骂 сильно ругать,痛哭 сильно плакать,但是在某些词组中却对应其他的副词。例如,痛饮 вволю(вдоволь)пить,痛击 больно(сильно)ударять,痛斥 резко осудить 或 сурово порицать,痛恨 люто ненавидеть,痛改前非 решительно исправлять ошибки прошлого 等。

"深"表示"很,十分"。很多情况下,"深"都译成 глубоко,例如,深切希望 глубоко надеяться,深深尊敬 глубоко уважать 等。但是,在有些组合中,"深"要根据词义对应其他副词。例如,深知 хорошо знать(понимать),深信(坚信)твердо верить(уверен)。因为俄语中"深知"表示"很好地知道",而"深信"表示"坚决相信",所以这两个短语不能替换成 * глубоко знать,* глубоко верить。再如:

Magn(学习)= 勤奋学习 прилежно(усердно)учиться

Magn(睡觉)= 沉睡 крепко спать,спать крепким сном;酣睡 сладко спать;睡得像死人一样 спать как убитый(мертвый)

Magn(爱护)= 像爱护眼珠一样 беречь что как зеницу ока

Magn(害怕)= 像怕火一样 бояться как огня;像鬼怕阎王一样 бояться как черт ладана

Magn(斗争)= 坚持不懈地斗争 неустанно бороться;英勇斗争 мужественно бороться,бороться как лев

Magn(盼望)= 热切盼望 горячо надеяться

Magn(惩罚)= 严惩 строго наказывать

Magn(涨价)= 暴涨 резко подниматься

Magn(变化)= 剧变 резко(сильно)изменяться

口语中,常用"死"或"拼命"表示"达到极点"意义,俄语用 до смерти、насмерть、отчаянно 或 изо всех сил 等。例如,怕得要死 бояться до смерти,爱得要死 любить насмерть,累得要死 смертельно устать 或 устать как собака,拼命追 отчаянно гнать,拼命喊 кричать изо всех сил （во всю мочь）。

5．结语

　　熟语性搭配是学习俄语的一个难点，词汇函数是迄今为止描写熟语性搭配的最好方法。传统的搭配词典或详解词典是按照字母顺序来描写词的搭配的，这种方法的不足之处在于，许多熟语性组合信息被分置在不同词条中，不能给读者留下系统、清晰的印象。而词汇函数是按照语义类别描写熟语性搭配的，读者可以清晰地看到两种语言中表达同一意义的表达式的对应关系。词汇函数能够让读者表达想要表达的意思，输入某关键词就能找到相对应的表达式，这样的俄文更直观、更地道、更准确，不会出现汉语式俄语。更重要的是，词汇函数在无数的熟语性搭配中提供了数量有限的搭配类型，从而帮助读者掌握搭配的某些规律，分类记忆，避免死记硬背，提高学习效率。当然，要想完美地做到这一点，仅靠本文的论述还远远不够，无法解决这个问题，我们只是尝试提出翻译熟语性搭配的一种新方法。我们相信，如果采用词汇函数理论编写俄语搭配词典，对外语学习及外语翻译都会大有裨益。当然，这是一项耗时耗力的巨大工程，需要团队进行合作。

参考文献

［1］Апресян Ю Д. Новый объяснительный словарь синонимов русского языка
　　 ［M］. М.：Языки русской культуры，2004.

［2］Апресян Ю Д. Активный словарь русского языка［M］. М.：Языки славянской
　　 культуры，2014.

［3］Мельчук И А，Жолковский А К. Толково-комбинаторный словарь современ-
　　 ного русского языка ［M］. Вена：Wiener Slawistischer Almanach
　　 Sonderband，1984.

［4］Мельчук И А. Опыт теории лингвистических моделей «Смысл⇔Текст»［M］.
　　 М.：Языки русской культуры，1999.

［5］中国社会科学院语言研究所词典编辑室. 现代汉语词典［M］. 7 版. 北京：商务
　　 印书馆，2016.

[**作者简介**]:蒋本蓉(1973.01—),女,黑龙江哈尔滨人,黑龙江大学俄语学院副教授,博士,硕士生导师,研究方向为语义学。

"养＋X"结构的俄译分析

蒋本蓉

动词"养"在汉语中的搭配范围很广泛,可与表人、动物、植物、设施、身体、伤病、道德操守等各类词(或词素)连用。根据不同的搭配形式,汉语中"养"具有丰富的同义词。例如,"抚养""养活""赡养""奉养""供养""生养""饲养""豢养""保养""休养""滋养""培养"等。有趣的是,"养"的客体可以越来越大、越来越多,如"养鸡""养猪""养房",延续时间越来越长,机能越来越强,如"养生""养胃""养肝",也可以越来越小,最后消失,如"养伤""养病"等。

汉语中"养＋X"结构可能是词,如"养家""养生""养路",也可能是动宾词组,如"养孩子""养家禽""养房子",但是译成俄语都是词组,而且对应不同意义需译成不同的动词。在某些结构中,"养"可以不译。例如,"我的爱好是养花"译成俄语,通常不说"＊Мое хобби — выращивать цветы.",应该说"Мое хобби —(комнатные)цветы."或"Мое хобби — цветоводство.",此时直接用名词表示即可,выращивать 不用翻译,这样既简单,又符合俄语的表达习惯。也就是说,当表示"爱好是养某种动植物"时,"养"通常不译。

下面我们具体分析"养"怎样译成俄语更恰当。在《现代汉语词典》(第7版)(以下简称《现汉》)(2016:1519)中"养"作为动词有8个义项。本文按照"养"的义项来分析"养＋X"结构的俄语翻译。

1."养＋动物名词"的俄译分析

本文中"动物名词"指包括人在内的动物名词。

(1)养＋表人名词

如果"养"表示"赡养,养活"之意,那么X通常是表示人的名词(或代词)。《现汉》(2016:1519)的释义为"供给生活资料或生活费用"。在

С. И. Ожегов 与 Н. Ю. Шведова 主编的《俄语详解词典》(以下简称《词典》)(1997:743)中 содержать 的释义是"提供某人生活资料",与"养"的释义完全相同。例如,养老,又叫"赡养老人"或是"奉养老人",译为俄语是 содержать престарелых(содержать родителей),养孩子(养活子女,抚养孩子)содержать детей,养活自己 содержать себя。

中国现在已进入老龄化社会,国家要花费巨大的财力养活退休人员,即"Государство содержит своих пенсионеров."。为了减轻财政负担,政府推出了延迟退休政策。

在《现汉》中,"养家"的释义为"供给家庭成员生活所需","养兵"的释义为"供养和训练士兵"。可见,"养家""养兵"这两个词中的"家"和"兵"分别指"家人"和"士兵",为表人名词。译为俄语时,"家"和"兵"则分别指"家庭"和"军队",为非动物名词,即 содержать семью,содержать войска 或 содержать армию,不能说 * содержать членов семьи,* содержать солдат。

кормить 在《词典》(1997:296)中释义为"养活,提供食物",与содержать 是同义词。由 кормить 的词根"корм"(饲料)可知,кормить 强调"提供饮食"。例如,养家 кормить семью,养父母 кормить родителей,养孩子 кормить детей。再如,"Родители тебя кормят и поят."(父母养活你。),即父母供给你吃喝的东西。俄罗斯有这样一句俗语:"Корми деда на печи:и сам будешь там."(要好好奉养老人:自己也有老的时候。)

如果"养"表示"生育"的意义,那么 X 通常是表示人的名词。"养"译为俄语是 родить 或 произвести на свет。родить 在《词典》(1997:681)中的释义是"女人分娩,雌性动物产仔"。例如,养儿子 родить сына,养女儿 родить дочь。再如,她养了三个女儿之后,才养了一个儿子(Только трижды произведя на свет девочек, она родила наконец мальчика.)。汉语中表示"动物产仔"不用"养",用"下崽"或"生"。

(2)养 + 动物名词

"养"表示"饲养"时,X 为表示动物的名词。俄语中有 3 个动词表示"饲养"——разводить,держать 和 содержать。

разводить 在《词典》(1997:643)中的释义为"使繁殖"。держать 表示"在自己的产业中有某种动物"(见《词典》1997:161)。可见,разводить 强调"数量增加",而 держать 强调"拥有"。

如果从事养殖业,饲养某种家畜或家禽,常用 разводить,表示使家畜或家禽数量增加。例如,养牲畜 разводить скот,养猪 разводить свиней,养马 разводить лошадей,养牛 разводить коров,养鹿 разводить оленей,养鸡 разводить кур,养鸭 разводить уток,养鹅 разводить гусей,养蜂 разводить пчел,养鱼 разводить рыб,养蚕 разводить шелкопрядов 等。

如果是养猫、狗等宠物,则常用 держать,强调"拥有",而非"数量增加"。例如,养狗 держать собаку,养猫 держать кошку,养鸟 держать птиц,养鱼 держать рыбок。当今,宠物无奇不有,蜥蜴、蜘蛛、蜗牛、荷兰猪等成为人们的新宠,译为俄语分别是 держать ящериц, пауков, улиток, карликовых свинок。

содержать 也表示"饲养,豢养"的意义,在《词典》(1997:743)中的释义为"同 держать"。содержать 与 держать 是同义词,但是 содержать 的搭配范围更广,与家畜类、宠物类名词均可连用。例如,содержать лошадей на пастбище(在牧场养马),содержать овец(养羊),содержать кроликов(养兔子),содержать черепаху(养乌龟),содержать крупную собаку в квартире(在室内养大型犬)。再如,"Уток не содержим: вода далеко."(我们不养鸭子,因为水源很远。)。

2. "养 + 非动物名词"的俄译分析

除了动物名词,"养"还可以与大量的非动物名词连用。"养 + 非动物名词"结构主要分为以下5种类型:

(1)养 + 植物名词

如果 X 是表示植物的名词,那么"养"表示"培植"意义,对应俄语中的 3 个动词—— растить,выращивать,разводить。

растить 在《词典》(1997:666)中的释义为"使生长, 同 выращивать"。выращивать 在《词典》(1997:118)中的释义为"照顾动植物,使长大"。разводить 在《词典》(1997:643)中的释义为"使茂盛, 长大"。可见,这 3 个动词是同义词,都可以与表示植物的名词连用。例如,养花 растить(выращивать, разводить)цветы,养植物 растить(выращивать, разводить)растения,养兰花 выращивать орхидею。表示"养草"通常说 выращивать траву,不说 * растить траву 或 разводить траву。

古汉语中"养"的宾语可以是表示五谷或树木的名词,"养"表示"栽培,培植"。例如,《史记·五帝本纪》记载:"养材以任地。"但是现代汉语中,表示"培植"意义时,"养"的宾语通常是花、草等植物。如果宾语是蔬菜或树木等农作物类的名词,通常动词用"种"或"种植",不用"养",译为俄语是 сажать,выращивать,сеять 等。例如:种树 сажать дерево,种黄瓜 сажать огурцы,种菜 выращивать овощи,种水稻 сеять рис,种麦子 сеять пшеницу。

(2)养 + 事物名词

当"养"与表示事物类的名词连用时,"养"通常表示"保养维护"。X主要分为以下几种类型:

①X 是设施或设备名词

当 X 为道路、土地、建筑物等设施或机器设备等名词时,"养"译为俄语常用 содержать,ухаживать。содержать 在《词典》(1997:743)中的释义为"使保持某种样子"。ухаживать 在《词典》(1997:844)中的释义为"照料,护理"。例如,养公路 содержать(в порядке)шоссейную дорогу,养铁路 содержать железную дорогу。"养路"强调"保持原来的样子",因此俄语要用 содержать。而"养地"表示采取施肥、轮作等措施提高土地肥力,即对土地进行照料,因此"养地"要用 ухаживать за почвой 表示。

在某些情况下,基于 X 的搭配习惯,汉语不用"养",而用"养护",二者意义相同。例如,养护设备 содержать оборудование в исправности,养护桥梁 содержать мост,养护航道 содержать русло,养护古树 ухаживать за древними деревьями,养护混凝土 выдерживать бетон。通常不说 * 养设备, * 养桥梁, * 养航道等。

②X 是房产或生活用品名词

口语中,"养"可以和"房子""汽车"等财产事物名词连用,表示"购买并保养修理"之意,译为俄语是 содержать。例如,养车 содержать машину,养房 содержать жилье(квартиру),养别墅 содержать загородный дом(коттедж)。

此外,日常生活中某些物品也需要进行特殊的保养,"养"译成俄语多用 ухаживать,表示"护理"。例如,养护皮制品 ухаживать за кожаными изделиями,养护皮草 ухаживать за мехом,养护木地板 ухаживать за деревянным полом,保养汽车 ухаживать за автомобилем 等。

③X 是亚麻

有一种麻纤维的加工工序叫作"沤麻",指把亚麻茎或已经剥下的麻皮浸泡在水中,使之自然发酵,以获取其中之纤维。在口语中"沤麻"又叫作"养亚麻",译为俄语 замочить лен。замочить 表示"浸、泡、沤"。类似的还有"浸皮革"замочить кожу,"浸种子"замочить семена 等。

（3）养 + 身体、伤病名词

"养"表示"使身心得到滋补或休息,以增进精力或恢复健康"的意义时,X 多为表示身体（包括身体器官）的名词,译为俄语时没有固定的动词,要视具体的词义来确定译文。例如:养生 поддерживать（сохранять）здоровье;养身体 беречь здоровье 或 заботиться о здоровье。养人 укреплять здоровье（организм）,这里的"人"表示"身体",如喝汤养人"Щи укрепляют здоровье（организм）"。除了"身体",X 还可以是"精神",例如:养精蓄锐 набираться сил, накапливать силы 或 запасаться силами;养神 отдыхать, укреплять дух 或 набираться душевных сил,闭目养神 отдыхать, закрыв глаза。

此外,"养"经常和表示身体器官的词连用,表示"保养、滋养"。译为俄语时常用 питать（供给营养, 滋养）, укреплять（使强健）, тонизировать（滋补, 强壮）或 благоприятно воздействовать（有益处）。例如,养肝 питать печень,养脑 питать мозг,养心 питать сердце,养血 питать кровь,养肺 укреплять легкие,养肾 тонизировать почки,养胃 благоприятно воздействовать на желудок。如果保养的是面部皮肤,通常用 ухаживать。例如:养颜 ухаживать за лицом。把头发留长不剪,就叫作"养头发",译为俄语是 отращивать, отпускать。例如,把头发养长好梳辫子（отрастить волосы, чтобы носить косу）。

如果"养"表示"休养",那么 X 大多表示"疾病或伤口"。例如:养病 лечиться 或 поправляться（после болезни）;养伤 лечиться от раны, лечиться после ранения。再如,他病刚好,还得再养几天（Он только выздоровел, нужно полечиться еще несколько дней.）。

（4）养 + 抽象名词

"养"表示"培养"的意义时,X 多为表示精神、品质、心性、习惯等的抽象名词。译为俄语时最常见的是 воспитывать,但有时需根据具体的词义译为不同动词。例如:培养崇高的品德——养德 воспитывать（в себе)высокие моральные качества;培养正气,增进涵养——养气 воспитывать дух или заниматься самосовершенствованием;培养性情——养性 воспитывать характер,развивать природные данные или заниматься самовоспитанием;培养廉洁的操守——养廉 воспитывать честность и бескорыстие;养成爱劳动的习惯 воспитывать привычку (любовь) к труду 等。

(5)其他

"养"还用于下列固定结构中,此时要根据具体词义选择不同翻译。

①四字结构"以 X 养 Y"

"养"表示"扶植、扶助"意义时,通常用于一种四字结构的表达式"以 X 养 Y"。直译成俄语是 способствовать(росту)或 поддерживать。这类结构译成俄语时需根据具体词义选择不同动词。例如:以农养牧 при помощи сельского хозяйства развивать скотоводство или при помощи сельского хозяйства обеспечивать развитие скотоводства;以工养农 финансировать сельское хозяйство за счет доходов от промышленности;以副养林 поддерживать лесохозяйство подсобными промыслами。

广东省首创"以路养路,以桥养桥"的新型投资体制大大加快了广东基础设施建设的速度。"以路养路,以桥养桥"就是通过收过路费和过桥费来还贷,从而修建新的道路和桥梁。"以路养路"译为俄语是 использовать платные дороги для финансирования строительства новых дорог,"以桥养桥"的俄语译文是 использовать платные мосты для финансирования строительства новых мостов。同样,生活中"以房养房"就是用租金来养房,又叫"以租养房",译为俄语是 содержать квартиру на арендную плату。

2014 年,我国发布了《中国保监会关于开展老年人住房反向抵押养老保险试点的指导意见》,试点城市推出了以房养老举措,即老年人将房屋抵押给银行或保险公司,由上述机构支付给老人养老费用。"以房养老"译为俄语是 содержание престарелых в обмен на жилье или уход за пожилыми людьми в обмен на квартиру。

②"养 + X"结构表示爱好

如果"养 + X"结构表示爱好,那么 X 通常为表示动植物的名词。例如,"我的爱好是养狗"译为俄语是"Мое увлечение — держать собаку."。从语法上看,把动词 держать 翻译出来,句子是成立的,但是在俄语中通常省略动词,这样句子结构简单明了,更符合俄语的表达习惯。因此在表达爱好这类意义时,"养"通常不译,可直接译出相应的名词,因为根据上下文可推断出动词为"养"。例如:"我的爱好是养鱼"对应"Мое хобби — аквариумные(декоративные)рыбки.";"我的爱好是养鸟"对应"Мое увлечение — птицы.";"她的爱好是养猫"对应"Ее хобби — кошки."。此外,如果爱好是养某种植物,那么"养"也不用翻译。例如,"他的爱好是养花(养植物)"对应"Его хобби — комнатные цветы(растения)."或"Его увлечение — цветоводство."。

3. 结语

"养 + X"结构可能是一个词,也可能是动宾词组,译成俄语都是词组:

①"养 + 表人名词"中"养"通常译成俄语 содержать, кормить, родить。

②"养 + 动物名词"中"养"通常译成俄语 разводить, держать, содержать。

③"养 + 植物名词"中"养"通常译为俄语 растить, выращивать, разводить。

④"养 + 事物名词"中"养"通常译为俄语 содержать, ухаживать。

⑤"养 + 抽象名词"中"养"通常译为俄语 воспитывать。

⑥"养 + 身体、伤病名词"及四字结构"以 X 养 Y"中"养"视具体词义译为不同动词。

⑦"养 + X"结构表示爱好,即句子结构为"чье хобби — ..."时,"养"通常不译。

由此可见,"养 + X"结构译为俄语时最常用的词是 содержать。此外,разводить 既可表示"养动物",也可表示"养植物"。

参考文献

[1] Ожегов С И, Шведова Н Ю. Толковый словарь русского языка[M]. 3-е изд.
   М. : Азбуковник, 1997.

[2]中国社会科学院语言研究所词典编辑室. 现代汉语词典[M]. 7 版.北京:商务印

书馆,2016.

[作者简介]:蒋本蓉(1973.01—),女,黑龙江哈尔滨人,黑龙江大学俄语学院副教授,博士,硕士生导师,研究方向为语义学。

俄罗斯国际传播的转型与发展

李可宝

苏联解体后,俄罗斯继承了苏联的综合国力和大国地位,开始了漫长的现代化转型,经历了一条曲折发展之路。所谓"转型",主要是指20世纪90年代初苏联解体后,俄罗斯成为继承国并由原来的社会主义社会转向资本主义社会,由计划经济转向市场经济的过程。俄罗斯政治、经济、社会和思想领域都在经历着一场彻底的变革,这牵动了媒体的转型和定位,俄罗斯新闻传媒的属性职能、经营管理等形态开始全面转轨,新闻理论、传媒立法、媒介组织、报道取向等方面产生了深刻变化。俄罗斯新的传播体系开始建立和发展,其国际传播也进入了漫长、曲折的转型和重构的过程,最终形成了相对稳定的国际传播体系。

1. 俄罗斯国际传播的初创时期(1991—1997)

大众传媒被视为俄罗斯政治体制转轨中不可或缺的社会联系机制,俄罗斯国际传播无论是在传播导向,还是在传播体系方面,既有对苏联的继承,又呈现出不同于苏联的特点,俄罗斯国际传播开始了继承和发展的初创时期。此时,俄罗斯国际传播面临前所未有的压力,俄罗斯传媒在独联体其他地区和波罗的海国家的受众大幅度减少,一些新独立的国家开始对俄罗斯的信息进行限制。俄罗斯继承了苏联的债务,加上国内政治经济体制改革未取得理想效果,政府无法为媒体的转型提供必要的资金支持,使之从国有化快速转型为私有化与市场化。俄罗斯新闻体制改革呈现出私有化、非国有化的特征,新闻媒体大部分转为独立经营、自负盈亏的实体,与国家脱离了所属关系,开始探索经营管理和实务运行,而如何与媒体建立沟通与联系成为俄罗斯政府的新任务。

1.1 俄罗斯传媒体制的转型发展

苏联解体后,俄罗斯媒体的信息和娱乐功能得以显现。1991年颁布的《俄罗斯联邦大众传媒法》(以下简称《传媒法》)提出"俄罗斯联邦保护大众新闻的自由",明确规定只要不违反相关联邦法律,在俄罗斯联邦境内查寻、获取、制造、传播大众新闻以及建立大众传播媒体不应受到限制(亚·尼·扎苏尔斯基,2015)。国有媒体相继"非国有化",私营媒体大量涌现。俄罗斯新闻界的改革照搬西方多元宣传模式,提倡自由竞争,西方传媒借此机会大举进入俄罗斯,俄罗斯真正迎来了大众传播时代。

这一时期,俄罗斯的广播电视业发生了巨大的变化,旧的广播电视体制被打破,国家的管理方式日益多样化,制作手段及形式、内容都在模仿西方,朝着产业化和集团化方向发展。1992年,俄罗斯政府成立了印刷委员会和广播电视委员会,负责俄罗斯印刷媒体及广播电视媒体的管理工作。俄罗斯的对外广播规模大大缩小,"莫斯科之声"改为"俄罗斯之声"广播电台后,对外广播语种由70多种锐减至38种,广播节目被削减了1/3,规模也仅在世界第三位和第四位之间徘徊。俄罗斯电视业开始私有化,苏联广播电视机构改组为政府领导下的奥斯坦基诺电视广播公司,允许其吸收民间资本,仅保留了一个全国性的官方广播电视机构——全俄罗斯国家电视广播公司,电视所有制由单一国有制转变为国有、股份与私营并存的多元体制。在商业电视台的竞争压力下,俄罗斯国家电视台也改变了传统的制作、播出方式,1993年,俄罗斯电视台首次实况转播了俄罗斯议会选举过程。1993年,俄罗斯创办了第一家全国性私营电视台——俄罗斯独立电视台,1996年开设了4个卫星电视台,其中新闻台可以在美国、以色列和西欧各国同步收看。到20世纪90年代中期,俄罗斯共有90多家国有的和800多家非国有的广播电视公司。

俄罗斯报纸的发行量空前低迷,报纸媒体逐渐走上了一条商业化道路。1992年,俄罗斯经济出现滑坡,新闻出版业遭遇了重大冲击,许多报纸缺少政府的经济支持,面临着报刊发行量下降、纸张价格上涨、资金紧张等问题,不得不休刊、停刊甚至破产。当时的《劳动报》《共青团真理报》等大报先后休刊,《独立报》的发行量锐减,《真理报》几经易主也难逃休刊的命运。为摆脱困境,各报在对外合作、国际传播领域做出了许多尝试,《消息报》增出英国《金融时报》俄文版,《莫斯科新闻报》发行俄文版《纽约时报》周刊,英国《经济学人》杂志协助办理俄罗斯第一批经理人阅读的财经报纸《生意人》,俄罗斯与《金融时报》《华尔街日报》合资创办《机关报》等,通过与西方媒体的合作,俄罗斯报纸媒体学习了西方报纸的传播理念和实务经验,采用了全新的版式和报道样式,吸引了更多的发行费和广告费。在转型期,俄罗斯媒体借鉴西方经验是有益的,但对西方特别是美国文化表现出了过度的亲近与融合,而对本民族文化缺乏自信,表现出疏离倾向。据统计,苏联解体后的七年内,俄罗斯报刊的发行量减少到原来的1/9,1997年报刊的征订量仅为1990年的12.8%,《论据与事实》从1990年的3 320万份跌至1997年的300万份左右,《共青团真理报》《劳动报》也下跌到原来的十几分之一。

俄罗斯通讯社开始全面转型。1992年1月22日,叶利钦签署总统令,宣布塔斯社和俄罗斯通讯社合并成立俄罗斯国家通讯社,新的通讯社将为俄罗斯、独联体和全世界服务,接受俄罗斯总统、政府和议会的领导,1992年1月30日正式以"俄通社－塔斯社"的名义发稿。俄通社－塔斯社以全球为基础,维护俄罗斯政府的政策,积极打造享有信誉的国际通讯社。1993年12月,俄罗斯政府又以总统令的形式,确定俄通社－塔斯社为具有国有企业资格的国家级中央通讯社,可以使用国家提供的电子通信技术,继续拥有向各国广播电视台出售新闻的权力。俄通社－塔斯社向一百多个国家和地区发行出版物,还建立了电子数据库、塔斯信息库。1993年,俄罗斯新闻社(以下简称"俄新社")被叶利钦总统同样确定为国家通讯社,地位与俄通社－塔斯社相同,具有较强的国际影响力。

1.2 俄罗斯媒体呈现集中化趋势

叶利钦积极推进媒体的集团化进程,设想建立"总统—寡头—媒体"的互动模式。1994年,俄罗斯政府对奥斯坦基诺电视台进行股份制改造,成立了国家控股的"公共电视台(OPT)股份有限公司",99%的俄罗斯民众可以收看该台节目,并通过莫斯科－环球卫星将电视节目发射到东欧、西欧及中东各国。伴随着媒体的商业化进程,俄罗斯很多工业、金融寡头也看到了媒体的潜在利润和巨大社会影响力,纷纷进军媒体市场,出现了以弗拉基米尔·古辛斯基为代表的第一批媒体寡头。对于传媒来说,俄罗斯从计划经济向市场经济转轨的过程中,媒体也随之被抛向市场,短期内很难实现经济的良性循环,寻找大财团的资助也成了它们的出路。俄罗斯金融工业集团以收购股份的形式入驻媒体领域,从而获得独立于立法权、行政权和司法权的"第四种权力"。1994年,别列佐夫斯基先后收购奥斯坦基诺电视台、电视六台的股份;1995年,奥涅克西姆银行占有经济周刊《专家》34%的股份;1996年,卢克伊尔石油集团拥有《消息报》50% 的股份;等等。

1997 年,古辛斯基成立了独立的控股公司"桥 - 媒介"集团,组建了强大的私人传媒王国,旗下拥有"莫斯科回声"广播电台、与美国合办的《综述》周刊、独立电视台(控股权)等重要媒体,1998 年,独立电视台卫星频道(HTB +)开播,建立了实力强大的"信息帝国"。别列佐夫斯基集团、卢克伊尔石油集团、俄罗斯天然气工业股份公司、奥涅克西姆银行等工业、金融寡头纷纷大举占领媒体市场,争夺新闻话语权和由此带来的政治经济利益。1997 年以后,俄罗斯新闻媒体几乎被寡头一网打尽,俄罗斯媒体市场至此被瓜分完毕。传媒寡头控制国内市场,与跨国传媒集团展开在国际传播领域的角逐。伴随着俄罗斯社会转型,俄罗斯媒体的所有制形式不断增加,呈现出多党化、私有化、市场化、集团化、专业化和国家化等多元化发展态势,逐步构成了俄罗斯多元化的传播主体。

1.3　俄罗斯传媒功能全面实现

1991 年,俄罗斯新闻媒体开始了商业化进程,自主意识在新闻传媒转型过程中得到释放,媒体视角也由关注政治局势转为关注经济社会等更广阔的领域,进而增强了服务大众的观念,促进了大众文化的兴起。从 20 世纪 90 年代中期开始,俄罗斯传媒的信息、娱乐等功能得以全面实现。《消息报》选择新闻的标准发生了根本改变,由介绍性的方针政策报道转向了国内外重大事件的客观报道,负面新闻、经济信息、广告逐渐增加,报道越来越贴近民众的日常生活,内容更加多样化、细分化,出现了整版的专题图片新闻报道和彩色生活副刊。传媒的私有化、商业化打破了统一的苏联体制,呈现出传媒多元化发展的趋势,带来了媒体恶意竞争、媒介内容庸俗化、媒体市场无序化等问题,并导致俄罗斯本土媒体严重西化及对外传媒的极大萎缩。俄罗斯为防止出现文化真空,1997 年成立俄罗斯国家电视公司 - 文化频道(ГТК Телеканал Культура),迈出了俄罗斯媒体向国有公共服务制转型的第一步。文化电视台是俄罗斯总统展开新闻和文化体制改革的实验田,它促使俄罗斯的电视台、文化部和部分行政部门建立联系,最终于 2004 年成立了文化和大众传播部。俄罗斯媒体已开始由苏联时期的中央集权、垂直化管理模式,向区域分散、平行化的管理模式过渡。

2. 俄罗斯国际传播的形成时期(1998—2004)

进入 21 世纪之际,俄罗斯国际传播的硬实力显著提升,西方传媒对俄罗斯受众的影响开始减弱,俄罗斯传媒对外国受众的影响逐渐增强。以1998年成立全俄罗斯国家电视广播公司为标志,俄罗斯政府加强了对传媒的调控力度,不断推进国家机关在媒体事业发展中扮演主导者角色的进程。普京上台后提出复兴俄罗斯的强国理念,要求主动融入世界传媒新秩序,恢复新闻传媒实力,重塑大国形象,俄罗斯国际传媒迎来了重要发展契机,传播渠道更加多元,媒介覆盖更加全面,国际传播体系建设走上了有秩序的道路。俄罗斯积极推进商业媒体国家化的重组工作,由于政府政治改革、寡头经济利益、互联网发展等因素,俄罗斯国际传播仍处于转型建设的初步形成时期。

2.1 俄罗斯政府加强对媒体的控制

1998年,俄罗斯爆发金融危机,经济发展严重受挫,高级新闻纸几乎处于停产状态,金融寡头控制的媒体受到一定影响,国家媒体也陷入发展困境。1998年5月,俄罗斯成立跨媒体国家垄断集团——全俄罗斯国家电视广播公司(КЭСМИ),确定其为俄罗斯唯一在大众传播范围内的国家综合节目制作和技术监督的广播和电视综合机关,规定俄罗斯通讯社是新闻节目的唯一信息来源,灯塔广播电台、奥菲电台等都要转播来自全俄国家电视广播公司的新闻。这表明,俄罗斯政府开始逐渐收回苏联解体之后各大电视台、电台获得的新闻自由权,俄罗斯媒体进入专业化管理阶段,推动俄罗斯跨媒体的国家所有公共服务体制的形成。叶利钦开始强化国家政权,提高政府的调控能力,采取措施收回媒体的控制权,削弱寡头对媒体的影响力,但未起到明显的效果。1999年8月9日,普京任代总理后延续之前的宏观调控政策,大力整顿国内局势,加强政府对媒体的控制,因对第二次车臣战争的"反恐怖活动"定性和强硬外交表现,赢得了俄罗斯媒体的支持,俄罗斯媒体保持了对战事报道的统一口径,国内外出现了有利于俄罗斯政府的局面。

2.2 国际传媒快速发展

1998年,"桥-媒介"集团成立了THT地区电视网以增强争夺广告的能力,随后在俄罗斯首创卫星直播电视,率先对广播电视系统进行数字化改造,并积极向海外市场扩张,成功入股以色列第二大报纸《马阿里夫》。1999年,独立电视台的数字电视频道开播,包括国外频道在内的10个电视频道可以收看,随着新频道的不断增加,独立电视台已逐步覆盖俄罗斯的欧洲部分的上百个城市,还开辟了专门对外广播的世界频道

NTV-MIR。俄罗斯第一频道成立国际频道,每天24小时播出,信号覆盖北美、欧洲、非洲和中东的国家及澳大利亚,拥有的全球受众达2.5亿,是世界最大的俄语电视频道。同年,在塔斯社的倡议下,非政府组织世界俄文媒体联合会成立,成员有80多个国家的250余家俄语媒体,每年组织召开一次世界俄文媒体大会。西方传媒集团继续进入俄罗斯市场。1998年,德国Gruner + Jahr出版集团在俄罗斯出版杂志《Geo》,国际MTV-Net-works集团与Biz Enterprises公司合资开办了"MTV – 俄罗斯"电视频道,别列佐夫斯基与默多克公司合作开创了"我们的广播"广播电台等。

国际互联网于20世纪90年代在全球范围内开始普及,俄罗斯的互联网起步较晚,但发展迅速,直接带动了传统媒体的创新和国际传播渠道的拓展。1999年,俄罗斯第一家网络报纸"真理报在线"正式创刊,同时发行英、意、葡等语言文字版本。接着,俄通社 – 塔斯社、国际文传电讯社、《消息报》《共青团真理报》《今日报》、公共电视台、独立电视台、俄罗斯广播电台等传统媒体纷纷开设网站,进一步提高了权威新闻信息的覆盖面和时效性。俄罗斯的门户网站、功能性网站、电子商务网站也迅速兴起,深受网民欢迎。俄罗斯实施私有化后,社会资本所有制形式的媒体蓬勃发展,虽然在当时影响力有限,但却极大地丰富了俄罗斯大众传媒和国际传播的主体形式。高效政治基金会相继创办了俄罗斯杂志网站、报纸网、链接网、消息网、大众传媒网等,对于俄罗斯网络媒体的发展起到了重要的推动作用。2000年,俄罗斯之声广播电台在互联网进行广播的语种已经包括俄语、英语、法语、德语、西班牙语、日语这6种语言,有3个节目进入世界短波广播最佳节目评选的前10名,俄罗斯媒体对外传播的范围进一步扩大,传播内容的质量进一步提升。

2.3 推动媒体"国家化"进程

2000年5月,普京就任总统后,强调可控的民主,大力整顿和重组国有传媒,从严管控私有传媒,遏制西方资本的渗透,开始了媒体"国家化"进程,积极重塑俄罗斯新闻传媒大国形象。所谓"国家化",是指将国营事业的部分资金注入商业媒体集团当中,掌握商业媒体集团的绝对经营权,这是商业化媒体事业重新转变为国家化的过程(吴非、胡逢瑛,2005)。2000年,俄罗斯政府颁布新的出版政策,规定必须由国有传媒主导市场,不允许私有传媒机构或被私有企业控制的国有传媒机构成为扰乱大众视听、发布假消息的通道和反政府斗争的工具。外国投资的媒体以及俄罗斯市场中的国外媒体,在车臣战争等许多重大问题上与俄罗斯政府唱对台戏,严重损害了俄罗斯的国家形象。俄罗斯政府开始对西方资本的无界限渗透进行遏制,2001年规定财团购买传媒的股份不得超过50%,同时禁止外国人或者有双重国籍的俄罗斯人在国家电台拥有控股权。为了应对国内外的反对舆论,普京于2001年提出"国家信息安全"的新闻理念,强调要"建立统一的信息空间",认为传媒工作的经济和法律原则是非常重要的问题,统一的信息空间是第一位的,要使全国上下保持一致,随即取消了美国"自由欧洲电台"在俄罗斯的一切特权。自此,普京为俄罗斯媒体政策定下基调:媒体发展要以国家利益为出发点,充分发挥媒体在国家政治、经济生活中的重要作用。这也可以视为俄罗斯国际传播以国家利益为根本原则的最初思想起点。

在推进社会转型的同时,俄罗斯政府牢牢把握大众传媒的控制权。俄罗斯政府长期拥有的主流媒体有《俄罗斯报》《消息报》等报纸,《祖国》《俄罗斯联邦》等杂志,俄罗斯电视台、公共电视台等国营电视台。还拥有俄通社－塔斯社、俄罗斯新闻社等国家通讯社,这两家通讯社在世界许多国家和地区都设有驻外记者站,形成了广泛的国际传播网。俄罗斯国营广播电台有俄罗斯电台、灯塔广播电台和主要负责对外广播的俄罗斯之声等。2000年9月,普京发布总统令,宣布全俄国家电视广播公司同时拥有对中央和地方广播电视的人事任免权和财权,形成了广播电视系统的中央集权管理方式。2002年开启了俄罗斯私营网络媒体国有化的第一弹,占有全俄25%的新闻网络空间的俄罗斯"国家"网络系统及麾下的国家网、消息网、传媒网、国外传媒网等15家颇具影响的新闻网站全部并入隶属国家的全俄国家电视广播公司。2003年,俄罗斯之声广播电台成为第一家正式对德国广播的俄罗斯电台,该电台使用德语、俄语、英语进行每天18小时的广播。全俄国家电视广播公司与欧洲新闻电视台签署合作协议,拥有欧洲新闻台16%的股份,标志着俄罗斯成为欧洲电视市场最具影响力的参与者之一(明安香,2006)。至此,全俄国家电视广播公司对欧洲进行传播的近期计划和长远规划已初具端倪,俄罗斯向西方国家树立起大国形象的国际传播策略也愈加清晰。

2.4 拓宽国际传播渠道

俄罗斯政府对外树立俄罗斯新闻大国的健康形象,加强与各国媒体的合作,拓宽国际传播的新媒体渠道,积极融入全球信息一体化进程,为俄罗斯国际传播的发展赢得了契机。2000 年,俄罗斯参与了旨在建立和深化中欧、东欧、西欧的国家之间大众传媒交流合作的"中东欧媒体信息网络独立研究"规划项目。2001 年,俄罗斯总统办公厅牵头制定了《改善俄罗斯海外形象构想》,财政部给予上亿美元的经费支持,以加强面向欧洲和美国的宣传,树立俄罗斯的积极形象。2002 年 7 月,俄罗斯开始出现整合频道资源的电视媒体,隶属全俄国家电视广播公司的首个面向全球的俄罗斯电视台"环球"国际频道开播。该频道通过网络全天候直播、全球覆盖,以"俄罗斯文化与世界联结的桥梁"为口号,整合播出俄罗斯国家电视台、文化电视台和体育台的节目内容,重点覆盖欧洲国家、美国和澳大利亚。同年,独立电视台的世界频道相继在美国、澳大利亚落地播出,《消息报》与英国《金融时报》合资建立了《财经消息周报》,"桥 – 媒介"集团与美国《新闻周刊》合办新闻周刊《综述》等。2003 年,普京在会见俄罗斯企业界人士时,指出要通过媒体改善俄罗斯的形象,要加强对媒体资源的规划和整合,不断采取措施提升国际传播能力,重塑昔日大国形象。俄罗斯政府重新提出俄新社的主要任务是向西方报道有利于俄罗斯的新闻,通过增加国外站点扩大传播渠道。同年,俄罗斯世界电视频道的节目在美国播出,每天播放 1—6 小时的配有英文字幕的俄语节目,观众覆盖人数达 150 万。2004 年,普京强调媒体外交的重要性,俄罗斯国际传媒集团和法国 Hachette Filipacchi Shkulev 公司合作,俄罗斯最大的出版集团拉格斯媒体有限公司与德国 Heinrich Bauer Verlagsgruppe 国际出版公司合作;由俄新社、俄罗斯对外政策和国防政策委员会和《莫斯科新闻报》等机构发起成立了"瓦尔代"国际辩论俱乐部,搭建制造国际话题、引导舆论方向的交流平台,增强俄罗斯的国际话语权。

2004 年,俄罗斯整合并成立文化与大众传播部,正式将大众媒体定位为文化事业,将媒体管理纳入文化体系范畴之中,进一步明确了媒体在重塑俄罗斯意识形态、文化和大国形象中的战略任务。随着俄罗斯经济的进一步好转,俄罗斯政府给予国有电视台等媒体更多的资金支持,在市场经济条件下,国有媒体是国家的最好宣传者,因而逐步建立了"塑造良好的国际形象——获得更多的资金支持"的良性循环。但需要指出的是,此时的俄罗斯并没有发展出具有自己特色的媒体,媒体形式一部分呈现西方特色,一部分呈现苏联特色,俄罗斯媒体发展还处于过渡阶段。所以俄罗斯对媒体的管理开始了多样化的进程,俄罗斯国际传播也开始了媒体多元化的进程。

3. 俄罗斯国际传播的发展时期(2005—2012)

普京任俄罗斯总统以来,对媒体管理体制进行了系列改革,结束了媒体寡头的"信息帝国"时代,开启了媒体国家化与社会化的进程。在经过意识形态政治化、完全自由化、专业化、国家化等几个阶段后,俄罗斯媒体迎来了国家对其完全的、深度的管理阶段。俄罗斯政府借鉴苏联时期阶梯式的层层管理模式,建立了以中央管理为主、行业自律为辅的中央集权管理形式,形成了具有俄罗斯特色的媒体管理模式。俄罗斯国际传播与政治、经济、军事、文化等方面的联系更加紧密,2005年以来,俄罗斯政府着力打造以"今日俄罗斯"电视台为代表的一批国际媒体,这些国际媒体在推动外交关系、提升国家形象等方面发挥着越来越重要的作用,俄罗斯国际传播迎来了快速发展时期。

3.1 重建国际传媒秩序

俄罗斯政府对媒体秩序的重建,促使媒体成为推动俄罗斯参与重建国际秩序与国际体系的一支重要力量。《俄罗斯报》作为一份隶属俄罗斯联邦政府的权威报纸,是政府的典型宣传工具和文化倡导者,2005年的日印刷量为40万份。俄罗斯报纸中质量和发行量增长势头最好的标志性报纸当属与美国《华尔街日报》合作发行的经济日报《机关报》,该报主要刊发关于俄罗斯和世界其他国家经济发展动向的信息,是俄罗斯对外宣传和加强国际交流的重要窗口。俄罗斯媒体在经济新闻报道和发展方面采取了与西方媒体完全不一样的方式,保证自身核心观念与普京政府的发展思路一致,力求保护好俄罗斯重新崛起的重要有力武器——自然资源。2005年,俄罗斯政府践行普京"媒体中央集权"理念,建设涵盖俄罗斯中央和地方的同步新闻媒体,对俄罗斯国家电视台的新闻制作体制做出重大调整,推动俄罗斯国家电视台与该台直属的俄罗斯环球频道联合打造一个全俄的新闻大平台,实现了莫斯科、圣彼得堡与其他城市的新闻同步,形成了全俄信息空间一体化。俄罗斯政府全面实现广播电视数字化,2008年,俄罗斯政府将通信、信息技术和大众传媒三个领域合并,统一归属俄罗斯通讯与大众传播部,出台了《俄罗斯联邦信息社会发展战略》,从国家战略层面推动新媒体与广播媒介的融合。俄罗斯出版业发展迅速:2009年,俄罗斯的免费报纸达到41种,首次超过美国,成为世界上免费报纸最多的国家;2011 年,杂志年发行量达到 7 812 种,报纸达到 10 152 种,与 2000 年相比几乎翻了一番(刘晓音,2015)。

俄罗斯集中力量打造世界一流媒体。2005 年 9 月,俄罗斯集中打造的对外传播媒体——"今日俄罗斯"(RT)英语新闻电视频道开通,这是俄罗斯第一家全数字化的国际新闻电视台,号称"俄罗斯的 CNN",主要任务是为俄罗斯树立良好的国际形象。"今日俄罗斯"通过 22 个卫星电视和 230 家有线电视运营商播出节目,覆盖全球 100 多个国家和地区,涵盖了全球 22% 的有线电视用户。"今日俄罗斯"等一批国际传媒的快速发展,极大地增强了俄罗斯的整体国际传播能力,对美英主导的国际传播格局造成了巨大的冲击。2006 年,俄罗斯之声广播电台的对外广播语言达到 32 种,拥有 450 套节目,使用中波和短波进行广播。"俄罗斯之声"的短波节目在世界各地都可以收听到,中波节目在欧洲和亚洲可以收听到,部分节目通过调频广播在美国各州播出。"俄罗斯之声"积极抢抓互联网市场,自 1996 年开设在线广播,到 2006 年已使用 6 种语言进行网络广播,网上的文字达 25 种,网上制作的节目有 340 套,网站月点击量达 120 万次。俄罗斯国际电视频道日益多元。2006 年 7 月 1 日,俄罗斯资讯频道开播,在新闻理念和管理方式上逐渐摸索出了一条自己的道路,在经营理念上趋近"俄罗斯的 BBC"。2012 年,俄罗斯政府组建首个全俄公共电视台(OTR),宗旨是对国内外政治、文化、教育、科学、精神生活等领域的实时事件进行"有效、真实、全面"的报道。同年,CTC 电视网的国际频道相继进入欧洲、中亚、中东、北非的国家和美国。

3.2 融入"公共外交"理念

俄罗斯政府的"公共外交"理念进一步增强,不断加强政府媒体间的国际合作。俄罗斯自 2008 年首次提出"公共外交"理念以来,积极开展国际信息领域的合作,大力发展外交领域的媒体建设和信息支持,以国际传播促进外交政策和国家战略的顺利实施。俄罗斯在加强国际传媒建设的同时,也积极推进与国外媒体的交流与合作,试图影响国际媒体的报道倾向和报道重点,不断改善俄罗斯的国家形象。从 2006 年开始,俄罗斯每年要花上亿欧元用于国家形象的宣传,与一些国外重要媒体合作出版报道俄罗斯经济、历史和文化的专刊。如作为俄罗斯国际传媒项目 Russia Beyond The Headlines(RBTH)的组成部分,《俄罗斯报》、俄新社等国际传媒与美国《华盛顿邮报》、英国《每日电讯报》等合作,每月出版一期

《透视俄罗斯》(*Russia Beyond*)特刊,从多个角度报道俄罗斯政治、经济、科技、文化等情况,力图通过他国媒体,树立俄罗斯更加开放的国家形象。俄罗斯于 2006 年与美国凯旋公关公司(Ketchum)合作,合作公司向 9 个国家派出了 50 名舆论专家和媒体专家,努力改变当地民众对俄罗斯的成见。俄罗斯积极入股国外媒体,全俄国家电视广播公司取得欧洲新闻台 7.17% 的股份,也资助了许多国外媒体,如"地缘政治"(Geopolitika)、"东方"(Vostok)、"新闻阵线"(News Front)等。2009 年 6 月 16 日,《共青团真理报》的"精华版"在中国出版,逐渐覆盖 13 个大城市,主要订阅者为中国的高校、图书馆和俄罗斯公司在中国的代表处(胡巍崴,2011)。《共青团真理报》利用多种现代媒体手段拓展业务,其"精华版"报纸在德国、加拿大、美国、西班牙、哈萨克斯坦、阿塞拜疆等 23 个国家印刷,在欧洲、亚洲、美洲、非洲的 45 个国家有售。

俄罗斯媒体领域的国际交流日益增多,俄罗斯的各大媒体积极参与全球议程设置,扩大了俄罗斯国际传播的影响力。2006 年开始,俄新社每年组织举办一次欧亚媒体论坛,为各国提供了媒体交流的平台,提升了俄罗斯在后苏联空间的话语权。2007 年,俄罗斯在莫斯科首次举行了国际新闻工作者联合会,以期在世界传媒业发出自己的声音,116 个国家的 1 500 名媒体代表参会。2009 年,俄罗斯成立了雅罗斯拉夫尔国际安全论坛,与世界各国展开安全对话,进行全球议程设置,引导国际舆论,发挥俄罗斯在维护世界安全、促进世界和平发展方面的作用。随着综合国力和舆论话语权的提高,俄罗斯积极向世界发出新倡议,极力争取在国际传播格局中的大国地位。2011 年 9 月,俄罗斯联合中国等国家向联合国提交了《信息安全国际行为准则》,呼吁世界各国建立民主、多边、透明的国际网络管理机制。2012 年 9 月 18 日,俄罗斯通信和大众传媒部副部长斯维尔德洛夫在以"网络安全与国际合作"为主题的新兴国家互联网会议上强调,世界各国应加强对话合作,有效应对当前网络安全的挑战,严防互联网平台成为恐怖分子、犯罪分子的工具。2014 年,俄罗斯发起国际人文论坛——"文化对话中的俄语"国际网络会议,这一会议有效保持和扩大了俄语语言文化的影响力,已成为俄罗斯传播和推广俄语文化的品牌。

3.3 增强国际传播意识

俄罗斯政府的国际传播意识进一步增强,传播渠道和手段更加丰富多元。2007年,俄新社、《俄罗斯报》等主流媒体联合《华盛顿邮报》《印度时报》等国外知名媒体,推出了俄罗斯"美好形象"的宣传广告,开展更加广泛的国家形象宣传。面向俄罗斯境外侨胞的《俄罗斯世纪》月刊,2007年开始在110个国家发行,并建立了同名门户网站。2009年,俄罗斯成立了与篡改历史损害俄罗斯利益的企图做斗争的总统直属委员会、国际形象委员会,加强俄罗斯软实力建设和对外公关。2010年,俄罗斯政府在国际宣传方面的投入达到14亿美元,比2009年提高了33%,并成立了加强软实力建设的戈尔恰科夫公共外交援助基金会。俄罗斯外交部开始优化统筹对外宣传工作,针对不同受众制订不同宣传计划,2011年,俄罗斯外交部在Twitter上首次开设了俄文及英文账户,通过世界性的网络社交平台开展国际传播。2012年,普京在俄罗斯驻外使节会议上大力呼吁外交官充分利用新媒体来广泛传播俄罗斯声音,增强俄罗斯对国际事务的影响力。2012年,俄罗斯外交部在Facebook、YouTube等社交网站上开通了主页,俄罗斯官员在Twitter上建立了70余个账号。俄罗斯驻外使馆也纷纷在所在国家的社交网站上设立了主页,俄罗斯驻英国大使馆的网上账号粉丝数仅次于美国和以色列,排在了第3位。2012年,法国新闻社AFP发布首个新媒体外交效果排行榜,依据外交官在社交网站上的活跃度、粉丝数和转发量对世界151个国家进行排行,俄罗斯位列第13位(赵鸿燕、刘超,2013)。这表明俄罗斯媒体外交的重点成功转换至网络与新媒体,新媒体已成为俄罗斯国际传播推广外交政策的重要工具,俄罗斯已经步入了新媒体外交大国行列。

2005年,今日俄罗斯电视台的开播,吹响了俄罗斯在国际传播领域抢滩登陆的号角,增强了俄罗斯国际传播的总体实力。2008年,俄罗斯政府将通信、信息技术和大众传媒三个领域合并组建通讯与大众传播部,从国家层面提出了传统媒体与新媒体融合发展的战略目标,掀起了俄罗斯媒体融合发展的浪潮,为国际传媒的快速发展奠定了基石。普京在第二个总统任期内的执政理念更加成熟,以国际传播配合外交政策实施的意识不断增强,推动俄罗斯国际传播朝着"国家服务者"的方向深化发展,进一步明确了国际传媒的政治属性和外交功能。

4. 俄罗斯国际传播的成熟时期(2013年至今)

2013年,俄罗斯正式提出要通过"软实力"实现外交目标,作为软实力重要组成部分的国际传播被摆在了国家战略中更加突出的位置。俄罗斯继续提高国有媒体的工作效率,加速推进媒体资源整合和媒体国际化的进程,2013 年组建外宣航母——今日俄罗斯国际新闻通讯社,逐步形成了传统媒体与新媒体融合发展的多种形态媒体矩阵,围绕国家利益积极设置议程,极大地提升了俄罗斯的国际话语权。面对西方国家愈演愈烈的"媒体战",俄罗斯通过完善传媒立法、打造多语种国际传播主体、壮大国有媒体实力、加强境内外国媒体管控、拓展权威发声渠道等多种措施,构建更为成熟的国际传播体系,更加积极主动地应对西方的舆论霸权,向世界展示真实客观的俄罗斯形象。

4.1 打造国际传媒旗舰品牌

俄罗斯打造全方位的国际传媒平台。在积累了今日俄罗斯国际电视频道的成功经验后,俄罗斯继续强化国有媒体的重组力度,以提高国际传播效率。2013 年 12 月,俄罗斯对俄新社、俄罗斯之声电台等多个国家级媒体进行深度整合,创立全新的国家外宣旗舰——今日俄罗斯(Россия Сегодня)国际新闻通讯社,其整合了报纸、杂志、广播、电视、网络等多种传媒资源,可以最大限度地提高文字、视频、图片和音频等媒介手段的协作性,实现了全媒体传播,从而开展全方位、全过程和深层次的国际传播。同时,撤销俄罗斯国家电视广播基金会、国家图书局,其资产分别并入全俄国家电视广播公司和塔斯社,《祖国》杂志社也并入了《俄罗斯报》。2013 年,《俄罗斯报》建立了英文网站 Russia Direct,以发布世界各国专家的评论文章为主,帮助受众理解俄罗斯同世界的关系,影响具有影响力的人。今日俄罗斯电视台不断拓展话语传播平台,2013 年成立了 RUPTLY 视频库,向世界新闻媒体机构提供全球热点问题的新闻视频,扩大了媒体影响力。德国 GFK 集团的针对俄罗斯公司的调查数据显示,2018 年,俄罗斯 16 岁以上的网民数量达 9 000 万人,占成年人总人口的 75.4%,移动互联网比重占整个网络的 61%。受生产成本上涨等因素的影响,2018 年,俄罗斯报刊发行量下降了 10% 左右,联邦报刊的广告收入比上一年减少了 12%。传统报刊纷纷转战互联网,掀起了新一轮传统媒体与互联网等新媒体合作发展的高潮,媒体融合成为新时尚。

俄罗斯打造全新的多语种国际传播平台。2014 年 10 月,俄罗斯卫星通讯社(Sputnik)(以下简称"卫星社")正式成立,它是今日俄罗斯国际新闻通讯社媒体集团下的新闻通讯社、新闻网站、广播电台与媒体新闻中心。卫星社在北京、华盛顿、柏林、伦敦、开罗等地设有 30 多个分社,每个分社都设立了区域多媒体中心,新闻专线每天使用英语、汉语、西班牙语和阿拉伯语 24 小时不间断地向全球传送新闻信息,还有 30 多种语言的新闻网站和手机客户端每天影响着数以千万计的全球用户(张子晶,2018)。卫星社已经成为俄罗斯对抗美国等西方国家的主要舆论阵地。2017 年,《透视俄罗斯》从《俄罗斯报》调整并入今日俄罗斯国际新闻通讯社,产品形式由纸质变为网站和电子报刊等,实现了从以纸媒用户为导向向以网络用户为导向的转变。《透视俄罗斯》实行全面改版,注重"文化软实力"概念,撤销了原有的时政新闻栏目,将重心转移到从文化视角全景解读俄罗斯艺术、旅游和民俗等内容,使用 14 种语言向全球宣传报道俄罗斯,全终端月浏览量超过 500 万次,在社交媒体上的视频月浏览量达到 1 600 万次,已经成为世界了解俄罗斯的主要网络媒体窗口。在中国,《透视俄罗斯》特刊中文版随《环球时报》一同发行,发行范围包括北京、上海、天津等 17 个省市,还在环球网开设网络专刊,并入驻豆瓣、微博等新媒体平台。

4.2　强化国内外媒体的监管

　　俄罗斯加强对传媒的管控,使大多数传媒都成为"国家的服务者"。近年来,俄罗斯继续推进传媒国有化进程,俄罗斯政府通过兼并重组和资本运作等方式,将一些具有较强影响力的市场化媒体国有化,逐步取得对市场化媒体的控制权,提升国有媒体的话语权。2013 年,俄罗斯政府通过资本运作方式将俄罗斯最大的社交网站"联系"(VK)国有化,通过乌斯曼诺夫媒体集团掌控了"同班同学""我的世界"等社交媒体的主导权,俄罗斯大部分主流媒体均已归属或部分归属国家或地方政府。俄罗斯政府完全掌控了俄罗斯互联网公司的管理,实行严格的管控政策,提升了对社交媒体的管理水平。为抵御西方文化的影响,俄罗斯总统普京于 2014 年签署"知名博主新规则法"和关于两年后禁止本国公民数据存储于国外服务器的法律,采取一系列强硬的新措施,强化对以爱国主义为核心的国家新意识形态的塑造,提升国家软实力。2014 年,俄罗斯政府出台外国股东在俄罗斯媒体中最多持有 20% 股份的限制法令,以减少国外势力对俄罗斯媒体的渗透和干涉。2014 年 11 月 20 日,俄罗斯总统助理伊戈尔·肖格列夫在首届互联网大会上表示,俄罗斯决不允许本国网络受到他国控制,要把俄罗斯知名网络公司、广播电台和新闻出版集团纳入国家战略性名单,从法律上排除外国资本取得俄罗斯网络公司控股权的可能性。受此影响,美国信息投资机构道琼斯、英国媒体公司皮尔逊、德国传媒巨头施普林格集团、瑞士博施出版集团等纷纷出售在俄罗斯的媒体资产,涉及《福布斯》、"Finanz.ru"等知名媒体。

俄罗斯对境内国外媒体和非政府组织的监管愈加成熟。2015年,俄罗斯将69个接受西方资助的非政府组织定义为"外国代理人",取缔或限制了"美国民主基金会"、"大赦国际"俄罗斯分部、"保护选民利益"协会、"捍卫宪法和自由律师"协会等组织的活动。2016年1月,俄罗斯再次修订《传媒法》,禁止外国法律实体、外国公民担任俄罗斯媒体的创始人或参与者,也不允许其担任媒体的总编辑等。俄罗斯为保护数据安全修订了相关法规,《个人数据保护法》增加新条款内容后于2016年9月正式生效,规定Google、Facebook、Twitter等互联网公司不得将用户的个人数据信息储存在美国总部而只能储存在俄罗斯本地。2016年12月,美国LinkedIn社交网站就因为违反了互联网数据保存规定遭到了俄罗斯政府的封杀。2019年1月10日,俄罗斯联邦电信、信息技术和大众传媒监管局新闻处发现BBC的媒体资源中存在传播国际恐怖组织意识形态的材料,决定对BBC在俄境内所发布的内容,包括在俄语网站上发布的内容的合法性进行例行审查,并要求BBC驻俄机构于2019年1月16日前提供相关证明文件。

4.3 拓展国际传播的方式和渠道

新闻发言人和新闻发布会是政府与媒体交流的主要形式,逐渐成为俄罗斯政治传播的主要途径。自20世纪80年代苏联建立新闻发言人制度以来,俄罗斯新闻发言人和新闻发布会制度逐步完善,新闻发言人的对外发布渠道不断拓展,政府传播的途径呈现出多样化趋势,形成了俄罗斯总统领衔的主要部门领导担任发言人以及总统、外交部等专职发言人组成的俄罗斯政府新闻发言人体系,还包括新闻发言人及领导人专访、电话或视频会议、新闻通气会等形式,及时、客观地传达了俄罗斯政府对国内及国际事件的立场。俄罗斯新闻发言人渠道多样化,已逐步形成了传统媒体与新媒体互补的政治传播体系。2005年开始,俄罗斯政府部门和官员纷纷顺应网络社交媒体的发展趋势,借助Twitter、YouTube等社交媒体,打造政府信息公开、新闻发布、官民互动的新媒体传播平台。2014年,俄罗斯外交部开始实施在今日俄罗斯电视台和卫星网上的博客项目,每天与用户在线交流关于外交的话题。俄罗斯新闻发言人已成为媒体引用频率最多的信源,有力维护了俄罗斯国内外舆论的统一。据统计,2016年,俄罗斯总统普京共接受了7次专访并举办了1次年度大型记者会,俄罗斯总理梅德韦杰夫接受专访达11次(周庆安、赵文才,2017)。

国际合作传播渐成趋势。俄罗斯互联网企业与国外社交媒体通过股份互持、金融增值、业务合作等方式,开展深入合作,实现互利共赢。俄罗斯数字天空技术投资集团投资Facebook超过8亿美元,一度占到10%的股份,成为最大股东之一。"今日俄罗斯"等主流媒体也采取"借船出海"的方式,加强与Facebook、Twitter等社交媒体的合作,实现业务融合发展,提高国际传播效率。俄罗斯在加强国际传播能力建设的同时,也积极开展国际媒体公关活动。2014年,俄罗斯成立了世界俄语媒体联合会合作基金会,为世界俄语媒体提供信息和资金支持。俄罗斯境外侨胞协调委员会网站投入使用,并支持中国、美国、摩尔多瓦等国家的俄罗斯侨胞协调委员会网站建设,形成了俄罗斯境外侨胞协调委员会之间的网络体系。俄罗斯官方及媒体充分利用全球媒体资源,开展有针对性的国际合作传播。在中国,俄罗斯驻华大使馆、卫星社等都在新浪网注册了官方微博,2018年,卫星社的微博粉丝数已经超过了870万。俄罗斯媒体通过与国外媒体合作的形式,拓宽了国际传播的渠道,增强了俄罗斯媒体的吸引力,扩大了俄罗斯媒体的国际影响力。

在俄罗斯政府的主导下,俄罗斯国际传媒的资源使用效率得到进一步提升,品牌影响进一步扩大,传统媒体与新媒体融合发展的国际发声网络逐步建立,俄罗斯国际传播体系呈现出成熟和完善的趋势。随着俄罗斯等新兴大国的国际传播能力的提升,国际传播领域的斗争日益复杂化,各国媒体在关乎自身国家利益时表现出明显的政治色彩,尤其是美国等西方发达国家采取各种手段极力维护自身在国际传播中的霸权地位,在观察世界、取舍新闻时常持"双重标准",对俄罗斯的报道充满了对立和敌意,未来俄罗斯国际传播依然面临来自西方发达国家的巨大挑战。

参考文献

[1] Полукаров В. Реклама, общество, право[M]. М. : Знак, 1999.

[2] Ислам Р. Информация и общественное мнение: От репортажа в СМИ к реальный переменам[M]. М. : Альпина Паблишер, 2015.

［3］Колеватова Т С. Современные средства информации в публичной дипломатии России［J］. Власть, 2016(1).

［4］DE ALBUQUERQUE A. Winds of Change? BRICS as a Perspective in International Media Research［J］. International Journal of Communication, 2018, 12:2873 – 2892.

［5］DAJANI D, GILLESPIE M, CRILLEY R B. Differentiated Visibilities: RT Arabic's Narration of Russia's Role in the Syrian War［J］. Media, War and Conflict, 2019: 1 – 22.

［6］党生翠. 俄罗斯社交媒体研究:发展与管理［J］. 国外社会科学, 2017(4): 96 – 104.

［7］董晓阳. 俄罗斯利益集团［M］. 北京:当代世界出版社, 1999.

［8］傅显明,郑超然. 苏联新闻史［M］. 北京:新华出版社, 1994.

［9］胡太春. 从古辛斯基的浮沉看俄罗斯传媒政策的走向［J］. 国际新闻界, 2002 (4):28 – 32.

［10］胡巍葳. 全媒体时代俄罗斯报业发展之路［J］. 西伯利亚研究, 2011, 38(4): 55 – 58.

［11］李淑华. 俄罗斯加强网络审查状况分析［J］. 俄罗斯东欧中亚研究, 2015(6): 64 – 70.

［12］刘晓音. 俄罗斯软实力发展和国家形象的提升［J］. 社会科学, 2015(2): 31 – 38.

［13］明安香. 全球传播格局［M］. 北京:社会科学文献出版社, 2006.

［14］尼古拉·梁赞诺夫斯基,马克·斯坦伯格. 俄罗斯史［M］. 杨烨,卿文辉,等,译. 上海:上海人民出版社, 2007.

［15］蒲公英. 俄罗斯软实力政策研究［D］. 北京:北京外国语大学, 2016.

［16］秦洋洋,侯金亮.《透视俄罗斯》的发展现状与转型策略［J］. 传媒, 2019(6): 52 – 53.

［17］吴非,胡逢瑛. 俄罗斯传媒体制创新［M］. 广州:南方日报出版社, 2006.

［18］许华. 当今俄罗斯的国家形象问题［J］. 俄罗斯中亚东欧研究, 2008(2):9 – 16,95.

［19］许华. 俄罗斯软实力研究［M］. 北京:中国社会科学出版社, 2017.

［20］亚·尼·扎苏尔斯基. 俄罗斯大众传媒［M］. 张俊翔,贾乐蓉,译. 南京:南京大学出版社, 2015.

［21］张子晶. 俄罗斯卫星通讯社品牌传播战略与实践初探［J］. 传媒, 2018(10): 59 – 62.

［22］赵鸿燕,刘超. 俄罗斯公共外交的传播瓶颈与未来发展路径［J］. 国际问题研究, 2013(4):113 – 127.

[23] 周庆安,赵文才. 俄罗斯新闻发言人制席的历史溯源与现实反思[J]. 对外传播,
2017(8):73 – 75.

[作者简介]:李可宝(1983.04—),男,黑龙江双鸭山人,黑龙江大学俄语学院副教授,博士,研究方向为俄罗斯国际传播。

路上的猫

[俄罗斯] 维多利亚·托卡列娃^①　刘柏威译

　　早餐供应德式圆白菜烧香肠、小米奶粥、油炸果酱饼和加了牛奶的咖啡，还有放在碟子里的一块黄油。为了不让大家久等，服务员丽达用托盘一下子上齐了所有的菜，然后温柔一笑就离开了。

　　克利莫夫打量着盘子，心里暗自思量，面前桌子上摆着的是他一天的口粮。小米奶粥最好早上吃，德式圆白菜烧香肠中午吃，油炸果酱饼就留到晚上吃。这对于他，一个四十岁、有些发福的宅人来说已经足够了。但克利莫夫从小就养成了"既然买了就要吃"的习惯，这习惯源于战后时期闹饥荒的童年，源于捉襟见肘的贫困家庭。但童年时光和贫困岁月早已过去，克利莫夫已人到中年并且生活富足。由于上了年纪，加之生活安逸，他便渐渐发胖。穿时髦的牛仔裤时必须收着肚子才能拉上拉链，肚子虽然勒得扁平，胃却鼓了出来，衬衫扣子也是将将系住，紧箍在克利莫夫的身上。

　　出发去疗养院时，克利莫夫跟自己发誓，一定要瘦下来，要少吃多运动。而现在，大吃着果酱饼，他却同时产生两种不同的情绪。一方面，他想，一个高智商，并且曾在科研期刊发表文章的男人，难道还没有抵制住果酱饼诱惑的意志力吗？站起来，离开餐桌吧！而另一方面，他又想，果酱饼是什么呢？首先，人们耕种粮食，这叫播种，然后收割粮食，这叫收获，再接下来把麦粒运到磨坊生产面粉，到这儿事情才刚做了一半。人们还要摘苹果，采集这由土地和阳光孕育而成的圆润果实，把它们装箱送到

---

　　① 维多利亚·托卡列娃（В. С. Токарева）（1937—，生于列宁格勒）：俄罗斯当代著名女作家。1964 年发表第一部短篇小说《没有谎言的一天》，1969 年出版了第一部中短篇小说集《曾经没有的》。在接下来的五年里，她又先后出版了中短篇小说集《没什么特别的》《飘荡着的秋千》和《说——不说》等。托卡列娃还是一名电影剧本工作者，她改编了《成功绅士》和《行走在钢琴上的狗》等电影。——译者注

罐头工厂,在那里苹果被制成果泥并分装到罐子里。之后面粉和果酱一起被送到厨师手里,他要在今天早上把果酱饼做好,然后用植物油烹炸。细数起来这是多么大的工作量,这一切都可以坐视不理吗?为了什么呢?即使克利莫夫真的瘦了三公斤又会有什么改变呢?克利莫夫还是那个克利莫夫,只不过轻了三公斤而已,甚至没人会注意到这点,即使有人注意到了,说一句"托利亚,你瘦了?",他回一句"是啊,我节食来着,不吃淀粉类的食物和甜食"。仅此而已。为了回答傻子的一句话值得费那么大劲吗?就算是回答德高望重的人又能怎么样呢?

克利莫夫正在这儿边吃边想,有一个人走进了食堂,坐到了他座位的右手边。这是一个穿着讲究,但干瘪得像是一只蚂蚱的老太太。听说她过去也曾是个显要人物,要不就是个芭蕾舞演员,要不就是某个大思想家的妻子,也可能两者皆是。但老太太自己对此什么也没说过,克利莫夫也没问过,他对与自己无关的别人的生活毫无兴趣。老太太从未谈过自己的经历,虽然或许她也想说说。

他的对面和左边坐着奥列格和列娜。他们是如此快乐,因此吃饭总是迟到。吃早饭迟到,吃午饭迟到,吃晚饭还迟到。奥列格健康得像头棕熊,也像熊一样有些驼背。他总爱说俏皮话,扯着嗓子喊,像是动画片《等着瞧》里的那头狼。看着奥列格,克利莫夫悄悄地问自己:难道只关心自己的生活就这么难吗?难道为了吸引别人的目光,就不能用自己的嗓音说话吗?难道人们就不能满足于做自己吗?或许克利莫夫只是有些嫉妒,但是他自己也解释不清楚。

列娜还年轻,但已不是少女的美,而是妇人的美,妇人身上能够绽放的光彩在她身上已经全部绽放了,甚至有过之而无不及。她的美,不是五月鲜花初绽,而是七月鲜花怒放。她裸露的脖子上挂着粗细不一的几条项链,项链本身并不漂亮,可是戴在她身上就很漂亮。她的脸上因为擦了护肤霜而容光焕发,看得出,她很注重保养皮肤。对于克利莫夫,列娜则从来没有注意过。看着她没有化妆的脸,克利莫夫想象着,她就是自己的妻子,他们正一起在家吃早饭。这个念头折磨着他,让他想起了一些他想要忘记的事情。

"我全都吃光了。"克利莫夫向一同进餐的各位说道。

"早上这样吃没关系,"老太太安慰他说,"重要的是晚上不要吃东西。"

"要多吃,勤吃。"奥列格说了一句俏皮话,然后被自己逗乐了。

列娜沉默不语,心不在焉地看着前方,她喝着茶,捂着玻璃杯暖手。然后从奥列格的面包上掰下一块来,她总是不由自主地想同他扯上关系,无论何时,无论何事。

吃过早饭,为了消耗热量,克利莫夫决定出去散步。他不会散步也不喜欢散步,因为这种无所事事迫使他回忆,迫使他想起那些他根本不想想下去的事情。毕竟总有一些事还是不去想为好。

克利莫夫出了疗养院,向树林走去。在所有的自然现象中,更准确地说,在所有的自然景观中,例如火、海、山和草原等,他最喜欢的是森林。童年的时候,他的朋友斯拉夫卡告诉他,树木是死者的化身。可能,森林里,在这些树木中,就生活着自己某个伊凡雷帝时期的远亲。克利莫夫相信了他的话,并且至今相信。他当然也知道,事情不是这样的,但毕竟没人反驳过。身处森林里,克利莫夫总是觉得心平气和,就像大学时代回家过假期一样。森林不计较他的过去,也不介意他的现在,在森林里,他不会觉得自己像个被抛弃的孤儿,但在拥挤的地铁里却常常有这种感觉。他在人群里总是尤为孤独,因为这些人和他毫无关系,他们有他们的生活,克利莫夫也有自己的生活。

高大的松树旁,分出了三条岔路,克利莫夫像俄罗斯勇士一样停下脚步,沉思着该走哪一条路。这时从树后走出一只猫,它那么瘦、那么凶,几乎没了猫的样子。树林后面是别墅区,可能这只猫整个冬天都窝在空荡荡的别墅里等着主人,现在它伤心了,绝望了,于是带着所有的伤心和绝望走到路上来。小猫抬眼看着克利莫夫,那双眼睛那么大,几乎占据了它整个三角形的脸。它开始叫了起来,不是喵喵叫,而是嚎叫。它不时歇口气,为的是保持呼吸,然后继续嚎叫。它的眼睛是黄色的,像锯下的树桩的颜色,瞳孔呈长长的椭圆形。

"它这是怎么了?"克利莫夫惊讶地问路过的农妇。

"想吃东西了。"农妇平静地解释,并没有停下。

"我该拿你怎么办呢……",克利莫夫喃喃自语地想,然后大声说道:"好啦,走吧。"

克利莫夫转身朝返回疗养院的方向走去,小猫不出声地跟着他。但不是像小狗一样跟在人的脚边,而是跟在他的身后。小猫并不打算巴结克利莫夫,就在自己比较顺脚的地方走。

迎面驶来一辆手动挡车。车上坐着一个残疾人和他的朋友,他们似乎是周末来游玩的,脸上带着愉悦的神色。克利莫夫马上闪开,给车让道,却一下跪倒在地。小猫也离开道路,轻松跳到雪地冻结的硬壳上。它那么瘦,几乎可以不算重量。

汽车从身边驶过,呼哧呼哧地放出一团团紫色的废气,洁净的空气里马上就有了城市的味道。

走到临近疗养院的地方,在一栋楼旁边,克利莫夫转身对小猫说:"你稍等一会儿,我马上回来。"

猫就坐下开始等他。

克利莫夫走进食堂找到服务员丽达。

"你们这儿有剩饭吗?"他带着迷人的微笑问道。

"给谁?"丽达不解地问道。

"那儿有只猫,饿得像条狗一样……"克利莫夫从口袋里抓出一卢布塞到丽达白围裙的兜里。

"哎呀,你这是干什么呀?"丽达娇嗔道,但心情并没有变差。

好像觉得克利莫夫有点小题大做,她摇了摇头,转身消失在自己工作间的深处。过了一会儿,她拿着一口不大的锅回来了。锅里盛着剩粥、白菜、咬了几口的炸糕,甚至还有几根完整的香肠。也就是说,有人即使已经不折不扣地付了全款,但也克制住自己,没把东西吃完。

克利莫夫回到猫的身边,把锅放到它面前。克利莫夫有些紧张,同时又因为想象着马上要看到猫高兴的样子而倍感愉悦。但猫并没有一点高兴的样子,它一本正经地低下头,看来要直到吃光舔净所有的东西才肯抬起头来。它的肚子渐渐鼓起来,就像蚊子落在手上吸血后的肚子一样,小猫终于把脸从锅里抬起来,它看着克利莫夫,椭圆形的瞳孔变成了圆形。

"还要吗?"克利莫夫问。

小猫不作声,继续盯着他看。

克利莫夫又去找丽达,她又盛了剩饭给他。克利莫夫注意到这次锅里主要是粥,小猫也注意到了这点,但还是吃了起来,好像是在为今后的日子做储备。小猫不能保证明天会变成什么样,它甚至无法确知今晚的情况。

克利莫夫吃早餐时的邻座老太太从楼里走了出来,她穿着一件黑色的毛皮大衣,大衣的肩膀处又宽又平,像是高加索人的毛毡斗篷。

"它这已经吃第二锅了。"克利莫夫有些嘲讽地感叹道。

"它已经饱了……"老太太惊奇地瞪着她有些孩子气的眼睛,"怎么能往空肚子里装这么多东西呢?"

克利莫夫从猫那里拿起锅,送到厨房。回来的时候,他看见了疗养院的主人叶连娜·德米特里耶夫娜。她穿着白色的长罩衫,上面套着棉坎肩。她手里拿着一摞毛巾,背挺得笔直,傲慢的仪态衬托出她整个人的骄傲感。通常没有太大本事的人往往喜欢展示自己的能力,这是他们获得自我肯定的一种方式。而克利莫夫,一个曾在科研期刊上发表论文的人,对于她来说不过是最寻常的休假者,甚至比一般人还要糟糕,因为他破坏了疗养院的规矩。

"谁的猫?"叶连娜·德米特里耶夫娜声色严厉地问。

"谁的也不是。"

"那是谁把它带到这儿来的?"

"我带来的。"克利莫夫承认说,而且不知为何胆怯起来。

"也就是说这是你的猫?"

"嗯,我的……"

"你别想把它留在这儿!狗会把它撕碎的!"

克利莫夫想起来疗养院里的确有两只看院子的狗,其中一只没有尾巴,两只狗都没羞没臊,叫花子一样。每一拨在这休养的人,吃完饭都会多多少少给它们一些吃的,它们就会用忠诚的目光看着给饭人的手和眼睛。它们未必能容忍猫和自己竞争。

"你也别想把猫带到房间里!"女房东警告说,"不允许你们在住处养宠物!"

女房东转身走了,刚才还挺直的背,现在甚至有些弯了。不知为什么,克利莫夫想起夏天她曾经用草药给自己做了一份沙拉,那些草就长在脚下,有车前草、荨麻、蒲公英茎、牛蒡根。动物了解这些草,而人却不吃。人只吃种出来的东西,这真是个大错误。这些无人照看的野草拥有很强的生命力,这种生命力可以使人的身体充满自信。而身体影响内心,或者就像众所周知的那样,强健的体魄中孕育着健康的心灵。

克利莫夫叹了口气,把猫从地上抱起来放到肩膀上,回头朝三岔路的地方走去。在路口,他把猫从肩膀上抱下来,放到地上,然后就向树林深处走去。小猫跟在他后面,克利莫夫回头说:"别跟着我,你不是都听见了吗?!"他加快了脚步,猫也加快了脚步。"滚开!"克利莫夫做出一脸凶相,跺起脚来,好像要朝猫跑去,但还是停在原地。

克利莫夫停止原地装跑,转身向前走。猫想了一会儿,也向树林深处走去,仍旧跟着克利莫夫,只不过保持着一定距离。克利莫夫转身说:"你这没有良心、没有羞耻心的家伙,你还算只猫吗?"

一个人的没良心会造成另一个人的没良心。克利莫夫四下环顾,从地上捡起一根不大的黑色树枝朝猫扔了过去。猫跳开了,飞过来的树枝掉在了地上,它看了看树枝,又看了看克利莫夫。从它的眼中很容易就能读懂它的意思:"你太卑鄙了!"

"你这样想真是太好了。"克利莫夫说道,然后继续向前走去。

从树林深处箭步冲出来两个滑雪者,一个身着明亮的蓝色衣服,一个身着明亮的橙色衣服。克利莫夫细细一瞧,原来是奥列格和列娜。列娜停下脚步等着奥列格,她弯着腰,手撑在滑雪杆上,她应该很开心看到奥列格就像一团巨大的橙色火苗向她奔来。

奥列格也乐意靠近她,那被雪花覆盖的树林里的一抹蓝色。他们彼此相对,笑意盈盈,热气像云絮一样萦绕在他们的唇边。

克利莫夫想起了自己的滑雪经历。通常他去滑雪时穿得仿若要去参加义务劳动,随便套上件破烂衣裳,结果看上去就像是德军俘虏一样。他曾想,这有什么特别的呢? 穿什么滑雪还不都一样吗? 但现在他觉得他在生命中错失了很多宝贵的东西。

克利莫夫转过身去,猫已经不在了。

路穿过滑雪道,沿着滑雪道走很不方便,但他也不想回去。他不想遇见猫,毕竟他们的关系在某种程度上说是被破坏掉了。克利莫夫叹了口气,胡乱走起来,他缓慢地蹚着雪,时不时陷进积雪里。

他不知不觉走到了河边。河面被冰雪覆盖着。有两处未结冰的地方冒着白色的雾气。两个背书包的孩子正沿着踩出的小路过河,他们或许刚放学,想抄近路回家。克利莫夫站在岸边,看着白色背景上的两个黑点,就像是无声电影。雪在阳光的照耀下闪烁着微光。孩子们接受自己的生活现状,欢迎命运可能的变故,享受日常生活的平凡。

"得给人打个电话,"克利莫夫想,"让他们过来。"然后转念又想,"但他们从城市过来,就会带来城市的气息,而那却是我正想逃避的……"

那两个人像往常一样又迟到了,讲究的老太太已经坐在了座位上。

"您的猫去哪儿了?"老太太问道。

"我把它放回去了。"克利莫夫回答说,用叉子扎了一块边缘鲜嫩的沙丁鱼。

"去哪儿了?"老太太没明白。

"路边。"

"您把它扔路边了?"老太太惊讶地说。

"那我该把它搁哪儿呢?"克利莫夫也很惊讶。

"什么叫'搁'呀,这是动物,可不是物件……"

克利莫夫吃不下去了。

"我不明白,您有什么不满意的? 就因为我喂了一只猫吗?"

"如果你开始参与到别人的生命之中,你就应该参与到底,要么就完全不要参与。"

"是,可这和猫一点关系都没有。"

"您错了。猫是非常通人性的动物,您甚至无法想象猫究竟是什么。它是和月亮联系在一起的,就像大海一样。"

"您怎么知道的?"

"我知道,我第一世的时候就是猫。"老太太微微笑了起来,像是被自己的话逗笑了。

"疯子。"克利莫夫心想。

两个人都不说话了。

双方都不想继续谈话了。

丽达走了过来,给克利莫夫上了一盘红菜汤。

克利莫夫明白,他不想在老太太身边坐下去了,不想在脑海中不断重温刚才的话。他遗憾地看了看金红相间的红菜汤上漂浮的酸奶皮,站起身来。

"还有第二道菜呢。"丽达很吃惊。

"不吃了。"克利莫夫简洁地回答道,向自己房间走去。

他坐在房间的圈椅上,强迫自己不要再想下去。每次他心神不宁又不知如何是好时,他就禁止自己细细追究。

克利莫夫在圈椅上坐了一会儿,突然睡意袭来。他没吃饭,也就是说,可以不运动,可以躺下睡上四十五分钟。

克利莫夫脱了衣服躺在床上,洗过的枕套和舒适平静的氛围令他几乎感到了幸福。他从床头柜拿起一本书,翻书进入了作者为他展现的世界中去。他在书的世界里闲逛,就像一个旁观者,任何人对他都不感兴趣。他合上了眼睛,而当再睁开眼睛的时候已经是半夜三点了,克利莫夫没有像计划的那样睡四十五分钟,而是睡了十个小时,像自己往常晚上的睡眠时间一样。或许身体太累了,就自作主张好好休息了一次。

可能,有什么东西在一瞬间卡住了,于是身体的各种反射和信息传递就混乱了。

窗外一片漆黑,他想要吃点东西。

克利莫夫开始想:能做点儿什么呢?既不想读书,也不想睡觉,他已经睡够了,就这么躺着看天花板也太无聊了,于是他起床穿好衣服,出了门。

夜色冰凉,雪被踩得吱吱作响。

克利莫夫沿着之前走过的路向树林走去。月亮伴着他的脚步随他前行。树木就像密友一般矗立在两旁,克利莫夫一点都不觉得可怕,相反,一个人伴着月亮走让他感到愉悦,像是领着月亮一样。月光照亮了周围的夜空和地面。克利莫夫突然觉得自己曾见过此情此景,可那是在什么时候见到的?在哪儿见到的呢?

……这应该是二十二年前的事了。那时他读十年级,他们在列娜·丘达科娃家的别墅一起过新年。也是在这个时候,三点钟,他突发奇想地出了门。也是这样的夜空,这样的树,在月光下也是如此清晰。还有什么让他不由得颤栗?不,让他颤栗的并不是严寒,也不是列娜·丘达科娃,也不是把牙齿染黑的廉价波尔图葡萄酒,让他战栗的是那种幸福感,就像水流把水管撑得微微胀起来一样。这是即将完全成就自我、成就真爱的自信。他站在台阶上双手抱肘,免得自己因为幸福而继续颤抖。这是二十二年前的事情了……而后来呢?后来他是如此幸福又如此不幸。最好是忘了那一切吧。往事禁不起细细追究……可是,为什么不去追究呢?也许,恰恰应该追究到底。应该遵循内心的良知把一切加以修正和调整……可能,二十二年前,也正是因为这一点他才第一次在深夜来到街上……

克利莫夫停下脚步,猛地发觉自己竟走到了三岔路口,他细细打量每一寸被月光照亮的地方,心脏剧烈地跳动起来。

猫就趴在树下面,一动不动地等着他,好像是累了,也好像是准备一

144

边等着他，一边想想自己的事儿。

一股强烈的感激之情涌上心头，克利莫夫感到浑身炽热。也就是说，猫正确理解了他的内心世界；也就是说，这小动物真的通人性，要知道一个人心地越善良，就越会把别人也想象得善良。一个人的高尚可以唤醒别人的高尚。克利莫夫急忙奔向大树，在差不多与腋窝齐深的雪地里跟跟跄跄，但突然他又停下了，好像有什么在他胸口撞了一下。

那不是猫，那是一根树枝，就是他扔向猫的那一根。克利莫夫站住不动，感受到自己身体里无边的空虚。在这一片空虚中，好像连心脏的跳动都是多余的。月亮挂在他头上的天空中，并不像他读过的那样像个发光的弯弯小舟，而像一颗星球。也就是说，如果隔着遥远距离眺望的话，月亮像极了本来的自己。或许从月球上看地球，地球也是这样的吧。只不过月亮是黄色的，而地球是蓝色的。

[作者简介]：刘柏威(1978.09—)，女，黑龙江大庆人，黑龙江大学俄语学院教授，博士，硕士生导师，研究方向为理论语言学、翻译学和外语教育。

中国稳定经济运行政策措施及对中俄经贸合作影响

刘　珣

中国始终坚持稳中求进工作总基调,以稳为主,实现稳和进有机统一、相互促进,保证国家经济社会发展行稳致远。当前,面对世界百年未有之大变局,中国经济社会发展的外部环境和内部条件都面临着深刻复杂变化,机遇与挑战并存。在这一背景下,中国更加重视维护经济社会稳定,并先后采取了一系列政策措施,而中国稳定经济运行政策措施也将为中俄经贸合作带来新的发展机遇。

1. 中国稳定经济运行政策措施内容

面对全球经济发展中的不确定性,中国围绕保居民就业、稳外贸外资、保粮食能源安全、保产业链供应链稳定等关键点、基本点,多措并举,以稳住经济基本盘,维护经济发展和社会稳定大局。

1.1 保居民就业

就业在稳定经济运行方面起到尤为关键的作用。中国主要从稳企业、发挥有效投资带动作用、支持就业三个方面入手,保障就业,保障民生。

第一,大力扶持中小微企业发展,通过稳企业来保就业。中国中小微企业数量较大,带动的就业人口数以亿计,这意味着,保就业就必须先稳中小微企业。一方面,中国政府及时出台了免、降、缓、返、补一系列减负纾困政策,加大减税降费力度,降低企业生产经营成本,帮助中小微企业渡过难关。另一方面,强化对中小微企业的金融支持,实施延期还贷政策,提高贷款可获得性。

第二,加大"两新一重"建设,发挥有效投资带动就业的作用。"两新一重"建设即新型基础设施建设,新型城镇化建设,交通、水利等重大工程建设。新型基础设施建设主要指依托5G、人工智能、大数据、工业互联网等新一代信息技术演化生成的基础设施建设，具体包括拓展5G应用、建设数据中心等。新型城镇化建设主要指补齐城镇住房、教育、医疗等领域的短板，提升公共设施和服务能力，具体包括推进老旧小区改造、发展社区服务、加大公共停车场建设等。交通、水利等重大工程则属于重要的传统基础设施建设项目。"两新一重"建设将在短期内对拉动投资、解决就业起到显著作用。以5G为例，据中国信息通信研究院预测，到2025年，中国5G网络建设投资累计将达到1.2万亿元，创造约300万个就业岗位。①

第三，加强就业支持，鼓励基层就业、灵活就业。针对高校毕业生、农民工、下岗失业人员等群体加强就业支持。鼓励高校毕业生面向基层就业，扩大基层教育、医疗、社会服务人员等岗位的招聘规模，同时鼓励灵活就业。首先，鼓励个体经营。对高校毕业生、农民工、下岗失业人员等重点群体从事个体经营的，按规定给予创业补贴、贷款担保、税收优惠等支持。其次，支持非全日制就业。对就业困难人员、离校两年未就业的高校毕业生从事非全日制等工作的，按规定给予社保补贴。最后，鼓励合理设定流动摊贩经营场所，发展"地摊经济""夜市经济"等。

1.2 稳外贸外资

一方面，外贸外资企业多，涉及的就业数量巨大；另一方面，外贸外资是对外开放的直接体现。为稳住外贸外资基本盘，中国打出政策"组合拳"。

在稳外贸方面，首先，加大对外贸企业的金融、保险、财税支持力度。加大稳外贸稳外资专项贷款投放。2020年上半年，中国进出口银行稳外贸稳外资贷款投放达9 047亿元，同比增长50.62%。②扩大出口信用保险覆盖面，合理降低短期险费率，帮助企业应对订单取消、出运拒收等风险。免除或降低进出口货物港口建设费、货物港务费、港口设施保安费等。其次，支持跨境电商等外贸新业态的发展。跨境电商以互联网为基础，压缩了传统贸易的诸多中间环节，成为当前促进对外贸易稳定发展的新动力。2020年4月，中国国务院新设46个跨境电商综合试验区，至此

---

① 王政，韩鑫. 新基建，正当时[N]. 人民日报，2020 - 06 - 10.
② 陈康亮. 中国进出口银行行长：继续加大稳外贸贷款投放[EB/OL].［2021 - 07 - 23］http://www.chinanews.com/cj/2020/07 - 23/9246355.shtml.

中国拥有了 105 个跨境电商综合试验区,覆盖了 30 个省区市,通过跨境电商的区域扩大效应和企业数量增加效应,弥补传统贸易模式的缺陷。①再次,深化服务贸易创新发展。支持符合条件的服务贸易企业创新发展,推进新一轮服务贸易创新发展试点。最后,进一步优化国际市场布局。大力拓展东盟、"一带一路"沿线国家和地区的新兴市场。

在稳外资方面,首先,密切跟踪在谈及在建的外资大项目。对于在谈外资大项目,精准研究支持政策,及时协调解决项目推进过程中的困难和问题;对于在建外资大项目,开展"点对点"服务保障工作,协调解决用地、用工、水电、物流等问题,保障企业投资按计划进行。其次,继续优化外商投资环境。中国于 2020 年 6 月发布《外商投资准入特别管理措施(负面清单)(2020 年版)》和《自由贸易试验区外商投资准入特别管理措施(负面清单)(2020 年版)》,大幅缩减了负面清单,同时提高外资项目备案的便利化程度,简化外资项目审核手续,优化鼓励外资项目进口设备免税确认流程,保护外资项目合法权益,加强对外资企业的动态监测。再次,创新招商引资方式。通过网上洽谈、视频会议、在线签约等方式,整合各类招商资源,大力推进线上招商。最后,推进开放平台建设。深化自由贸易试验区改革开放,培育壮大外向型经济。

1.3 保粮食能源安全

民以食为天,能源则被喻为工业的粮食。保粮食能源安全,对经济社会稳定发展至关重要,中国多措并举,提升粮食能源安全保障能力。

为保障国内粮食供应和市场稳定,首先,稳定粮食播种面积和产量。强化耕地保护与农田水利建设,支持新建高标准农田,实施《东北黑土地保护性耕作行动计划(2020—2025 年)》。其次,深入推进大豆振兴计划。稳定恢复大豆种植面积;加快优质、高产大豆品种选育;结合工业发展,培育新的大豆企业、合作组织;保障大豆进口渠道多元化。最后,深化粮食收储制度改革。扩大粮食收储能力,积极腾仓备库,加快仓储设施维修改造,统筹粮食储备轮换吞吐。

为应对能源供应面临的各种风险和挑战,首先,大力提升国内油气勘探开发力度。加强渤海湾、鄂尔多斯、塔里木、四川等重点含油气盆地勘探力度,加快页岩油气等非常规油气资源勘探开发力度。当前,探明储量

---

① 冯其予. 跨境电商加速打造外贸新格局[N]. 经济日报, 2020 – 04 – 13(5).

超千亿立方米的威荣页岩气田开发建设已全面铺开,项目建成后年产能将达到 30 亿立方米;西部储气库群——吐哈油田温吉桑储气库群也拉开了建设序幕,项目建成后,将与有关储气库共同构成 200 亿立方米的西北储气中心。[①] 其次,继续增加能源进口中国 2020 年前 5 个月进口原油 21 557.6 万吨,同比增长 5.2%;进口天然气 4 012.0 万吨,同比增加 1.9%。[②] 再次,加快油气管道建设。推进重点油品管道建设,保障炼厂原油供应和消费地成品油需求,从而逐步解决油品资源不平衡和运输瓶颈问题;加快天然气管道互联互通重大工程建设,优化管输效率,加强区域间、企业间、气源间互供互保。最后,增强能源储备能力。做好地下储气库、LNG(液化天然气)储罐统筹规划布局,推进储气设施集约化规模化建设。

1.4 保产业链供应链稳定

中国拥有全球最完整的制造体系,是全球供应链的中心。供应链网络的强大、生产的协同与高效是"中国制造"长期以来的优势。中国必须稳定产业链供应链,守住这一优势。而保产业链供应链稳定,在很大程度上就意味着保企业生产,稳中国制造。

首先,通过龙头企业带动,贯通产业链循环。中国工业和信息化部联合多个部门成立了推动产业链协同复工复产工作专班,梳理了多家龙头企业和核心配套企业的相关信息。通过龙头企业带动上下游核心配套企业,实现以大带小、上下联动、内外协同,贯通产业链的循环。其次,依托重大项目牵引,带动产业链正常运转。促进重大项目早日落地,加快重大项目建设进度,通过新增施工建设、生产制造等扩大各类原材料及设备需求,缓解制造业产业链上众多中小企业订单不足的难题,带动产业链正常运转。再次,补齐产业链"短板"。加强对处于关键领域和重点环节的中小企业的帮扶力度,着力保障重要原材料、零部件和主要设备的供给。最后,发挥数字技术的重要作用,加大对产业链供应链的整合。加快 5G 建设进度,打造工业互联网,大力发展新型智能化计算设施,实现信息、技术、产能订单共享,实现跨地域、跨行业资源的精准配置与高效对接,从而

① 刘羊旸,王立彬. 筑牢经济发展"安全线"——"六保"系列述评之保粮食能源安全[EB/OL].[2020-04-23]. http://www.xinhuanet.com/fortune/2020-04/23c-1125897278.html.

② 中华人民共和国海关总署. http://www.customs.gov.cn/.

加强产业链供应链的协同。

随着上述推动经济稳定运行政策措施的落实,中国主要经济指标稳步回升。2020年前三季度国内生产总值同比增长0.7%,由负转正,其中二季度增长3.2%,三季度增长4.9%。前三季度社会消费品零售总额降幅比上半年收窄4.2个百分点,其中三季度社会消费品零售总额增长0.9%,季度增速年内首次由负转正。前三季度全国固定资产投资(不含农户)同比增长0.8%,增速年内首次由负转正。前三季度货物进出口总额同比增长0.7%,增速年内首次由负转正,其中三季度同比增长7.5%。前三季度,全国城镇新增就业人员898万人,9月全国城镇调查失业率降为5.4%。前三季度,全国居民人均可支配收入实际增长0.6%,年内首次转正。①

2. 中国稳定经济运行政策措施特点

中国稳定经济运行政策措施特点鲜明,坚持稳中求进工作总基调,稳定经济运行的各项政策措施相互作用、相辅相成,以深化供给侧结构性改革为主线,构建国内国际双循环发展格局。

2.1 坚持稳中求进工作总基调

第一,以稳为核心。面对全球经济发展形势很大的不确定性,中国通过保居民就业、稳外贸外资、保粮食能源安全、保产业链供应链稳定等关键点、基本点来稳住经济基本盘,维护经济发展和社会稳定大局。第二,在稳的基础上积极进取,力求实现经济增长。积极培育5G、大数据、人工智能、电商网购、在线服务等一系列新增长点增长极,以求实现经济增长,为维护社会经济稳定运行提供有力支撑。

2.2 相互作用、相辅相成

中国维护经济平稳发展的各项政策措施相互作用、相辅相成,统一于保障社会经济稳定发展的目标中。其一,通过保市场主体、稳投资来保就业。就业是民生之本,保住了就业,就能保住基本民生。保民生则为促消费提供了基础条件。其二,通过保市场主体、稳投资来保产业链供应链稳定。保障了产业链供应链稳定则有助于稳外贸外资。通过促进居民消费、扩大有效投资、稳定出口,"三驾马车"齐发力,带动经济稳定发展。

① 国家统计局.前三季度经济增长由负转正 [EB/OL].[2020-10-19].http://www.stats.gov.cn/tjsj/zxfb/202010/t20201019_1794596.html.

保粮食能源安全则重点从国家经济安全这一宏观层面来保障上述政策措施能够更好地得到落实。

2.3 以深化供给侧结构性改革为主线

供给侧结构性改革要做的就是去产能、去库存、去杠杆、降成本、补短板，从而优化供给结构、提升供给能力、清除供给冗余、扩大有效供给、确保供给安全。中国维护经济平稳发展的举措集中体现了以坚持供给侧结构性改革为主线。第一，积极培育5G、大数据、人工智能、电商网购、在线服务等一系列新的经济增长点；打造工业互联网，推动产业转型升级，从而创新优化供给侧动力结构。第二，通过免、降、缓、返、补一系列减负纾困政策和进一步优化营商环境，降低企业生产经营成本，激发企业活力。第三，通过扩大"两新一重"建设，消化大量库存和过剩产能。第四，通过保居民就业、保基本民生、加快新型城镇化建设等补民生短板。第五，通过优化中央和地方财政支出结构，控制地方政府性债务的无序增长，降政府部门的杠杆率。

2.4 构建国内国际双循环发展格局

面对当前不确定性明显增强的外部环境，中国把发展的立足点更多地放到国内。从供给层面看，中国拥有全球最完整、规模最大的工业供应体系；从需求层面看，中国拥有14亿人口所形成的超大规模内需市场。因此，中国着力打通国内生产、分配、流通、消费的各个环节，以扩大内需为战略基点，通过畅通国内大循环促进国家经济发展。同时，中国不断加大开放力度，继续参与世界经济发展。通过积极培育跨境电商、加快自贸区建设、借助"一带一路"倡议、放宽外资市场准入等一系列稳外贸外资政策措施，推动中国经济与世界经济深度融合，使国内市场和国际市场更好联通，加快构建以国内大循环为主体、国内国际双循环相互促进的新发展格局。

综上，中国贯彻稳中求进的发展理念，把实施扩大内需战略同深化供给侧结构性改革有机结合起来，以创新驱动和高质量供给引领和创造新需求，以畅通国内大循环带动外循环，促进国家经济社会平稳健康发展。

3. 中国稳定经济运行政策措施对中俄经贸合作的影响

近年来，中俄经贸合作快速发展，并取得显著成就。自2018年以来，中俄双边贸易额连续 3 年突破 1 000 亿美元。① 中国维护经济平稳发展的政策措施又将给中俄经贸合作带来新机遇,助力双方贸易额加速回升。

第一,中国保障能源安全政策措施将进一步推动中俄能源合作。随着中国油气消费的快速增长,中国能源安全敏感度增强。当前复杂多变的国际贸易局势、波动的国际原油价格对中国的能源供应格局产生较大影响,也给中国能源安全带来了新的挑战。为保障能源安全,中国将继续加强能源国际合作。俄罗斯作为传统油气出口国,其能源产业受到OPEC(石油输出国组织)减产协议及美国页岩油气的冲击,也面临着巨大压力。因此,扩大油气资源贸易、加强能源勘探开发合作、深化上中下游全方位一体化能源合作,对中俄两国意义重大。

第二,中国保障粮食安全政策措施将促进中俄农产品贸易规模的扩大。随着对大豆需求的不断增长,中国已成为全球最大的大豆消费国,国内的大豆产量难以满足消费需求,需要大量进口。中国大豆的进口来源相对单一,美国一直以来都是中国主要的大豆进口国。但自 2018 年 3 月中美贸易摩擦以来,中国对美进口大豆大量减少。为保障大豆供应,中国需要寻找新的大豆进口渠道。俄罗斯作为世界重要大豆生产及出口国,具有向中国出口大豆的诸多优势。近年来,中国自俄罗斯进口大豆的数量虽高速增长,但其占中国进口大豆总量的比重尚不足 1%。② 由此可见,中俄两国在深化大豆贸易、种植、加工、物流、科研等全产业链合作方面具有广阔空间和巨大潜力。

第三,中国稳外贸政策措施将给中俄跨境电商合作带来新机遇。近年来,跨境电商的优势进一步显现,支持跨境电商发展可以有效弥补传统外贸的缺陷。为稳外贸基本盘,建设开放型经济,中国积极培育跨境电商这一对外贸易新业态,加快跨境电商综合试验区建设,完善跨境电商综合服务体系,拓展"一带一路"沿线国家新兴市场。同时,随着居民消费的不断升级,中国对俄罗斯优质农产品食品的需求也在不断增加,开展对华跨境电商合作,通过电商渠道扩大对华产品出口,可为俄罗斯外贸企业提供重要机会。中俄跨境电商合作将成为新形势下促进双方贸易稳定发展的新亮点。

---

① 殷新宇. 中俄经贸合作稳步前行[N]. 人民日报, 2021 - 04 - 01(3).

② Торговля между Россией и Китаем в 2020 г[EB/OL]. [2021 - 02 - 23] https://russian - trade. com.

第四,中国培育发展新动能相关政策措施将带动中俄科技创新合作发展。2020 年至 2021 年是中俄科技创新年。一方面,面对新冠病毒这一共同挑战,两国可在中俄科技创新年框架下,进一步加强在公共卫生、生物制药、医疗器械等领域的科技合作。另一方面,中国正加快 5G 网络、大数据、人工智能、工业互联网、智慧城市的建设,积极培育发展新动能,俄罗斯也在致力于推动数字经济的发展。中俄两国可全面发掘双方在 5G 技术、大数据、人工智能等科技领域的合作潜力,加快建设一批示范性合作项目,加强科技创新合作。

中国稳定经济运行政策措施给中俄经贸合作带来了新的发展机遇,而不断拓展合作领域、创新合作方式、加大合作力度则将是推动中俄经贸合作高质量发展的必然要求。

参考文献

[1]Торговля между Россией и Китаем в 2020 г[EB/OL].［2021 - 02 - 23］https://russian - trade. com.

[2]陈康亮.中国进出口银行行长:继续加大稳外贸贷款投放[EB/OL].［2021 - 07 - 23］http://www. chinanews. com/cj/2020/07 - 23/9246355. shtml.

[3]冯其予. 跨境电商加速打造外贸新格局[N]. 经济日报, 2020 - 04 - 13(5).

[4]国家统计局. 前三季度经济增长由负转正［EB/OL].［2020 - 10 - 19］. http://www. stats. gov. cn/tjsj/zxfb/202010/t20201019_1794596. html.

[5]刘羊旸,王立彬. 筑牢经济发展"安全线"——"六保"系列述评之保粮食能源安全[EB/OL].［2020 - 04 - 23］. http://www. xinhuanet. com/fortune/2020 - 04/23c - 1125897278. html.

[6]王政,韩鑫.新基建,正当时[N].人民日报,2020 - 06 - 10.

[7]殷新宇. 中俄经贸合作稳步前行[N]. 人民日报, 2021 - 04 - 01(3).

[作者简介]:刘珣(1991.01—),女,黑龙江绥化人,黑龙江大学俄语学院讲师,博士,硕士生导师,研究方向为俄罗斯学。

曾经有个画家……

——话说《百万朵红玫瑰》

荣 洁

　　相信,这首歌的旋律刚一响起,很多人便会情不自禁地唱出声来。初识这首歌,还是没有网络、没有手机,娱乐方式只有听歌、周末舞会、看电影的大学时代……学俄语的我们每听到一首俄语歌(用磁带翻录)就会拿出笔记本,去听记歌词,去学唱。那一年那一天,师兄在我们的教室里播放了这首歌。它就是«Миллион алых роз»。我们被歌曲的旋律迷住了,被红玫瑰海洋震撼了,更被画家的爱深深感动了。多么浪漫,多么伤感啊! 俄语歌词如下:

　　　　Жил-был художник один,

　　　　Домик имел и холсты.

　　　　Но он актрису любил,

　　　　Ту, что любила цветы.

　　　　Он тогда продал свой дом,

　　　　Продал картины и кров

　　　　И на все деньги купил

　　　　Целое море цветов.

　　　　Миллион, миллион, миллион алых роз

　　　　Из окна, из окна, из окна видишь ты.

　　　　Кто влюблен, кто влюблен, кто влюблен и всерьез,

　　　　Свою жизнь для тебя превратил в цветы.

Утром ты встанешь у окна,

Может, сошла ты с ума? —

Как продолжение сна,

Площадь цветами полна…

Похолодеет душа,

Что за богач здесь чудит?

А под окном чуть дыша

Бедный художник стоит.

Встреча была коротка,

В ночь ее поезд увез,

Но в ее жизни была

Песня безумная роз.

Прожил художник один,

Много он бед перенес,

Но в его жизни была

Целая площадь цветов…

40 年过去了,承载着无数美好记忆的«Миллион алых роз»依旧回响在我们的日常生活中。听着唱着,歌声就会和泪水交织在一起……

是什么触动了我们的内心深处?是谁创作了这首歌?是谁把它唱响全世界?那是怎样的一个画家?又是怎样的一个女演员?是一个怎样的故事?它有怎样的前生今世?

1."玫瑰园的园丁"

2016 年 1 月 12 日,拉脱维亚著名钢琴家、作曲家莱蒙德·保尔斯(Раймонд Паулс)迎来了自己的 80 岁生日庆典。

一个月后,莱蒙德·保尔斯创作歌曲音乐会在莫斯科民族剧院璀璨启幕。俄罗斯数十位歌唱家、歌星相约前来为这位全苏、全俄家喻户晓的作曲家献唱贺寿,以此答谢大师的恩情。正是他创作的一首首金曲让他们纷纷走红,成为享誉全苏、全俄的歌唱家、歌星。

1969 年,莱蒙德·保尔斯根据拉脱维亚诗人莱昂·比利耶吉斯(Леон Бриедис)的诗歌创作了歌曲《玛丽妮娅给了女孩生命》(«Подарила Мариня девочке жизнь»),并交由拉丽莎·门德鲁斯(Лариса Мондрус)演唱。因歌曲是用拉脱维亚语演唱的,加之歌词内容和拉丽莎·门德鲁斯的演唱水平并非出类拔萃,所以这首歌在苏联各加盟共和国,包括拉脱维亚都没能产生多大反响。拉丽莎·门德鲁斯也一直默默无闻,据说,她后来移居到伊朗。然而,时隔 14 年,这首歌曲却让阿拉·普加乔娃(Алла Пугачева)一举成名。

1936 年 1 月 12 日,莱蒙德·保尔斯出生于拉脱维亚首都里加市。父亲是个玻璃吹制工,母亲是位绣工。父亲喜好音乐,在业余乐队里当架子鼓手。受父亲的影响,莱蒙德·保尔斯从 3 岁起便开始学习弹琴。10岁进入拉脱维亚音乐学院附属里加音乐学校学习钢琴。1953 年,考入拉脱维亚音乐学院钢琴专业,师从赫尔曼·布朗(Герман Браун)教授,继续学习钢琴演奏。莱蒙德·保尔斯凭借精湛的钢琴演奏技艺,边学习,边研究爵士乐,边在餐厅和一些乐团里演出。这为其后期创作流行歌曲奠定了良好的基础。他的处女作是为拉脱维亚木偶剧院创作的音乐剧。1958 年,莱蒙德·保尔斯毕业,并进入音乐学院的交响乐团工作。

1962 年,莱蒙德·保尔斯重新回到母校深造,进入作曲专业学习,师从亚尼斯·伊万诺夫(Янис Иванов)教授 。从 1964 年起,莱蒙德·保尔斯历任音乐学院交响乐团艺术总监、"摩登"管弦乐团艺术总监、拉脱维亚广播电视轻音乐与爵士乐团指挥、拉脱维亚作曲家协会成员等职务。他还是尤尔马拉(Юрмала)全苏青年流行歌手大赛(1986—1989)的发起人和组织者。

莱蒙德·保尔斯是位极具天赋且非常勤奋的作曲家。他为近百部电影、音乐剧配乐,创作了大量的歌曲。其创作歌曲的准确数字已无法统计,仅被 40 余位歌唱家、歌星唱红的歌曲就有 70 余首。其中阿拉·普加乔娃唱红的歌曲就有近 20 首。作曲家荣膺各类国内和国际大奖 30 余项。

20 世纪 80—90 年代,莱蒙德·保尔斯的身边聚集了一大批诗人和词作者,例如:安德烈·沃兹涅先斯基(Андрей Вознесенский)、伊利亚·列兹尼克(Илья Резник)、亚尼斯·别杰尔斯(Янис Петерс)、谢尔盖·巴特卢舍夫(Сергей Патрушев)、米哈依尔·塔尼奇(Михаил Танич)等。但与之合作最紧密的当属沃兹涅先斯基、列兹尼克和别杰尔斯。

沃兹涅先斯基(1933—2010)出生于莫斯科。他的父亲是一位水利工程师。幼年时期,沃兹涅先斯基随父亲游走于各大水利工地。卫国战争结束后,全家人回到莫斯科。14 岁时,沃兹涅先斯基已经开始写诗,他把自己写得最好的短诗寄给了他最崇拜的作家帕斯捷尔纳克,后者高度评价小诗人的作品。自此,两人结下了深厚的友谊。

中学毕业后,沃兹涅先斯基考入建筑学院。但从建筑学院毕业后,他没有从事自己所学的专业,而是醉心于诗歌创作。1960 年,他的第一部诗集问世。

今天,大多数人对沃兹涅先斯基的了解多来自他那脍炙人口的歌曲,例如:«Миллион алых роз» «Верни мне музыку» «Подберу музыку» «Танец на барабане»等。

沃兹涅先斯基的第一任妻子是阿赫玛杜琳娜。阿赫玛杜琳娜曾是叶夫图申科的妻子,她因沃兹涅先斯基而与叶夫图申科离婚。不过这段婚姻并未能持续多久,之后阿赫玛杜琳娜又嫁了新夫。沃兹涅先斯基的第二位妻子是卓娅·博古斯拉芙斯卡雅(Зоя Богуславская),一位多才多艺的作家、戏剧家和诗人。她陪伴沃兹涅先斯基直到他生命的最后一刻。

20 世纪 80 年代初,沃兹涅先斯基、莱蒙德·保尔斯与普加乔娃三人都迎来了自己创作和演艺生涯的上升期。莱蒙德·保尔斯很看重普加乔娃的潜质,很快他们合作的第一首金曲《音乐大师》(«Маэстро»,由列兹尼克作词)问世,并在全苏流行起来。1982 年,沃兹涅先斯基为《玛丽妮娅给了女孩生命》重新创作了歌词,并将歌曲改名为《百万朵红玫瑰》。

2.“玫瑰画家”的坎坷人生

沃兹涅先斯基这首歌的创作灵感来自巴乌斯托夫斯基的散文集《人生百态》(«Повесть о жизни»)。这部作品巴乌斯托夫斯基写了 18 年,全书共有 6 卷。巴乌斯托夫斯基在《急速南行》(«Бросок на юг»)中的散文《一块油布》(«Простая клеенка»)里,记述了格鲁吉亚第比利斯市的一位草根画家尼克·皮罗斯马尼(Нико Пиросмани 1862—1918)的坎坷一生。

巴乌斯托夫斯基来到第比利斯时,皮罗斯马尼已经逝世 10 年了,但画家的感情经历和传奇生活一直为第比利斯人所津津乐道。1969 年,格鲁吉亚拍摄了故事片《皮罗斯马尼》,1991 年,格鲁吉亚发行了纪念皮罗斯马尼的邮票。2007年,格鲁吉亚央行将皮罗斯马尼的头像印到了1拉里的纸币上。可见这位画家在民众中的影响。

尼克·皮罗斯马尼原名尼古拉·阿斯拉诺维奇·皮罗斯马那什维利（Николай Асланович Пиросманашвили）。他出生于一个贫穷的农民家庭,有一个哥哥和两个姐姐。8岁时父亲病故,之后母亲、哥哥和大姐相继离世,二姐被一位远亲收养。他则留在了父亲的雇主家里帮工,寄人篱下15年。1886年,皮罗斯马尼来到第比利斯。在这里他接受了扫盲教育,并开始帮人画牌匾。这成了他接触绘画艺术的起点。但他的绘画生涯并不顺利,无奈他又回到故乡去给人放羊。之后又返回第比利斯。他当过工人、列车员。后来积攒了一点钱,盖了幢小房子,与朋友合伙开了一家卖奶制品的商店(皮罗斯马尼一定料想不到,这幢房子后来竟成了他的绘画博物馆)。1890年,皮罗斯马尼放弃了他从未热心过的奶制品生意,开始靠画牌匾谋生。

赏识皮罗斯马尼绘画技艺的人不多,更没有人认为,他是一个了不起的绘画天才。皮罗斯马尼性格倔强,并不惹人喜爱。他为商店、饭店画牌匾,店主们却常常用葡萄酒和面包支付其工钱。

1905年,皮罗斯马尼的生活发生了巨变。从此,画家的生活急转直下,他穷困潦倒,最后在饥饿与疾病中了此一生。

1905年5月,法国巴黎喜剧院来到第比利斯巡演,皮罗斯马尼见到了女演员玛格丽塔·德·谢维尔(Маргарита де Севр),并爱上了她。为了博得玛格丽塔的青睐,皮罗斯马尼卖掉了房子、画作,在他43岁生日那一天,倾其所有,在玛格丽塔所住饭店的广场上为她摆了满满一广场的红玫瑰。有人曾计算过,当年那些玫瑰的价钱可抵莫斯科数套一居室住宅的价钱。

从睡梦中醒来的玛格丽塔被这一幕惊呆了,她怀着极大的好奇来到楼下,见了皮罗斯马尼,并当众亲吻了画家。但她没有接受皮罗斯马尼的示爱。几天之后,玛格丽塔随剧团离开了第比利斯。(还有另一个版本说,画家购买的鲜花有玫瑰、丁香、芍药、百合等,装了满满一车,而不是摆了一广场。)

从此,皮罗斯马尼开始了流浪生活,他经常酗酒,有时还不得不乞讨。1918年的一天,人们在一间地下室里发现了病重的皮罗斯马尼,两天之后,皮罗斯马尼病故。

诗人奥库德扎瓦（Булат Окуджава）于 1964 年创作了《画家皮罗斯马尼之歌》（«Песенка о художнике Пиросмани»）。诗人如是描写了皮罗斯马尼的人生：

Что происходит с нами,

когда мы смотрим сны?

Художник Пиросмани

выходит из стены,

из рамок примитивных,

из всякой суеты

и продает картины

за порцию еды.

Худы его колени

и насторожен взгляд,

но сытые олени

с картин его глядят,

красотка Маргарита

в траве густой лежит,

…

и он ее рисует

и Маргариту ждет.

Он жизнь любил не скупо,

как видно по всему…

Но не хватило супа

на всей земле ему.

关于皮罗斯马尼这段人生经历的描述有多个版本。巴乌斯托夫斯基记述的版本是皮罗斯马尼爱上了第比利斯的女演员玛格丽塔。沃兹涅先斯基记述的版本是皮罗斯马尼爱上了来巡回演出的女演员。还有版本讲，皮罗斯马尼根本就没有见过玛格丽塔。

最先发现皮罗斯马尼绘画成就的是画家基里尔·兹达涅维奇（Ки-

里尔·兹达涅维奇）。正是由于他，人们才关注到这位自学成才的原始派（примитивизм）画家。他一生画了 2 000 余幅牌匾和画作，但留存下来的仅 300 余幅。其中多数画作存放在格鲁吉亚国家博物馆。

沃兹涅先斯基几乎将皮罗斯马尼的一生都写进了歌曲《百万朵红玫瑰》。这样一部浪漫情史无疑会打动千百万个听众。1983 年 1 月 1 日，在莫斯科马戏团剧场的穹顶之下，普加乔娃坐在慢慢升起的秋千上，唱响了这首动人心弦的歌曲。第二天，《百万朵红玫瑰》红遍了全苏联。唱片发行总量达 600 万张。

莱蒙德·保尔斯从 1989 年起担任拉脱维亚文化部部长，1993 年辞职，继续他的音乐创作。2010 年沃兹涅先斯基逝世，葬于莫斯科新圣女公墓。

斯人已逝，歌曲长存。据不完全统计，《百万朵红玫瑰》这首歌已被许多国家的歌手用本国语传唱，例如，汉语、波斯语、韩语、法语、日语、芬兰语、瑞典语、英语、阿拉伯语、蒙古语、意第绪语等。

一个俄罗斯朋友说，在日本的广岛县福山市，每当列车进站时，车站上就会响起《百万朵红玫瑰》的旋律。福山市盛产玫瑰，1985 年起，玫瑰花被定为该市的市花。《百万朵红玫瑰》竟然成了这座城市的名片。

2010 年，16 集韩国电视剧《我是传说》首播，我们惊奇地发现，《百万朵红玫瑰》竟然成了这部韩剧的插曲，只是歌词经过"三传"之后，那段动人的历史已经"面目全非"。歌词变成了这样：

《百万朵玫瑰》
（网上韩语版译文①）
很久以前，当我来到这颗星球
一个轻微的声音告诉我
只有爱能让百万朵鲜花盛开
只有真爱才能让玫瑰绽放
怨恨的，怨恨的，怨恨的心意早已不在
当为你毫无保留，毫无保留地付出一切时
一百万朵，一百万朵花 簇拥盛开

① 引自 http://blog.sina.com.cn/s/blog_71cc382b01011j5g.html（2021 - 07 - 10）。

飞向那令人眷恋的美丽行星

那份真爱已流下了酸楚的泪水
在这个悲伤的世界里,有太多无情的人
直到多年后,当我为爱把生命也奉献时
爱情却如光芒般突然降临
怨恨的,怨恨的,怨恨的心意早已不在
当为你毫无保留,毫无保留地付出一切时
一百万朵,一百万朵花 簇拥盛开
飞向那令人眷恋的美丽行星

现在即使一切都消逝,爱情也会继续绽放
因为来自那颗星球的你走近了我
也许我们彼此相依,世间将繁花似锦
让你我紧靠在一起,飞向那颗永恒的行星
怨恨的,怨恨的,怨恨的心意早已不在
当为你毫无保留,毫无保留地付出一切时
一百万朵,一百万朵花 簇拥盛开
飞向那令人眷恋的美丽行星。

在苏联时期,各加盟共和国的存在使得全苏歌坛多元化。在那一年一度的 Огонек 盛典上,有多少不同民族的歌唱家登台演出啊!又有多少歌曲成为传世金曲!

这也许是另一种明亮的忧伤吧……

[作者简介]:荣洁(1964.11—),女,黑龙江牡丹江人,黑龙江大学俄语学院教授,博士,博士生导师,研究方向为俄罗斯语言文学与文化、文学翻译。

Лингвострановедческий аспект изучения поэзии С. А. Есенина и Ли Бая

Сунь Цюхуа

Как известно, для восприятия и адекватной интерпретации произведений художественной литературы необходимо добиться их полного понимания не только на уровне языка, но и на уровне смысла.

Понимание при чтении подразумевает не только процесс восприятия, но и воссоздания смыслового замысла автора, что означает необходимость его адекватной интерпретации, находящей свое реальное выражение в адекватном усвоении заложенной в нем концепции (Диденко, 1984).

Концептуальная картина мира находится в неразрывной связи с соответствующей национальной культурой. Это находит подтверждение в многочисленных высказываниях ученых-лингвистов. Так, К. Д. Ушинский писал в одной из статей: «В языке одухотворяется весь народ и вся родина; в нем претворяются творческой силой народного духа в мысль и звук небо отчизны, ее воздух, физические явления, ее климат, ее поля, горы и долины, ее леса и реки, ее бури и грозы... Но в светлых, прозрачных глубинах народного языка отражается не одна природа родной отчизны, но и вся история духовной жизни народа» (из ст. Верещагина, Костомарова, 1984).

Конечно же, лингвострановедение воспринимается как неотъемлемая часть изучения отдельно взятого языка. Однако и в этой области лингвистики возможен сравнительно-сопоставительный анализ, обозначающий точки соприкосновения между представителями разных этносов.

Для всех языков и литератур в мире характерна поэзия, или творчество в стихах. Поэтов роднит способность к образному отражению жизни, свободное владение законами стихосложения, широкое использование средств художественной выразительности. В данном аспекте поэзию можно определить как особый язык, для создания и восприятия которого необходимо постижение принципов его построения.

Мир стихосложения, представляющий собой особую поэтическую организацию речи, объединяет подчас представителей разных языковых семей и разных эпох. Это особенно заметно на примере таких известных национальных поэтов, как С. А. Есенин (Россия) и Ли Бай (Китай).

Можно сказать, что С. А. Есенин (1895 – 1925) — это как сама Россия: ее душа, ее сердце, ее боль, надежда, радость, ее национальный характер.

Ли Бай (701 – 762) — один из самых гениальных поэтов китайской древности. Его богатейшее поэтическое наследие, проникнутое милосердием, добротой, великим чувством любви к Родине, проклятием силам зла — силам войны, ненависти, вражды, его поэтическое слово по праву является выдающимся явлением древности.

Сравнительно-сопоставительный анализ показывает, что Есенин близок «китайскому типу» по темпераменту. Как и Ли Бай, он отличается великодушным характером, тонкой чувствительностью, романтическим пафосом. И что самое удивительное: эти два поэта из разных стран отделены тысячелетием. К тому же Есенин ни разу не был в Китае. Однако не трудно представить его реакцию на рассказ одного из друзей — писателя и журналиста Н. К. Вержбицкого — о великом Ли Бае: «Этот замечательный поэт был приглашен ко дворцу императора. Придворного поэта полюбила императрица. Ли Бай бежал от этой любви. Император в благодарность дал ему пятьдесят ослов, нагруженных золотом и драгоценными одеждами, которые надевались только в дни самых торжественных дворцовых празднеств.

Отъехав немного от столицы, поэт велел среди проезжей дороги накрыть стол с яствами и стал угощать проходящих и проезжавших крестьян, а угостив, на каждого надевал придворную одежду.

Когда золото было израсходовано, вино выпито, кушанья съедены, одежды розданы, Ли Бай пешком отправился дальше. Дошел до огромной реки Янцзы, поселился здесь и часто ночью на лодке выезжал на середину реки и любовался лунным отражением.

Однажды ему захотелось обнять это отражение, так это было прекрасно. Он прыгнул в воду и утонул…» (Вержбицкий, 1965).

Конечно же, это легенда, которая сложилась на основе реальных фактов, постепенно обрастая домыслами. Но, что самое главное, именно в ней нашла образное отражение щедрая натура и великодушно-романтический темперамент бессребреника Ли Бая. Рассказ Н. К. Вержбицкого был с воодушевлением принят С. А. Есениным. Русский поэт попросил друга подробнее рассказать о Ли Бае, и Вержбицкий с удовольствием отыскал для него переводы стихотворений Ли Бая на русский язык. Образ Ли Бая и его удивительные стихи глубоко взволновали русского поэта. Можно даже сказать о заметном влиянии образа и поэзии Ли Бая на творчество С. А. Есенина. Известны интересные факты, свидетельствующие об этом. Например, летом 1925 года С. А. Есенин специально послал Вержбицкому из Москвы портрет Ли Бая (вырезку из какого-то английского журнала): «Охмелевший поэт бредет куда-то, сопровождаемый юношей и девушкой. Он добродушен, счастлив и спокоен». На оборотной стороне портрета была надпись, сделанная рукой поэта:

Дорогому другу Коле Вержбицкому на память
 Жизнь такую
 Как Ли Бай, я
 Не сменял бы
 На другую

Никакую!

С. Есенин.

Из данного случая видно, какое глубокое впечатление оставил в сознании Есенина этот образ. Влияние китайского поэта заметно и в есенинском стихотворении «Море голосов воробьиных...»

Ах, у луны такое, —

Светит — хоть кинься в воду.

Я не хочу покоя

В синюю эту погоду.

Ах, у луны такое, —

Светит — хоть кинься в воду.

Стихотворные строчки еще раз убеждают нас в том, что служители муз, будь они древние или современные, китайские или русские, по существу никогда не ограничены временем и пространством (Ван Шоужень, 1995).

Русского и китайского поэтов объединяет единство тематики, особенно их лирические стихотворения о любви к Родине и народу. Давайте обратимся к поэзии Есенина... Чудесный, прекрасный, неповторимый мир! В сердце Есенина с юных лет запали ветровые слезы России, ее грустные и раздольные песни, светлая печаль и молодецкая удаль, церковный благовест и сельская тишина... Это особенно заметно в стихотворениях «Русь», «Гой ты, Русь, моя родная...», «Русь Советская», «Русь уходящая»... В них каждая есенинская строка согрета чувством безграничной любви к Родине. Давно стали крылатыми есенинские строки:

Если крикнет рать святая:

«Кинь ты Русь, живи в раю!»

Я скажу: «Не надо рая,

Дайте родину мою».

Нетрудно заметить, что вся сложная гамма чувств поэзии Есенина проникнута любовью к Родине, которая всегда томила, мучила и жгла чистую душу поэта:

Я люблю Родину,

Я очень люблю Родину! — взволнованно восклицал поэт.

По мнению Н. В. Устрялова, русского публициста, историка, а впоследствии эмигранта, директора одной из крупнейших библиотек в городе Харбине (Китай), С. А. Есенина можно сравнить с Н. В. Гоголем по силе чувства любви к родине. «Как Гоголю в прекрасном его далеке мерещились лишь русские просторы и летящая по ним птица-тройка, так и есенинская муза... нема и бессильна вне родины», — утверждал исследователь (Устрялов, 1993). Об этом свидетельствуют поэтические строчки русского гения:

Но и тогда,

Когда во всей планете

Пройдет вражда племен,

Исчезнут ложь и грусть, —

Я буду воспевать

Всем существом в поэте

Шестую часть земли

С названьем кратким «Русь».

Ли Бай, в свою очередь, был истинным патриотом, заботился о государственных делах, искренне хотел служить на благо династии Тан. Хотя нельзя не отметить, что в его стихах сильна критическая направленность, в них постоянно звучит недовольство темной реальной действительностью. В поэтических строчках «Гу фэн» (форма стиха древнего Китая, отражающая мысль и жизнь народа), «Цзян цзинь цзю» («Будем пить»), «Лян юань инь» («Декламация на огороде»), «Цы е гэ» («Песня в ночи»), «Сун ю жэнь» («Провожая друзей»), он выразил свое горячее желание беззаветно служить Родине, выразил равнодушие к богатству и почестям.

Родина для поэтов сливается с неповторимым обликом окружающей природы, в которой каждая деталь приобретает особое звучание. Лингвострановедческий подход помогает определить единство и разность восприятия концептуальной картины мира в России и в Китае. Так, представляет несомненный интерес трактовка образа луны, наиболее частотного в поэзии С. А. Есенина И Ли Бая.

Основной семантический признак луны — «круглый» — и древняя мифологическая традиция лежат в основе переносных значений этого слова в русском и китайском языках. Разные культуры придают этому слову разные коннотации, оценки.

На основе семантического признака «круглый» у слова «луна» в русском языке возникло переносное значение «о круглом лице женщины или округло-пухловатом, здоровом и несколько глуповатом лице», которое реализуется в устойчивых сравнениях *кругла лицом как луна*, *лицо у кого (круглое) как (полная) луна*. Данные сравнения зачастую имеют ироническую или неодобрительную оценку. Это обусловлено тем, что в русской традиции округлые формы луны, вызывавшие в Древней Руси положительные ассоциации, позднее сменились на отрицательные.

Некоторые русские ученые и писатели считают, что слово «луна» в значении «месяц, небесное светило» заимствовано из латинского языка, а слово «месяц» является собственно русским словом. В романе И. А. Гончарова «Обломов» (1859) читаем: «В этом краю никто не знал, что за луна такая, — все называли ее месяцем». Следовательно, еще в XIX в. слово «луна» знали не все в России. Месяц, по данным «Русского мифологического словаря», является мифическим воплощением ночи в противоположность дневному светилу, его супруге Солнцу. Образ месяца, реже образ луны, имеет в поэзии С. А. Есенина закономерную повторяемость.

«Узорными песнями молодого гусляра» назвал юношеские стихотворения С. А. Есенина исследователь Р. Гуль. (Гуль, 1993) Подтверждением этому служат следующие стихотворные строчки:

Я покинул родимый дом,
Голубую оставил Русь.
В три звезды березняк над прудом
Теплит матери старой грусть.

Золотою лягушкой луна
Распласталась на тихой воде.
Словно яблонный цвет, седина
У отца пролилась в бороде.

Я не скоро, не скоро вернусь!
Долго петь и звенеть пурге.
Стережет голубую Русь
Старый клен на одной ноге.

Через много лет, когда вдали от родного края С. А. Есенин испытал все перипетии судьбы, он написал стихи, до краев наполненные такой безмерной и такой неизбывной «сердечной тоской», что их место по праву в ряду самых лучших в русской поэзии:

И вновь вернуся в отчий дом,
Чужою радостью утешусь,
В зеленый вечер под окном
На рукаве своем повешусь.

Седые вербы у плетня
Нежнее головы наклонят.
И необмытого меня
Под лай собачий похоронят.

А месяц будет плыть и плыть,

Роняя весла по озерам…

И Русь все так же будет жить,

Плясать и плакать у забора.

Из приведенных строчек видно, что образ месяца (луны) как бы закольцовывает жизненный путь поэта, неизменно ассоциируясь в его поэтическом сознании с образом горячо любимой родной русской земли, отчего края.

В китайском языке, в отличие от русского, слово «луна» традиционно имеет положительную коннотацию. Китайское значение слова «луна» тоже ассоциируется с лицом женщины, но это лицо не полное, не круглое, а красивое. Сравним, устойчивые сочетания 花容月貌 *лицо как цветок и луна* (о красивом женском лице), 闭月羞花 *такая красивая, что луна спряталась и цветам стыдно*. Луна в китайской культуре считается женским началом (Инь), с ней связана прекрасная легенда о красавице Чанъэ, которая жила на луне. Сказанное подтверждает то, что луна в китайской культуре является символом красоты, символом женского начала.

Следует отметить, что в древних восточных представлениях о культурах небесных тел культ Солнца уступает культу Луны. Причина этого, возможно, восходит к мифу. В Китае широко известен миф о том, как десять солнц вышли вместе, как люди не могли терпеть их жару и погибали. Иссушающему воздействию солнечного светила в эпосе противопоставлен нежный свет луны. Раньше считалось, что луна — мать всего сущего, она питает все живое, с луной было тесно связано сельское хозяйство. Китайцы создали лунный календарь, который используют до сих пор. Именно луна стала воплощением и символом красоты как общего философского понятия. В китайских словарях зафиксировано более 60 единиц устойчивых сочетаний, большинство из которых имеет положительную культурную коннотацию, например, 花好月圆 *цветы хороши и луна кругла* (о прекрасной счастливой жизни), 花晨月夜 *утро, когда цветут цветы, и вечер, когда сияет луна* (о прекрасном времени), 花前月下 *перед цветами и под луной* (о хорошем месте свидания влюбленных). Полнолуние в китайской культуре — символ прочной семейной жизни, прекрасной любви.

О луне говорится во многих стихотворениях Ли Бая. Яркая полная луна вызывает у Ли Бая ностальгию о родине и родных в стихотворении «Цзин е сы» («Думать в тихую ночи»):

汉语	俄语
1. 静夜思 床前明月光， 疑是地上霜。 举头望明月， 低头思故乡。	Цзин е сы За окном луна светится, Увидеть иней на земле. Поднять голову — смотреть светлую луну, Опустить голову — скучать по Родине. (перевод автора) Я голову поднимаю — гляжу на луну в окошко, Я голову опускаю — и родину вспоминаю. (перевод А. Гитовича)
2. 秋风清 秋风清, 秋月明。落叶聚还散, 寒鸦栖复惊。相思相见知何日, 此时此夜难为情。	Цю фэн цин (Осенний ветер холодный) Осенний ветер холодный, Осенняя луна светлая. Падающие листья собирающиеся и распускающиеся, Галка спокойно отдыхает, и удивляется. Я не знаю, когда мы будем встретиться, В такую ночь мне не будет спаться.

汉语	俄语
3. 秋浦歌 渌水净素月，月明白鹭飞。 郎听采菱女，一道夜歌归。	Цю пу гэ（Песня у осенней реке） В реке Лу шуй вода прозрачная, Во время светлой луны малая белая цапля летает. Парень слышит песню по дороге домой, Которую поют девушки, собирающие водяные орехи. （Лу шуй: место провинции Хунань）
4. 玉阶怨 玉阶生白露，夜久侵罗袜。 却下水晶帘，玲珑望秋月。	Юй цзе юань（Ропот на яшмовой ступени） На яшмовой ступени появился белый легкий иней, Ночью на ней долго стоит девушка. Холод проникнул шелковые чулки, Тонкое красивое лицо смотрит на осеннюю луну.
5. 独漉 独漉水中泥，水浊不见月。不见月尚可，水深行人没。越鸟从南来，胡鹰亦北渡。我欲弯弓向天射，惜其中道失归路。	Ду лу（Единственная река） В реке слякотная вода, В мутной воде нельзя видеть луну. Не только нельзя видеть луну, Но и глубокая река заливает прохожего. Перелетная птица летает с юга на север, Ястреб тоже летает на север. Я хочу стрелять луком стрелу на небо, К сожалению, я забыл дорогу домой.

Стихотворные строчки представителей национальных культур — С. А. Есенина и Ли Бая, использование ими образно-выразительных средств языка — позволяют сделать вывод о ключевых совпадениях в национальных характерах русских и китайцев: стремление к гармонии, душевность, мечта о миропорядке и вечной жизни, желание быть благородным и красивым в помыслах и поступках.

Сегодня гениальные поэты С. А. Есенин и Ли Бай известны всем в России и Китае. Каждый в двух странах гордится именем национального поэта. Но заметно и взаимопроникновение таланта: стихи Есенина нашли путь к сердцам китайских читателей. Блестящий образ лирического маэстро, признанного всем миром, будет вечно жить в сердцах людей в мире, а китайцев особенно. Ли Бая знают во многих странах мира. Несмотря на течение времени, он и дальше будет шагать в будущее разных стран, помогая читателям раскрывать удивительные строчки китайской поэзии, узнавать особенности восточного восприятия жизни.

Несмотря на разность менталитета, отмечается повторяемость поэтического миросозерцания у таких гениальных представителей русской и китайской национальности, как С. А. Есенин и Ли Бай. И это прекрасно. Только поэтическое слово способно стереть границы и соединить человеческие чувства и мысли.

Литература

［1］Ван Шоужень. Есенин и Китай ［М］// Есенин академический: Актуальные проблемы научного издания. Есенинский сборник. Вып. Ⅱ. М. : Наследие, 1995. С. 268 – 274.

［2］Верещагин Е М, Костомаров В Г. О предмете, объеме и функциях лингвострановедения ［С］// Попова А И. Лингвострановедческий аспект в преподавании русского языка как иностранного. Сб. статей. Воронеж: Изд-во Воронежского университета, 1984. С. 16 – 33.

［3］Вержбицкий Н К. Есенин в Тифлисе ［М］// Городецкий С М. Воспоминания о Сергее Есенине. М. : Московский рабочий, 1965.

［4］Гуль Р. Есенин: Избранное ［М］// Русское зарубежье о Есенине: в 2 т. Т. 2: Эссе, очерки, рецензии, статьи. М. : Инкон, 1993. С. 34 – 36.

［5］Диденко Л А. Лингвострановедческая организация работы над текстами произведений художественной и публицистической литературы ［М］// Попова А И. Лингвострановедческий аспект в преподавании русского языка как иностранного. Сб. статей. Воронеж: Изд-во Воронежского университета, 1984. С. 106 – 110.

［6］Есенин С А. Стихотворения и поэмы ［М］. М. : Правда, 1972.

［7］Прокушев Ю Л. Сергей Есенин: Образ, стихи, эпоха ［М］. М. : Московский рабочий, 1986.

［8］Устрялов Н В. Есенин (К трехлетию со дня смерти) ［М］ // Русское зарубежье о Есенине: в 2 т. Т. 2: Эссе, очерки, рецензии, статьи. М. : Инкон, 1993.

C. 73 - 84.

[**作者简介**]:孙秋花(1982.09—),女,黑龙江宁安人,黑龙江大学俄语学院副教授,博士,硕士研究生导师,研究方向为翻译学。

Когнитивные аспекты перевода и русские переводы «Бесед и суждений» Конфуция («Лунь Юй»)

Тянь Юйвэй

Статья посвящена когнитивным аспектам перевода и когнитивному анализу русских переводов китайской классики «Бесед и суждений» («Лунь Юй»). Материалом служили русские переводы П. С. Попова и Л. С. Переломова. Актуальность исследования обусловлена тем, что в настоящее время появляется большое число русских переводов китайской классики различного качества, которое в значительной степени зависит от познавательной способности переводчиков. В статье рассматриваются результаты сопоставительного анализа русских переводов произведения «Беседы и суждения» через призму когнитивного анализа перевода, что позволяет расширить возможности переводоведения.

1. Когнитивные аспекты перевода

Когнитивная наука изучает ментальные процессы, связанные с работой человеческого сознания (Миронова, 2013: 78). Предметом когнитивных наук являются мыслительные действия и познание. В силу того, что язык служит инструментом любой когнитивной деятельности и результатом познания человеком объективного мира, в рамках когнитивных наук системно изучается язык как объект исследования, в том числе в целях выявления связи между познанием и языком.

Перевод как разновидность когнитивной деятельности человека неизменно вызывает интерес исследователей (Водяницкая, 2015: 146 – 148; Тарнаева, 2008: 152 – 158). В области русско-китайского и китайско-русского перевода рассматриваются частные вопросы перевода классических произведений (Фу, 2018: 60 – 66; Цзин, Монисова, 2019: 41 – 47; Скворцов, Кондратова, 2019: 62 – 72), вместе с тем вопросы когнитивного анализа перевода не получили к настоящему времени исчерпывающей интерпретации.

Переводческая деятельность — это когнитивная деятельность, основанная на познавательном опыте. Использование методов когнитивной лингвистики в переводческих исследованиях может не только расширить область исследования теории перевода, но и обеспечить практическую и теоретическую основу для практики перевода. Одной из ключевых работ в области когнитивной интерпретации перевода является труд Дж. X. Дэнкса (J. H. Danks) и др. «Когнитивные процессы в переводе и интерпретации» (*Cognitive processes in translation and interpreting*) (Дэнкс, 1997), изданный в 1997 г. в США. Эта работа ознаменовала начало официального междисциплинарного исследования перевода и когнитивной науки. Когнитивной основой такой интерпретации перевода выступают множественные взаимодействия когнитивных субъектов в контексте реального переводческого опыта. Переводчик как когнитивный субъект полностью понимает исходный текст на языке-источнике и отображает его на языке перевода (Ван Инь, 2007: 12). Когнитивный анализ перевода фокусируется на процессе познавательной деятельности переводчика, подчеркивая эмпирическую, творческую и интерактивную природу познавательного субъекта. Полученный на основе учета его когнитивного опыта перевод используется далее в качестве инструмента межкультурной когнитивной деятельности, а дискурсивная информация реконструируется для адаптации к когнитивной среде читателя.

В процессе перевода переводчик максимально точно воспроизводит когнитивное содержание и реальный опыт автора на основе уже своего авторского жизненного опыта и понимания объективного мира, в котором он живет. Следовательно, можно сказать, что процесс перевода тесно связывает автора и переводчика. По сравнению с традиционными исследованиями перевода перспективы когнитивного перевода рассматривают внутренние и внешние культурные факторы языка с точки зрения когнитивного опыта, основанного на когнитивных моделях мышления авторов и переводчиков. Дискурс является основной единицей перевода, передавая текстовую информацию, он воспроизводит оригинальный языковой стиль автора, прагматическое значение текста и функцию текстового общения.

По причине того, что перевод представляет собой познавательную деятельность, основанную на опыте, в процессе перевода «читатель должен полагаться на свое собственное понимание для восстановления дискурсивной информации в этих двух мирах. Переводчик должен также полностью учитывать перевод исходного выражения в процессе перевода» (Ван Инь, 2005: 18). Так называемые два мира перевода — это «объективный мир» и «когнитивный мир» (Хоу Минь, 2012: 24). Оригинальный текст отражает объективный мир автора, а также выражает его когнитивную интерпретацию этого мира. Поэтому, чтобы изучить переводческую деятельность, мы должны сначала изучить мыслительный процесс когнитивных субъектов, начиная с когнитивного мышления автора, т. е. когнитивный взгляд на перевод подчеркивает взаимодействие между реальностью и субъектом в процессе перевода. Творчество автора основано на его собственном понимании объективного мира — в этом смысле также можно сказать, что творение проистекает из жизни, однако при этом творчество не буквально отражает жизнь, поскольку произведение отражает также и познавательный мир автора. В процессе перевода переводчик должен рассмотреть объективный мир автора, изучить его когнитивный мир и максимально воспроизвести понимание и описание двух миров.

2. Два мира автора и переводчиков в русских переводах «Лунь Юй»

Объект переводческой деятельности включает в себя авторов, переводчиков и читателей, среди которых авторы и переводчики непосредственно связаны с переводческой деятельностью. У переводчиков и авторов разный объективный мир и когнитивный мир, поэтому процесс перевода — это процесс постоянного приближения переводчика к двум мирам автора. Переводчик должен полностью учитывать особенности жизни автора, человеческую среду и другие факторы для того, чтобы понять и адекватно отразить творческое намерение автора. Огромную роль при осмыслении и изложении фактов языка, их интерпретации в научных целях или целях прикладного описания играет следование определенной научной парадигме, что обеспечивает его системность, последовательность, завершенность (Курдюмов, 2019: 285).

Можно сказать, что два мира переводчика не зависят от двух миров автора, но в то же время в процессе перевода они привязаны к двум мирам автора. На этом уровне перевод представляет собой деятельность, основанную на опыте познания, и суть процесса перевода заключается в том, что два мира переводчика склоняются к процессу двух миров автора.

Большой интерес в истории литературного переводоведения вызывают китайские литературоведческие работы известных переводчиков с китайского языка на русский. Так, история переводов на русский язык произведения Конфуция («Беседы и суждения») насчитывает несколько десятилетий. Ставя задачу объединиться с двумя мирами автора, в процессе перевода переводчик должен сначала рассмотреть авторские два мира: представить объективный мир автора и понять его когнитивный мир.

2.1 Представить объективный мир автора

Прежде всего, переводчик должен точно представлять и понимать объективный мир автора, задействуя когнитивные каналы. В таких случаях переводчик должен пытаться получить как можно более полное представление о социальной и культурной среде существования автора, например, о жизни автора, географической среде, его характере, привычках и прочих фактах. Информация текста как объективный мир переводчика также является одним из важных факторов, которые необходимо учитывать: на основе понимания оригинального текста в сочетании с культурным контекстом можно повысить качество перевода. Поэтому понять объективный мир автора особенно важно, и наоборот, неучет его приведет к некачественному переводу. В качестве примера когнитивных аспектов художественного перевода приведем следующий отрывок:

出曰:"二三子何患于丧乎?"

(《论语·八佾》)

В тексте «Беседы и суждения» «二三子» (буквальный перевод: «два-три человека») означают «некоторые ученики Конфуция». Прежде всего, автор анализирует контекст, в котором он намеревается выразить свое мнение. Увидев Конфуция, чиновники оценивают его положение и важную роль в обществе в описываемый период времени. В настоящее время целевой аудиторией являются ученики Конфуция, а не два или три человека.

Перевод 1: По удалении его Конфуций сказал: «Дети мои, чего вы беспокоитесь, что я потерял место?»

В данном случае П. С. Попов перевел «二三子» как «Дети мои, вы», тем не менее, говорящий в тексте — это чиновник, который пришел к Конфуцию. «二三» обозначает учеников Конфуция. Идентичность говорящего в переводе не соответствует оригиналу. Личность говорящего и соответственно восприятие текста изменились.

Таким образом, в этом переводе образ Конфуция приобрел религиозный характер. Как известно, в объективном мире переводчика его отец является священнослужителем, поэтому можно предположить, что П. С. Попов мог находиться под сильным влиянием православной религиозной традиции мыслей. Переводчик был ограничен своим объективным миром и не учитывал эпоху автора, географические, религиозные факторы и др. Так как он использовал свой объективный мир для понимания объективного мира автора, информация, передаваемая в переводе, не соответствует замыслу автора.

Перевод 2: Выйдя от Учителя, он сказал: «Почему вы так обеспокоены, что нет у вас чиновничьих постов?» (Переломов, 1998: 325).

В представленном переводе синолога Л. С. Переломова образ «二
三子» сокращен, переводится как «вы», причем личное местоимение
прямо указывает на объект речи, информация точна, потому что чи-
татель может понимать объект с помощью контекста. Использование
личных местоимений для обозначения учеников Конфуция соответст-
вует идентичности говорящего. Данный перевод точнее предыдущего,
и читателю легко понять и избежать неоднозначности в интерпретации
референции к личности говорящего.

Во втором переводе ясно показаны отношения между Конфуцием
и его учениками. Помимо ссылок на китайские комментарии и иссле-
дования, Л. С. Переломов также ссылается на японские переводы и
комментарии, и осуществляет перевод на основе понимания и анализа
переводов предшественников, что, по всей видимости, и позволило
получить более точный перевод.

Следует отметить, что в процессе перевода литературных произве-
дений переводчик может переходить от буквального к вольному пере-
воду. По сравнению с методом буквального перевода метод вольного
перевода может относительно уменьшить количество комментариев.
Л. С. Переломов использует справочную аннотацию и другие языко-
вые переводы, чтобы представить объективный мир автора и заста-
вить свой объективный мир стремиться к объективному миру автора.

2.2 Понять когнитивный мир автора

Таким образом, в процессе перевода переводчику необходимо
преодолеть когнитивный барьер и сократить разрыв между автором и
текстом, что позволит избежать неточного перевода и улучшить его
качество. Поэтому в процессе перевода переводчик применяет различ-
ные методики обработки исходного текста в целях создания точного
перевода, в частности, через детальное изучение сопутствующей тек-
сту культурно релевантной информации.

Например, в процессе перевода китайской классики мы можем
сначала рассмотреть творческие намерения автора и культурно-комму-

никативные намерения иностранного перевода. Переводчик постигает содержание текста, как на основе анализа текста, так и имплицитного его содержания и концептуальной информации, содержащейся в тексте, расширяя тем самым свое собственное когнитивное понимание оригинального текста. В качестве примера приведем следующий отрывок из «Бесед и суждений»:

子曰："三人行，必有我师焉；择其善者而从之，其不善者而改之。"

（《论语·述而》）

Китайские исследователи Конфуция имеют разные мнения о понимании «三人行» («три человека идут вместе») в этом отрывке. Некоторые ученые считают, что «三» («три») в этом словосочетании должно означать «много», что среди многих людей может быть выбран известный учитель. Тем не менее, большинство ученых предпочитают понимать «три человека» как «мало людей» и подчеркивают, что автор указывает на то, что даже если мало людей будут ходить вместе, среди них будет мой учитель. Согласно комментарию Чжу Си, среди «三人» («трех человек»): Конфуций — один из них, два других — добрый человек и злой человек, оба они являются учителями Конфуция. Это решение соответствует творческим замыслам автора, и такое мнение представляется наиболее приемлемым по сравнению с другими.

Перевод 1: Философ сказал: «Если идут вместе 3 человека, то между ними непременно есть мой учитель, я избираю из них хорошего и следую за ним, а дурной побуждает меня к исправлению».

（перевод П. С. Попова）

Перевод 2: Учитель сказал: «Если я иду с двумя людьми, то у них обязательно есть чему поучиться. Надо взять то хорошее, что есть у них, и следовать ему. От нехорошего же надо избавиться».

（перевод В. А. Кривцова）

Разные переводчики по-разному понимают когнитивный мир автора, т. е. переводчик и познавательный мир автора имеют более низкую конвергенцию, и вследствие этого появляются переводы разного качества. В приведенных выше двух примерах были приняты разные методы перевода. П. С. Попов переводит: «идут вместе три человека» (три человека пошли вперед, один из них был моим учителем). Этот перевод является формой прямой речи, согласно комментарию Чжу Си: «三人同行，其一我也 (Три человека ходят вместе, один из них также я)». «三人» («три человека»), упомянутые в оригинальном тексте, должны также включать самого говорящего Конфуция. П. С. Попов использует третье лицо для перевода прямой речи и не преобразует личность говорящего. Ему не удалось точно понять познавательный мир автора, и, таким образом, текст перевода не передает намерения автора, вызывая некоторую двусмысленность.

В. А. Кривцов переводит прямую речь с точки зрения первого лица — «я иду с двумя людьми». Также сам говорящий Конфуций отмечает, что среди двух других моих сверстников есть мой учитель.

Если сравнивать описание Конфуция в двух переводах, то в тексте В. А. Кривцова отражается скромность Конфуция, что соответствует оригинальному авторскому творческому замыслу.

Объясняется это тем, что в предисловии к переводу В. А. Кривцов дает краткое описание Конфуция, сущности конфуцианства, возникновения и развития конфуцианства и произведения «Беседы и суждения». Таким образом, учитывая комплекс сопутствующих когнитивных факторов, В. А. Кривцов имеет понимание когнитивного мышления автора, личности Конфуция, изображенного в тексте, и созданный им перевод является относительно точным. Кроме того, переводчик ссылается на различные китайские комментарии к «Беседам и суждениям», используемые им в процессе перевода.

3. Выводы

Выполняя перевод классического произведения, переводчик должен точно понимать творческие намерения автора, корректировать перспективу перевода и как можно более точно передавать сопутствующую информацию. В процессе перевода примечания, иные справочные материалы способствуют более полному пониманию исходного содержания и творческого замысла автора, тем самым сужая разницу между познавательным миром автора и познавательным миром переводчика, вызванную культурными препятствиями. В то же время исходный текст и исходная информация автора, а также предыдущие переводы (если таковые имеются) критически оцениваются последующими переводчиками и сортируются в зависимости от поставленной задачи и компетенции переводчика. Понимание культурного контекста может также сократить когнитивный разрыв между переводчиком и автором, что полезно для повышения качества перевода.

Библиографический список

Источники

［1］Попов П С. Беседы и суждения ［М］. М. : Рипол-Классик, 2017.

［2］Переломов Л С. Конфуций: «Лунь Юй» ［М］. М. : «Восточная литература РАН», 1998.

［3］Беседы и суждения Конфуция ［М］. СПб. : Изд-во Терция, 2001.

Литература

［4］DANKS J H, SHREVE G M, FOUNTAIN S B, et al. Cognitive processes in translation and interpreting ［М］. Thousand Oaks, Calif. : SAGE Publications, 1997.

［5］Ван Инь. Когнитивная лингвистика ［М］. Шанхай: Шанхайская пресса по изучению иностранных языков, 2007.

［6］Ван Инь. Перспектива перевода когнитивной лингвистики ［J］. Переводоведение в Китае, 2005(5).

［7］Водяницкая А А. Рецензия на монографию О. А. Сулеймановой и др. «Лингвистические теории в интерпретации переводческих стратегий. Комплексный анализ переводческих стратегий» ［J］. Вестник МГПУ. Сер. : Филология. Теория языка. Языковое образование, 2015, 1(17): 146 – 148.

［8］Курдюмов В А. Динамический подход к научному изучению китайского языка ［C］// Ⅲ Готлибовские чтения: Востоковедение и регионоведение Азиатско-Тихоокеанского региона в фокусе современности: материалы Междунар. науч. конф. Иркутск: Изд-во ИГУ, 2019: 285 – 291.

［9］Лу В. Поэзия Николая Рубцова в Китае ［J］. Вестник МГПУ. Сер. : Филология. Теория языка. Языковое образование, 2016, 2(22): 107.

［10］Миронова Н Н. Когнитивные аспекты перевода художественной литературы
［J］. Вестник Московского университета. Сер. 22. Теория перевода, 2013
（3）：77 – 83.

［11］Скворцов А В, Кондратова Т И. Трансформация поэтических образов при
переводе на современный русский язык стихотворения Бо Цзюйи «Старый то-
рговец углем» ［J］. Вестник МГПУ. Сер. : Филология. Теория языка. Языко-
вое образование, 2019, 3(35)：62 – 72.

［12］Тарнаева Л П. Когнитивная парадигма и современное переводоведение ［J］.
Вестник Челябинского государственного университета, 2008, 16（117）：
152 – 158.

［13］Фу М. И. А. Бунин в Китае：переводы произведений, изучение творчества
［J］. Вестник МГПУ. Сер. : Филология. Теория языка. Языковое образова-
ние, 2018, 1(29)：60 – 66.

［14］Хоу Минь. Исследования по языку и переводу ［M］. Пекин：Издательство
Академии общественных наук КНР, 2012.

［15］Цзин Ж, Монисова И В. О современном состоянии и истории исследований
сибирской литературы в Китае ［J］. Вестник МГПУ. Сер. : Филология. Тео-
рия языка. Языковое образование, 2019, 1(33)：41 – 47.

[作者简介]：田雨薇(1990.08—),女,黑龙江哈尔滨人,黑龙江大学俄
语学院讲师,博士,硕士生导师,研究方向为翻译学。

两种翻译原则对俄语新闻汉译的影响

赵 为

中国语境下,新闻翻译可分为中国新闻外译和国际新闻汉译两种。国际新闻又可以分为时事、经济、文化、科技、军事类新闻。本文聚焦源自俄语平面媒体的时事、经济、军事新闻汉译,探讨此类新闻的翻译原则与方法。

目前,国内对中国新闻外译研究较为深入,提出的原则与方法对新闻外译具有良好的指导作用。翻译源自俄语媒体的新闻时,因"内外有别",译者无法套用前者的翻译原则与方法,翻译工作缺少理论指导,如果出现偏离,译者、读者都会感到遗憾。

新闻媒介与时事政治的关系是新闻关系论中最为核心、最为重要的部分。这里,我们从政治立场、翻译原则、媒体语言三个维度,来探讨以下六个问题:①两种性质不同的翻译原则;②媒体的政治立场与新闻翻译的政治立场;③译稿中对新闻标题的处理;④译稿中的导语与套语;⑤译稿中的增与减;⑥对新闻翻译教学的几点思考。

1. 两种性质不同的翻译原则

众所周知,高校中教学翻译的标准与社会上应用翻译的标准是有明显差别的。二者的翻译任务与目标截然不同:教学翻译较多考虑词语、句子的翻译是否准确,且多止于句子或篇幅不大的语段,很少做完整的篇章翻译。翻译策略则多选择对译(直译),较少考虑意译。比例过高的对译导致译文带有明显的中介语特征。翻译出来的新闻稿也与媒体采用的源自同一出处的新闻稿有着较大的差别。

实践告诉我们,应用翻译更具实用性、专业性、商业性等特点。新闻翻译是应用翻译不可或缺的组成部分。新闻翻译不仅要求快速准确,而且要考虑如何引导读者的思想,还要考虑文字是否符合媒体语言规范、符合报刊政论语体的要求。译者会增加意译的比例,自觉使用翻译技巧,遵循固有的程式,保持正确的格式,按既定宣传口径增、减新闻的内容,更为重要的是遵守党性原则和舆论导向原则,站稳政治立场不动摇。

捷克斯洛伐克学者吉里·列维把类似的翻译比作一个做选择的过程,"一连串的多个连续场景,仿佛博弈中的每一步棋,迫使译者必须在一些备选项中进行选择"(谢天振,2008:577)。笔者认为,译者一旦选择了应用翻译,就意味着他已经做出了技术性选择,"也提前决定了'哲学'观的选择……译者已经为随后的一系列选择创造了相应的语境,翻译过程也就具有了'完整信息游戏'的形态……两种不同'游戏'的结果,就是两个不同的翻译变量(translation variants)"(谢天振,2008:578 – 579)。

故此,我们坚持认为,两种性质不同的翻译原则,必然导致出现两种完全不同的翻译结果。教学翻译力求成为外媒新闻的"镜像"(至少客观上如此);应用翻译则会根据政治立场、宣传口径、读者群体的认知水平调整译文。

2. 媒体的政治立场与新闻翻译的政治立场

大众媒体对舆论具有引导作用,所以,任何公民或团体都可以利用媒体表明自己的主张,阐明自身的利益,并努力使政治决策符合自己的意图。(杨保军,2005)在国际政治舞台上,新闻媒介同样是各种政治力量的较量手段和中介。每个国家、每个地区或者区域性的利益集团,都会通过直接或间接拥有的政治权力控制自己有能力控制的新闻媒介,维护自己的意识形态,实现自身的利益追求。(杨保军,2005)所以,任何一家外媒刊载的新闻都会包含这家媒体对该新闻的立场、态度、评价等要素。这些要素未必与转载这一新闻的中国媒体在立场、态度、舆论导向上相一致。因此,后者对译文做出调整,使其符合本国宣传口径,势必成为一种必然。

我国媒体坚持自己的政治立场,绝不会为外媒的新闻"背书",对于攻击诽谤我国社会主义制度的舆论宣传、攻击我党和政府、制造舆论、混淆黑白的文字必须予以批驳。翻译教学中教育学生遵循上述原则就是"思政进课堂"的最充分体现。

翻译过程中,面对外国媒体的报道,中国译者会增加负面或正面评价词汇(оценочная лексика),明确表明中方媒体的立场和态度,例如:攻击、抹黑、诬蔑、歪曲、妄言、炒作、纵容、甚嚣尘上、颠倒黑白、捏造事实、打着幌子；全力支持、共同努力、大力增强、战略伙伴等。对反华言行与事件使用表明中方立场的词汇，如"达赖窜访"等。这些特点在新闻翻译或报道过程中必须正确使用。

3. 译稿中对新闻标题的处理

中国读者拿起《参考消息》时，已经是新闻二次传播的受众了。媒体通常选择从第三人称角度报道新闻，目的是要明确告诉读者，该新闻不是中国媒体"首先发声"，而是外国媒体"有言在先"，其内容不代表，至少不完全代表中国媒体的观点和立场。因此，对外媒新闻的内容、标题做必要改动也就顺理成章了。

国际新闻的标题既要能简要概括其主旨要义，又要能博读者的眼球。因此，不符合中国读者阅读习惯、对俄语国家文化背景知识要求过高的标题也会被改动、调整。机械地对译标题，有可能让人读起来索然无味，甚至感觉不伦不类。故此，译者需要调动各种汉语修辞手段，努力把原标题的语义和风格用不同于原文的方法再现出来，增强标题的指向性和可接受性。

笔者对2021年1至4月《参考消息》(网)刊载的30余篇译自俄语的新闻进行了量化统计和分析，发现三分之一以上的标题出现了程度不同的改动，例如：

«Орбита на миллион: кто составит конкуренцию SpaceX в космической индустрии»

《近地轨道成"唐僧肉"，全球企业争相发射卫星》(见《参考消息》2021.02.03)

«Прорыв пятого поколения»

《航展助推印俄军事技术合作》(见《参考消息》2021.02.06)

此外，标题中通常会加入指示信息来源的文字，例如：《俄媒：俄军战略武器研发正突飞猛进》(«Посейдон» в помощь: начинаются испытания стратегического оружия РФ)；《俄媒文章："核力量"成美俄博弈新变量》(США определились, где будут противодействовать России —— Вашингтон усилит ядерную роль НАТО на постсоветском пространстве)；《俄专家认为：中美博弈将提升俄战略分量》(Угрозы США в адрес

Китая усилят стратегическое значение РФ);《<u>俄专家分析</u>:中英新冲突将走向何方》(К чему приведут новые конфликты Британии и Китая);《<u>俄要将5代机技术卖给中国？俄专家</u>:要卖也是缩水版》(Эксперт объяснил интерес Китая к российскому истребителю Су-57);《<u>俄与西方结盟论荒唐可笑 俄专家</u>:最好远离 纯属挑衅》(Валерий Коровин: Любой союз России с Западом противоестественен);《<u>俄指</u>博雷利态度大变或有隐情》(В МИД РФ удивлены контрастом заявлений Борреля в Москве и Брюсселе);《<u>俄教授点评</u>2020年最具前景的七大医学突破》(Семь прорывов в медицине, которые помогут нам сохранять здоровье)等。

一些俄媒报道新闻的角度和中国媒体的报道角度与评价不相符时,译者对原标题也会做调整,稿中会附带原标题,试比较:《**俄媒述评**:中国成为吸引世界资本"绿洲"》(原标题:《中国又一重要经济指标超过美国》,见《参考消息》2021.04.21);《俄媒文章:俄重振太空地位须借鉴中国经验》(原标题:《俄罗斯的"航天成就"令加加林羞愧》,见《参考消息》2021.04.15)。

4. 译稿中的导语与套语

俄语报刊语言的特点首先在于它有意识地追求一种特殊的表现力。但这一特点并不是孤立的。另一个与表现力有联系的基本语体特点是它的程式化及由此而产生的报刊套语。(科任娜,1982)中国媒体刊载的国际新闻亦有自己的程式、自己的语言特点、自己的套语,译者必须遵守,例如:

《俄学者分析:印度缘何纠结于中俄友好》

【俄罗斯《观点报》网站3月22日文章】原题:印度缘何对俄罗斯越来越不满(作者 俄罗斯财经大学副教授格沃尔格·米尔扎扬)(见《参考消息》2021.03.26)

新闻里,除要在标题里常常加上指明国别或主体的导语外,要在第一行开头使用加粗方括号,里面标出外媒的名称、刊出日期、体裁。之后,在方括号外标注该新闻的原标题,并在原标题后的圆括号内标出撰稿人单位、姓名(见上例)。教学翻译中这些细节往往被忽视,降低了译文的实用性。

正文中,译者会采用带有明确指向来源的词语,增加信息来源的权威性和可信性,例如:俄罗斯战略研究所**发布的**线上"达沃斯议程"对话会的**总结报告称;报道援引**俄外交部的**讲话说;另据**塔斯社 2 月 7 日**报道;**科涅楚克**还提到**等。行文中也会使用较为简洁的表述方式:**报告称、据了解、专家指出、报告得出结论**等等。译者灵活使用这类套语,可以充分满足媒体使用第三人称转载外媒新闻的需求。

苏联时期的媒体语言不断创造和使用自己的超常搭配词组,它们常常转化为套语,成为媒体篇章的"快速黏合剂"。今天,这部分套语依旧活跃在俄罗斯的媒体上,继续为记者服务,情况虽有所改观,但不明显。语境不同,它们的译法也会不同。例如:Как сообщает(据×××报道),Как передает(报道援引×××的讲话说),Как стало известно(据悉),Как заявил(×××声明、×××表示),Как считает(据×××称),Как отмечает(×××指出),Как сообщалось(据×××报道),Как замечает Джеймс Дюрсо(詹姆斯·杜尔索认为);Как записано в стратегии ВМС США(美国海军战略报告强调)等。今天,这样的俄语固定结构依旧用在段落或句子开头。

一批表示言语、思维、体现的带-ся动词(говорится,думается,констатируется,отмечается,проявляется)依旧以单数(第三人称或无人称)形式高频出现在报刊上,撰稿人有意不点明行为主体。例如:в документе утверждалось,говорилось в документе,в заявлении говорится等。俄语媒体中也出现了一些新的、近乎套语的词语,例如:медиарегулятор,медиасфера,медиакомпания,медиаграмотность,медиаскандал,в режиме онлайн 等。

导语和套语都在助力记者加快撰写新闻稿的速度,也为新闻翻译提供了程式化译法。

5. 译稿中的增与减

与翻译技巧中的增译、减译不同,这里所谈的增与减并不涉及翻译本身。这里的"减"等同于放弃不译,这里的"增"是指加入原稿中并不存在的文字内容。

这样的增与减符合安德烈·勒菲弗尔(Andre Lefevere)提出的"折射与改写理论"。勒菲弗尔的学术观点"以多元系统理论为基础……强调'意识形态'、'赞助人'、'诗学'三因素对翻译的操纵,他的描述研究的方式是将翻译放到政治、意识形态、经济和文化背景中,深入探讨翻译过程中影响翻译策略的各个层面"(谢天振,2008:255)。

勒菲弗尔的理论也被称作"翻译改写理论"。虽然他将文学作品翻译作为研究对象,但他的这一理论对新闻翻译仍然有着重要的指导意义。

通过对时事新闻的原文与译文进行对比分析,我们发现,文字的增、减数量大大出乎我们的意料。前述30余篇译稿中没有被编辑部采用的文字平均占比35%。个案中这个比例会有更大变化。

译文中有"减",也会有"增",部分译稿的结尾会出现译者或编者的评论、摘编,以及对事件背景的简介,以方便中国读者阅读,例如《俄媒:美海军谋求夺取北极控制权》(见《参考消息》2021.01.18)一文中,结尾处编入了原新闻中并没有的一段文字:

美国海军的确正在尝试适应现实。由于俄罗斯不断扩大在北极的存在,美国准备研究在北极部署永久破冰船基地的问题。美国人加强了驻挪威的军力,美国海军陆战队和英军军人在该国常驻。此外,美国及其北约盟国大幅增加了在俄罗斯附近北极水域进行的海军演习的数量。

据俄国防部统计,近十年来,北约潜艇驶入挪威港口的次数比过去增加了一倍。美国空军将增加驻北极的军机数量。五角大楼文件显示,部署在阿拉斯加的第五代战机(F-35A 和 F-22)数量在 2021 年底之前将增加一倍,达到约 100 架。它们经常飞到北极地区上空拦截俄罗斯图-95MS 战略轰炸机和图-142远程反潜巡逻机。

在另一篇《参考消息》(2021.02.09)转载的新闻《俄指博雷利态度大变或有隐情》结尾处也添加了一段俄语新闻中没有的文字:

另据塔斯社 2 月 7 日报道,俄罗斯外交部发言人扎哈罗娃在俄罗斯电视一台的"与弗拉基米尔·索洛维约夫的当地时间周日晚间"节目中表示,驱逐瑞典、波兰和德国的外交官是被迫之举,是对他们参与非法行动、干预俄罗斯内政的回应。

扎哈罗娃说:"非常遗憾,我们完全是被迫采取了这些措施——驱逐来自三个欧盟国家的直接参与非法活动的外交官。"

报道还称,俄外交部当地时间 5 日宣布,参加 1 月 23 日莫斯科和圣彼得堡非法集会的瑞典、波兰和德国外交官是不受欢迎的人,责令其限期离境。

众所周知,新闻必须有五个要素才能构成新闻。只要保留了这五要素(新闻的主角 кто、发生的事情 что、发生的地点 где、发生的时间 когда、发生的原因 почему),即便译者删掉原文的一部分内容,新闻依旧可以保持其完整性。

意识形态、话语立场、读者认知、版面要求、语言简约原则都可能导致内容的增减。但如果译稿中大量文字被放弃,成为"无用功",就会大大降低翻译工作效率,译者必然会考虑改变工作方式。新闻翻译训练是否要考虑上述因素尚待深入研究。

6. 对新闻翻译教学的几点思考

笔者认为,翻译教学中要注意区分"中国媒体新闻外译与外国媒体新闻汉译"。有人认为,新闻翻译是把一种语言写出的新闻用另一种语言表达出来,使目的语接受者能获得与源语新闻读者大致相同的教育或启迪,享受与源语读者大致相同的信息和感受。这一观点符合中国新闻外译的原则,但明显不适用于指导外媒新闻汉译。

外媒是服务于自己国家和读者的。它们与外国读者的认知模式、文化背景知识、政治立场相同或比较接近。中国读者的政治立场和世界观与外媒、与外国读者会不同,看问题的角度及对一些事件的态度、立场、评价也会不同。他们没有任何必要接受外国媒体的教育或启迪,所以,中国译者必须对原文中所涉及的政治内容、不同的立场做出调整。

在上述大前提下,前期训练时我们主张译出新闻的全部文字(转换人称并站稳政治立场),这样学生可以保持和感受译文的整体性。之后遵照老师(编辑)的布置,仅翻译指定部分。摘编往往不是译者本人可以自行决定的。教师发现合适的新闻材料后,再考虑训练编译。

课堂上要指导学生灵活选用对译和意译策略,按需选取。对译比例过大,必然会影响译文质量。要主动运用翻译技巧,力求译文符合中国读者的阅读习惯,不给读者"留作业",例如:

Ряд ведущих китайских экономистов считают, что рост ВВП в первом квартале нового года может достичь 15% **в годовом исчислении**

или даже больше.

中国多位主要经济学家认为,今年一季度<u>同比</u>增幅可能达到 15% 甚至更多。(见《参考消息》2021.01.17)

Объем инвестиций в проект двигателя ПД-35 составил 180 миллиардов рублей, уточняет эксперт.

据他透露,PD－35 发动机项目的投资额达 1 800 亿卢布(**约合 150 亿元人民币**)。(见《参考消息》2021.01.28)

要求学生从报刊的译文中找出佳句或不足,亦不失为一种巩固批判性思维、提高自身汉语修养的训练方式。提醒学生选用更加简洁的表达形式,例如:首次试飞→首飞,批量生产→量产,锂离子电池→锂电池。

翻译过程也是学习其他知识的过程。例如:

«За прошлый год в мире введено тепловой генерации на 40 ГВт, а генерации из возобновляемых источников энергии (ВИЭ) — на 150 ГВт», — сообщил глава думского комитета по энергетике Павел Завальный.

全世界去年新增的热力发电装机容量为 40 吉瓦,而同期新增的可再生能源发电装机容量为 150 吉瓦。(见《参考消息》2021.04.18)

查证可知,瓦的计量单位为千进制:1 吉瓦(GW)等于 1 000 兆瓦,1 兆瓦等于 1 000 千瓦,1 千瓦等于 1 000 瓦。

黑大高翻学院的研究生在阅读参考消息网、环球网、卫星通讯社等媒体的数十篇新闻之后,既对译者的"神来之笔"钦佩有加,也对自己认为不理想的文字提出了个人看法,例如:

Последнее заявление выглядит особенно <u>очаровательным</u> в свете отзыва за неделю до этого британским медиарегулятором лицензии на вещание у китайского англоязычного спутникового телеканала CGTN.

伦敦的最新声明听上去相当<u>滑稽</u>……(译成"滑稽"很贴切)

对译文中的瑕疵提出自己的见解:

1)特朗普对中国公司发起的贸易战进一步促使中国扩大与俄罗斯的<u>相互贸易</u>。(译为"贸易往来"更好。见《参考消息》2021.01.28)

2)去年,伦敦在西方国家中态度最坚决、手段最严苛地向华为公司开战。(译为"伦敦向华为公司开战,在西方国家中反华态度最坚决、手段最严苛"更好。原译文太过拘泥于原文的词序。见《参考消息》2021.

02.15）

3）中国是俄罗斯的主要伙伴和盟友,无论在政治上,还是经济上。（译为"无论政治上,还是经济上,中国都是俄罗斯的主要伙伴"更好。原译文太过拘泥于原文的词序。见《参考消息》2021.01.28）

4）该飞机所需的PD-35大功率发动机的批量生产应于2028年在彼尔姆汽车制造公司开始。（译为"该飞机所需的PD-35大功率发动机计划于2028年在彼尔姆汽车制造公司量产"更好。原译文太过拘泥于原文的词序。见《参考消息》2021.01.28）

5）北京冬奥会是重回正常世界的一步。（译为"北京举办冬奥会是世界重回正轨的重要节点"更好。原译文逻辑不通。见《参考消息》2021.02.04）

建议翻译专业教学考虑采用以下一些原则:

（1）新闻翻译要有政治高度,做到"内外有别"。中外媒体立场不同,译者不应"坐错板凳"。

（2）不可追求新闻翻译的"镜像"效果。"功能对等、等效原则"在这里部分失效。

（3）不忘调动批判性思维。

（4）提高汉语修养,留意汉语词语搭配问题,"的"字不可多用（"的"字频繁出现通常意味着遇到了翻译难点）。

（5）遵守文字简约原则,但又不失精彩。

（6）不给读者"留作业"。

（7）遇到与主题无关的文字、作者个人观点时可与老师沟通是否考虑增减。

课堂上可以考虑引入阶段性翻译速度标准和质量标准,尽量做到又快、又准翻译。引导学生主动借助网络和工具书核对重要的信息。指导学生将新闻翻译作业与媒体刊出的国际新闻做对比,这不失为一种有益的教学方法。教师还可以考虑建立双语的平行语料库,助力对比分析,提升新闻翻译教学的质量。

课堂上的翻译练习应尽量靠近应用翻译,最大限度靠近媒体的翻译标准。除要注意用词精准外,还要关注词语的评价色彩,更不应忘记媒体应持的政治立场。

参考文献

[1] 科任娜 M H. 俄语功能修辞学[M]. 白春仁,郭聿楷,赵陵生,等,译. 北京:外语教学与研究出版社,1982.

[2] 李良荣. 新闻学概论[M]. 4 版. 上海:复旦大学出版社,2011.

[3] 谢天振. 当代国外翻译理论导读[M]. 天津:南开大学出版社,2008.

[4] 杨保军. 新闻理论教程[M]. 北京:中国人民大学出版社,2005.

[作者简介]:赵为(1955.09—),男,黑龙江哈尔滨人,黑龙江大学俄语学院教授,博士生导师,研究方向为俄语修辞学、翻译学。

语言篇

黑龙江大学俄语学科词典编纂历史沿革

刘　伟

1. 引言

　　黑龙江大学的词典编纂工作是在 20 世纪 50 年代在王季愚、赵洵两位校长领导下开始的。她们是新中国俄语教学与研究当之无愧的创始者、开拓者,也是卓越的领导者。笔者将她们毕生的业绩归纳为两个方面:一是她们为国家培养了大批优秀人才;二是她们开辟了一个全新的学术领域。其中词典编纂是对应用语言学研究领域的一大贡献。外语专业的毕业生要胜任词典编纂工作比胜任教学、翻译或一般的编辑工作所需要的时间和精力要多很多。对双语词典的编者来说,不仅要有较好的外语理解能力,还要有较强的本族语表达能力,以及较全面的语言理论知识和较宽的知识面,特别是编大型词典,涉及多种学科、各行各业,对知识面的要求甚广。没有相当的知识积累,没有相当的阅历,是不能胜任的。但是黑龙江大学的词典编纂团队在将近 60 年的历程中完成了《新时代俄汉详解大词典》《俄汉详解大词典》《大俄汉词典》《苏联百科词典》《俄语8000 常用词词典》《俄语常用词词典》《俄汉新词词典》《俄语新词语词典》《俄语新词新义词典》《乌克兰语汉语词典》《新编乌克兰语汉语词典》《便携俄汉大词典》《俄汉双解俄语方言词典》《新编俄汉缩略语词典》《俄汉成语词典》《希腊罗马神话词典》《俄语多功能词典》《俄语常用动词分类词典》《新时代大俄汉词典》等。这些旷世巨著是对中俄两国人民文化交流的历史性贡献。

2. 词典编纂研究是如何开始的

　　词典编纂是在哈尔滨外国语专门学校(以下简称"哈外专")时期开始的。1950 年哈外专成立了教材编译科,后改为编译室,编写了许多供全国外语学校、高等院校俄语系所用的俄语实践课和语法课教材。第一个五年计划期间,苏联援助中国156项工程,我国经济和军事建设需要翻译大量的材料。在翻译过程中苦于工具匮乏,于是赵洵校长决定让苏侨编译员提供语料,中国编译员翻译、编纂。1952年开始编《俄汉成语词典》,1958年由哈尔滨外国语学院出版,次年再版。本词典的语料多选自俄国作家、苏联作家作品中的例句;少数例句从苏联科学院编的《现代标准俄语大词典》中转录。当时编译室的人员有刘耀武、李锡胤、金铁侠、佟轲、王士燮、王超尘、高静、信德麟等20余人。他们在工作中学习了苏联语言学家关于成语学的理论,特别是维诺格拉多夫院士的著作。这部词典的编纂成功是与编者们深厚的理论功底分不开的。这些编者们后来都成为中国俄语语言理论界著名的专家和翻译家。

1954年起,学校教师反映,学生在学习过程中对词的搭配理解问题较多,于是赵洵校长组织编写《俄语搭配词典》,后因种种原因该词典未能问世。1958年下半年,赵洵校长着手主编《俄汉详解词典》。当时李锡胤、潘国民、秦万年3人看到苏联新出版的四卷本《俄语词典》前两卷后,给赵洵校长写了一份书面建议:以四卷本为蓝本,按赵校长主张的要深刻理解俄语词义必须采用详解的办法,编一部中型俄汉词典。王季愚校长、赵洵校长表示赞同。两位校长让李锡胤在党委扩大会上汇报编书的设想和建议。1959年2月,赵洵校长去苏联莫斯科大学留学,在出国前她组织好4人的词典编写小组。1958年,哈外院改建为黑龙江大学。在王季愚校长的支持下,组建了25人的词典编写组。1962年,赵校长在苏联获得语文学副博士学位后回国。她在莫斯科大学学习期间专修俄语词汇学和词典学,她的论文题目是关于编写俄汉词典的理论和经验,为回国后继续编词典做好准备。

3. 词典编纂研究的历程

由两位老校长亲手组建并亲自领导过的哈外院编译室曾经取得引人注目的科研成果。从学术发展脉络上看,继承了编译室大部分事业的应是俄语系词典编辑室,到现在的辞书研究所。

1975年在广州召开词典会议。黑龙江大学承担了《俄汉大辞典》的编纂工作。哈尔滨组织了57人的编写团队,北京有15人,共72人。商务印书馆委托黑大挖版修订刘泽荣先生主编的《俄汉大辞典》。这部词典是自新中国成立以来我国第一部大型俄汉双语工具书。后因商务印书馆潘安荣先生、刘泽荣先生的女儿刘华兰来到黑大词典室,看到词典的改动很大,就建议改修订为新编,改名为《大俄汉词典》。1982 年全部交稿,1985 年商务印书馆出版,收词 157 000 条。该词典广泛参考当时出版的《现代俄罗斯标准语词典》,除了收入大量新词外,还增加了词的新义与新的用法、成语、常用的缩略语,反映了现代俄语发展的新现象。《大俄汉词典》自 1985 年出版后先后重印 6 次。1995 年,该书荣获首届中国辞书奖一等奖。此时距该书出版时间已有 10 年之久,语言的变化很大,修订这部词典的任务便提到日程上来。承担具体修订工作的都是原书的编者,他们一直从事各类词典的编纂工作。他们在辞书编纂方面有丰富经验及高度负责的精神,顺利完成了修订任务。修订后的《大俄汉词典》收录词条 159 000 个, 2001 年由商务印书馆出版。1989 年,由于中俄边贸的升温,辞书研究所以《大俄汉词典》为基础编了《便携俄汉大词典》。该词典由商务印书馆出版,从第一版至 2003 年第六次印刷,累计发行 7.2万册。这说明《便携俄汉大词典》的创意是成功的。2007 年《便携俄汉大词典》(修订版)完成,收入词条约 164 000 个,由商务印书馆出版。

　　1981 年暑假,赵洵校长受中国大百科全书出版社姜椿芳委托,来黑大组织《苏联百科词典》的译审工作。她是带着中央要求地方协助编译百科全书、百科词典的文件来的。她通过学校向省里争取了科研编制,这也是黑大最早的科研编制。陈楚祥、李锡胤、潘国民、何兆源、高森、穆武祥、张娟云、郭育英、李蕴真、王乃仁、卜东新、郑述谱、邢慈娥等 13 人组成词典编辑室。词典编辑室的所有成员都参加了《苏联百科词典》的译审工作。译审委员会主任为赵洵,副主任为李锡胤、阎明复。《苏联百科词典》是苏联百科全书出版社 1980 年出版的单卷本综合性百科工具书,其特点是选收范围广泛,释文简明,科学性强,资料较新。在当时百科性工具书甚感缺乏和有关苏联的新资料较少的情况下于 1981 年决定翻译出版这部百科词典。在翻译过程中采取不增、不改的原则,尽量尊重原文,保留了原书的面貌。此书于 1985 年 2 月交稿,1986 年 8 月由中国大百科全书出版社出版。1990 年获黑龙江省社会科学科研成果一等奖。

　　1957—1960 年,潘国民老师在赵洵校长的领导下编过 3 年《俄汉搭配词典》,1964—1966 年还编过 2 年《俄汉教学词典》,都没有成功。1982年,在李锡胤的建议下,由潘国民主编,王鲁生、郭育英、郑述谱等 7 人用了 3 年业余时间编写完《俄语 8000 常用词词典》。词典于 1985 年由黑龙江人民出版社出版,印数达 57 000 册。此词典选词主要根据教学经验,有助于在俄语实践教学中解决教与学的实际问题。此词典荣获第一届北方十三省市自治区哲学社会科学图书一等奖。莫斯科普希金俄语学院教学词典部主任莫尔科夫金说,这部词典是出自行家之手。这部词典的出版为以后编《俄汉详解词典》时把握深度提供了经验,选拔、锻炼了词典编写骨干。在《俄语 8000 常用词词典》的基础上,由潘国民主编,郑述谱等 6 位辞书研究所老师参编的《俄语常用词词典》于 2010 年在黑龙江大学出版社出版。这部词典在黑大俄语教学中提出常用词、常用词义、常用词形、常用词组、常用句的"五常"思想的基础上增加了常用成语。其中的例证多用词组、短句。这样,既压缩了篇幅,又突出重点,既在较少的容量里给词尽可能多的信息,又具有可读性。

1978 年,为适应读者的需要,黑大词典编写组何兆源、陈楚祥两位老师编了《俄语新词语词典》。这是一本供俄语翻译工作者、俄语科研和教学人员使用的工具书,补充了当时出现的许多新词语。该词典收录新词5 089 条,由黑龙江大学《外语学刊》编辑部出版。之后,编者又根据 20 世纪 70 年代至 80 年代初期俄语中出现的新词语续编了《俄语新词新义词典》。这本词典收录词条 17 730 个,1987 年由黑龙江人民出版社出版。该词典也为当时正在编的《大俄汉词典》补充了新词。

1982 年,鲁刚、郑述谱两位老师编译了《希腊罗马神话词典》。该词典由中国社会科学出版社出版。此词典是以讲述古希腊、罗马神话人物和神话故事为内容的工具书,全书共收词条 1 200 条,包括古希腊、罗马神话中的英雄故事,在释文中将知识性、实用性、趣味性相结合,使读者得一全貌。

1989 年,郑述谱、邢慈娥主编了《俄语多功能词典》。该词典由电子工业出版社出版,是一部具有多种用途的新型俄语工具书。全书以2 500 个最积极的常用词为中心,引出约 1 万个俄语词。同时反映出俄语词与词之间的同义、反义等关系,并提供与常用词相关的国情知识。它既是一部能对俄语学习起到帮助和引导作用的教学词典,又是进行语言研究特别是词汇语义研究的重要参考书。

1990 年,郑述谱老师主编的《乌克兰语汉语词典》由商务印书馆出版。这项工作是前人没有做过的工作,由黑大辞书研究所完成。黑大辞书研究所做了开拓者的工作。学习并掌握乌克兰语不论对了解乌克兰人民的历史、文化和生活,还是对从事斯拉夫语言的比较研究,甚至对扩大国际交往,都是有益的。这是一部中型的双语词典,共收入2万多词条。2013年,商务印书馆出版了《新编乌克兰语汉语词典》。该词典由中国社会科学院俄罗斯东欧中亚研究所黄曰炤主编,郑述谱等副主编,吕存亮、陈叔琪等参加编写。

1990年,林宝煊、吕和新等四位老师根据在俄语教学、研究或翻译实践中总结的经验编写出《俄语常用动词分类词典》。编写这本词典的主要宗旨、主要目的是解决词的变化、意义、用法的问题,也就是使读者不仅能查到所需的词,还要了解它的语法、词汇、修辞等方面的特点。因此,这本词典同时也具有一般俄汉辞典的功能。

1992年,吕存亮老师主编的《俄汉双解俄语方言词典》由商务印书馆出版。该词典收录俄罗斯阿穆尔河沿岸地区、外贝加尔地区和新西伯利亚州的俄语方言共26 000余条。其中的方言词在某种程度上反映上述地区的历史、文化、政治、经济,以及风土人情和生活习惯。

2001年,潘国民、卜云燕编写了《新编俄汉缩略语词典》。该词典收录词条40 000余条,由商务印书馆出版。缩略语是语言的一部分,阅读和翻译都会遇到缩略语。苏联解体后,15个加盟共和国成为各自独立的国家。社会发生巨变必然导致语言的变化。编者们在研究俄罗斯出版的俄语缩略语词典后,认为苏联解体后,不仅俄罗斯,而且全世界,不仅政治,而且经贸、科技等都发生了很大的变化,有足够多的缩略语,而且这些缩略语具有相对的稳定性。因此,有必要以现代俄罗斯为特色,编一部俄汉缩略语词典,以满足读者的需求。

4. 词典编纂研究历史性丰碑

1985年,黑大俄语系词典编辑室用两年的时间完成赵洵校长交来的译审《苏联百科词典》的任务以后,潘国民等6人给赵校洵长写信,阐述要再次编《俄汉详解词典》的设想,并得到她的理解和帮助。赵洵校长向省委领导转交了这封信。在省委和学校领导的关心和支持下,词典组保留,成立辞书研究所,直属学校领导,编详解词典。并决定由赵洵、李锡胤、潘国民任主编。有此前编纂《大俄汉词典》的成功经验,并在译审《苏联百科词典》中拓宽了视野,增加了大量词条,于是在"文革"中停止编纂的《俄汉详解大词典》在 1985 年终于又重新启动了。在赵洵校长和阎明复等人的支持和帮助下,《俄汉详解大词典》被列入国家哲学社会科学"七五"规划重点项目和教育部中苏两国文化和教育合作项目。黑龙江大学辞书研究所为主编单位,赵洵校长生前参加了第一卷的词条审定工作。经过 10 余年的辛勤劳动,《俄汉详解大词典》于 1998 年由黑龙江人民出版社出版。这部词典全书 4 卷,共有 246 000 余则词条,是我国当时收词最多的双语词典。这部词典有如下几个特色:收词量大,超过了苏联所有 14 部俄语词典词条的总和;收词涵盖面广,在语词词典中增加了百科词典的内容,增加了各学科常用的专业词汇和人名、地名等专有名词;引用大量书证,除词组和短句例证外,还选收了俄苏文学经典作品中的大量例句。在双语词典中系统地采用书证,在我国还是首次,这使词典在反映语言深度与文化内涵丰富性方面实现了重大突破。

从 1958 年赵洵校长主持编纂开始,中间被下乡办学和"文化大革命"两次打断,两次重启,两代人不懈努力,历经 40 年,终于编纂完成!这是我国当时俄语辞书编纂史上编纂历时最长、规模最大、影响最深、学术最权威、成就最辉煌的词典。俄罗斯科学院通讯院士宋采夫为本词典作序并写道:该词典"是中国俄语研究历史上最大的一部——这是中华人民共和国科学界的大事,是中国俄语学家的巨大成就","这部词典不是平常的双语词典。它带有详解词典性质,而且也具有百科词典的特点","对俄罗斯汉学家也十分有用"。商务印书馆编审、词典学家冯华英对这部词典的评价是"20 世纪末词林的一座丰碑"。1997 年 11 月,黑龙江大学校长把赶制的《俄汉详解大词典》赠送给来我国访问的俄罗斯总统叶利钦。此词典被列入国家"九五"出版规划重点图书,并获得第三届国家辞书奖一等奖和第四届国家图书奖。

时代在前进,语言在发展。黑大辞书编写团队多年的词典编写经历证明:一部大型词典只有经过不断的修订才有可能日臻完善,有望成为传世的精品。参与编纂该词典的 10 位原来的骨干编者老骥伏枥,根据与商务印书馆达成的协议,对全书又进行了新一轮的全面加工。新词典特别增收了苏联解体前后俄罗斯出版的 40 多种各类俄语辞书的新词新义54 000 余条,正文篇幅较《俄汉详解大词典》增加约 1 350 页,更新幅度是相当大的。一部迄今为止收词最全、篇幅最大的工具书《新时代俄汉详解大词典》编纂完成。收入约 300 000 万词,共 2 000 余万字,共计 7 576

页,4卷本。入选国家新闻出版广电总局(今国家广播电视总局)2014年重点图书计划,2014年由商务印书馆出版。此词典被黑龙江省人民政府评为黑龙江省第十七届社会科学优秀成果奖一等奖;词典编写团队被评为2016"感动龙江"年度群体。当主编潘国民、第二卷副主编陈叔琪代表编写团队接过沉甸甸的"感动龙江"年度群体奖杯时,现场掌声热烈而持久。2019年商务印书馆出版了《新时代大俄汉词典》。杖国之年潜心科研,巨匠荟萃的编写团队以严谨的学风、科研的态度、工匠的精神铸就这部旷世巨典,为中俄两国的科技文化交往发挥重要的桥梁作用。

5. 结语

回顾黑龙江大学60年来俄语词典编纂历史是为了让后人了解和学习俄语学科词典编纂研究的重要内涵。它是黑龙江大学俄语学科发展"软实力"的有力支撑。从词典编纂人员来看,汇聚了我国俄汉双解词典领域最高水准的专家。我国辞书界几代饱学人士为词典的编纂倾其所学,奉献了他们艰巨的劳动。从词典编纂发起人赵洵校长到历任辞书研究所负责人李锡胤、潘国民、郑述谱教授,他们承前启地后挑起俄语词典事业的大梁,在词典编纂和理论方面开了先河,硕果累累。李锡胤、潘国民、郑述谱三人均获得辞书研究事业终身成就奖。

从哈外专时期的教材编译科到现在的辞书研究所,词典编纂工作是黑龙江大学俄语学科77年发展历程中的重要部分。它对黑龙江大学俄语学科的发展起到了举足轻重的作用,是中国俄语教育史上重要的闪光点,是对中国俄语教育的特殊贡献。

参考文献

[1]黑龙江大学校史编写组.黑龙江大学校史:1941—2001[M].哈尔滨:黑龙江人民出版社,2001.

[2]郑述谱.向老校长汇报[J].外语学刊(黑龙江大学学报),1998(2):60-63.

[3]陈叔琪.哈外专历史中的闪光点[J].沙曼杨柳,2013(4).

[作者简介]:刘伟(1964.08—),女,黑龙江哈尔滨人,黑龙江大学俄语学院副研究馆员,硕士,研究方向为俄语文献学、俄语教学史、俄语教育思想研究。

俄汉会议同传技巧探析[①]

马 超

"翻译是语言活动"这一传统翻译语言学理论在国内外翻译史上曾占有重要地位,对各国翻译事业的发展起过重要的作用。口译是一个复杂的信息处理过程,国际会议同传不同于其他翻译类型,既受严格的时间框架限制,又要求译员具有极高的双语能力。译员掌握同传技巧定会有所裨益。

1. 会议同传概述

同声传译广泛用于大型国际会议之中,此外,还可应用于外交活动、会晤谈判、培训授课、国际仲裁等诸多领域。这种语际转换活动要求发言人讲话与口译员翻译两个动作同时进行,因此不占用会议时间。大多数情况下,会议同传通过同传设备进行,同传设备包括:隔音同传箱、抗干扰红外数字设备、带有接收器的耳机和音频设备。会议同传具有即时性、不可修正性和有限的灵活性等特点。

同声传译最早出现于第一次世界大战结束后,最早的同传设备应用于 1927 年由国际劳工组织在日内瓦召开的一次会议上。(Гофман,1963)第二次世界大战结束后,德国纽伦堡的国际法庭在审判法西斯战犯时曾使用同声传译这种翻译形式,这是世界上第一次在大型国际活动中采用同声传译。二战后,欧盟、联合国等组织举办的大型会议都需要同声传译服务。20 世纪 60 年代苏联逐步深入系统地研究同传理论和实践的相关问题,主要代表人物有:希里亚耶夫(Ширяев А. Ф.)、吉姆尼亚(Зимняя И. А.)、切尔诺夫(Чернов Г. В.)等。我国对同声传译相关理

---

① 本文观点及例子取自笔者 2020 年发表的硕士论文《"第十六届'瓦尔代'国际辩论俱乐部全体会议"模拟同传报告》。

论的研究起步较晚,有关俄汉会议同传的书刊及文章相对较少。深入研究该领域相关问题可促进同传行业健康、可持续发展。

2. 会议同传技巧浅析

会议同传通常分组进行,每组两名译员互相配合,每隔 15—20 分钟两名译员交替轮换翻译。这种高压的工作环境要求译员除具有相当高的双语水平外,还需掌握一定的翻译技巧,以更加有效地完成口译工作。有时译员可同时结合多种翻译技巧。

2.1 顺句驱动

顺句驱动是会议同传中应用最广的翻译技巧之一,是指同传过程中译员遵循会议发言人说话的顺序进行翻译,把整个句子切成相对独立的意群,并保证每个意群的含义相对独立完整,再用连接词将这些意群逐一连接起来,译出整体语义。(蒋馨文、孝红波,2019)采用顺句驱动技巧翻译时,合理划分意群十分重要,必须保证每个意群的含义相对独立,要坚决杜绝译文中出现“半截句”,否则输出译文难于理解,甚至还会将听众引入误区。

汉语和俄语两种语言差别较大,在进行笔译工作时,往往会对源语语序进行一定调整,但同声传译具有即时性,同传译员需要在会议发言人结束整句发言之前开始翻译。同传最重要的环节是传递信息。译员应脱离源语形式的外壳,按照语义划分不同的意群。顺句驱动这一口译技巧能帮助译员快速整合信息,将注意力更多地放在原文信息传递上,脱离原文结构类型的影响。

① Азиатские страны, демонстрируя впечатляющие примеры про-гресса, // при этом сохраняют свою самобытность, // берегут тради-ции, // помнят о своих корнях.

亚洲国家的进步有目共睹,//同时还保持了自己的独特性,//并珍惜传统,//铭记本源。

本句话译者采取顺句驱动的翻译技巧,首先将听到的内容切分成 4 个独立的意群,然后进行顺序翻译,将每个单独的译群单位连接到一起。本句难点是一个副动词结构“демонстрируя...”,可译为“保持了(保持着)”。汉语中常常采取四字格的形式,故将“беречь традиции”译为“珍惜传统”,将“помнить о своих корнях”译为“铭记本源”,且使用“并”这一连接词将其与前文信息自然连接起来。这样一来,既做到译文语义准确无误,又使得语段流畅通顺,符合译文风格。

2.2 长难句断句

长难句主要是指带有两个或者两个以上形(副)动词短语或从属句,或带较多说明成分的句子。语言是一种十分复杂的思维交际手段,它的复杂性首先表现为每种语言都有自己不同的民族历史、民族文化和民族心理的背景。(蔡毅、靳慰然、曹书勋等,2006)俄语属于屈折语,汉语属于分析语,两种语言差异较大。相对于汉语,俄语句子普遍较长,语序相对灵活,各类从句较为复杂;汉语的句子结构主要依靠语序,很少出现冗长烦琐的修饰结构。对此,在进行会议俄汉同传时,译员可酌情将长难句划分为几个短句。

② Приводя все эти примеры, //хочу подчеркнуть очень простую и, на мой взгляд, очевидную мысль, //а именно: построение такого типа отношений между государствами, основанного на прагматизме, учете интересов друг друга, — //это не благие пожелания и мечты, //не вопрос отдаленного будущего.

通过举这些实例,//我想强调一个显而易见的观点,//即:建立这种基于实用主义、考虑各方利益的国家间关系,//这并不是遥不可及的愿望和梦想,//也不是脱离现实的未来问题。

本句话符合长难句的定义。句中副动词结构为"приводя все эти примеры","привести примеры"的意思是"举例",此处副动词结构含义为"通过举这些实例"。被动形动词结构为"... такого типа..., основанного на прагматизме...",意思是"这种基于实用主义······"。"на мой взгляд"在本句话中做插入语,属于次要信息,可以在同传过程中对其进行删减,对整句话语义没有太大影响。通过断句将本句话切为几个短句后翻译输出,这符合汉语习惯,避免译文过于冗长繁杂、充满"翻译腔"。

2.3 信息增补

翻译的实质是一种语言交流。在这个过程中,信息传递重点并不是字对字的含义,因此要求译员在必要时对译文加以补充解释,以防产生误解,必要的信息增补有助于听话人对源语语义正确理解。增补看似增添了源语中没有的信息,但这并不是译员的画蛇添足,而是为了帮助听众更好地理解源语信息,是译员基于正确的源语信息理解,提高译语语言流畅性和逻辑表达性的一种方式。

③ Вполне можно понять, и вовсе не случайно, что Председатель Си Цзиньпин впервые обнародовал инициативу Великого шелкового пути именно в Казахстане в 2013 году.

2013 年,习近平主席在哈萨克斯坦首次提出"丝绸之路经济带"倡议,这是可以理解的,绝非偶然。

通过调动背景知识可知,2013 年 9 月中国国家主席习近平在哈萨克斯坦首次提出共建"丝绸之路经济带"的倡议。这一倡议有利于促进沿线国家的交流合作,使各国合作共赢、共同发展,对经济全球化具有重要的意义,因此译员需了解这一信息对应的中俄文表达方式。"丝绸之路经济带"的俄语表达方式为"экономический пояс шелкового пути",但哈萨克斯坦总统托卡耶夫在讲话中只说出"Великий шелковый путь",即"伟大的丝绸之路"。为确切语义,译者在译文中进行适当信息增补,将这一结构译为"丝绸之路经济带"倡议。

2.4 转换整合

俄语和汉语语言体系截然不同,同样的含义可以用不同句式结构表达,而且句式结构往往差异较大。苏联翻译理论代表人物之一巴尔胡达罗夫认为:翻译中的句子结构被转换带有普遍性。(Бархударов,1975)句子翻译转换过程体现了翻译的创造性、灵活性,这有助于译员突破语法约束,克服翻译腔,使译文更加流畅通顺。同样,由于各种主观及客观因素限制,要求同传译文达到一字不漏的转述水平是不现实的。"对于译者而言,在翻译的过程中很难听清楚并能听懂和理解每个词语,那么往往就需要抛开源语言的形式,以另外一种形式进行表达。"(崔丽、王晓阳,2018:63)译员还可梳理分析源语信息,整合某些既耗费精力、又可能造成文化冲突的信息,达到省时却阐意的效果。

④ Я не думаю, что китайцы нуждаются в наших советах. Если они говорят, что они чего-то не понимают, они не хотят, чтобы вы знали, что они понимают.

我认为中国人不需要我们的建议,如果他们说他们有什么东西不明白,意思是他们不想让你们知道他们明白什么。

若仅按照直译方式翻译本句话,原句中"Я не думаю, что……"应译为"我不认为……"。为更贴近汉语表达方式,译者对这一结构进行转换,翻译为"我认为……不……",做到译文不拘泥于原文形式,顺达通畅、字句通顺。

2.5 适度预测

会议同传译员需要在短时间内将源语信息转化为译语信息并输出。为减少记忆量,译员可结合译前准备的背景知识,结合特定语境和联想能力,对大会发言人讲话内容做出适当预测。这要求译员具有丰富的词汇量、杰出的听辨水准和扎实的背景知识。语言的使用离不开语境,任何话语都是在一定的语境里生成的。预测就是在讲话人话语输出前译员结合语境推测源语中可能出现的信息。译员要从双语转换的角度出发,分析源语各译群间的逻辑关系和发言脉络走向,推测发言人接下来的讲话内容。口译过程中适当预测的实质是预测发言内容,而不是表面词句。

⑤ Мы все знаем, что этот год юбилейный и для нас, и для Китая, 70 лет образования Китайской Народной Республики, 70 лет установления дипломатических отношений между нашими странами.

众所周知,2019 年对于中俄两国具有特别的纪念性意义,既是中华人民共和国建国 70 周年,也是中俄建交 70 周年。

会议口译译员应具备一定的政治敏锐性,时刻关注当今世界的整体变化及各国之间的大事件,将学习培养为一种能力。在译员听到"юбилейный"后,应快速结合"для нас, и для Китая"分析出 2019 年具有的特别意义,对讲话做出合理预测。2019 年既是中华人民共和国建国 70 周年,也是中俄建交 70 周年。预测就是根据客观情况和讲话人的思路,事先猜测到讲话的内容而率先将其译出。译员应充分调动背景知识,通过预测技巧推测发言人讲话走向,以减少大脑负荷。

3. 接力同传中信息缺失的原因及应对技巧

当前在全球化的大背景下,各国不断拓宽在政治、经贸、人文等各领域的合作,友好交流不断升温,对同传译员需求也不断加大,但由于活动设备、译员自身条件等诸多因素限制,大型会议中往往某些语种采取接力同传的翻译方式。虽然多语种国际会议中经常用到接力口译,但是口译界对接力口译的研究却非常匮乏。接力同传即通过中介语言在两种语言之间进行传译翻译活动,其中首次传译译员的输出语作为二次传译译员的输入语。这是一项受时间限制、极为复杂的多语转换活动。

3.1 接力同传中信息缺失的原因

口译本身是一门遗憾的艺术。国际会议口译员协会规定,同传译员翻译出会议发言人演讲内容的 80% 即为合格,同传准确率无法达到100% 。这无疑加大了二次传译译员的工作难度。二次传译译文质量由主观、客观两方面因素决定。

3.1.1 接力同传信息缺失的主观因素

从译员角度出发,接力同传信息缺失原因可能是译前准备不充分。任何口译活动都始于译前准备,尽管口译员在接到会议翻译任务后通常会对任务做各方面了解,但由于大部分翻译内容不可预知,发言人讲话有时会触及译员的知识盲区,进而影响译文质量。译员在开展同传工作前应对会议背景、大会发言人信息、词汇、参会国局势等诸多方面做出整体了解。

译员翻译能力不足也会导致信息缺失。每一位译员口译技巧使用的灵活程度和母语水平不同,导致不同译员的翻译能力有所不同。语言是语言工作者的工具,灵活掌握一门除母语外的外语是口译员开展口译工作的基础。由于翻译实践过程中需要在短时间内处理大量庞杂信息,整合原有信息,输出新信息,若输入信息量超过译员的承载能力,则会造成源语中重要信息缺失。

译员从事会议翻译时平和的心理状态不可或缺。同声传译位于翻译这座金字塔的最顶端,难度大、强度高。译员在展开独立工作的同时,既要保证短时间内语言转换无阻,又要保证信息输出准确无误,这对译员的心理承受能力是一项不小的挑战。翻译场合中受到的压力来自方方面面。发言人的讲话内容及语速语调、会场相对严肃紧张的气氛、参会人员的反应,甚至与会者的微表情等,每一种因素的影响对译员都是不小的考验。若由于心理原因译员精力分散、口齿不清等,势必极大程度影响同传效果。

3.1.2 接力同传信息缺失的客观因素

从客观因素出发,接力同传信息缺失原因可能是首次传译译文错误。接力同传中的二次传译译员有时需要判断首次传译译文信息的准确性,不仅要在瞬间听辨、分析和理解首次传译译文的信息,还要同时完成信息处理和表达。因此,首次传译译文对于二次传译译员即是源语,首次传译译文质量的重要性无须多言。若首次传译译文偏离原文幅度较大,则二次传译译员通常只能捕捉到错误信息,无法做出即时修正。

翻译工作中有时会出现发言人讲话语义存在偏差的状况,发言人演讲的准确性直接作用于首次传译译文,首次传译译文的准确性直接作用于二次传译译文,因此最终输出的二次传译译文与发言人最初讲话的准确性有着密切联系。发言人讲话信息出现偏差后,针对某些问题,译员可以根据背景知识做出相应调整,但大多数情况下,接力传译的信息缺失不可逆。

翻译场合中有时译员需要综合发言人的逻辑走向,对译文进行适当预测或组织译语输出,但某些发言人自身讲话逻辑性较差,内容庞杂,如此一来译员思路容易被打乱,自然译文毫无章法可言。

3.2 接力同传中信息缺失的应对技巧

相对于直接同传,接力同传在一定程度上会产生更多的语意偏差,通常接力同传译文的准确性随传译次数增多而下降。若二次传译译员掌握一些基本原则,则可以更加有效地完成接力同传工作。针对接力同传中信息缺失这一问题,二次传译译员可灵活使用如下翻译技巧。

1)结合语境及背景知识。"欲在翻译中获得正确的、合乎逻辑的思维结果,极其重要的一点是:思维活动离不开特定的言语环境。"(耿龙明,1998:3)随着同传学习和实践的不断深入,译员会愈发深刻地体会到两种语言的各种差异。接力同传中二次传译译员接收首次传译译员输出的译文做二次传译的输入语,这个过程中可能已有部分信息缺失,二次传译译员可结合具体语境和译前准备的相关背景知识,纠正首次传译译员话语中的明显错误。

2)适当重组相关信息。有时发言人即兴发言,临场发挥,发言内容未经准备。这个客观因素导致首次传译译文过于冗长、句法结构混杂、语义彼此纠缠,在一定程度上影响二次传译译员理解。对此,二次传译译员可灵活将信息重组,避免完全直译,摆脱词语和结构的束缚,绕过陌生词语,解决语言特点、文化差异等口译难题,提高二次传译译文在目的语中的接受度。

3)提高临场应变能力。接力同传的信息流失特性决定了二次传译译员的工作难度远高于首次传译译员。二次传译译员的临场应变能力体现了同传译员的综合素质和业务素质。翻译场合情况复杂多变,需要同传译员(尤其是接力同传二次传译译员)提高临场应变能力。

4)锻炼逻辑思维能力。第一,只有加强逻辑思维能力才能快速抓取输入语关键信息,进而精确输出译文;第二,要善于观察,接力同传二次传译译员应透过同传箱的观察窗口,即时将听到的首次传译译文与会场中发言人的讲话状态、面部表情、手势及演讲幻灯片紧密结合,以便更正首次传译译文中存在的某些明显错误;第三,翻译业务能力的累积并非一朝一夕的事,只有平时多注意提高语言质量和语言能力,翻译场合才能具有随机应变的底气,做到游刃有余。

4. 结语

翻译是一个不断自我提升的过程,同传亦是如此。每次翻译活动对译员来说都是一次充满惊喜与挑战的未知旅途。同传在时间上具有即时性,译员没有大量时间仔细斟酌译文,因此同传的侧重点在于信息传递,在短时间内完成信息的输入、编码和输出。整个流程绝非易事,母语能力不足、听辨能力不够、加工信息不透都会导致出现误译或漏译。在翻译过程中,同传译员可结合顺句驱动、长难句断句、信息增补、转换整合和适度预测等翻译技巧,提高译文精准度。同传的即时性、不可修正性和有限的灵活性在一定程度上增加了这种口译类型的难度,而某些会议采用接力同传,使信息传递的准确性进一步降低。二次传译译文的准确性大多直接取决于首次传译译文,但二次传译译员可灵活使用各种技巧,如结合语境及背景知识、适当重组相关信息、提高临场应变能力等,改正首次传译译文中的某些明显错误,适当增补首次传译译文的缺失信息。

国际会议同传翻译不同于普通的陪同翻译、笔译翻译、谈判翻译等,其特点是信息量大、话题多样。口译翻译是一项与实践紧密相关的语言交际活动,口译理论产生的最终目的是为了更好地服务与指导实践。掌握相关同传口译技巧可以更好地完成同传工作,只有具备坚实的双语能力、极高的业务水平和强大的身心素质,学会在错误中历练和成长,做好译后总结,在实践中不断提高、打磨自己,同传译员才能在翻译活动中大放光彩。

参考文献

［1］Бархударов Л С. Язык и перевод: вопросы общей и частной теории перевода
［M］. Москва: Международные отношения, 1975.

［2］Гофман Е А. К истории синхронного перевода［M］. Москва: Издательство
Института Международных Отношений, 1963.

［3］蔡毅, 靳慰然, 曹书勋, 等. 俄译汉教程:增修本(上、下册)上［M］. 3版. 北京:
外语教学与研究出版社, 2006.

［4］崔丽, 王晓阳. 释意理论视域下的口译策略实证［J］. 长春教育学院学报, 2018
(8): 62 - 64.

［5］耿龙明. 翻译论丛［M］. 上海:上海外语教育出版社, 1998.

［6］蒋馨文, 孝红波. 顺句驱动理论指导下的新闻口译长难句翻译策略探析——以
《经济学人》为例［J］. 英语广场, 2019 (9): 27 - 28.

［作者简介］:马超(1996.05—),男,吉林松原人,黑龙江大学俄语学院助教,硕士,研究方向为翻译学、俄汉口译。

谈第十三届全国高校俄语大赛
试卷与试题的测评

荣　洁

2020 年 10 月 24 至 25 日,由教育部国际合作与交流司主办,黑龙江大学承办的第十三届全国高校俄语大赛在黑龙江大学成功举办。与往届赛事不同,这一届赛事是在各地严密防控新冠疫情的形势下进行的,大赛组委会和承办方面临空前的考验与挑战。出于防控需要,本届比赛分线上与线下两种形式、两个阶段进行。初赛在线上答题(笔试形式);复赛、决赛在线下举办。

2020 年 10 月 10 日,进行了初赛。初赛整个过程中,远程监控区内有近 60 位专业人员分区、分片在线全程监控全国各考场内的所有情况。这是中国俄语界在全国范围内举办的大赛中首次采用的一种全新形式,它将疫情期间举办大型赛事的"不可行"变为"可行",同时也为今后举办此类大规模比赛提供了可借鉴的模式。本次大赛初赛在试卷结构、答题时间方面都有调整。

下文中我们拟呈现本次大赛的试卷结构变化,对低年级组别及高年级和研究生组别(以下简称"高研组")的两套试卷做一测评分析。

1. 试卷结构

本次大赛初赛的试卷结构不同于往届。我们以 2016 年和 2019 年大赛初赛的试卷结构为例:

表1　2016年低年级组试卷内容、题目数量、分数

题号	内容	题目数量	分数
1	词汇语法	60	60
2	完形填空	10	10
3	国情知识	30	30
合计	3部分	100	100

表2　2016年高研组试卷内容、题目数量、分数

题号	内容	题目数量	分数
1	词汇语法	50	50
2	完形填空	10	10
3	国情知识	40	40
合计	3部分	100	100

表3　2019年低年级组试卷内容、题目数量、分数

题号	内容	题目数量	分数
1	词汇语法	60	60
2	完形填空	10	10
3	国情知识	30	30
合计	3部分	100	100

表4　2019年高研组试卷内容、题目数量、分数

题号	内容	题目数量	分数
1	词汇语法	50	50
2	完形填空	20	20
3	国情知识	30	30
合计	3部分	100	100

从2008年首届大赛到2019年第十二届大赛,不同组别的初赛试题都是客观题,题型分别为词汇语法、完形填空和国情知识,题目数量均为100个。低年级组各题型的分值基本没有变化,高研组完形填空和国情知识部分的分值有所变化。

下面是2020年大赛初赛的试卷结构:

表5　2020 年低年级组试卷内容、题目数量、分数

题号	内容	题目数量	分数
1	词汇语法	40	40
2	完形填空	10	10
3	国情知识	20	20
4	写作	1(180 词)	30
合计	4 部分	71	100

表6　2020 年高研组试卷内容、题目数量、分数

题号	内容	题目数量	分数
1	词汇语法	35	35
2	完形填空	20	20
3	国情知识	15	15
4	翻译	2	10
5	写作	1(210 词)	20
合计	5 部分	73	100

2020 年第十三届俄语大赛的试卷结构发生了明显的变化:增加了主观题题型,并适当压缩客观题数量;低年级组和高研组的主、客观题的比例为 30:70。

本次大赛低年级组初赛客观题题型包括词汇语法、完形填空、国情知识,主观题题型为作文。客观题数量——70 个,主观题数量——1 个,总共 71 题。答题时间为 90 分钟。高研组客观题题型为词汇语法、完形填空、国情知识,主观题题型为翻译和作文。客观题数量——70 个,主观题数量——3 个。答题时间为 100 分钟。

我们认为,2020 年试卷结构的变化,符合新形势下选拔考试的基本要求,符合守正创新这一原则。试题基于本科教学,又不乏改革与创新。确保了大赛的公平性;确保了命题的科学性;能较全面地检验选手的真实水平。

从试题可以看出,命题专家努力淡化结构主义语言学的惯性影响,更多关注命题原则与认知语言学的关联,综合考虑"认知、思维、心智、推理、心理和社会文化等因素"(王寅,2007:8)对选手答题的影响,注重试卷的信度、效度、区分度,注重试题的难度。

2.试卷的难点和试题的难度指数

初赛结束后,负责本次大赛初赛技术保障的厦门亿学软件有限公司通过计算机阅卷系统开始客观题的阅卷工作。主观题由大赛组委会选定的、具有丰富阅卷经验的高校教师网上阅卷。

阅卷工作全部结束后,我们根据软件系统提供的客观题答题数据,以及主观题答题数据,统计出初赛两套试卷的难点和试题的难度指数。

低年级组试题词汇语法部分难度指数为0.53,完形填空部分难度指数为0.42,国情知识部分难度指数为0.48,作文难度指数为0.69,全卷难度指数为0.53。

高研组试题词汇语法部分难度指数为0.59,完形填空部分难度指数为0.58,国情知识部分难度指数为0.51,俄汉双向翻译部分难度指数为0.52,作文部分难度指数为0.63,全卷难度指数为0.56。

"信度、效度是针对整个试卷而言,而难度则是针对每个题目而言。分析一套试卷的质量如何,除了看其信度和效度两个重要指标之外,还要研究试题的难度指数。"(刘润清、韩宝成,2000:215)

难度指数通常用 P 值来表示。用通过率代表难度时,P 值越大,其难度越小,P 值越小,其难度越大。(国家教育委员会考试管理中心,1990:46)假如 P 值等于0.70,就意味着通过率为70%。

下面我们分别对初赛低年级组和高研组的试卷进行测评分析,重点分析答卷中存在的典型问题,主要涉及:词汇语法、国情知识、完形填空、作文(低年级组);词汇语法、国情知识、完形填空、翻译和作文(高研组)。

3.低年级组试题测评

统计数据显示:词汇语法部分的40道小题中,有9道小题作答不理想,错误率在40题中占比为22.5%;完形填空部分10题中,4道题作答不理想,错误率在10题中占比为40%;国情知识部分20题中,9道题作答不理想,错误率占比为45%。下面对各部分存在的问题展开分析。

3.1 关于词汇语法部分

① _____ человеке должно быть все прекрасно: и лицо, и одежда, и душа, и мысли.

该题考核选手的知识面,要求根据题干给出的文字内容,选择前置词。题干选自契诃夫的《瓦尼亚舅舅》。词汇搭配是固定的。

该题正确项是 C) 项 В。干扰项为：A) На；B) При；D) О。难度指数 0.38。

② После тяжелой болезни _____ в голову пришла мысль стать врачом.

该题考核选手掌握固定词组用法（做间接补语）的情况：кому в голову пришла мысль。多数选手没有注意到，句中运动动词已做非运动动词使用，支配关系也随之发生了变化。

该题正确项是 B) ему。干扰项为：A) у него；C) к ним；D) в нем。难度指数 0.38。

③ Мы никогда не забудем тех, _____ все мы многому обязаны.

该题考核选手掌握形容词短尾支配关系的情况。句中关联词应依照形容词短尾 обязан 的支配关系，选用第三格形式。

该题正确项是 D) кому。干扰项为：A) которого；B) которому；C) кем。难度指数 0.21。

④ Только Игорь беспокоится, _____ наша команда не проиграла этот матч.

该题考核选手掌握带说明从句的主从复合句的情况。该从句的合成连接词 как бы 通常扩展主句中表"担心、害怕"等意义的动词。

该题正确项是 B) как бы。干扰项为：A) пока；B) чтобы；D) что。难度指数 0.24。

⑤ В некоторых случаях машины могут _____ человека не только в его физическом, но и в его умственном труде.

该题考核选手掌握不同前缀同根动词的情况。选手答题时，必须周密考虑动词谓语与补语的习惯搭配，是否适用于题干所限定的情景语境，包括：时间、地点、话题、场合、交际参与者等要素。"言语交际总是在特定的时间、地点进行。把词语置于特定的时空语境下，才可准确理解其意义。"（索振羽，2000：24）

该题正确项是 B) заменить。干扰项为：A) разменять；C) сменять；D) переменить。难度指数 0.36。

⑥ Я пришла к нему записаться на курс, а он возьми да и _____ меня на вечеринку.

该题考核选手掌握动词完成体第二人称命令式代替陈述式的情况（见张会森，2006：312）。

该题正确项是 B）пригласи。干扰项为：A）пригласит；C）пригласить；D）пригласил。难度指数 0.18，是本部分难度指数最低的题。

⑦ _____ вы чуть раньше，застали бы Игоря дома.

该题考核选手掌握动词第二人称命令式用作假定式的情况（见张会森，2006：311）。这道题是等级考试中较为常见的试题，但选手答题情况不佳。

该题正确项是 A）Приди。干扰项为：B）Пришли；C）Придете；D）Придите。难度指数 0.24。

⑧ Вчера на рынке мама купила очень большую рыбу длиной _____.

该题考核选手掌握非一致定语的情况。关于这种句子成分《俄语功能语法》中有明确的描述（见张会森，1992：110）。

该题正确项是 A）в сто сантиметров。干扰项为：B）в ста сантиметрах；C）ста сантиметров；D）сто сантиметров。难度指数 0.35。

⑨ Смирнова решила перейти на другую работу，вчера она подала заявление _____.

该题考核选手掌握动名词支配关系的情况。选手对由非及物动词派生的动名词支配关系考虑不周。

该题正确项是 C）об уходе。干扰项为：A）на уход；B）для ухода；D）по уходу。难度指数 0.21。

上述 9 道题中，有 3 道题考查支配关系（动词、形容词、动名词支配关系各 1 题），2 道题考查动词第二人称命令式特殊用法，1 道题考查不同前缀动词，1 道题考查前置词固定用法，1 道题考查非一致定语，1 道题考查合成连接词。分别涉及词法学、句法学、语用学等内容。

统计数据表明，词汇语法题中，选手在支配关系和动词第二人称命令式用法方面失误较多。上述 9 道题的错误率占比 22.5%，其中考查支配关系和动词第二人称命令式的题占比 12%。

3.2 关于完形填空部分

完形填空题要求选手根据情景语境、词义或语法形式，判定正确选项。考虑不周，必然失分。这部分试题中，有 4 道题选手答题质量不佳。

① Приходить на занятия ребята станут по графику — каждый класс _____ от 10-15 минут до одного урока.

该题考核选手掌握形似词(паронимы)的情况。这类词同时出现的概率比较低,学习过程中练习较少。选手掌握不佳,导致其成为本部分失分最多的一道题。

该题正确项是 A）с интервалом。干扰项为:B）с интервентом;C）с интересом;D）с инспектором。难度指数仅 0.11。

② Везде нанесена социальная разметка, за каждым классом закреплен отдельный кабинет, и звонок на перемену для разных классов _____ тоже в разное время.

该题考查选手根据情景语境选择动词体与时间的情况。检查选手是否掌握完成体将来时形式所能表达的意义,"即完成体动词形式本身表示'可能/不可能性'的情态意义"(张会森,2006:293)。

该题正确项是 A）прозвучит。干扰项为:B）звучал;C）будет звучать;D）прозвучал。难度指数 0.32。

③ До начала _____ можно оформить выплату и на школьную форму.

该题考核选手结合情景语境选择近义词的情况。文中明确表示,"家长开学之前交上买校服的钱即可"。

在试题给出的情景语境下,表示开学上课的只有 A）项 занятий 最为合适(例如:"Занятия в школах могут начаться в период с первого сентября по первое октября."。)。该题干扰项为:B）уроки;C）сессии;D）экзаменов。难度指数 0.28。

④ Не оставили без приятного сюрприза и педагогов, классное руководство. Таких учителей _____ в Подмосковье более 30 тысяч.

该题考核选手掌握现在时主动形动词的情况。干扰项中副动词和过去时主动形动词形式均有一定的干扰性。

该题正确项是 B）имеющих。干扰项为:A）имея;C）имевших;D）имев。难度指数 0.27。

选手在答这一部分题时,语法知识题丢分不多。丢分多在词义辨析方面。上述 4 道题的错误率占比 40%。有鉴于此,建议在日常教学和学习中加强细致的词义辨析工作。

3.3　关于国情知识和作文部分

国情部分 20 题中,9 道题选手作答不理想(占比 45%):

① Байкал — самое глубокое озеро в мире, в котором сохраняется _____ часть всех пресных вод мира.

该题正确项是 C) пятая。干扰项为:A) четвертая;B) шестая;D) седьмая。难度指数 0.43。

②«Серебряный век» ознаменован расцветом литературы, прежде всего _____.

该题正确项是 D) поэзии。干扰项为:A) романа;B) повести;C) драмы。难度指数 0.33。

③ В эпоху правления _____ был создан Московский университет.

该题正确项是 D) Елизаветы Петровны。干扰项为:A) Петра Первого;B) Екатерины Второй;C) Павла Первого。难度指数 0.29。

④ Автором рассказа «Один день Ивана Денисовича» является _____.

该题正确项是 D) А. И. Солженицын。干扰项为:A) М. М. Пришвин;B) Л. М. Леонов;C) В. Г. Распутин。难度指数 0.31。

⑤ Династия Романовых стояла у власти в России _____.

该题正确项是 A) 304 года。干扰项为:B) 751 год;C) 736 лет;D) 440 лет。难度指数 0.42。

⑥ А. А. Блок принадлежит к модернистскому поэтическому течению "_____".

该题正确项是 A) символизм。干扰项为:B) акмеизм;C) футуризм;D) имажинизм。难度指数 0.34。

⑦ Цитата "И дым Отечества нам сладок и приятен!" взята из произведения _____.

该题正确项是 B) «Горе от ума»。干扰项为:A) «Недоросль»;C) «Судьба человека»;D) «Руслан и Людмила»。难度指数 0.27。该题是国情题中难度指数最低的题。

⑧ Композитором оперы «Хованщина» является _____.

该题正确项是 A) М. П. Мусоргский。干扰项为:B) И. Ф. Стравинский；C）А. Н. Скрябин；D）С. С. Прокофьев。难度指数 0.36。

⑨ _____ годы объявлены Годами российско-китайского научно-технического и инновационного сотрудничества.

该题正确项是 D）2020 – 2021。干扰项为：A）2017 – 2018；B）2019 –2020；C）2018 –2019。难度指数 0.27。

上述 9 题分别涉及文学（4 题）、地理（1 题）、国情（1 题）、历史（1 题）、艺术（1 题）、时事（1 题）。与前两部分相比，国情部分没有出现难度指数较低的题，20 道题总体难度指数 0.48。高于完形填空题的 0.42；低于词汇语法部分的 0.53。

低年级组作文题目为《Что дает человеку чтение?》。难度指数为0.69，为全卷最高。这说明，低年级组选手在本届大赛上表现出的写作能力高于其他语言能力。这与各院校重视培养学生的写作能力、重视俄语专业四级考试不无关系。

4. 高研组试题测评

高研组试卷中，词汇语法部分的 35 题中，12 道小题选手作答不理想，错误率占比 34%。完形填空部分 20 题中，5 道题作答不理想，错误率占比 25%。国情知识部分 15 题中，7 道题作答不理想，错误率占比 46%。

下面是对各部分存在的重点问题的测评与分析。

4.1 关于词汇语法部分

① Проведенные в Париже летние каникулы вспоминаются мне _____ как самый счастливый момент за всю жизнь.

该题考核选手掌握语气词的情况。合成语气词 едва ли не 通常表示"几乎、近似于"等情态意义。

该题正确项是 D）едва ли не。干扰项为：A）отныне；B）едва ли；C）вряд ли。难度指数 0.42。

② Так что постарайтесь собрать все до _____ предметы в той категории, над которой работаете.

该题考核选手掌握词义辨析的情况。

这一组词义相近的四个词里，正确项 B）единого 的词义符合情景语境要求。

该题干扰项为:A)единственного;C)единичного;D)одного。难度指数 0.56。

③ Народные массы являются основной _____ силой человеческого общества на всех этапах развития.

该题考核选手掌握词义辨析的情况。

这一组词义相近的四个词里,正确项 B)производительной 的词义符合该语境要求。

该题干扰项为:A)производной;C)производственной;D)произвольной。难度指数 0.56。

④ В новом районе планируют построить Центр дополнительного образования _____.

该题考核选手掌握前置词短语做非一致定语的情况。关于这一点,《最新俄语语法》中有详尽的描述(见张会森,2006:547)。

该题正确项是 C)на 800 мест。干扰项为:A)с 800 местами;B)в 800 местах;D)для 800 мест。难度指数 0.53。

⑤ Чудовище в этом фильме — это _____, как заколдованный принц.

该题考核选手掌握固定结构的情况。这个结构的功能同语气词,例如:"не кто иной, как…","не что иное, как…"(见《Словарь русского языка》,Изд. Русский язык,1981,т. I)。通常用来突出强调某人、某物。部分选手没有掌握好这一点,所以该题成为本部分难度指数最低的题。

该题正确项是 D)не кто иной。干扰项为:A)никто иной;B)некто;C)никто。难度指数 0.31。

⑥ Каждый день Саша _____, _____ сидит за компьютером и пишет дипломную работу.

该题考核选手掌握成语性复合句的情况。

在该题语境下,能够入选的连接词只有正确项 B)только и делает; что。

该题干扰项为:A)так и делает; чтобы;C)только и сделает; что;D)так и делает; как。难度指数 0.49。

⑦ Волосы у девочки вьются _____, как у матери.

该题考核选手掌握带有程度与度量意义副词状语的情况。

该题语境下，能够入选的只有 A）项 точь-в-точь。

该题干扰项为：B）одна в одну；C）буква в букву；D）копейка в копейку。难度指数 0.56。

⑧ Ты не поверишь. Ни одной мысли в голове, _____.

该题考核选手掌握特殊谓语的情况。王福祥教授认为，"现代俄语中陈述句有几种特殊谓语，如命令式谓语、不定式谓语、成语谓语。这些特殊谓语主要出现在口语之中"（王福祥，2016：11）。"这种结构中的第二人称命令式可与任何性、数、人称主语连用，具有推测或假设意义，但不表达命令式意义。"（张会森，1992：402）

该题选项中的结构均为 хоть 加第二人称单数命令式形式，但语义符合本题语境要求的只有 C）项 хоть шаром покати 。

该题干扰项为：A）хоть караул кричи；B）хоть глаз выколи；D）хоть топор вешай。难度指数 0.39。

⑨ Я знаю, что разобью ваши сердца, и _____ должна вас покинуть.

该题考核选手掌握合成连接词的情况。

该题正确项是 A）тем не менее。干扰项为：B）тем более；C）более того；D）более или менее。难度指数 0.39。

⑩ _____ в семь часов перед строем появился полковник Малышев.

该题考核选手掌握带有程度与度量意义固定结构的情况。минута в минуту 通常用在强调"准时到达，准时开始"的情景语境中。

本题正确项是 D）Минута в минуту。干扰项为：A）В минуту；B）С минуты на минуту；C）На минуту。难度指数 0.58。

⑪ Сейчас мне некогда с тобой шутить. Мне _____.

该题考核选手掌握由否定语气词 не 加前置词 до 构成固定结构，用于无人称句的情况。（见华劭，1979：159）

D）项 не до этого 的语义符合语境要求。干扰项为：A）ни про это；B）не к этому；C）ни за это。难度指数 0.32。

⑫ Нам есть _____ поучиться у вас, начиная с организации самого процесса производства.

该题考核选手掌握不定式无人称句的情况。这类句型有以下特点：1)没有主语;2)用第三格形式做间接补语,表示主体;3)通过动词不定式本身或同时借助其他手段对不定式所表示的动作进行评价。(华劭,1979:132)

该题正确项是 B)чему。干扰项为:A)чего-либо;C)чего-то;D)чему-нибудь。难度指数0.52。

高研组词汇语法部分的试题考点覆盖面大,词汇量大,句子结构复杂多样,难题数量较低年级组增加近25%。难点集中在考核固定结构(3题)、词义辨析(2题)、程度与度量副词状语、非一致定语、合成语气词、成语性复合句、特殊谓语、合成连接词、不定式无人称句等方面。

考查句法知识的题明显多于低年级组。难度指数最低的两道题是考查掌握固定结构的第⑤题和第⑪题。

这一部分中,第①、②、③题均为难度指数较低的题,选手开始答题就"遭遇"难题,对其心理素质也是一个不小的考验。

4.2 关于完形填空部分

高研组完形填空部分有 A、B 两篇短文。这部分的难度指数为0.58,与词汇语法部分的难度基本持平。本部分 A 文中有 2 道题选手作答不理想;B 文中有 3 道题选手作答不理想。

① Прошедший в 2012 году Год российского туризма в Китае и последовавший за ним Год китайского туризма в России _____ гуманитарное сотрудничество между двумя странами на новый, еще более высокий уровень.

该题考核选手掌握同根动词词义辨析的情况。

选题中只有 C)вывели 符合情景语境要求。干扰项为:A)провели;B)довели;D)привели。难度指数0.32。

② Крупнейшим медийным проектом в рамках Года китайского туризма в РФ стал 2-й сезон видео-цикла «Здравствуй, Китай», _____ сотрудниками Международного радио Китая.

该题考核选手掌握被动形动词一致关系的情况。许多选手没有分辨出被形动词修饰限定的词是 видео-цикл,故而选错了形动词的格。

该题正确项是 B)подготовленного。干扰项为:A)подготовленный;C)подготовленному;D)подготовленным。难度指数0.19。

③ Художник так объяснил концепцию своей живописи. Задача мастера — показать _____ предмета.

该题考核选手掌握词义辨析的情况。

C)项 строение 的语义符合语境要求。干扰项为:A)план;B)ядро;D)сооружение。难度指数 0.20。

④ У Врубеля был очень _____ : он видел, как "построено" человеческое тело, цветок и даже снег или ткань. Его метод называют методом "мельчайших планов".

该题考核选手掌握近义词组的情况。

A)项 острый глаз 的语义符合该语境要求。干扰项为:B)слабое зрение;C)хорошее зрение;D)странный глаз。难度指数 0.59。

⑤ Врубель чувствовал трагедию Демона настолько сильно, что тяжело заболел и _____ в психиатрическую больницу.

该题考核选手掌握词义辨析的情况。

A)项 попал 的语义符合语境要求。干扰项为:B)положили;C)доставил;D)увезли。难度指数 0.46。

本部分难度指数低的 5 道题中,有 4 道题考查选手掌握词义辨析的情况。但难度指数最低的是第②题,考查掌握被动形动词一致关系的情况,难度指数为 0.19。由此我们认为,大部分选手对形动词稍复杂一些的使用方法掌握不到位。

对比低年级组完形填空的难度指数(0.42),高研组的指数上升到了 0.51。这说明,高研组选手们的知识储备、语言能力、学习方法都有了质和量的飞跃,正所谓"一分耕耘,一分收获"。

4.3 关于国情知识部分

国情知识部分难度指数为 0.53。有 7 道题选手作答不理想。

① «Подмосковные вечера» — лирическая песня В. П. Соловьева-Седова на слова М. Л. Матусовского. Она написана в 1957 году к кинофильму _____.

该题正确项是 A)«Дни Спартакиады»。干扰项为:B)«Москва слезам не верит»;C)«Калина Красная»;D)«Осенний марафон»。难度指数 0.23。

② Первый русский музей, открытый Петром Первым —

это _____.

该题正确项是 A）Кунсткамера。干扰项为：B）Государственный Русский музей；C）Государственный музей Эрмитаж；D）Оружейная палата。难度指数 0.33。

③ В начале XX в. Российская империя была _____.

该题正确项是 A）абсолютной монархией。干扰项为：B）конституционной монархией；C）парламентской республикой；D）президентской республикой。难度指数 0.42。

④ Среди следующих городов _____ находится ближе к Москве.

该题正确项是 C）Рязань。干扰项为：A）Екатеринбург；B）Волгоград；D）Сочи。难度指数 0.48。

⑤ В романе Льва Николаевича Толстого «Война и мир» отражены года _____.

该题正确项是 C）c 1805 по 1821。干扰项为：A）c 1756 по 1800；B）c 1904 по 1923；D）c 1805 по 1812。难度指数 0.50。

⑥ Роман «Кто виноват?» Александра Ивановича Герцена был написан в период правления _____.

该题正确项是 C）Николая I。干扰项为：A）Александра I；B）Александра II；D）Николая II。难度指数 0.24。

⑦ Событие, отраженное в картине «Утро стрелецкой казни», произошло при правлении _____.

该题正确项是 D）Петра I。干扰项为：A）Екатерины II；B）Александра III；C）Ивана IV。难度指数 0.44。

上述 7 题分别涉及艺术（史）（3 题）、文学（2 题）、地理（1 题）、历史（1 题）。2 道艺术和文学背景知识题（第①、⑥题）难度指数最低。

高研组国情知识部分命题守正创新,关注文学、艺术知识和历史知识的相互交叉,在其节点上设考点。这是目前各等级考试中尚不多见的题型,适用于面向研究生层次的考试。

4.4 关于翻译和作文部分

俄汉双向翻译部分的难度指数为 0.52。难度指数虽然不是最低的,但暴露出的问题却比较多。第一,俄译汉的质量并没有明显高于汉译俄,说明选手的汉语修养和水平有待提升。相当数量的选手对翻译的认识还停留在文字对译上,还在努力保持俄语的句子结构,似乎认为只有这样才是"忠实原文"。选手没有意识到翻译过程中,译者根据语境、根据译语表述习惯可以转换原文的句子结构,改变词序,使译文更加符合译语规范,符合目的语读者的语言习惯。第二,一些选手缺少批判性思维。译文内容矛盾、逻辑不通,译者却没有丝毫感觉。第三,译文中语法错误过多。对词义的选择不考虑上下文,直接搬用词典词义,使得译文生硬、难懂,词语之间不搭配,翻译腔过浓。

翻译部分的答题情况反映出:参赛选手对翻译学习的投入尚不足,或许选手所在院系的翻译教学理念和翻译教学质量尚有可提升的空间。

选手作文部分的成绩最为突出。作文题目为《Солнце, воздух и вода — наши лучшие друзья》,难度指数 0.63,远高于其他部分的难度指数。说明选手的写作基本功相对较好。这应与备考全国高校俄语专业八级考试有一定的关联。研究生选手加入高年级组考试,提升了这个组的平均分数,也拉高了难度指数。国内已有多位同仁撰文分析俄语专业八级考试写作与教学,这里不再赘述。

5. 结语

参赛选手均是全国各院校派出的佼佼者,他们的专业水平极具代表性。其答题质量可在一定程度上反映出各院校俄语专业的教学水平。数据分析可以作为评估选手语言能力的依据,也可为评估参赛院校的俄语教学水平提供一定的参考,做到以赛促学、以赛促教。

通过对试卷的测评分析,我们认为:参赛选手要夯实基本功,对所学知识一定要做到精益求精;要刻苦钻研,培养问题意识,建立批判性思维。要注重阅读理解能力的培养,不断提升阅读技巧,拓宽阅读视野,培养分析问题、解决问题的能力。在国情知识方面争取成为"小百科全书"。

主观题的出现,明显提高了大赛试题的效度和区分度,也使试卷的结构变得更加科学合理,使竞争变得更加公平。

根据数据测算结果,低年级组试卷难度略高于俄语专业四级考试难度,高研组试卷难度略高于俄语专业八级考试难度。两套试卷的信度、效度、难度都达到了预期。

试题所涉内容做到了与时俱进,除语言、文学、历史、艺术等方面的知识外,还涉及了"一带一路"建设、2020—2021 中俄科技创新年和俄罗斯防范新冠疫情等时事新闻内容。第十三届俄语大赛试题的形式和内容都较好地体现出"守正创新、不断进取"这一原则。

本届大赛对今后深入探讨大赛试卷的信度、效度、难度起到了积极的作用。对如何检验参赛选手的真实水平，如何提升教学水平，如何进一步发挥大赛的影响力提出了自己的思考。

今天，全国高校俄语大赛已经成为中国俄语界的"金字招牌"。中俄人文合作委员会（副总理级）的历届会议纪要中，都有关于中国高校举办俄语大赛的文字记载。大赛已经成为检验中国高等院校俄语教学水平的标尺，成为激励学生不断拼搏，更全面、更细致、更精准掌握俄语的强大动力，激励他们向着更高的目标砥砺前行。

全国高校俄语大赛已经化身为中俄人文合作、上合组织教育合作发掘优秀俄语人才的重要平台，更是培养大学生的荣誉感、家国情怀、立德树人、为"一带一路"建设做贡献的重要平台。

愿全国高校俄语大赛越办越务实，越办越精彩。

参考文献

[1] 国家教育委员会考试管理中心. 考试的教育测量学基础[M]. 北京：高等教育出版社，1990.

[2] 华劭. 现代俄语语法新编（下册）[M]. 北京：商务印书馆，1979.

[3] 刘润清，韩宝成. 语言测试和它的方法[M]. 2版（修订版）. 北京：外语教学与研究出版社，2000.

[4] 索振羽. 语用学教程[M]. 北京：北京大学出版社，2000.

[5] 王福祥. 现代俄语句法的几个问题[M]. 北京：外语教学与研究出版社，2016.

[6] 王寅. 认知语言学[M]. 上海：上海外语教育出版社，2007.

[7] 张会森. 俄语功能语法[M]. 北京：高等教育出版社，1992.

[8] 张会森. 最新俄语语法[M]. 北京：商务印书馆，2006.

[作者简介]：荣洁（1964.11—），女，黑龙江牡丹江人，黑龙江大学俄语学院教授，博士，博士生导师，研究方向为俄罗斯语言文学与文化、文学翻译。

俄汉语语义配价分裂类型
对比及实例分析

孙秋花

1. 引言

"莫斯科语义学派《意思⇔文本》模式中,语义配价对于描写谓词语义、深层句法结构和句法结构深层与表层的相互转换有着十分重要的意义。谓词语义单位以情景为描写对象,其语义反映必需情景参与者的属性、相互关系以及与之相关的事件。必需情景参与者在相应谓词的词典释文或元语言释文中对应的变元叫做谓词的语义配价(семантическая валентность)。特定一组必需情景参与者是特定情景的标志,相应地,特定一组语义配价是特定谓词语义单位词汇意义的有机组成部分。"(张家骅,2008:30)语义配价分裂(расщепление валентности)指的是谓词的一个复合语义配价分别用两个彼此没有从属关系的句法位表示的语义 – 句法现象。(张家骅,2011)莫斯科语义学派的代表人物阿普列相(Апресян Ю. д.)很早就对语义配价分裂这种语言现象做过分析,关于配价分裂他的最新定义是指动词的一个语义配价 A 用两个句法题元表示,体现这两个句法题元的语词取自 A 的词汇组合。(转引自张家骅,2011)为了学外中用,笔者归纳了俄汉语语义配价分裂类型,并以若干俄汉语谓词的语义配价分裂为例,对比了俄汉语语义配价分裂类型的异同,总结出表达同一语义时汉俄语句法句式的差异。本文的示例选自 Яндекс 网站和 CCL 语料库检索系统(网络版)。

2. 俄汉语语义配价分裂类型对比

通过学习《俄罗斯语义学》(2011)得知,俄语语义配价分裂的常见类型有 3 类 5 个变体形式,汉语语义配价分裂的常见类型有 4 类 4 个变体

形式。为了便于直观比较俄汉语语义配价分裂的类型,以表格的形式呈现如下:

表1 俄汉语语义配价分裂类型对比

类	俄语语义配价分裂类型	汉语语义配价分裂类型
1	复合语义主体——全句限定语 + 主语 1)复合语义主体——全句限定语 +(谓语 +)主语 2)复合语义主体——全句限定语(主位$_1$)+ 主语(主位$_2$)(+ 谓语(述位))	1)复合语义主体——主语 + 宾语(领主属宾句) 2)复合语义主体——主谓谓语句的第一主语 + 主谓谓语句的第二主语
2	复合语义主体——主语 + 工具格名词短语	复合语义主体——主语 + 介词(以)短语
3	复合语义客体——直接补语 + 间接补语 1)"事物" + "领有主体"/"属性" + "领有主体"——直接补语 + "领有主体"/间接补语 + "事物"、"属性" 2)"部分" + "整体"——直接补语("整体")+ 间接补语("部分") 3)"部分" + "整体"——直接补语("部分")+ 间接补语("整体")	复合语义客体——直接宾语 + 间接宾语 复合语义客体——兼语 + 第二谓词性成分
4	—	复合语义客体——主语 + 宾语(只存在汉语中)

从上述表格可以看出汉语比俄语的语义配价分裂多一类。这说明汉语这种意合型语言在交际结构上比形合型语言更加复杂。笔者在研究过程中发现,往往两种语言中描写相同情景的谓词,其语义配价分裂的类型不能对应,或者在一种语言中该谓词的语义配价分裂,而在另一种语言中则不分裂。因此,俄语学习者在遣词造句时,要注意两种语言的语义配价分裂类型可能不同,这样才能避免母语负迁移的影响。

3. 俄汉语语义配价分裂的实例分析

通过上面的表格我们可以清晰地了解俄汉语语义配价分裂的类型。如果俄语谓词发生语义配价分裂,那么汉语相应的谓词是否也要发生语义配价分裂呢? 笔者通过研究发现大体有以下几种情况。

3.1 俄汉语语义配价都分裂的实例分析

该种情况分为俄汉语语义配价分裂对应和不对应两种情况。下面通过理例结合法进行分析解释。

3.1.1 俄汉语语义配价分裂对应

笔者主要从上述表格中俄语语义配价分裂的第 1 类中的第 1 种变体、第 3 类中的第 2 种变体和第 3 类中的第 3 种变体三个方面来说明俄汉语语义配价分裂大致相同。

（1）如 возникнуть（发生，产生）一词。例句为："У меня возникла идея."。它属于语义配价分裂第 1 类中的第 1 种变体："复合语义主体——全句限定语 +（谓语 +）主语"。у меня 是全句限定语，做主位，возникла идея 是不可切分句，做述位，у меня 和 идея 在语义上有领属关系。也就是说，这句话的意思是："Моя идея возникла."。那么俄语中此句型是否常用呢？笔者进行了调查。

在 Яндекс 搜索引擎上输入"Моя идея возникла."，结果却查到"Подходит ли моя идея для создания бизнеса?"，而没有发现"Моя идея возникла."这样的句子，可以说明"某人产生了想法"这一表述常带全句限定语 у кого 句型：

1）У меня возникла идея провести конкурс.（Яндекс）（我有过一个参加比赛的想法。）

2）У меня возникла хорошая идея, которая поможет сделать жизнь лучше.（Яндекс）（我有过一个能让生活变得更好的想法。）

由此说明，俄语中"某（些）人产生了想法"等通常用 у кого 句型，即谓词 возникнуть 的复合语义主体由两个句法位表示。汉语情况又如何呢？

在北京大学汉语语言学研究中心 CCL 语料库检索系统（网络版）中输入"我的想法产生了"和"我产生了想法"，都没有找到符合检索条件的实例。而"我产生了一个想法"却只有 2 个例子：

3）满月明亮地照耀着，空气寒冷。多么适合散步的夜晚！忽然我产生了一个想法，为什么不可以？设想我偷偷地溜出去。（CCL）

4）这里只有一个条件，仅仅一个条件：只要敢作敢为！于是我产生了一个想法，有生以来第一次产生这样的想法。（CCL）

可见，汉语动词"产生"与"想法"连用时，需要加一个量词。但在我们学习俄语的过程中会遇到"产生怀疑,产生冲突"等,复合语义主体会常常分裂。

(2)如 брить(剃,刮)一词也如此。俄语中只能说"Кто-либо бреет усы кому-либо.",而不能说"Кто-либо бреет чьи-либо усы."。说明 брить 的语义配价分裂属于第 3 类中的第 3 种变体:复合语义客体由"部分"与"整体"构成,通常"部分"由直接补(宾)语体现,"整体"由间接补语体现。

5)Ты бреешь усы своему коту?(Яндекс)(你给自己的猫剃胡子吗?)

6)Надо ли брить усы девушкам?(Яндекс)(是否应该给女人们剃胡子?)

汉语中动词"刮"的类似复合语义客体是否需要分裂呢? 说"理发师刮某人(某人的)胡子"可否呢? 笔者在 CCL 语料库中没有找到符合检索条件的实例,常常要在"某人"前面加上"给",来区别直接宾语和间接宾语,如此就可以检索到实例,如输入"给他刮胡子"可找到 2 个示例。

7)他记得有个脾气乖戾的理发员来,给他刮胡子、剪头发……

8)早晨他们比别人来得早,给他刮胡子。

我们认为,汉语中的"给某人"相当于俄语中的 кому-либо,也就是说两种语言中谓词"刮"都进行语义配价分裂,强调动作的对象。

3.1.2　俄汉语语义配价分裂不对应

关于俄汉语语义配价分裂类型不同的情况,我们首先举一例说明。俄语中常说"У меня болит голова.",这也属于"复合语义主体分裂为全句限定语 + 谓语 + 主语"的情况。但汉语却不能按此类型分裂,如"我疼头",只能说"我(的)头疼",即动词"疼"的复合语义主体要么不分裂,要么分裂为"全句限定语(主位$_1$) + 主语(主位$_2$) + 谓语(述位)",因为动词"疼"属于非作格动词,只允许其前面用名词短语。

3.2　俄汉语语义配价不都分裂

该情况分为三种:俄语语义配价分裂,汉语语义配价不分裂;汉语语义配价分裂,俄语语义配价不分裂;俄语语义配价分裂,汉语语义配价分裂与否都可。

3.2.1　俄语语义配价分裂,汉语语义配价不分裂

俄语动词 вызывать 表达"引起某人的反应"时,复合语义客体也常

分裂：вызывать реакцию у кого。那么可否说 вызывать чью реакцию 呢？在 Яндекс 输入 вызывать их реакцию，未找到一致结果，搜到如下例子：

9）Э. Сарафино утверждал, что страшные медиаматериалы не только вызывают у детей реакцию страха, но и представляют угрозу для нормального психологического развития. （Яндекс）（艾·萨拉菲诺断言,可怕的媒体报道不仅能引起孩子们的恐惧反应,而且对他们的正常心理发展也是一种威胁。）

10）В равной мере один и тот же аллерген вызывает совершенно разную реакцию у разных людей. （Яндекс）（在同一条件下,过敏源在不同的人群中,同样会引起完全不同的反应。）

而汉语中可以说"引起某人的反应"。

3.2.2　汉语语义配价分裂,俄语语义配价不分裂

根据上述表格可以看出,只存在于汉语中的语义配价分裂类型是："复合语义客体——主语+宾语"。这种句子属于主谓谓语句,复合语义客体由"事物"及其"数量、领有主体、特征"等两方面组成,通常作为整体由宾语体现,也可以根据交际需要把体现客体"事物"的词语置于句首充当话题、主语,体现其"数量、领有主体、特征"等的语词仍留在宾语的位置。（张家骅 2011:180）如：

11）这件事中国人的经验太多了。（黄伯荣、廖序东,2002:121）

12）这三个问题,我们讨论了两个。（黄伯荣、廖序东,2002:121）

这类句子在俄语中只涉及语序的变化,而不会涉及动词配价的语义分裂。

3.2.3　俄语语义配价分裂,汉语语义配价分裂与否都可

（1）如 ударить（打），Ушаков（2008：1094）词典中与该词搭配的短语有：ударить кого-н. по голове,ударить по лицу,ударить в грудь。该动词的语义配价分裂属于第 3 类中的第 2 种变体:复合语义客体由"部分"和"整体"构成,不能作为一个整体由直接补语体现,只能通过直接补语（"整体"）和间接补语（"部分"）体现。那么是否可以说 ударить голову оппонента 呢？笔者在 Яндекс 查到如下例句：

13）То есть рука должна разогнуться полностью и ударить оппонента в голову на шаге вперед или в сторону, можно еще с шагом назад.

（Яндекс）（也就是手应该完全放松，从正面、侧面、后面击打对方的头。）

14）Самые простые：удушающие，болевые приемы，ударить голову оппонента о землю，натянуть на голову пиджак или рубашку，завязав рукава и так далее．（Яндекс）（最简单的方式可以令人窒息，产生疼痛，如：击打对方头部，抓住上衣或者衬衫，拽住袖子等。）

例14）中出现了二格是因为后面还有 о землю，而通常 ударить 的复合语义客体是要分裂的。汉语动词"打"与 ударить 情况不同，其语义配价分裂与否皆可："打某人（的）头"。

（2）如 спасти（救）一词，在俄语中可以说 спасти кому жизнь（救某人的命），也可以说 спасти чью жизнь，属于语义配价分裂第 3 类中的第 2 种变体，也就是说复合语义客体"某人的命"可以分裂为"整体"与"部分"，也可以不分裂。

15）Искусственный загар спас девушке жизнь．（Яндекс）（人为的晒黑救了姑娘的命。）

16）Научная фантастика спасла мою жизнь．（Яндекс）（科幻作品救了我一命。）

17）Малахов спас жизнь девушки．（Яндекс）（马拉霍夫救了姑娘的命。）

汉语中"救"的复合语义客体也可以分裂为"救了他命"或"救了他一命"，但也可以不分裂，如"救了他的命"。

4. 结语

通过对俄汉语语义配价分裂类型对比及实例分析的研究，我们发现俄汉两种语言在表达相同的语义时往往会采用不同的形式。有时俄汉语语义配价的分裂对应，有时俄汉语语义配价的分裂不对应。对比俄汉语语义配价分裂使我们进一步了解了俄语中一些具有特殊接格关系的动词的功能和俄汉语相同谓词语义配价分裂的差异。

参考文献

[1] Ушаков Д Н. Большой толковый словарь русского языка［M］. M.：Дом Славянской Книги，2008.

[2] 黄伯荣，廖序东. 现代汉语：下册［M］. 3 版. 北京：高等教育出版社，2002.

［3］张家骅. 俄罗斯语义学：理论与研究［M］. 北京：中国社会科学出版社,2011.

［4］张家骅. 俄汉语中的语义配价分裂现象［J］. 外语学刊,2008（4）：29 – 33.

[作者简介]:孙秋花(1982.09—),女,黑龙江宁安人,黑龙江大学俄语学院副教授,博士,硕士研究生导师,研究方向为翻译学。

符号域的四重奏

王　玲

　　1952 年,美国人类学家 A. L. 克罗伯和 K. 科拉克洪考察分析了 160 余种文化定义,指出文化存在于各种内隐的和外显的模式之中,借助符号的运用得以学习和传播,并构成人类群体的特殊成就。这些成就包括他们制作物品的各种具体样式。文化的基本要素是传统(通过历史衍生和由选择得到的)思想观念和价值,其中尤以价值观最为重要。洛特曼从信息论的角度进一步发展这一思想,认为文化是所有非遗传信息(人类创造的、有价值的信息)的总和及组织和贮存这种信息的各种方式的总和。因此,我们说,文化首先是符号,它承载和传递信息。而洛特曼于 1984 年提出的"符号域"概念,则是一个民族的多个文化符号系统产生、活动、发展的空间,是对客观世界的各种描写形成的总和,是世界图景的整合。它所呈现的是深层的思维和相对稳定的意识结构,是文化中的恒量。在符号域的系统内对具体文化文本的审视,可以让我们更加清晰、透彻地体悟民族思想发展的脉络和走向。

　　《伊戈尔远征记》是俄罗斯文学史上可追溯到的最早的文学作品,与法国的《罗兰之歌》、西班牙的《熙德之歌》和德国的《尼伯龙根之歌》并称为中古欧洲的四大英雄史诗,堪称俄罗斯文学的滥觞之作。俄国诗人普希金就曾指出《伊戈尔远征记》从头到尾都贯穿"古文献精神",而俄国文艺评论家别林斯基则把这部作品誉为斯拉夫人民诗篇中最美丽、最芬芳的花朵。这部作品对俄罗斯文化产生的深远影响可以说是贯穿整个历史。我们从符号域的角度进行解读,力图揭示其全貌。

1. 远古罗斯的英雄绝唱——文化文本的产生

　　《伊戈尔远征记》是 12 世纪末由基辅罗斯的一位佚名作者撰写的一部政治性很强的史诗。它以诺夫哥罗德 – 谢韦尔斯基公国的王公伊戈尔·斯维亚托斯拉维奇(1150—1202)于1185年对波洛伏齐人进行的一次"远征"为主线,追叙了罗斯近200年的历史。《伊戈尔远征记》可分为五个部分。在序诗中作者强调了"我所讲的都是真人真事",在简短的开场白之后作者直接开始描写伊戈尔的远征。史诗的主体可以分成三个部分。第一部分写伊戈尔不顾日食的凶兆而执意出征讨伐波洛伏齐人,初战告捷,再战则失败,伊戈尔被俘。第二部分写基辅大公斯维亚托斯拉维奇的"金言",他批评了伊戈尔的一意孤行,号召王公们团结起来,共同抵御异族的侵略。第三部分写罗斯大地受人民之呼声的感动,帮助伊戈尔逃回了罗斯。史诗的尾声中作者向"为正教事业而与污秽之众战斗"的公爵和亲兵致敬。

关于这部史诗的主题一直存在着极大的争议,"团结说""爱国说""扩张说""统一说""娶亲说"等等不一而足。我们发现,无论哪种说法都是基于"团结",也是唯一在原文文本中有直接证据的。在得知伊戈尔失败的远征之后,基辅大公斯维亚托斯拉维奇对众王公"吐露了含泪的金言"。他在一一列举了俄罗斯王公和军队的荣光之后,严厉地批评了伊戈尔王公的行为和王公们的内讧:"雅罗斯拉夫和符谢斯拉夫的所有子孙,请把你们的军旗低垂,请把你们残钝的宝剑插进鞘中。因为你们已丧失了祖先的光荣。因为你们已以自己的动乱,开始把邪恶的敌人引向俄罗斯的国土,引向符谢斯拉夫的财宝。要知道正是由于你们的内讧,暴力才从波洛伏齐人的土地上袭来"。这里我们感兴趣的不是主题,而是如何才能团结起来。基辅大公号召大家要团结,不要内讧,但却没有有效的办法和措施来团结大家,否则也就不会出现伊戈尔独自出征这回事了。

其实这样的局面不是第一次出现,斯维亚托斯拉维奇也不是第一个面临这一问题的基辅大公。其祖先——10世纪的弗拉基米尔大公就已经在苦苦寻找办法:与拜占庭联姻,引入基督教,人为地构建精神内核。200年过去了,结果如何呢?他大概没有想到,他的子孙还是要面对同样的难题。

与一般常见的英雄史诗不同,《伊戈尔远征记》记录的是一段失败的历史。如果要表现"团结""爱国"这样的主题,胜利的故事好像更有说服力。远征失败让王权、基督教的凝聚力受到质疑。失败催人反思与异族的关系,与诸侯的关系,与王权的关系,思考罗斯大地的命运。

这让我们不禁想起俄国画家瓦斯涅佐夫的画作《十字路口的勇士》。

它已经成为俄罗斯面对命运岔路口进行选择的形象符号。自古以来,俄罗斯民族一直在主动或被动地选择"拿来主义",直接接受外来的东西:邀请瓦良格人统治,开始留里克王朝;引进基督教,罗斯受洗;学习欧洲先进文化知识,彼得大帝改革;实践马克思主义,列宁发动十月革命;效仿西方政治制度,解体苏联。但是,这种借助外力解决问题的方法好像无济于事。12世纪的伊戈尔仿佛是游荡在罗斯大地的不死灵魂,一遍遍追问:怎么办?怎么办?

《伊戈尔远征记》的作者其实是暗示了答案的。顺便提一句,关于作者也存在极大的争议。"武士说""亲信说""当事人说",众说纷纭。对于我们来说,重要的不是作者的身份,而是作者的观点。其实众多研究者早已发现了作品的多神教色彩。以著名的"哭诉"片段为例,伊戈尔被俘后,山川草木为之动容,伊戈尔的妻子更是悲痛万分。她"像一只无名的杜鹃",一大早就在普季夫尔的城楼上"哭诉"。她质问风,质问河,最后质问太阳:"光明的三倍光明的太阳啊,你对任何人都温暖而美丽,神啊,你为什么要把你那炎热的光芒射到我丈夫的战士们的身上,为什么在那干旱草原上你用干枯扭弯他们的弓,用忧愁塞住他们的箭囊"。出征前的日食现象应该是上天的启示,逆天而行是伊戈尔失败的原因。这个天应该不是上帝,而是多神教中的神。作者寄希望于多神教的神帮助,解救多灾多难的罗斯大地。可见,作者之所以写下这部失败英雄的史诗,是为了让人们正视本民族的根基和信仰,激发自我意识和凝聚力。

我们可以想象,在被蒙古金帐汗国统治和奴役的时候,暗中激励俄罗斯人民保持民族精神和斗志,最终击退侵略者的应该是这样一首警世绝唱。

2. 近代文学的冲锋号角——文化文本的激发

《伊戈尔远征记》成书于12世纪,但直至18世纪末,1795年才被俄国古籍和古文物收藏家穆辛·普希金在修道院的手抄本中发现,成为俄罗斯现存最早的唯一一部伟大史诗,是俄罗斯文学的第一个里程碑。但是,恰恰因为《伊戈尔远征记》的丰富内容和高超艺术令人叹为观止,所以引起许多研究者乃至西方学者的质疑。他们难以相信作者是12世纪的人,认为很可能是后人的伪造之作。在他们看来,12世纪的古俄罗斯人是无法写出如此优秀的作品的。

18世纪的俄国，经过彼得一世的改革和叶卡捷琳娜二世的执政，从一个完全封闭和分裂的封建国家转变为一个物质上比较富强、精神上逐步开放的完善的农奴制专制国家。欧洲先进的技术和一些进步的思想传入俄国，使俄国的文化乃至整个民族的文明水准得到了发展和提高。文学方面先后出现古典主义和感伤主义潮流，涌现出一些优秀作品，但受到法国文学、英国文学影响的痕迹明显，思想和形式上受到束缚，没有也不可能取得巨大的文学成就，俄罗斯文学处于真空状态。当时诗人的全部成就都远不及雅罗斯拉夫娜哭诉的一段。可见，18世纪的土壤培育不出这只"斯拉夫人民诗篇中最美丽、最芬芳的花朵"。

　　当代俄罗斯地震学家安德烈·尼科诺夫借助意大利16世纪的专著《地震》科学地证明了，《伊戈尔远征记》不仅见证了当时的历史事件，而且记录了当时的自然现象。由此，我们相信，12世纪的基辅罗斯在文学方面达到空前的高度，却因蒙古入侵和统治被彻底摧毁。之后的重建的文学体系紧跟西方文学，亦步亦趋。一些作家，如杰尔查文甚至不懂俄语，更谈不上继承古俄罗斯文学传统。

　　18世纪末，繁荣的物质生活要求高层次的精神生活，俄罗斯民族意识觉醒，"需要伟大的作品铸就民族自信，需要传统，需要历史，需要自己的精神支撑"。恰逢此时，《伊戈尔远征记》的手稿横空出世，极大地契合并满足了这一民族心理，更被认为是俄罗斯文学发力的催化剂和兴奋剂。发现手稿后不到30年的时间内就涌现出一大批俄罗斯文学史上的风云人物，堪称俄罗斯的文艺复兴。

　　《伊戈尔远征记》的发现者认为《伊戈尔远征记》体现了俄罗斯的古代精神，这种精神是无法伪造的。那么这种精神到底是什么？洛特曼的文本接受过程中最重要的核心步骤是"强调某一思想的民族属性和民族价值"。而《伊戈尔远征记》恰恰揭示的是古罗斯民族的特有的多神教思想。我们有理由相信，19世纪的俄罗斯作家洞悉了其中真谛，并在自己的作品中加以体现、发扬、光大，从而成就了俄罗斯文学，乃至世界文学的黄金时代。

　　按照洛特曼的说法，就是接受方进入激发状态，开始产生大量新的文本。这首先表现为对民间文学的极大兴趣。普希金的童话《鲁斯兰与柳德米拉》《渔夫和金鱼的故事》，奥斯特洛夫斯基的懒人奥布罗莫夫的梦中美景，果戈理的魔幻现实主义者风格，无一不体现着文学家对传统文化的挖掘和继承。

再者,就是催生了西方派和斯拉夫派的争论。这一争论本身标志着民族对内的自我审视和完善。这里需要强调的是此时的东正教已经和西方的基督教不同,是与当地信仰结合之后的改良产物,这也是无论是西方派还是斯拉夫派都坚持东正教的原因。我们从这一时期的现实主义绘画作品可以看出,现实社会中的教会和神职人员已经完全堕落为世俗的机构,无力完成精神归宿和信仰感召的功能。这也是众多知识分子遭遇信仰危机的原因。这时的宗教意识是脱离物质依附而独立存在的精神信仰,所以托尔斯泰拒绝进入教堂,却也会在夜深人静之时向上帝祷告。而陀思妥耶夫斯基更进一步挑战上帝的救世主权威,抛出一句"美拯救世界"。美这一概念是非宗教的,是泛神的。希腊神话中有美神维纳斯,俄罗斯神话中有美神拉达。

争论的过程中,俄国涌现了车尔尼雪夫斯基、别林斯基、普列汉诺夫、托尔斯泰等一大批思想和文化巨匠。许多一直在探讨国家发展道路的知识分子,无论是贵族出身还是平民出身,面对在强国之路上几度起伏的俄国,都开始了新的思考和选择。

他们的思考开始跳出简单的传统和现代之争。正是因为他们的出现,俄罗斯民族摆脱了学生的地位,开始用自己的头脑来观察和思索外部的世界,并且可以毫不羞涩地用自己的语言向整个世界表达自己的观点。

3. 民乐派的最强音——文化互动的撞击

《伊戈尔远征记》的深远影响不局限于文学领域。1869 年—1887 年间,俄罗斯作曲家鲍罗廷与斯塔索夫合作编剧,以《伊戈尔远征记》为题材创作了四幕歌剧《伊戈尔王》。其实,由于脚本的困难加上科学工作的干扰,鲍罗廷的创作进行得相当缓慢,以致未能完成这一杰作就离世了。我们今天欣赏到的完整版本是由里姆斯基–科萨科夫和格拉祖诺夫续完的。

可见,就这部歌剧而言,鲍罗廷的意义更多是象征性的、符号性的。据专业人士分析,传世的乐谱中近 700 个音符,真正属于鲍罗廷的只有111 个。但这不能抹杀他在这部歌剧创作中所表现出来的卓越才华和贡献。难怪有人感叹,没有哪一个作曲家只作了一点点,就足以名传千古。这是鲍罗廷和《伊戈尔远征记》文化互动的结果。

19 世纪 60 年代,由俄国进步的青年作曲家组成的"强力集团"(即新俄罗斯乐派),是俄罗斯民族声乐艺术创作队伍中的一支主力军。"强力集团"的作曲家们并不是专业学习音乐的。他们生长在远离彼得堡的外省地区,在家庭演奏与倾听民歌、接触民间的过程中走上音乐创作的道路。因此,他们在自己的器乐和声乐作品中,力求利用民间歌曲和民间音乐语言,而自己创作的旋律也渗透着民间的素质,具有鲜明的民间创作风格倾向。他们搜集、整理、改编和研究俄罗斯民歌,致力于民间创作的研究。这不仅对他们的创作(题材、思想、内容、表现手法、主题材料和风格特点等)有了直接的启发,而且对以后整个俄罗斯音乐文化的发展产生了重大的影响。可见,《伊戈尔远征记》的影响也渗入到音乐领域。

"强力集团"的主要成员之一鲍罗廷更是当仁不让。他的第一首交响乐作于 1869 年,是西方听众最早听到的俄国交响曲。《第二交响曲》(《勇士》)堪称鲍罗廷最精彩的大型管弦乐杰作,因为它的快乐章主题及其民间色彩的配器显示出粗犷、勇武的气质,令人联想起俄罗斯古代勇士在荒原上的战斗经历。

对于 19 世纪的俄国来说,歌剧是个舶来品。外国歌剧的输入提高了俄国观众的欣赏水平,也促使一些贵族音乐爱好者有意识地学习西欧作曲技巧,尝试进行俄语歌剧创作。俄国音乐文化得到很大发展。但这些创作大多是对欧洲样板的模仿与复制,在技巧上欠成熟,内容方面也没有反映俄罗斯民族的特点。"强力集团"没有盲目崇拜意大利歌剧的悠久历史和卓越成就,决心创造出从题材和音乐上都具有鲜明民族特色的真正的俄罗斯歌剧。在里姆斯基-科萨科夫、穆索尔斯基、鲍罗廷的歌剧中都鲜明地表现出民间创作的联系,如穆索尔斯基的歌剧《鲍里斯·戈东诺夫》,里姆斯基-科萨科夫的歌剧《普斯科夫姑娘》《沙皇未婚妻》《雪姑娘》《萨尔丹沙皇的故事》《金鸡》,等等。此时,我们能够明显感受到文学创作倾向的体现和影响。

虽然鲍罗廷在歌剧《伊戈尔王》中没有直接引用民歌,但是他在准备创作这部歌剧时收集并研究了大量的民歌。在雅罗斯拉夫娜的音调中,就运用了俄罗斯民间哀歌的典型音;而第三幕波罗伏齐女奴们的合唱,则运用了某些波兰舞曲的节奏特征。这是一种抒情的女声合唱,由三部曲式构成,全曲富有特征地把重音放在第二拍上,造成切分的效果。歌曲的中部是前后部分的发展,这种单主题性虽然对比不大,但突出强调了歌曲贯穿始终的抒情性。

我们说,鲍罗廷决定以《伊戈尔远征记》为基础创作歌剧不是偶然的。二者几乎跨越千年的时空,产生了共鸣。寻找俄罗斯文化传统将二者紧紧地联系在一起。以鲍罗廷为代表的强力集团对于俄罗斯民族音乐的意义相当于《伊戈尔远征记》之于俄罗斯文学。与其说是为一个失败的英雄扼腕,不如说是为俄罗斯本土文化传统的流失而惋惜。俄罗斯有着不同于西欧的丰富悠久的民间音乐历史,《伊戈尔远征记》究其本质来说就是说唱史诗,文中提到的民间歌手巴扬是俄罗斯诗歌和音乐的鼻祖。至此,《伊戈尔远征记》改编成歌剧才是回归历史文化真相,是得其所。

所以,《伊戈尔王》这部歌剧可以看作是文化互动的交叉点。文学与歌剧的交叉,音乐与文字的交叉,历史与现实的交叉,民间传统与现代文明的交叉。一个世纪以后,洛特曼提出的文化互动理论可以解释符号域内的不同文化文本之间的关系。因此,我们说,《伊戈尔王》作为一部歌剧已经成为历史、文学、音乐的多重文化载体,是俄罗斯知识分子探索本民族精神实质、为祖国命运思考的文化符号。

4. 当代舞台的回响——文化符号的再解读

然而,1890 年 10 月 23 日,《伊戈尔王》在马林斯基剧院首演失败。如果鲍罗廷在世,他一定无比失望——观众反响异常平淡。随后,虽然有零星演出,但基本上是打入冷宫。直到 1954 年,剧院重排《伊戈尔王》,这一沉睡多年的歌剧才被人们想起。2001 年 12 月 8 日,马林斯基剧院再次重排《伊戈尔王》,而艺术总监正是瓦莱里·捷杰耶夫。演出获得了成功,有人说:像拯救俄罗斯所有已死的歌剧一样,捷杰耶夫救活了《伊戈尔王》。

《伊戈尔王》的遭遇让我们不禁沉思其原因。俄国当时在稳步发展,1870 - 1890 年俄国的工业化在推进,开始兴修铁路网,工业中心也在形成。俄国的资本主义发展速度较快,到 1890 年俄国初步完成了工业化。据统计,1860—1890 年,俄国的生铁产量增加了 2 倍,钢产量和棉纺织的产量都增加了 3 倍,而煤炭增加了 19 倍,石油产量猛增 200 多倍。此期间,俄国的整个工业产量增长了 6 倍,铁路线增长了 3.5 倍。可以想见,整个社会一片欣欣向荣,当然不会对这类失败英雄的反思感兴趣。先进的知识分子沉浸在西方革命思想中,积极酝酿俄国革命,充满着"打破"

"粉碎""推翻"的豪情，更是和歌剧所倡导的团结无关。这也许就是首演遇冷的原因吧。

20世纪50年代，二战的硝烟刚刚散去，满目疮痍的苏联百废待兴。人们开始反思战争，反思斯大林主义。面临重整家园的苏联人民和当年的伊戈尔王何等相似。新的世纪情况更加复杂。苏联解体后的俄罗斯同样面临四分五裂的危险，车臣战争直到现在仍然让人心有余悸。这样的社会背景下，歌剧《伊戈尔王》大获成功是意料当中的事。这也是当代俄罗斯知识分子寻求精神依托和信仰归宿的必然结果。

所以，歌剧《伊戈尔王》一下子吸引了众多艺术家的视线，成为各大剧院团争相编排的剧目。仅2011年，就出现萨马拉歌剧舞剧院、莫斯科新歌剧院等3个版本。歌剧的歌词、曲调是固定的，人物角色、人物关系乃至场幕次序很难改变。不同版本只能在舞台布景、舞美设计、人物造型、服装道具等方面推陈出新。在这方面做得最远的是大都会2014年的版本，从服装可以看出它将故事背景挪到了一战时期，音乐和舞台呈现两者达到相当程度的统一性，没有丝毫违和感。

但是，与传统的马林斯基剧院版本（2001年国家大剧院演出剧目）、莫斯科新歌剧院版本（2016上海艺术节压轴剧目）相比较，2014年的现代服装版本明显缺失宗教信仰方面的斗争，将民族命运的抉择变成了个人善恶的挣扎，以致最后无法给出一个答案，只能不了了之。传统版本则通过一个没有任何台词的人物形象——白发老者与强大的基督教对立。在第一幕出征之前的演出过程中他一直跪立在舞台正前方，令人无法忽视，催生观者的思考。

罗斯托夫版的《伊戈尔王》再现经典的同时，强化戏剧的抽象性、符号性特征。这是一份极简主义风格的完整版。极简主义不仅体现在演出人数、服装道具、舞台布景的简单与简洁，还表现为删减了开头和结尾歌功颂德的段落，使保家卫国的世俗功名让位于民族精神的哲学思辨。白发老人代表的多神教与旗帜，圣像、十字架代表的基督教时刻对立冲突。天呈异象，出现日食，传统术士阻止王公出征，黑衣教士携圣像送行，王妃的哥哥为非作歹却挂着全场最醒目的十字架等情节都依靠白色、黑色、红色的服装简洁而明确地对比烘托。说它完整，是因为最后一幕给出了伊戈尔王，也是俄罗斯民族苦苦求索千年的答案：伊戈尔王在白衣老者的召唤下重新找到精神支柱。伊戈尔王回到故土时，一副衣衫褴褛、愧对江东父老的窘状。这时,白衣老者现身,率一众同样打扮的白衣人群齐声吟唱,安抚了伊戈尔王的无助,唤醒了伊戈尔王的斗志。这一处理可以说是回归《伊戈尔远征记》的"本心",更接近原作者及作曲家的初衷。

没有一部歌剧的制作可以宣称是最具权威的版本,这句话套用在《伊戈尔王》上尤其合适。现存的各版本也只是各种可能性诠释之一。每一处设计其实都是导演的独具匠心,值得细细品味、深入探究。在世界局势风云变幻的今天,俄罗斯面对欧美制裁,步履维艰之时,歌剧《伊戈尔王》的频频亮相是恰逢其时的。俄罗斯只有依靠本民族文化传统,才能团结民众,才能立于不败之地。西方文化有其短,东方文化有其长。俄罗斯只有利用自身强大的传统文化精神才能维持自身的平衡。也许,这就是这一版歌剧,也是鲍罗廷,也是《伊戈尔远征记》总领的俄罗斯文化想告诉我们的吧。

5. 结语

符号形成文本,文本形成文化,文化形成符号域。我们借助于洛特曼的这种思维机制,从《伊戈尔远征记》这一符号出发,探求其在历史、文学、音乐、社会领域与其他文本的互动关系,并努力解读深层影响。任何一个文化现象都不是独立存在的。符号域理论告诉我们,《伊戈尔远征记》无疑是具有深远意义的特殊的文化符号,犹如在俄罗斯文化史上的一块磁石,不仅吸引着研究者的目光,而且聚集了大量不同文化形式的衍生体,在符号域的范围内不断"雪崩似的"生成"自我意义",并推动其再震荡、扩散,最终融汇为复杂而和谐的重奏。

参考文献

[1] Лотман Ю М. Культура и информация [M]// Семиосфера. Санкт-Петербург: Искусство-СПБ, 2001 г.

[2] 陈戈. 论洛特曼的文化互动理论[J]. 解放军外国语学院学报,2007 (4):109 – 113.

[3] 康澄. 文化及其生存与发展的空间——洛特曼文化符号学理论研究[M]. 南京:河海大学出版社,2006.

[4] 刘涛.《伊戈尔远征记》的作者形象[J]. 华中学术,2012(1):215 – 221.

[5] 王人法. 地震学家如何解释《伊戈尔远征记》:兼评《伊戈尔远征记》中译本[J]. 俄罗斯文艺,2000(4):45 – 46.

[**作者简介**]:王玲(1971.03—),女,黑龙江哈尔滨人,黑龙江大学俄语学院教授,博士,研究方向为俄罗斯国情文化、外语教育。

俄语电视广告语篇中的具体
互文现象探究

杨志欣

1. 引言

具体互文现象(конкретный интертекстуальный феномен)是指借助源语篇中的具体语言材料直接或者通过变异形式作为互文链接形成的互文现象。"互文材料很少只是被简单地嵌入某一语篇,而是根据该语篇内部的逻辑关系和语义结构被重新加以利用。因此互文性分析的重点应该是考察互文材料在特定语篇中的语义功能和结合的方式与和谐程度。"(辛斌,2000:15)本文中我们将分析具体互文现象在俄语电视广告语篇中的主要使用形式,以及同新的语言环境融合后在语篇中实现的主要功能。

2. 具体互文现象在俄语电视广告语篇中的主要表现形式

具体互文现象在俄语电视广告语篇中有多种运用形式,可以借助言语形式和非言语形式的互文标记构成。"任何一部原文作品总是浸润在该民族的文学、历史、哲学、宗教、传统、习俗、传说等等构成的文化体系中,同时又与世界上别的民族文化有着相互影响、借鉴、交融等等千丝万缕的联系,总会跟前人或同时代人的思想或话语发生种种直接或间接的文字的因缘。"(杨衍松,1994:10)

2.1 源于电影

电影具有的广泛的周知性质使电影成为电视广告语篇中构成互文现象的主要来源之一。俄语电视广告语篇中主要是以苏联时期的电影和国外大片作为互文现象形成的源语篇,主要原因是:一方面,20世纪80年代以后的俄罗斯电影业一直处于低迷状态,有影响力的电影比较少见;而另一方面,人们对苏联时期某些经典影片的喜爱程度不减当年,有些老电影已经成为日常生活的组成部分。此外,由于欧美大片在世界范围内同步上映,以及在世界电影市场具有广泛影响力,广告制作人也常常会利用它们构建俄语电视广告语篇。

2.1.1 源于电影名称

在俄语电视广告语篇中,把电影名称作为互文标记构成互文现象的情况比较常见。经典电影或者流行大片的电影名称具有广泛的社会熟知度和关注度,很容易建立和相关影片的联想关系。

① «Натс». Особенности национального цветополива.(Натс 巧克力架)

这则电视广告语篇借助互文标记(особенности национального)和苏联时期的经典电影«Особенности национальной охоты» 建立互文关系。尽管互文标记是电影片名的变异形式,但它却足以激活源语篇及其所蕴含的丰富含义。在电视广告语篇中使用电影名称,不仅可以使广告引人注目、便于记忆,而且通过形式上的仿拟,语义上的"偷梁换柱",还可能达到幽默风趣的修辞效果。利用潜在消费者对电影的喜爱之情,激发起他们对产品的好感和购买欲望。

2.1.2 源于电影中的经典人物、台词和主要情节

电影中的经典人物、台词及主要故事情节往往都可能被一般的社会成员熟知,具有广泛的社会周知性,很容易让人联想到电影本身,因此互文语篇中常常利用它们作为互文标记。

②Преображенский: И, боже вас сохрани, не читайте до обеда советских газет.

Борменталь: Да ведь других нет.

Преображенский: Читайте газету «Версты». Если вы скажите это плохо, вы мой кровный враг. («Версты»报纸)

影片«Собачье сердце»改编于 М. А. Булгаков 的同名中篇小说。苏联著名演员 Е. Евстигнеев、Б. Плотников 成功塑造了 Преображенский 教授和 Борменталь 教授的形象,他们的银幕形象深入人心。广告制作人利用这两位演员塑造的经典形象,以及电影中的经典对白的变异形式作为互文标记,一方面,旨在使潜在消费者联想到 Владимир Бортко 导演的影片«Собачье сердце»,另一方面,利用"陌生化"效果制造了幽默氛

围。作为互文标记的影片主要人物、经典台词及主要情节可以直接或间接地出现在语篇中。使用它们不仅可以让互文语篇和源语篇建立意义和情感上的联系,还可以改变甚至颠覆源语篇,使互文语篇与源语篇之间产生巨大反差,从而使语篇具有幽默感。

2.2　源于文学作品

俄罗斯人素以喜爱读书著称,经典的俄罗斯文学作品和世界文学作品常常为俄罗斯的电视广告制作人提供创作源泉。由于中小学教学大纲中包括的文学作品和儿童普及读物具有广泛的社会熟知度,在俄语电视广告语篇中,利用这些文学作品构成互文语篇的现象十分常见。对中等知识储备的俄罗斯人来说,现代俄罗斯文学作品的影响力远远不及文学经典的影响力,所以现代俄罗斯文学作品一般不会作为互文材料的来源。

2.2.1　源于文学作品标题

经典文学作品的名称一般都具有知名度高、流传范围广等特点,这决定了它很容易和作品本身建立联想关系。因此在俄语电视广告语篇中它常常被用作激活源语篇的互文标记。

③ Хорошо иметь «Домик в деревне». (Домик в деревне 牛奶)

这则电视广告语篇利用 А. С. Пушкин 的叙事长诗《Домик в Коломне»标题的变异形式作为互文标记,以此赋予这则广告语篇丰富的内涵意义。广告制作人试图利用潜在消费者对经典作品的喜爱,激发起他们对产品的关注,甚至是好感,以此促进销售。文学作品名称在电视广告语篇中的使用,不仅可以引人注目,便于消费者记忆,而且通过形式上的模仿,还可能创造出幽默风趣的表达效果。

2.2.2　源于文学作品中的主要人物和情节

文学作品中的主要人物和情节往往被一般的社会成员熟知,具有广泛的社会周知性,因此互文语篇中常常利用它们作为互文标记。通过这种方法,互文语篇不仅可以和源语篇建立意义和情感上的联系,还可能通过对源语篇的改变甚至颠覆,与源语篇之间产生巨大反差,从而使语篇具有幽默感。

④(画面)剧院。扮演 Отелло 的演员在登台之前吃了一块 Нестле 巧克力。他登上舞台,走到扮演 Дездемона 的演员跟前。

Отелло: *Молилась литы на ночь, Дездемона?*

Дездемона: *Да, дорогой мой!*

Отелло：*Ну，тогда спокойной ночи.*

画外音：Невероятно нежный молочный шоколад «Нестле Классик»，способен подарить нежность каждому.

（画面）Отелло 熄灭了蜡烛。

画外音：«Нестле Классик» —— сама нежность.（Nestle Classic 巧克力）

莎士比亚作品《奥赛罗》中的经典情节是：深夜，奥赛罗走进卧室，黛丝德蒙娜已熟睡。一个吻将她惊醒后，奥赛罗问妻子是否做过祈祷。而后奥赛罗听不进妻子无辜的辩白，亲手将黛丝德蒙娜扼死。而在这则电视广告语篇中，吃过了 Nestle Classic 巧克力的奥赛罗却变得特别温柔。广告语篇中的故事情节和原文之间的差异赋予了表达强烈的幽默色彩，与此同时，借助多义词"нежность"，一语双关，强调了产品特性。

2.2.3 源于文学作品中的语句

俄罗斯和世界文学经典中的名言警句、诗句常常融入人们的日常生活中，富有强烈的感染力，它们也常常会被电视广告制作人融合到自己的创作中去。

⑤Недаром помнит вся Россия про день «Бородина».（Бородино 啤酒）

这则广告语篇和 М. Ю. Лермонтов 的诗歌《Бородино》形成互文关系。利用诗歌中的语句构成互文现象，不仅可以使潜在消费者建立与源语篇在意义和情感上的联想关系，同时通过诗化的语言还可以吸引潜在消费者的注意力，营造出美妙的意境。

2.3 源于熟语

熟语是一个民族智慧的结晶，它们言简意赅、形象生动，具有深刻的哲理性，其流传性比较广，被一般社会成员熟知。熟语的这些性质使它成为广告制作人青睐的构建互文语篇的材料。

⑥ «Бочкарев». Лучше пиво в руке, чем девица вдалеке.（Бочкарев 啤酒）

这则电视广告语篇源自俄罗斯熟语"Лучше синица в руках, чем журавль в небе."。在俄语电视广告语篇中熟语翻新使用的情况比较常见。这种方法可以使潜在消费者耳目一新，赋予广告语篇独特性和清新、幽默的修辞效果。翻新后的熟语还可以建立和原熟语之间的语义联想，可以充实语句的信息保有量。与此同时,熟语经历了岁月的沉淀和检验,具有很强的哲理性,具有很高的指导作用。这种特性也会在某种程度上保留在翻新后的熟语中。

2.4　源于经典歌曲和流行歌曲

俄语电视广告语篇中经常利用歌曲构成具体互文现象,其来源主要是苏联时期的歌曲和流行歌曲。使用歌词不仅可以使潜在消费者在语言方面产生共鸣,而且还会把电视广告语篇和歌曲的优美旋律联系起来。利用耳熟能详的歌曲可以调动潜在消费者的情绪,使他们很容易从心理上接受广告语篇的内容。

⑦«Rolsen». Пусть всегда будет Rolsen.（Rolsen 电视机）

这则广告语篇的口号来源于苏联歌曲«Пусть всегда будет солнце»。歌曲通过简约的诗句表达了人们心底的纯真和善良,以及人类美好的愿望。歌曲问世以后,不仅在苏联国内取得了巨大成功,而且被翻译成四十多种语言,在其他国家传唱。"Пусть всегда будет солнце"既是歌曲名称,又是副歌部分,很容易激发潜在消费者对源语篇的联想。

2.5　源于民间口头创作

民间口头创作是普通劳动人民智慧的结晶,历代相传,具有鲜明的民族烙印,在一般的社会成员中有很高的知名度和喜爱度,因此也会成为俄语电视广告语篇中构成具体互文现象的来源之一。

⑧（画面）屏幕上出现绕口令的字幕。

Карл у Клары украл кораллы, а Клара у Карла украла кларнет.

（画面）一个喝多的男人读道:Карл у Клары украл кораллы.

（画面）他的口齿不清,显然跟不上屏幕上字母跑动的速度。

这个男人说道:Э! Куда? О-ой...

画外音:Надо было пить «Buckler». «Buckler» — безалкогольное пиво.（Buckler 无酒精啤酒）

这则电视广告语篇利用具有广泛熟知度的绕口令构成具体互文现象。绕口令是大众喜爱的语言游戏,对潜在消费者有很强的吸引力。当潜在消费者参与到语言游戏中的时候,广告语篇的吸引功能就已经实现了。

2.6　源于广告语篇

随着商品经济的飞速发展,广告已经成为社会生活不可分割的组成部分。尽管大多数人对广告都持有一种抵触心理,但是有些广告通过不间断的播放可以达到家喻户晓、人人皆知的程度。因此,一些成功的广告语篇形式常常成为广告制作人利用和模仿的对象。

2.6.1　源于广告语篇中的语句

⑨Купи себе шубу. Не дай себе замерзнуть.

上面这则广告语篇口号同碳酸饮料 Sprite 的广告语篇"Имидж — ничто. Жажда — все. Не дай себе засохнуть."形成互文关系。

2.6.2　源于广告语篇中的主要情节

⑩男孩:*Анечка, а вот тебе какие газетки нравятся: красненькие и желтенькие?*

女孩:*Мне нравятся непредсказуемые, как я сама. Есть сомнения, читай «Воскресенье».* («Воскресенье»报纸)

这则广告语篇模仿的是 Финт 糖果的广告语篇。试对比分析 Финт 的广告语篇内容:

深色头发的男孩问女孩:*Свет, а тебе какие мальчики нравятся: темненькие или светленькие?*

浅色头发的男孩说:*Ей светленькие нравятся.*

深色头发的男孩反驳道:*Да нет, темненькие. Я точно знаю.*

另一个回答说:*Мне нравятся умные, но тебе это не грозит.*

(Финт 糖果)

与其他源语篇相比,广告语篇的时效性较差。广告语篇如果一段时间不被播出的话,很容易就会被遗忘。有的学者甚至提出,没有必要研究广告语篇具有的互文潜能。此外,作为源语篇的广告语篇一定是被潜在消费者接受和喜欢的,否则目的受众很可能由于对源语篇的反感而迁怒于新创建的广告语篇。

3. 具体互文现象在俄语电视广告语篇中的主要功能

当广告制作人选择互文标记时应该确信,潜在消费者可以识别出互文现象,并且可以激活源语篇或者相应片段蕴含的语义内容。研究具体互文性的主要目的并不是简单确立一个语篇同其他语篇的语源关系,而是要确定说话人在语篇中运用互文现象的修辞功能。各种互文现象的使用并非简单借用,而是被有机地融入新的语篇,执行特殊功能。E. A.

Земская 认为,"他人言语"的存在可以赋予现代语篇强烈的表现力。"语篇中的语篇"可以创造双层或者多层理解。(Земская, 1996)俄罗斯语言学界一般认为,构建互文现象的主要目的是:在和其他语义系统的相互作用中增生语义,产生新的语义能力。(Баженова, 2003)随着研究的不断深入,近年来研究者提出,在不同的语体中,互文现象的功能也有所区别。Е. В. Михайлова 认为,在科技文章中,互文联系在语篇中有下列功能:所指、评价、美学和装饰功能。所指功能存在三种变体形式:信息功能、阐释功能和祈诉功能。评价功能有两种变体形式:批评和移情功能。装饰功能有两种变体形式:例证功能和描述功能。M. В. Терских 认为,互文性在广告语篇中的主要功能是权威功能和吸引功能。此外,还可能同时执行其他可选功能,例如:游戏功能、美学功能,划界功能、形象定位功能、语义浓缩功能等。(Терских, 2003)

我们认为,具体互文现象在电视广告语篇中执行的基本功能只能有一个,即吸引功能,其他的次要功能只是一种附加的可选功能。互文现象执行的所有功能都是以劝导潜在消费者接受产品和把产品推向市场为最终目的。

3.1 基本功能

电视广告语篇中具体互文现象的实质是一种异质现象,换句话说,就是把习惯的语言材料运用到陌生的环境中,属于语言运用中的陌生化手段。在俄语电视广告语篇中,利用先例现象构成具体互文语篇的现象最为常见,用来激活互文现象的互文标记,除少数直接引用先例现象外,一般都采用其变异形式。当利用先例现象的变异形式构成互文现象时,陌生化程度最高,对潜在消费者的冲击最大。研究表明,"一方面,'陌生化'手法破坏了思维的惯性,使已有的认知结构受到冲击;另一方面,认知结构所具有的建构性质又使其被破坏的部分在动态中得以重构"(王萍、周桂君,2006:108)。发生变异形式的先例现象由于固定接受习惯的存在能够在交际中得到恢复,原有语言结构和新建结构之间形成的差异会产生撞击和冲突,这必然会吸引听话人的注意,并且还会在与原有语言结构的对比中对新建语言结构做出解读。陌生化都是以熟知化为前提的,但同时又力图消除这种熟知化。在这种悖论性的共存中,在陌生化与熟知化的撞击和冲突中可以产生一种张力,这种张力可以极大吸引潜在消费者的注意,激发他们的兴趣。在一定范围内,思维定式越稳固,打破主体接受定式时产生的效果越突出。但这种突破并不是无限度的,变异后的语言现象应该足以使潜在消费者对源语篇建立起相应的联想关系,否则张力将完全消失。简而言之,变异既应该在情理之中,又必须在意料之外。互文现象的运用,特别是当先例现象的变异形式出现在语篇中的时候,可以赋予语篇新奇独特的表现力,旨在通过打破潜在消费者的思维定式,实现吸引潜在消费者注意力的目的。在广告学研究中,特别强调"引起注意"在广告创作中的地位和作用,引起注意是广告成功的关键所在。由此可见,吸引功能是电视广告语篇中具体互文现象的最基本的功能。语言陌生化手法通过打破听话人的接受定式,不仅仅可以激发起他们对言语表现形式的新鲜感,更重要的是通过他们对熟知形式的关注,可以引导他们对广告语篇的内容产生兴趣。广告大师奥格威认为,广告佳作应该能够把广告诉求对象的注意力引向产品,诉求对象不是"多美妙的广告啊!",而是"我从来没有听到这种产品,我一定要买它来试试。"。(奥格威,1991:79)能够在形式上引起潜在消费者注意的广告语篇仅仅是实现有效交际的第一步,有效的互文现象在广告语篇中的主要作用应该是能够促成潜在消费者对内容的关注。陌生化手法改变了潜在消费者习惯的思维定式,会产生理解、接受上的不和谐,语句中出现异常,常常可以视为含有潜在意思的征兆。语句中陌生化手段的使用可能延长和增强感受的时间和难度,在引导潜在消费者把注意力集中在语篇外在形式的同时,还可能激发他们关注、质疑和思考产生变化的内容,从而对传达的信息产生鲜明而深刻的印象。

3.2　次要功能

吸引功能是具体互文现象在电视广告语篇中执行的基本功能,互文现象还可能执行游戏功能、取信功能、美学功能、划界功能、形象定位功能、语义浓缩功能等其他次要功能。

3.2.1　游戏功能

В. В. Прозоров 曾明确指出语篇中的互文现象可以执行游戏功能。语篇中的语篇(本质上是体现语篇互文性的典型例子),是我们的言语中添加的权威人士或者匿名的具有游戏功能的他人言语。(Прозоров,2002:77)互文现象通过对潜在消费者的背景知识进行预测,暗示他们存在源语篇(或者片段),把他们引入一种智力游戏。俄语电视广告语篇中的互文标记大多不是语言结构完整的源语篇(或者片段)的直接引用。

通过互文标记激活的源语篇和电视广告语篇在内容和形式上都可能形成强烈反差。互文现象的运用可能赋予新建语篇幽默机智、俏皮滑稽的表达效果，使语篇生动有趣。机智幽默的电视广告语篇不仅能够增强广告语篇吸引力，还可能转移潜在消费者对广告本身的成见，降低记忆难度。但有的研究者也提出，在广告语篇中，并不应该因一味追求出奇制胜，而去任意篡改熟语典故、名言警句。如果处理不当，不仅可能会引起潜在消费者对产品的成见，而且在某种程度上也会对传统文化的继承产生一定的冲击。

3.2.2　取信功能

当广告语篇利用名言警句、熟语典故等构成互文现象时，常常会赋予表达一定的权威性。众所周知，名言警句、熟语典故等凝聚着一个民族的精神财富，是民族智慧的结晶，它们的真理性已经经历了时间的检验，无须证明。在电视广告语篇中运用此类内容旨在增强广告语篇的说服力，通过运用这些语言材料影响潜在消费者的消费情绪，力图取得较好的诉求效果。

3.2.3　美学功能

В. В. Красных 认为，大部分先例现象都具有美学价值和文化价值，先例现象的美学价值已经得到了时间的检验。（转引自 Терских，2003：107）毋庸赘述，经典先例语篇在电视广告语篇中的合理运用，不仅可能使潜在消费者获得新奇的体验，而且可能获得一定的审美享受。此外，在电视广告语篇中运用大众流行文化，如艺术影片、流行歌曲、电视节目等，也可能产生美学功能。具有一定美学功能的电视广告语篇在愉悦潜在消费者的身心，给他们带来美的享受的同时，还可以调节他们的抵触心理，有可能会促进他们选择广告语篇中推荐的商品。艺术品位较高的电视广告语篇可以提升其吸引功能，增强感性需求能力。

3.2.4　划界功能

"'自己'与'他人'的对立贯穿整个文化，并且是每一种集体世界存在的主要概念之一。任何一个文化群体（社会、政治、年龄等等）都期望能够创建自己内部的认同特征系统，以使自己人区别于他人。"（王臻，2011：102）在电视广告语篇中，广告制作人利用的源语篇只有预先设定的固定消费群体能够识别，这样就会把潜在消费者区分为"自己人"和"外人"。具体互文现象的这种功能只适用于特定商品，在一般情况下，广告制作人不会运用这种方法,因为这必然会导致一部分消费者流失。任何广告语篇都应以影响尽可能多的潜在消费者为最终目的。

3.2.5　形象定位功能

当一则广告语篇和某个语篇建立互文关系时,源语篇的格调在一定程度上会影响广告语篇中推荐商品的形象定位。源语篇对于潜在的消费者具有情感价值。广告语篇通过与源语篇建立互文关系,可以把消费者对源语篇的主观情感和态度直接迁移到产品上。

3.2.6　语义浓缩功能

当广告语篇中包含互文现象时,它可以通过互文标记和源语篇建立联系,在和其他语义系统的相互作用中,广告语篇的语义得到增生。也就是说,广告制作人通过互文现象实现了利用少量词语表达丰富内容的目的,符合经济原则,节约成本。同时,具体互文性是在语篇中利用潜在消费者已知的其他语篇构建而成的,在交际中利用已知的信息必然会降低潜在消费者接受和记忆的难度,简化记忆过程。

4.　结语

俄语电视广告语篇中的互文现象大多为隐性互文,而且经常借助先例现象或其变异形式构成。尽管变异形式的运用破坏了习惯的接受定式,改变了原有的语言结构,但是在使用过程中被破坏的语言结构可以恢复。在广告语篇中使用源语篇的变异形式,可以创造"陌生化"的表达效果,合理使用这一形式可以赋予语篇生动的表现力。在俄罗斯电视广告语篇中,互文现象的次要功能随着研究的深入一定会有新的扩展和发现,但是,无论它的次要功能是什么,具体互文现象一定会执行其吸引功能,而且所有的功能都以促进产品销售为最终目的。

参考文献

[1] Баженова Е А. Интертекстуальность [M]// Кожина М И. Стилистический энциклопедический словарь русского языка. М. : Изд. Флинта · Наука, 2003.

[2] Земская Е А. Клише новояза и цитация в языке постсоветского общества [J]. Вопросы языкознания, 1996 (3): 23 – 31.

[3] Прозоров В В. Крылатые выражения и ситуации [C]// Гольдин В Е. Жанры речи. Вып. 3. Саратов: Изд. ГосУНЦ Колледж, 2002.

[4] Терских М В. Реклама как интертекстуальный феномен: Дис. канд. филол.

наук〔D〕. Омск：Омский государственный университет，2003.

[5]大卫·奥格威. 一个广告人的自白[M]. 林桦,译. 北京:中国友谊出版公司,1991.

[6]王萍,周桂君. 认知、审美与诗歌文本的陌生化[J]. 东北师大学报(哲学社会科学版),2006（2）：108－112.

[7]王臻. 语言先例现象探索[M]. 哈尔滨:黑龙江大学出版社,2011.

[8]辛斌. 语篇互文性的语用分析[J]. 外语研究,2000(3):14－16.

[9]杨衍松.互文性与翻译[J].中国翻译,1994(4):10－13.

[作者简介]:杨志欣(1972.10—),女,黑龙江哈尔滨人,黑龙江大学俄语学院副教授,博士,研究方向为篇章语言学、语言文化学和教学法。

教学篇

思政进头脑，进课堂，进教案

——以俄语专业阅读课《普希金故居之旅》为案例

刘柏戚

1. 引言

教学设计是根据课程标准的要求和教学对象的特点，将教学诸要素有序安排，确定合适的教学方案的设想和计划。一般包括教学目标、教学重点与难点、教学方法和教学步骤等环节。

教学目标：走进普希金的生活世界，挖掘普希金创作灵感的源泉——普斯科夫①的自然魅力。系统介绍普希金的故居，了解作家，了解作品的创作背景。虽然诗人命途多舛，但生活的苦难没有压垮诗人，而是成为诗人创作不竭的源泉。普希金为后世立下文学创作一切形式的典范——戏剧、小说、诗歌、童话、十四行诗体等等。（孙晓博，2021）

教学重点与难点：古老的普斯科夫土地绵亘在俄罗斯西北部。在不甚宽阔的索罗季河下流，星罗棋布的小湖，间或与河道的支流相连。米哈伊洛夫斯克村、三山村、彼得罗夫斯克村、萨甫金诺村即坐落于此。这里还有古老的圣山修道院。在雀山的古教堂旁，就是亚历山大·普希金的墓地，也是现在的俄罗斯国家普希金文物保护区。

教学方法：课前布置预习作业，由学生担任"导游"，展示"普希金的故居"，查阅相关中外文文献。老师讲解穿插于学生讲解之间，并利用PPT进行展示。课堂以自由对话的形式进行，学生与学生之间、学生与老师之间积极互动。

教学步骤：布置教室，创设情境→复习导入，讲授新课→学生讲解，讨论思考→教师总结，布置作业。

---

① 俄罗斯的州名。——作者注

课程使用的设备:笔记本电脑、多媒体投影仪、屏幕、普希金肖像画和普希金诗集等。

2.《普希金故居之旅》的课程设计

《普希金故居之旅》以 Антон 和 Оля 在普希金诞辰那天游览米哈伊洛夫斯克为主线,表达对诗人深深的怀念之情。1837 年普希金去世后,他留给自己子女的米哈伊洛夫斯克庄园就完全荒废了。1899 年诗人的儿子格里戈里把这片产业卖给了国家。1922 年 3 月 17 日,苏维埃政府做出决定,宣布米哈伊洛夫斯克、三山村及圣山修道院里的普希金墓地为国家文物保护区。1936 年该保护区又扩大到包括修道院的全部范围、彼得罗夫斯克(这里是普希金的祖先汉尼拔家族的祖传产业),以及离米哈伊洛夫斯克一公里的萨甫金诺古堡遗址。

2.1 叠加呈现法

第一名学生:

这是库恰涅湖(Кучане)、马列涅茨湖(Маленец)和美丽的索罗季河(Сороть)。沙皇将这沿岸的土地赠予普希金的外曾祖父阿勃拉姆·彼得罗维奇·汉尼拔。其中的米哈伊洛夫斯克村由诗人的母亲继承。普希金回忆起自己 1817 年第一次去米哈伊洛夫斯克的旅行时总是说:"皇村中学毕业后,我立刻就去了普斯科夫。我记得那幸福的农村生活,俄罗斯浴,草莓等。"

1824 年 7 月,普希金被流放到米哈伊洛夫斯克。他那时居住过的房子并没有保存下来,但后来经过重建,遗址现在已经恢复了原来的模样。在米哈伊洛夫斯克,普希金愉快地工作。在这里他创造了 100 多部作品,其中包括《努林伯爵》、《吉普赛人》、《鲍里斯·戈东诺夫》和《叶甫盖尼·奥涅金》的片段。

教师:

Кто может хладно, равнодушно

На дом родительский взглянуть?

В ком на привет его послушно

Живей не затрепещет грудь!

奶娘阿琳娜·罗季昂诺夫娜点亮了诗人的生活。漫长的夜晚,在蜡烛的照耀下,奶娘对她抚养了 25 年的孩子讲了很多的故事。普希金给他的一位朋友写信说:"晚上,我听了奶娘塔吉亚娜讲的故事……她是我唯一的朋友,和她在一起,我才感到不无聊。"罗季昂诺夫娜住在普希金房子旁边的一个小房子里,现如今被称作"奶娘房"(домик няни)。在她的房间里摆设了很多古老的家具,比如长凳和箱子,不过这都是后来放置的。而阿琳娜·罗季昂诺夫娜使用过的、唯一保存下来的物品是一个首饰盒,上面带有题字"为了那黑色的一天"(Для черного дня…)。

第二名学生:

1825 年 1 月,普希金在皇村学校的同学伊万·普辛来到了这里。这成为他生活中一件愉快的事情。伊万·普辛回忆说:"我给普希金带了一份礼物——《聪明误》的手稿,他对这部喜剧非常满意,此前他对这一领域并不熟悉。午饭过后,喝了一杯咖啡,他开始大声地朗读,然后又读了一些他自己的作品。"

教师:

三年后,十二月党人伊万·普辛同样遭受了流放的命运,此间他读到了普希金写给他的诗:

Мой первый друг, мой друг бесценный!

И я судьбу благословил,

Когда мой двор уединенный,

Печальным снегом занесенный,

Твой колокольчик огласил.

第三名学生:

1825 年夏天,安娜·彼得罗夫娜·凯恩到离此不远的三山村做客。普希金曾在彼得堡的一次沙龙见过她。第一次的见面给他留下了深刻的印象。7 月的一个晚上,凯恩来到米哈伊洛夫斯克,也正是那天晚上,普希金创作了一首充满激情的爱情颂歌《我记得那美妙的瞬间》(«Я помню чудное мгновенье…»)。安娜·彼得罗夫娜·凯恩喜欢米哈伊洛夫斯克村公园的林荫路,现在这条小路以她的名字命名。

教师:

普希金在农村的生活与他作品的主人公奥涅金的生活很相像,"早早地起床,前往索罗季河去洗澡。然后开始工作,阅读,构思并创作作品。午饭后,散步或者骑马"。荒凉的湖岸,索罗季河岸,偶尔路过的旅行者经常能听到普希金朗诵的诗歌。

... Тоской и рифмами томим,

Бродя над озером моим,

Пугаю стадо диких уток:

Вняв пенью сладкозвучных строф,

Они слетают с берегов.

2.2 再演历史法

第一名学生：

普希金避开了邻居们。他喜欢到热情好客的三山村奥西波夫 – 武尔夫家中去做客，这家几乎所有的家庭成员都出现在普希金的诗歌里，被普希金所称颂。三山村与普希金有着千丝万缕的关系，这里有"奥涅金之椅"（скамья Онегина），"日晷"（солнечные часы），"孤独的橡树"（дуб уединенный），等等。

三山村周围沧桑陡峭的山丘激发了普希金无限的想象力。在索罗季河岸，三山村与米哈伊洛夫斯克之间保存着一处古老的遗迹——萨甫金诺古堡。普希金喜欢历史，喜欢听故事。他经常穿着俄式传统服装在村庄里散步，出现在圣山的集市上。街头市井的对话，民间传说，教堂门前乞丐的乞讨，僧侣们的日常生活与习俗——没有任何事物可以逃过诗人的眼睛。

普希金对他祖先的历史也非常感兴趣。临近米哈伊洛夫斯克村的彼得罗夫斯克村属于普希金外曾祖父的兄弟彼得·阿勃拉姆莫维奇·汉尼拔。普希金曾多次访问彼得罗夫斯克村，为了创作小说《彼得大帝的黑奴》，普希金还整理了祖父的故事与材料，彼得罗夫斯克村居民的日常就这样被写进了《杜布罗夫斯基》（«Дубровский»）这本书中。

教师：

祖辈生活的这片土地深深地吸引着普希金，给了他期望的安宁与灵感。"离祖辈再近一些"的想法让他决定把自己的骨灰埋葬在这里。普希金生前一共八次来到米哈伊洛夫斯克。1836 年，普希金最后一次来到普斯科夫这片土地。他将母亲的遗体埋葬在了圣山修道院。在圣母升天大教堂旁是汉尼拔 – 普希金的家族坟墓。而一年以后，1837 年 2 月，一个冰冷的清晨，这里安葬了俄罗斯天才诗人亚历山大·谢尔盖耶维奇·普希金的遗体。1922 年以后，米哈伊洛夫斯克村、三山村、彼得罗夫斯克村全部成为纪念普希金的国家保护区。

Гляжу ль на дуб уединенный,

Я мыслю: патриарх лесов

Переживет мой век забвенный,

Как пережил он век отцов.

第二名学生：

皇村中学毕业以后,1817年,普希金来到了米哈伊洛夫斯克。在普斯科夫,在与大自然的不断交流中,普希金的诗人才华得以大放异彩。在索罗季河岸边伫立着普希金的家。在一棵二百多岁的枫树下,有一个小木屋,这就是奶娘的房间,它隐没在绿色灌木丛中。公园和庄园到处都可见池塘,其中的"孤独之岛"（Остров уединения）是普希金最喜欢的角落。穿过柳树环绕的池塘,便可以欣赏到湖泊、公园、庄园、草地的美景。

教师：

米哈伊洛夫斯克公园是诗人最喜欢散步的地方,是他创作灵感的源泉。这里有两条诗人喜爱的林荫路——云杉林荫路和椴树林荫路。雄伟的云杉林把公园与宅院连在一起,这里的云杉已经两百多岁了。椴树林荫路是普希金与安娜·凯恩经常散步的地方,这条小路叫"凯恩林荫路"。

Я помню чудное мгновенье:

Передо мной явилась ты,

Как мимолетное виденье,

Как гений чистой красоты.

2.3 沉浸式教学法

第一名同学：

三山村的世界,是诗人的天堂,是普希金的邻居与朋友奥西波夫－武尔夫的家。奥西波夫－武尔夫的房子是典型的俄罗斯乡村的房子,它坐落在一座山上,从那里可以欣赏到四周的草地、田野和森林的美丽景色。而从诗人家出发,沿着一条通往三山村的小路,可以走到长满椴树林的林荫路。林荫路的尽头是一棵孤独的橡树,它已经三百多岁了,也是诗人歌颂的对象。从这里还可以欣赏到极好的草地景象和索罗季河的蜿蜒曲折。索罗季河岸边的橡树下就是著名的奥涅金之椅。

教师：

彼得罗夫斯克村是普希金祖辈汉尼拔家族的庄园。庄园里有一个楼房,里面有十一个房间,它既庄严肃穆又华丽漂亮。一面旗子高高耸立在屋顶上,上面绘着一头大象——汉尼拔家族的标志。

第二名同学:

普希金经常去彼得罗夫斯克村。长在村子公园里的树都已经二百多岁了。他特别喜欢低矮的椴树林、品种独特的"安东诺夫卡苹果"和山楂。公园和房子融为一幅美丽的画卷。似乎每个路过的人都觉得,公园就是房子,房子就是公园,只是天花板变成了天空而已。

教师:

庄园的不远处有森林、草地、田地……附近有一个蜿蜒曲折的大池塘,形状像极了童话故事里的鲸鱼怪物。这里还有一个巨大的椭圆形岛屿。在庄园那一侧的河岸,有一座狭窄的仅可通人的桥通向岛屿。

第三名同学:

这座简朴而宏伟的圣山修道院修建于 1569 年,是由伊凡雷帝下令建造的,是俄罗斯东正教男修道院。修道院里有一个长长的、一层楼的白色石头建筑,里面是修道士们的小房间。在普希金那个年代,修道院的墙壁上刻画着著名的圣山集市的景象。普希金非常喜欢参观这里,他经常穿着农民式样的衣服,同农民们长久地攀谈,听民间故事、童话和歌曲。修道院的中心现在是一个小公园。1949 年,在此放置了一座大型普希金半身塑像。这里有古老的巨石台阶,可以通向一座高山——雀山,圣母升天大教堂就位于此。

教师:

普希金的墓地位于圣母升天大教堂的东墙边。这位伟大诗人的墓地位于此地并非偶然。早在他去世前,他就亲自在修道院的汉尼拔家族墓地选择了这块地方。包括普希金本人和 С. С. 盖琴科①都多次强调,这个地方的美在于令人惊叹和感动的俄罗斯大自然,置身其中可以无尽地"观看与倾听",而后你就忍不住想去描写和讲述你的所见所闻。

3. 朗读课文

朗读 К. Г. Паустовский(帕乌斯托夫斯基)的小说《Михайловские рощи》。

---

① 谢苗·盖琴科自 1949 年起任俄罗斯国家普希金文物保护区博物馆的常任馆长。——作者注

任务：找出课文中具有感情色彩的词语和表达作者感受和心情的词语。

В пушкинском заповеднике три огромных парка: Михайловский, Тригорский и Петровский. Все они отличаются друг от друга так же, как и отличались их владельцы. Тригорский парк пропитан солнцем. Такое впечатление остается от него почему-то даже в пасмурные дни. Свет лежит золотыми полянами на веселой траве, зелени лип, обрывах над Соротью и на скамье Евгения Онегина. От этих солнечных пятен глубина парка, погруженная в летний дым, кажется таинственной и нереальной. Этот парк как будто создан для семейных праздников, дружеских бесед, для танцев при свечах под черными шатрами листьев, девичьего смеха и шутливых признаний. Он полон Пушкиным и Языковым.

Михайловский парк — приют отшельника. Это парк, где трудно веселиться. Он создан для одиночества и размышлений. Он немного угрюм со своими вековыми елями, высок, молчалив и незаметно переходит в такие же величественные, как и он сам, столетние и пустынные леса. Только на окраинах парка сквозь сумрак, всегда присутствующий под сводами старых деревьев, вдруг откроется поляна, заросшая блестящими лютиками, и пруд с тихой водой. В него десятками сыплются маленькие лягушки.

Главная прелесть Михайловского парка в обрыве над Соротью и в домике няни Арины Родионовны — единственном домике, оставшемся от времен Пушкина. Домик так мал и трогателен, что даже страшно подняться на его ветхое крыльцо. А с обрыва над Соротью видны два синих озера, лесистый холм и наше вековечное скромное небо с уснувшими на нем облаками.

В Петровском парке был дом пушкинского деда — строптивого и мрачного Ганнибала. Петровский парк хорошо виден из Михайловского за озером Кучане (оно же Петровское). Он черен, сыр, зарос лопухами, в него входишь, как в погреб. В лопухах пасутся стреноженные лошади. Крапива глушит цветы, а по вечерам парк стонет от гомона лягушек. На вершинах темных деревьев гнездятся хриплые галки.

… Трудно было представить себе, что по этим простым дорогам со следами лаптей, по муравейникам и узловатым корням шагал пушкинский верховой конь и легко нес своего молчаливого всадника.

Я вспоминаю леса, озера, парки и небо. Это почти единственное, что уцелело здесь от пушкинских времен.

作业:完成《Я мысленно вхожу в… 》。

4. 课程总结

"虽然眺者自眺、飞者自飞,霄壤悬隔互不搭界,但在久久的深情谛视中,通过艺术的、精神的感应,往往彼此间能够取得某种默契。"(王充闾,2020:15)因此,教师确立教学目的后,在该目的的基础上有条理地引导学生,同时要创造轻松、友好和舒适的课堂氛围,并将其贯穿在教学活动的各个环节之中。课上,我们采用了共同讨论的学习方式,在不同环节轮流进行个人展示和教师点评。学生们热烈地谈论着普希金度过童年和青年的地方。精心策划的环节使得课程既丰富,又有组织。课程的结尾是帕乌斯托夫斯基的作品,主要为了培养学生分析文学作品的能力。专业课程的培养是一个完整的体系,各门课程之间紧密相连。课程的内容既要符合教学大纲的要求,又能够培养学生的认知和审美能力。PPT 的使用丰富了课程的内容,有助于帮助学生透彻地课文。

5. 结语

"在今天的高校课堂,经典似乎已经蒙尘静置一隅。如何重读经典,让经典复活,业已成为教学领域的迫切问题。"(傅璇,2020:10)诗人虽被流放,但从乡村生活汲取能量,从市井坊陌寻求创作的源泉,这与车尔尼雪夫斯基所说的"美是生活"相契合,而"静心读书、安于淡泊"才使得他在文学的创作上取得了辉煌的成就。因此,思政进课堂,教师应该考虑:

首先,教师要善于寻找新鲜的视角。特别要关注青年学生关心的时事政治和社会热点问题,以这些问题作为专业教学和思政教育结合的聚焦点和动力源,激发学生学习兴趣。

其次,教师要最大限度营造轻松、愉快、温暖、光明和自由的教育情境、氛围,做到专业之"术"与思政之"道"和谐统一。教师要在备课环节精心巧妙地进行教学设计,切实将思政的"盐"融入专业教学的"汤",不能为了"思政"而"思政"。

最后,苏联的教育学家苏霍姆林斯基曾经说过:"要记住,你不仅是教课的教师,也是学生的教育者,生活的导师和道德的引路人。"既要考虑"思政"价值的正确引导,又要提升学生的专业素质,二者的结合要恰到好处。

参考文献

[1] 傅璇. 通识教育中的人文经典课程教学实践探索——以俄罗斯文艺经典通识课程为例[J]. 中国俄语教学,2020(4).

[2] 孙淑芳,吴丽坤. 俄语阅读(二)[M]. 哈尔滨:哈尔滨工业大学出版社,2006.

[3] 孙晓博. 普希金海洋书写的文学史意义[N]. 中国社会科学报,2021 - 02 - 01 (4).

[4] 王充闾. 青天一缕霞[J]. 文苑(经典美文),2020(4):36 - 37.

[作者简介]:刘柏威(1978.9—),女,黑龙江大庆人,黑龙江大学俄语学院教授,博士,硕士生导师,研究方向为对比语言学、翻译学。

新文科背景下的俄语阅读课"翻转"教学

荣　洁

"俄语阅读"是黑龙江大学国家级教学团队"俄语语言文学专业教学团队"开设的专业必修课程之一,2009 年获批黑龙江省级精品课程,所使用的教材是赵为教授总主编的普通高等教育"十五"国家级规划教材《俄语阅读》(1—6 册)。六册教材收入了故事、小说、传记、诗歌、著名短篇、科普文章等各种体裁的俄语文本,信息量大,知识覆盖面广。根据新文科背景下出台的《普通高等学校本科外国语言文学类专业教学指南》①的精神和要求,在传统俄语阅读课教学法的基础上,我们发展并创新了"翻转"教学法。

阅读是一个运用所学知识解读文字的过程,也是极为复杂的生理和心理过程,要求读者利用所掌握的阅读技能,领会作者的思想和意图。在这一过程中,读者对于词语的不同解读方式导致了阅读准确率和速度的差异。影响阅读效率的因素主要包括:对词汇的掌握程度、对语法的掌握情况、认知水平、阅读习惯、背景知识、学习方法等。

俄语阅读课(旧称"俄语泛读课")是黑龙江大学俄语(系)学院俄语专业的重要基础课之一,其重要性不言而喻。2020 年版《普通高等学校本科外国语言文学类专业教学指南》出台前,学院始终努力遵循《高等学校俄语专业教学大纲》提出的各项要求开展教学,即:第一学年学生的阅读总量 150—200 页,阅读速度 40—50 词/分钟;第二学年阅读总量 400—600 页,阅读速度 80—100 词/分钟;第三学年课内外阅读量不少于 1400 页,阅读速度 80—120 词/分钟。

对照教学大纲审视我院阅读课的教学安排:零起点班的阅读课从第

---

① 教育部高等学校外国语言文学类专业教学指导委员会俄语专业教学指导分委员会. 普通高等学校本科外国语言文学类专业教学指南[M]. 北京:外语教学与研究出版社,2020.

二学期起开设,使用《俄语阅读》(一),全册 268 页,可保障第一学年的阅读总量;《俄语阅读》(二、三)供第二学年使用,两册分别为 301 页和 321 页,可保障第二学年的阅读总量;《俄语阅读》(四、五)供第三学年使用,两册分别为 346 页和 352 页,可保障第三学年阅读总量的 50%,其余 50%靠其他课程补齐。教学大纲对第四学年阅读技能的要求为,学生应"能读懂俄罗斯报刊上一般性的时事述评、科普文章和中等难度的文学作品。阅读速度为 100—140 词/分钟。理解准确率以 75% 为合格。全年课内外阅读量不少于 1600 页"①。我院第四学年不开设阅读课,第六册《俄语阅读》按课外阅读材料在第四、五学期使用,第四学年阅读量依靠其他课程完成。

阅读教学要达到这一总目标,教学方法、师资、教材和学时都要合理安排,笔者认为其中最为关键的是教学方法。我们先回顾一下传统的阅读课教学方法。

1. 传统俄语阅读课教学法回眸

多年来,俄语(系)学院的阅读课,尤其是低年级阶段阅读课,基本都由俄语实践课教师承担。而实践课教师大多采用讲解单词、语法现象、句子结构的方法进行授课,通过提问和教学翻译等形式来检查学生的阅读质量。我一句、你一句、他一句的"流水翻译"是基础阶段阅读课最常见的"主流"检测手段之一。之所以采用这样的方式检查学生对原文信息的理解,一是因为找不到更简便的手段检查学生的阅读质量,二是教师试图用这样的翻译方式折射出俄语的句子结构,方便学生理解。基础阶段学生尚未开始学习翻译,遇到复杂一些的句子,只能对译,而教师也无法对他们的译文质量提出更高要求,不得不接受低质量的对译。如果遇到这样的句子,课堂上会出现这样的翻译,例如:

Лингвистика — это не что иное, как наука о языке.

语言学不是别的,而是研究语言的科学。(试比较:语言学的任务就是研究语言。)

为了巩固学生所学,授课教师偶尔还会再补充几个例子,力图揭示这种结构的特点。例如:

---

① 全国高等学校外语专业教学指导委员会俄语教学指导分委会. 高等学校俄语专业教学大纲[M].北京:外语教学与研究出版社,2012,第 11 页.

Жизнь для Иванова не что другое, как ожидание смерти.

生命对伊万诺夫来说不是别的,而是等待死亡。(试比较:生命对伊万诺夫来说不过是等待死亡。)

Секретарем посольства был не кто иной, как Джон Реймонд.

大使馆的秘书不是别人,而是约翰·雷蒙德。(试比较:大使馆的秘书恰好是约翰·雷蒙德。)

一些教师认为,只有采用第一种译文才能让学生理解这种句子结构,否则学生不易掌握这个句型。事实上,在上述例句中,固定结构"не кто иной, как...; не что иное, как..."仅做语气词用,利用对译的方法并不能充分反映出这种句子的结构、语义、语用特点(如果教师对此存在疑虑,建议再加上意译的例子,做到二者兼顾)。另外,通过一种语言技能(翻译)检查另一种语言技能(阅读)不尽合理,而且还会留下"后遗症":学生会对翻译产生错误认识,误以为翻译就是一个词一个词对译。

教师对阅读量也有不同的认识,有的教师比照实践课执教阅读课,认为两节课时间仅够讲解 3 至 5 页内容,否则难点无法讲深讲透。在我国基础外语教学中,有过过分强调"精",强调"质"的倾向:往往二、三次课只学一篇很短的课文。结果,由于忽略了"量",不重视量中求质,"质"也不高,学生能用的语言材料很少,能交际的范围很小。[①]教师无意间将教学大纲规定的略读(综合性阅读),变成了精(细)读(分析性阅读)。

这种教学方法有两大缺点:一是课堂讲解占时多,拖延了教学进度,最后往往完不成教学计划;二是影响学生后续学习翻译,他们会很长一段时间难以摆脱俄语句法结构和词序对俄译汉的影响。

实践教学中笔者注意到,研究生由于本科阶段掌握的词汇量不足,在翻译过程中不得不反复查词典;知识面窄、阅读技能弱,导致误译不断;阅读速度慢,导致视译效果差。问题出在研究生学习阶段,根子却在本科学习阶段。问题虽不可归咎于阅读课教学,但与阅读课教学却有一定的关联。

阅读没有量就不会有质。足够的阅读量和阅读视野,会助力学生应对俄语专业八级、各种等级资格证等考试,对听力理解、口笔译实战大有裨益。

---

① 应云天. 外语教学法[M]. 北京:高等教育出版社, 1986.

2."翻转"课下保障完成阅读量

我院阅读课继承和发展了黑大俄语课堂上的"翻转"教学理念,教学实践中明显加强了师生间的互动性,对教学难点的发掘更加深入;使课堂教学更具系统性,巩固了与实践课和文学史等课程的关联度;教学效果良好,尽管完成阅读任务时困难不小,但学生认为收获颇多,广泛欢迎。

如何完成每学期"庞大"的阅读总量始终是困扰授课教师的难题。"翻转"教学采用的做法是:将读完一册书作为目标,计划16周完成,每周读完一册书的1/16(同时还要完成阅读指定文献的任务和阅读量)。我院的阅读教材各册容量均比较大,每周两学时对于达成理想的阅读量所需的教学时数显得有些"捉襟见肘"。为完成教学计划,达成教学目的,我们充分调动了学生的能动性,通过计算,给学生布置好一周的阅读量,各组组长负责安排本组的阅读任务,并逐个落实(生词、特殊搭配、句型、关键词、问题设计等)。这种方法既增加了阅读时数,又使学生有足够的时间去查阅词典,解决生词障碍等问题,减少了课上非必要的讲解时间。布置课后阅读作业时,"应在课上布置和讲解,规定学习者阅读范围,提出一定要求,并告以检查方式和时间,一般都在下次课上进行阅读检查。心理学上许多试验证明,有一定的任务要求和强烈的兴趣,最能提高活动的效果。提高综合性阅读成绩,必须十分注意教师的指导和检查工作"①。

学期初,学生需要查阅词典的情况非常多,随着课程的推进,这样的情况逐步减少。这说明学习者的词汇量有所增加,学习积极性明显提高,并掌握了一定的阅读方法和技巧。

教师要求学生将查到的解释标记在书上,供课堂上检查,避免学生"出工不出力"。教学过程中,教师一定要走下讲台,留意学生的课前读书笔记,观察其是否完成了教师布置的全部任务,课下了解没有完成作业的原因。

另一项要求是让学生记录自己阅读过程中需借助教师指导才能解决的难点,课堂上向老师请教。教师答复的形式有两种:如果问题比较简单,可以请其他学生发表自己的见解,但要把控好时间;如果问题比较复

---

① 朱纯. 外语教学心理学[M].上海:上海外语教育出版社,1994,第294页.

杂,则由教师回答。教师安排的作业形式多样,同时也都是学生力所能及的,有需要动手查阅的、有需要上网查找的、有需要思考的、有需要归纳的,助力他们的学习上一个台阶。

3. "翻转"课上"扫清"阅读障碍

课堂上的第一个环节通常是学生提问,教师解答;下一个环节是教师提问,学生回答。教师的问题主要是在备课过程中,针对学生可能遗漏的要点准备的。每一节课,教、学双方都会提出许多问题,教师安排一名同学记下这些问题,课后提交老师批阅,以备第二次课上复习之用,做到"学而时习之"。以往,我们要求学生每四周将四次课的记录分项整理,在课堂上做一次总结,至学期末共计做四次;四周可以换一次"速记员",这样就可以有四人次参加这项重要的课堂活动。而今,我们要求每个学生每次课后,而且必须当天就要将听课记录分项整理后发到班级微信群里,在下一次课上教师随机指定"发言人"做总结,让每个人都主动参与教学过程,当这门课的"主人"。

阅读课教材不同于实践课教材,无论是词汇,还是语法点,都会超出以语法为纲的实践课教材内容,两套教材并非并行。阅读教材中的课文如未经修改或修改不大,必然会引出学生的诸多发问。这里以《俄语阅读》(三)第 21 课《Легенда о Ларре》(教材中有删节)为例,备课伊始就可以发现,篇幅虽已经压缩,字数减少许多,但依然出现了大量主从复合句和一些修辞格。例如:

主从复合句:

Многие тысяч лет прошли с той поры, когда случилось это.

И когда люди бросились на него, он не стал защищаться.

Ларра отвечал, если хотел, или молчал.

Пусть он идет, куда хочет.

Ларра пошел к девушке, которая смотрела на него.

Всем, кто видел это, стало страшно.

Потом люди собрались, чтобы придумать казнь за преступление.

Я убил ее, потом что она оттолкнула меня.

С ней был юноша, красивый и сильный, как сама она двадцать лет назад.

И все забыли о ней, как забывают обо всем на земле.

Он спросил их так, точно они были рабы.

Мать сказала, что это ее сын.

Все видели, что он ничем не лучше их.

Дай нам понять то, что ты сделал.

Люди увидели, что он считает себя первым на земле.

繁式复合句:

Ларра отвечал, что таких, как он, нет больше.

Когда люди увидели это, они стали думать о том, как наказать его.

Все разошлись, а этот юноша, который теперь получил имя Ларра, что значит: отверженный, — громко смеялся над людьми, которые бросили его, смеялся, оставаясь один, свободный, как отец его.

比较短语:

Видишь, он уже <u>как тень</u> и таким будет вечно.

Орел унес девушку из племени, черноволосую и нежную, <u>как ночь</u>.

Только глаза его были холодны и горды, <u>как и царя птиц</u>.

Он ударил ножом себя в грудь, но сломался нож — <u>точно в камень ударили им</u>.

备课时可将繁式复合、比喻修辞格(сравнение)、喻说修辞格(перифраза)作为备课重点,其他部分要求学生课下对照《当代俄语语法》自主学习。

此外,每课考虑扩展一个知识点。本课拟扩展带不同前缀的动词,或者一个词群。例如:

动词:

вязать → связать(本课)→ развязать(本课)→ завязать → привязать → отвязать → обвязать . . .

名词:

орел(本课)→ сокол → коршун → сова → ворона → сорока → дятел → кукушка . . .

也可以量化分析某课中动词完成体和未完成体的使用情况,给出自己的结论。

该课文中没有国情知识方面的要点,忽略不计。

对于名作家的作品,则需从文学作品分析的角度加以阐释。在«Легенда о Ларре»中,高尔基塑造了一个高傲、冷酷、自私的鹰之子。他杀死了拒绝他的拥抱、一把推开了他的美丽少女。愤怒的族人把他捆绑起来,想用最严厉的手段惩罚他。但最后,族人在一位智者的提议下放了他,给了他自由,让他尝到了欲死不能的自由,给了这个孤傲、自以为是的人最高意义的惩罚——永远的孤独。通过文本分析,学生了解到«Легенда о Ларре»是关于"罪与罚"的书写,自私冷漠是人性的至暗之处,人要向善而生,要宽容待人。

阅读课还要关注学生的阅读速度,可以每四周选择一篇陌生课文做快速阅读训练,一学期做四次。采用"遮盖法",提高学生的阅读速度,笔者采用的方法是:让学生遮盖住阅读材料两侧(15%—20%)的内容,之后开始阅读,被遮盖的地方设为生词,培养学生根据语境推测内容的能力。事实证明,这种方法行之有效,不但提高了学生采用略读方式快速获取信息的能力,提高了阅读速度(粗读 80—120 词/分钟)和理解准确率(达到 75%),也提高了他们的概括能力。

实践教学中,我们对阅读速度做了量化要求。学期初每分钟应该完成 700 个字符的阅读任务,期末时要达到每分钟完成 840 个字符,同时通过针对语言文化知识点、内容点等设计的问题的检测,监控阅读质量。教学试验证明,通过我们的训练模式,80% 以上的同学能完成我们设定的目标。

2019 年 11 月 12 日,来黑龙江大学参加俄语专业认证的专家、上海外国语大学俄罗斯东欧中亚学院院长许宏教授走进了我们的阅读课课堂,观摩了学生学习和掌握课文«Двое»的过程。该篇课文讲述的是:在冰天雪地的冻土带上,在无尽的黑夜中,老猎人扔掉辛苦打到的猎物,放弃了"老朋友"—— 领头麋鹿,不顾个人的生死安危,拼尽最后的力量拯救烧伤的陌生人。在规定时间内学生读完了作品,之后概述了作品的内容,分析了作品的语言特色,译出了需要翻译的段落,并对教师的问题做了正确的回答。在教师的指导下,学生总结了该篇课文的主题思想,认为这是一篇宣传人道主义思想、弘扬善举的作品。

课后,许宏教授充分肯定了快速阅读的训练方法和理念,认为运用这种方法课堂互动频率高,学生对导入问题的思考比较深刻。许教授赞许这节阅读课很好地体现了课堂思政导向,认为方法值得借鉴。这也说明,我们的快速阅读训练经得起专家的评估。这既是创新之处,也是我们将继续探索和发展的方向。

查找阅读也是比较实用的阅读方式。在一篇 200 词的语篇中,设定 4 个词组,要求用最快的速度找出。

对翻译专业的学生来说,仅仅阅读俄语材料还不够,每周可再添加一篇中国知名翻译家翻译的俄罗斯短篇小说,一是让学生留意名家如何翻译作品,二是为后续学习俄罗斯文学史埋下小小伏笔。教学实践证明,在授课教师引领下,这样的工作量学生是完全可以完成的,且质量也不错。

为培养出新文科背景下的俄语人才,我们加强了对学生问题意识和批判性思维的培养,教学中使用了问题导入模式——Кто? Что? Когда? Где? Как? Почему? Зачем? Откуда? Куда? 等,并要求阅读过程中总结出对应答案。此方法可以助力学生正确把握原文的主题和思想,提高审美能力。同时,通过"思考空间"这一模式增强学生分析问题的能力,例如:讲解《Операция》后,让学生思考 свет и тьма,судьба человека 等问题,并要求课后就此问题完成小文的写作;让学生思考作品叙事视角的转换、人物心理和细节的描写等。

这里我们要特别强调一点,即:阅读课上一定要注重并加强培养学生的阅读理解能力,因为它会直接影响学生对所读内容、信息的正确把握。我们的做法是:要求学生阅读后马上说出指定段落的关键词,用一句话总结段落的核心思想。

2020 版《普通高等学校本科外国语言文学类专业教学指南》对《俄语阅读》的教学时数进行了调整:《俄语阅读》(一)、《俄语阅读》(二)、《俄语阅读》(三)、《俄语阅读》(四)各 32 学时,在第二、三、四、五学期开设,并且还对《俄语阅读》(四)做了说明:"《俄语阅读》(四)可以替换为《俄语报刊选读》。"[1]新指南关于《俄语阅读》(四)和《俄语报刊选读》的替换建议一定有其全面的考量。黑大俄语(系)学院在专业课时缩减前,考虑到《俄语阅读》《俄语报刊选读》这两门课程教学目的、教学内容的差异

---

① 教育部高等学校外国语言文学类专业教学指导委员会俄语专业教学指导分委员会. 普通高等学校本科外国语言文学类专业教学指南[M].北京:外语教学与研究出版社,2020,第 14 页.

性,考虑到文本选材语体和内容的时效性、稳定性等问题,在高年级阶段同时开设了这两门课。目前形势下,我们还是倾向开设《俄语阅读》(四),因为《俄语阅读》所选课文具有以下优势:体裁多样、语体丰富、知识多样、教学内容稳定性强。

4. 思政教育进课堂

教育部制定的《高等学校课程思政建设指导纲要》中指出:全面推进课程思政建设是落实立德树人根本任务的战略举措;将课程思政融入课堂教学建设全过程;发挥好每门课程的育人作用,提高高校人才培养质量。

"思政进课堂"是完全符合我国国情的重要举措。"课程思政"培养学生正确的价值观,培养和巩固学生的使命感和责任心。"润物细无声"般导入"课程思政"内容,引领学生主动参与课堂讨论、提高自身修养、增加对国家的认同感和自豪感,是新文科背景下俄语阅读课最为重要的教学理念之一。

以《俄语阅读》(四)为例,讲解每一课内容时,笔者通过有针对性的问题导入,让学生解读出文中蕴含的思想和理念,并将其与中国文化、中华传统、当下热点问题结合起来,融入教学中。

完成对课文语言层面的讲解、分析、训练后,点明课文的主导思想和文化内涵,培养学生的问题意识、思考能力和阐述能力。在文本世界与现实世界间建立关联,达到提高情操、提高自身修养的目的,加强爱国爱家的意识。以问题为导向,通过网络、媒体等途径扩大阅读视野。

课上,我们通过"思考空间",用"翻转"教学法,让学生结合具体语境,引入思政内容,自然而然地导入中国传统文化和讲中国故事。例如,在学习《Зимний дуб》一文时,我们通过女教师和小学生萨弗什金的对话与交流,引入了"三人行必有我师"的思想,同时也阐释并讨论了"活到老学到老"的思想;学习《Рассказ о лимоне》一文时,通过对故事背景的解读,指出了苏联解体的原因,歌颂了中国共产党的伟大,强调了国家稳定、人民团结的重要性;学习《Корзина с еловыми шишками》和《Ты обещал, папа》时,通过了解故事情节和作品的结局,让学生自己得出结论——无论面对谁,无论何时何地,承诺的事情一定要兑现,要对自己的言行负责任,要有契约精神,突出诚信的重要性;通过阅读《Белый гусь》

和《Пинг-Пинг》，理解"父爱"的伟大、牺牲精神和责任感；通过学习《Корзина с еловыми шишками》和《Какую фамилию носил Иван Грозный?》，走进俄罗斯历史，了解俄罗斯姓氏的演进，并由此让学生去对比中国人姓氏产生的年代，培养学生的文化自信和自豪感；通过学习《Корзина с еловыми шишками》和《Алые паруса》，让学生明白追求梦想、永不放弃的意义。

此外，我们通过写读后感这一过程性检测手段，让学生对所阅读内容有了独立的思考，加深了其对文本世界的认识，更感受到文本世界的美好。学生改变了对阅读课的认识，增强了对这门课的兴趣，从被动阅读转变为主动阅读，并积极参与课堂活动。

通过课堂思政建设，我们看到，学生的自主思考能力、理解能力、表达想法的能力均有所提升，学生的集体荣誉感增强，家国意识更加清晰。

此外，为突出"以学生为中心"的教育理念，加强学生对每一课教学重点内容（含文本内容、语言点、语言文化国情知识点）的掌握，我们"发明"了"拓展空间"这一学习模式。我们结合每次课的教学内容、主题等设计"拓展空间"需完成的任务，课后由各学习小组成员"协同作战"，运用网络资源查找中国和俄罗斯的相关资料、查找俄汉语中核心词语的表达，选取图片，制作PPT或小视频，然后在第二次上课前用10—15分钟时间由"发言人"给全班同学讲解。例如，讲解《俄语阅读》（三）《О космонавтике》后，布置"拓展空间"作业，要求学生准备与航天有关的俄汉术语表达，写关于中国航天人的小文；再如，讲解《Операция》和《Геологи в тайге》后，要求学生找出作品中的修辞表达手段、文学体裁、鲜花名称等。

通过"拓展空间"，学生加强了对课文中积极词汇、句型、表达习惯的掌握和运用，加强了对俄罗斯文化的认识，加深了对问题的思考，扩大了知识视野，增强了对中国文化的认同感。学生体验到"翻转"教学的快乐，目标达成度较好。

结语

"翻转"教学促进教师不断创新，不断吸收先进的教学理念和观念。很多教师在"分数至上"的教育环境中已经锤炼出了一整套的看家本领，形成了一种固定的教学范式和习惯。实施"翻转"教学，必然会打破自己和教育环境之间的一种平衡态，让自己处于一个新的、打破了旧平衡的状态,从而需要不断努力进取。"翻转"教学凸显了学生学习的自主性,激发了学生学习的积极性和主动性,加强了学生"我要学"的愿望,扩大了其知识视野,加强了其问题意识和"动口、动手"能力,与其他课程学习形成了有机联系。

参考文献

[1]教育部高等学校外国语言文学类专业教学指导委员会俄语专业教学指导分委员会.普通高等学校本科外国语言文学类专业教学指南[M].北京:外语教学与研究出版社,2020.

[2]全国高等学校外语专业教学指导委员会俄语教学指导分委员会.高等学校俄语专业教学大纲[M].北京:外语教学与研究出版社,2012.

[3]应云天.外语教学法[M].北京:高等教育出版社,1986.

[4]朱纯.外语教学心理学[M].上海:上海外语教育出版社,1994.

[作者简介]:荣洁(1964.11—),女,黑龙江牡丹江人,黑龙江大学俄语学院教授,博士,博士生导师,研究方向为俄罗斯语言文学与文化、文学翻译。

"经贸俄语"课程及教材建设:思路与方法

孙淑芳

1."经贸俄语"课程建设

1.1 "俄语 + 经贸"专业模块

随着国家"一带一路"倡议的深入推进,中国与"一带一路"沿线各国的交往日益密切,各领域的交流与合作不断扩大,这不仅促进了俄语专业人才的持续增加,也推动了经贸俄语人才需求的大幅增长,而"经贸俄语"课程及教材建设在经贸俄语人才培养方面发挥了重要的作用。目前,全国开设俄语专业的高校有170多所,几乎都设置了"俄语 + 经贸"这一专业模块,开设了经贸俄语或商务俄语课程,为国家培养了大量的经贸俄语专业人才。1993年,黑龙江大学俄语本科专业设置了"俄语 + 经贸"模块,成为我国较早设置这一专业模块的高校之一。为了配合这门课程的教学,时任俄语系主任的阎家业教授组织青年教师编写了《经贸俄语》教材,首版于1993年由黑龙江教育出版社出版。教材一经出版就深受广大师生的欢迎,成为师生学习、生活和工作的重要案头书。依托这一专业模块,配套开设了经贸俄语、经贸信函写作、经贸俄语会话、商务函电、经贸文选等课程。在近30年的发展进程中,黑龙江大学俄语学科立足于服务国家发展战略的现实需求,高度重视优秀教材建设和现代化教学手段的运用,已形成相对完整的经贸俄语人才培养体系,汇聚了一批精通经贸俄语知识、具有较高专业水准的教师,积累了丰富的教材编写及教学实践经验,良好的教学效果和优秀的教材支撑将为申报国家级一流本科课程奠定坚实的基础。

1.2 培养目标及课程设置

《高等学校俄语专业教学大纲》(第二版)规定俄语专业人才培养目标为:"高等学校俄语专业培养具有扎实的俄语语言基本功、宽广的文化知识面,较强的语言运用能力,良好的综合素质,能在外事、经贸、新闻、科技等领域从事翻译、研究和管理等工作的复合型人才。"高校面向本科生开设的经贸俄语课程通常持续一个完整学年,按两学期授课,可以在大二下学期或大三上学期开始,建议每个专题2学时,个别有难度的专题可考虑4学时;也适合在研究生层面开设这一课程。

1.3 "经贸俄语"课程性质及重点和难点

1.3.1 课程性质

"经贸俄语"是一门集知识、技能于一身,语言表达上具有书面语和口语特点的综合性课程,这一特点增加了这门课程的教学难度。从语料载体上看,《经贸俄语》(第2版)教材由两部分组成:对话(диалог)与文本(текст)。这两种体裁类型在教学上的重点和难点有所差异,教师须适时调整教学方法和手段,帮助学生掌握重点、克服难点,最终实现教学最优化目的。

1.3.2 重点和难点

无论是教材,还是课程,重点和难点都主要表现在两个方面:

(1)经贸对话属于具有书面语性质的口语,具有术语专业性强、句子结构复杂、词汇使用难度大、听说和表达不容易上口的语言特点。经贸对话中包含一定的经贸术语,这会加大理解和表达的难度。如何使学生正确使用经贸术语和词汇,掌握经贸知识,成为教学的重点和难点。

(2)经贸文本的语言具有典型的书面语性质。外贸合同、合资企业合同、合资企业章程、委托书、营业执照等文件具有一定的法律效力,在行文上具有自己独特的文本格式和规范,这要求学生具有较好的汉语基础,但这一点往往是外语专业学生的弱项。

2.《经贸俄语》教材特色与创新

2.1 《经贸俄语》(第2版)特色

任何一门课程都离不开经典教材的支撑,教材建设在人才培养方面发挥了重要的作用。现今已出版的经贸俄语书籍并不多,适合于做教材的更是寥寥。或因科学性、系统性和稳定性不足,或因内容陈旧、缺少时代感,或因缺少言语训练等内容,无法满足当今经贸俄语人才培养的需求。教材编写须以全新的理念为指导,注重提升质量。普通高等教育"十一五"国家级规划教材《经贸俄语》首版于2008年由上海外语教育出版社出版。《经贸俄语》(第2版)在保留首版教材风格和特色基础上,删减了一些过时的内容,补充了近年来中俄两国贸易实践中的新素材,如新增了跨境电子商务专题,补充了 смартфон(智能手机),высокоскоростной поезд(高铁),оплата QR-кода(微信支付),оплата QR-кода Алипей(支付宝支付)等具有鲜明时代感的新词。《经贸俄语》(第2版)广纳国内外同类教材之所长,结合编者数十年的教学研究经验,很好地体现了教材的科学性、系统性、创新性和实用性,是经过长期教育教学实践检验的优秀教材。教材内容编排科学合理,文字准确流畅,符合规范要求,具有内容新、语料新、时代感强、影响力大、教学手段先进等特点,形成了独有的体系和风格,在提高教育教学质量、实现俄语人才培养目标等方面成效显著。选用本教材的学校分布区域广、层次多样,几乎覆盖了东北、东南、西北和西南等各个区域的重点大学,综合类、外语类和师范类院校,以及部分职业院校等。

《经贸俄语》(第2版)的特色表现为:1)具有较强的科学性。以交际原则为指导,按专题设计各课内容,密切结合实际。2)具有较强的系统性。秉持教材编写的系统性原则,精选了经贸活动中常见的29个专题,选编了各专题常用词语,对重要的语言知识和经贸知识做了翔实注释,示例典型、规范,配有汉语译文,附有练习及参考答案。3)具有较强的社会影响力。读者既包括全国高校俄语专业本科生,还有广大外经贸从业人员及俄语爱好者,对促进中俄两国经贸交流、便利两国人员交往发挥了重要作用。4)配有现代化教学手段。是目前国内唯一配套"WE Learn 随行课堂"现代化教学软件的经贸俄语教材,便于开展线上或线下教学活动。

2.2 《经贸俄语》(第2版)改革创新

为响应国家"一带一路"倡议,明晰经贸活动中不同领域的语言特点和风格,本教材在编写过程中不断尝试改革创新。一方面,遵循教育教学规律和人才培养规律,适应我国高等学校俄语专业本科生、广大外经贸从业人员等多样化人才培养类型需求。另一方面,根据学生的认知规律和学习能力等特点,将专题分为两个部分:第一部分为基础知识,适合重点大学,综合类、外语类和师范类院校,以及职业院校等不同层次的学生学习;第二部分是对第一部分知识的扩充,领域更加广泛,内容上增加了难度,帮助学生拓展提高,激发其创新潜能。改革创新表现为:1)注释部分对重要的经贸概念进行了阐释,对重要的语言知识点做了同义现象辨析,为教师提供了很好的教学参考。2)选材、内容和语料与时俱进,有针对性地吸纳了经贸活动中常见的词语和商品名称,如物流、企业高管等。3)信息量大、内容丰富、实用性强。既有日常对话题材,也有经贸文本,如经贸合同、经贸信函等内容。尤其俄罗斯和独联体国家主要城市电话区号、俄联邦主体名称、世界各国国名及首都名称等是国内同类教材较少涵盖的。4)附有"WE Learn 随行课堂"现代化教学软件,方便教师开展多媒体教学和学生自主学习。

3. "经贸俄语"教学思路:宏观和微观相结合

3.1 教学的宏观设计

从宏观上看,作为本课程的主讲教师,首先,要让学生树立学好这门课的信心,消除畏惧心理。其次,帮助学生克服语言上的障碍,保证他们确实看懂教材内容,并要求学生分课通读教材,对每课的核心内容有初步的了解,对要点逐一理解、消化和吸收;对有些术语要举一反三,用实例进行解释或应用到语言实践中去。再次,在授课过程中帮助学生抓住重点,理清脉络,抓住每一个专题中的基本词汇、句型和常见经贸知识,结合实际解释难点。学好这门课程主要是靠理解和记忆,并在此基础上进行一定的运用,而理解是首要的,切忌死记硬背。除了教材中的实例外,还要启发学生自己在语言实践中寻找更多的实例,变"填鸭式"灌输为"启发式"引导。一方面,能够更加有效地利用外部条件,强化学生的学习兴趣,从"要我学"转化为"我要学";另一方面,把学习主体让位于学生,使教师的角色和努力方向发生改变,而这种改变更符合未来社会的需要。最后,帮助学生学会正确使用俄语对所学内容进行口语和书面语表述。

3.2 教学的微观操作

从微观上看,要明确经贸俄语课的教学任务是什么,这门课程究竟包含哪些内容。显然,经贸俄语课与俄语实践课教学任务不同,关注的重点也不一样。俄语实践课的教学重点是语言知识讲解,包括语音、词汇、语法等;而经贸俄语课的教学重点是经贸词汇、句式、术语、文件等,所有的知识传授都要在经贸活动这一框架下进行,这里就体现了如何教的问题。我们知道,听、说、读、写、译是外语专业学生必须掌握的五大技能,而经贸俄语作为一门技能课,对上述五大技能的要求也是很高的。在语言习得过程中,这几项技能的关系极其密切,经贸俄语课对学生技能的培养是对实践课教学的补充和完善,是与口语课、阅读课、写作课等的有机结合,它们共同担负培养学生外语交际能力的重任。经贸俄语课内容丰富,题材广泛,更接近真实的语境,这些特点有助于进一步提高学生对语言规则的认识,加强对语言知识的灵活运用,了解经贸术语、经贸知识,获取更多的信息,掌握言语交际技能。

3.3 课上讲解与课外作业相结合

经贸俄语课的教学时数一般为每个专题(课)2 学时。事实上,2 学时课堂教学很难完成该专题教学任务,这就需要我们认真思考,如何充分利用有限的时间合理地安排教学内容、确定教学方法。课堂上教师的作用更多是引导,教会学生分析问题的方法,检验并总结学习规律。自主学习的贯彻必然要安排在课外,我们尝试通过课外作业的形式来检验。课外作业要由教师指定材料,内容应丰富,题材应广泛,适合模仿,每次布置的作业量要适度。实践证明,课外作业成为教学实践监控系统的一部分,它既可以督促学生学习,又能够帮助学生培养学习习惯,提高学习俄语的兴趣,激发学习动机,发现问题和解决问题。

4."经贸俄语"教学方法举隅

任何一门课程只有保持延续性和循序渐进,才能使学生潜移默化地融入学习过程,而有限的课时不可能完全保证这种延续性。从结构上看,《经贸俄语》(第 2 版)分为词语、注释、示例、练习 4 个部分,授课对象为掌握一定系统的语言知识,具备初步听、说、读、写、译技能的学生。教师应围绕基本的语言知识和积极词汇进行大量训练,不脱离经贸俄语语境(деловая ситуация)。如讲解 заниматься,интересоваться,являться 等动词用法时,要求学生使用经贸词汇造句,教师也要结合经贸词汇给学生提出问题,或者让他们重复教师准备的现成语料,这样学生的积极性被调动起来,既学习了语法知识,又复习了经贸词汇,能收到良好的教学效果。上完一堂课,大部分学生能够较流利地说出类似的句子:"Компания «Дунфан» является государственным предприятием.(东方公司是国企。)""Она в основном занимается экспортом легковых машин.(公司主要从事出口轿车贸易。)""Мой отец является генеральным директором.(我的父亲是总经理。)"等。语法是基础,没有牢固的语法基础,学习经贸俄语必然会成为"空中楼阁"。经过多年的教学经验积累,我们认为以下几种教学方法比较行之有效。

4.1 词语、注释、示例和练习部分的知识点

知识点可能是语言方面的,也可能是经贸术语方面的,还可能是经贸文本方面的。

4.1.1 词语部分注重体现语言知识点

(1)关键词讲解

涉及动词体、动词搭配、同义词辨析等问题,由词到词组,进一步扩展到句子,循序渐进。показывать — показать что(出示):~ паспорт(出示护照),~ визу(出示签证),~ документы(出示证件),~ удостоверение личности(出示身份证),~ контракт(出示合同)等。例如:

1)Покажите, пожалуйста, ваш паспорт. 请出示您的护照。

2)Покажите, пожалуйста, мобильный телефон Apple белого цвета. 请把白色苹果手机拿来看看。

(2)注重相关知识的延伸,增加学习趣味性

讲解 дипломатический(外交的)一词时,既给出积极搭配,如 дипломатический паспорт(外交护照),也可以适当补充同根词,如 дипломат(外交官),还可以延伸该词的搭配,如 дипломатические отношения(外交关系),установить дипломатические отношения(建立外交关系)等。例如:

1)Дипломат не облагается никакими налогами, пошлинами и прочими выплатами. 外交官无须交纳任何税,包括关税和其他费用。

2)Дипломатический паспорт может быть использован только для официальных поездок по делам государства. 外交护照仅用于国家公务旅行。

3)Мы рассчитываем установить дипломатические отношения с Вашей страной. 我们希望与贵国建立外交关系。

(3)同义现象辨析

контроль, проверка, осмотр, досмотр 均表达"检查"之意,须对这些同义词进行辨析。контроль 通常指检查活动,如 таможенный контроль(海关检查),пограничный контроль(边防检查),паспортный контроль(护照检查)等;проверка 通常指检查证件,如 проверка паспорта(检查护照),проверка документа(检查证件),проверка удостовере-

ния личности（检查身份证）等；осмотр 通常指医学检查，如 медосмотр
（医学检查）；досмотр 通常指物品检查，如 таможенный досмотр（验
关），предъявить вещи для досмотра（物品检查）等。

1）Вы не скажете, где пройти таможенный *контроль*? 请问，在哪
儿进行海关检查？

2）Все должны пройти таможенный *контроль* и предъявить вещи
для *досмотра.* 所有的人都要进行海关检查和物品检查。

3）В таможенном зале идет *медосмотр.* 海关大厅正在进行医学
检查。

4）Скажите, пожалуйста, когда будет *проверка* документов？请问，
什么时候检查证件？

4.1.2　注释和示例部分主要针对语言难点、术语难点和文本格式

语言难点：主要指词汇、固定句式、固定词组的用法，содействовать
чему（促进），способствовать чему（促进），подчиняться чему（服从），
придерживаться чего（坚持），оказать влияние（产生影响），впечатлять
（留下印象），осуществить сделку（成交）等。

术语难点：主要指术语解释，如贸易顺差、贸易逆差、标记、合同对
象等。

文本格式：对文本而言，还包括文本格式，如经贸信函格式、合同格
式、委托书格式等。

4.1.3　练习部分训练

练习是对教材中的知识进行巩固和复习的手段，须选取重点、难点，
以及学生不易理解的地方讲解，其他方面需要学生课后辅助完成。

4.1.4　注重知识的复现率

学过的知识不可能马上记住，要"温故而知新"，注重已学知识的复
现率，经常复习，举一反三，才能循序渐进，直至熟能生巧。

4.2　行之有效的教学方法

交际原则历来是教师非常重视的，经贸俄语课堂上贯彻这一原则尤
为重要。听、说能力训练是在实际交际中进行的，听、说是两种基本技能，
同时又相互制约，听不懂就无法说出来，听得懂又不一定说得出来。因
此，要有针对性地进行强化训练。

4.2.1　提问式方法

在教学过程中经常遇到这样的情况：教师问一个非常简单的问题，如

"В какой фирме вы работаете? Чем занимается фирма «Восток»?" 等, 第一遍就能听懂的学生寥寥无几, 重复一遍后少部分学生能听懂, 重复第二遍后仍有个别学生听不懂, 而句中并没有生词, 这主要还是因为学生的听力不过关。我们通过有计划的大量训练, 反复听, 经常说, 不断加快语速和问题的难度, 一段时间后, 80%的学生不仅能够流利回答简单问题, 甚至能够用复合句表达思想, 回答连贯性问题。

为了进一步培养学生的连贯言语表达能力, 教师还可以给学生提出扩展性问题, 这与实践课教学方法类似, 不过是在训练内容上的差异, 要求用五六句话问答。如 "Скажите, пожалуйста, вы хорошо знаете Харбинскую экспортно-импортную компанию?"; 又如, "Расскажите о новой продукции шанхайской трикотажной фабрики." 等。学生则会用机构简介和产品介绍中学过的单词、句型进行讲述, 开始可以表达两三句, 或三四句, 由浅入深, 由易到难, 错误率逐渐降低, 语言表达逐渐流利顺畅。

4.2.2 替换式方法

替换式教学方法既可激发学生的潜能, 又可扩大学生的知识面, 取得了良好的教学效果。

(1)商品名称替换

Прежде всего вы должны оформить вывоз и ввоз *товаров* (*стали, цемента, химических удобрений...*). 首先贵方应办理货物(钢材、水泥、化肥等)的进出口手续。

(2)同义词语替换

1)Я должен *выполнить* (*исполнить*) таможенные формальности. 我应该办理海关手续。

2)Господин Ван, что вы скажете *относительно* (*насчет*) цен на поставку химических удобрений? 王先生, 关于化肥供货价格问题您能谈点什么?

3)Мы *рассмотрим* (*проработаем, изучим, исследуем*) ваше предложение и дадим окончательный ответ завтра. 我方研究一下贵方报价, 明天给出最终的答复。

(3)同义句式替换

1)Поставка товаров будет *осуществлена* в следующем месяце. 下

个月发货。

2）Поставка товаров будет *осуществляться* в следующем месяце. 下个月发货。

3）Мы *осуществим поставку* товаров в следующем месяце. 下个月发货。

4.2.3　听译式方法

听译法,顾名思义,就是让学生先听俄语句子或连贯话语,然后再译成汉语,让其他同学重复,起到举一反三的作用,这种方法可以很好地培养学生的言语技能。教师开始用较慢的语速说出简单的句子,例如:

1）Мой друг работает во внешнеторговой компании. 我的朋友在外贸公司工作。

2）Фирма «Солнце» занимается реализацией строительных материалов. 太阳公司销售建筑材料。

3）Пусть в новом году успешно исполняются все ваши желания! 祝新的一年万事如意!

4）В два часа дня мы должны встретить российскую делегацию в аэропорту. 下午两点我们要在机场接俄罗斯代表团。

5）Добро пожаловать в Международный аэропорт Домодедово. 多莫杰多沃国际机场欢迎您。

要求学生先把句子译成汉语,然后再用俄语重复。实践证明,这种方式对训练学生的听力、反应能力、记忆力和表达能力都是行之有效的。

4.2.4　模拟交际情境

教师可以让学生充当公司经理,让其他同学提问题。同学这时就要多动脑筋,考虑怎样提问题才能合乎语法、合乎逻辑,又能用到学过的经贸词汇,做到复习旧知识,领会新知识。还可以让两个同学按照拟定的情境进行对话练习。教师可以提出某个工厂、公司或某种产品作为中心话题,让学生发表意见,进行讨论,使学生能够展开思路,充分地讲俄语。

4.3　言语技能培养

4.3.1　强化阅读能力

学生已经具备了初步的阅读故事、文学作品的能力,但对经贸文献阅读还相对较少。教师可让学生课下阅读辅助教材,第二天课堂上要求学生用俄语复述。检查过程中,注意词汇的运用,如学生言语中出现 инте-

ресоваться чем, 教师即可要求学生记住并掌握其同义词或词组, заинте-
ресован в чем, интересовать кого, представлять интерес для кого, вы-
зывать интерес у кого 等, 既调动了学生的积极性, 复习了已学的词汇,
又丰富了学生的语言, 提高了其阅读能力和表达能力。

4.3.2　培养写作能力

经贸俄语分为两个主要方面:经贸会话和应用文。经贸应用文不仅
有语法、词汇、修辞等方面的特点, 而且有统一的行文规则及格式, 如请
柬、信函、意向书、协议书、合同等。针对这一难点, 要有计划、有步骤地进
行写作练习。如首先给一份参考应用文, 保留其主要内容, 要求学生在规
定时间内写出自己的应用文。当学生各种错误减少或没有时, 教师可口
述中文内容, 让学生无参照物进行写作。这个阶段较难, 学生错误率较
高, 经反复分析训练, 再进入最后一个步骤, 即教师只给要求或情境, 要求
学生在规定时间内写出所要求的应用文。训练过程中发现, 学生语法错
误不多, 主要是词汇和修辞错误, 如学生不会使用形动词、动名词、前置词
以及带-ся 动词, 而这恰恰是应用文中常用的形式。讲道理很简单, 实际
运用却很难, 写作能力培养并非一日之功, 应反复练习, 逐渐达到熟练程
度, 只有多读、多分析、多练习, 方能够掌握并运用到实践中去。

4.3.3　提高翻译能力

翻译分为口译和笔译。一般来说, 听、说能力较强的人, 口译能力往
往也较强, 而读、写能力有助于笔译, 因此, 翻译能力指的是听、说、读、写
言语技能与语法、词汇、修辞、国情知识的综合运用能力。口译在课堂上
的训练方式较多, 可以教师说, 然后要求学生翻译, 或者学生之间一个说,
另一个翻译。这是比较初步的训练方式, 也是必不可少的。另一种方式
就是模拟谈判, 几个学生一组, 分中方和俄方, 然后根据所学内容模拟谈
判, 如谈价格、谈合同、谈供货等, 学生很有积极性, 教学效果较好。

笔译能力训练一般留作课外作业, 可要求学生将一些经贸资料或文
件译成汉语或译成俄语, 提醒学生注意书面语的特点。教师课下检查, 总
结学生的共性错误, 然后在课堂上点评。总的看来, 点评过的错误一般不
会再出现。同一题目练习三至五次后, 学生的笔译能力得到较大提高。
翻译能力培养需要循序渐进, 不能急于求成。

有人认为, 作为经贸译员, 只要语言表达没有语法错误, 将主要内容
转达给对方即可。我们认为这远远不够, 作为一名合格的经贸译员, 绝不

应仅仅满足于没有语言错误,言语礼节方面的细节问题也要重视。经贸译员的言谈举止折射出公司、企业领导人的形象。换言之,外商对经理、厂长的印象主要体现在翻译的言语中。因此,除了掌握语言知识和言语技能外,译员还应不断提升自身修养,如当谈判过程中双方争执不休,互不相让时,译员的一句话可能"化干戈为玉帛",使交易成功;反之,如果译员用词不当,也可能使交易失败,造成经济损失。译员要分析谈判双方的心理,掌握双方的动机,正确运用自己掌握的知识,随时随地记住自己的身份,起到真正的桥梁作用。

参考文献

[1] 孙淑芳. 经贸俄语(普通高等教育"十一五"国家级规划教材)(第2版)[M]. 上海:上海外语教育出版社,2021.

[2] 孙淑芳. 经贸俄语应用文(普通高等教育"十一五"国家级规划教材)[M]. 上海:上海外语教育出版社,2013.

[3] 孙淑芳,刘玉宝. 俄语经贸合同翻译教程[M]. 北京:外语教学与研究出版社,2013.

[4] 孙淑芳. 商务俄语初级教程[M]. 北京:高等教育出版社,2009.

[5] 孙淑芳. 新编俄语经贸信函[M]. 哈尔滨:黑龙江大学出版社,2007.

[6] 孙淑芳. 新编俄语经贸文选[M]. 哈尔滨:黑龙江人民出版社,2005.

[作者简介]:孙淑芳(1963.03—),女,黑龙江哈尔滨人,黑龙江大学俄语学院教授,博士,博士生导师,研究方向为普通语言学、语义学、语用学。

俄罗斯国情课课程内容形式设置
与教学方法探索

王　琦　闫　杰

1. 问题提出

随着世界文化交流的日益密切、深入,"一带一路"倡议的推进,各领域对作为沟通桥梁的跨文化交际人才的需求就显得尤为迫切。培养高素质复合型俄语人才,也成为 21 世纪俄语教育的使命。[1]国内高校俄语专业的一部分学生俄语语言"功底"很不错,但在国情文化知识和交际能力方面相对较薄弱。《高等学校俄语专业教学大纲》是中国高校俄语教学的指导性纲领,里面就着重指出:"重视俄罗斯国情及语言文化知识的教学。语言与民族文化有密切联系。学习外语,不仅是掌握外语本身的过程,也是接触、了解另一种民族文化的过程。要恰当地使用语言进行交际,必须对所学语言国家的国情及语言文化有所了解。"[2]而俄罗斯国情课对于在校初学俄语的大学生来说是较全面、系统、概括地学习和了解俄罗斯基本国情文化的最主要途径。那么,究竟如何才能更有效地开展俄罗斯国情课呢? 本文将从以下两方面提出建议。

2. 关于俄罗斯国情课教材内容形式设置的思考

所谓国情,是指一个国家的文化历史传统、自然地理环境、社会经济发展状况以及国际关系等多方面的综合,也指某一国家某个时期的基本情况,或是一个国家长期或者近期的状况,其中包括民生民风、社会动向、贸易额度、政府政策、外交能力等。[3]

依照我国《高等学校俄语专业教学大纲》要求,俄罗斯国情课以讲授俄罗斯国情文化知识为主,涵盖俄罗斯地理、历史、教育、科技、新闻媒体、文学、艺术、体育、生活习俗、经济、宗教、节日和语言等诸多领域。由于俄语专业绝大多数学生都是零起点,低年级的主要教学任务还是打好语言基础和专业知识基础,所以本科阶段国情课程一般应在一年级下学期开设国情概况中的俄罗斯地理、经济地理、生活习俗、节日等方面的内容,二年级逐步开设俄罗斯历史、艺术、文学、宗教等方面的内容,三年级开设教育、科技、政治、经济等方面的内容,四年级上学期可以开设俄罗斯区域学课程以延伸国情课程内容,可以介绍一些区域学的研究对象、研究方法,以及俄罗斯国内外区域概况等相关知识,为学生的毕业论文撰写工作提供一些方向。

2.1 引入思维导图模式

在教材编写过程中建议引入思维导图模式,使教材内容系统化、概括化,又具有不失深刻的导引性。就思维导图的内涵来看,其实质上是一种图形模式,应用在教学中就是一种教学策略。这种图形通过有趣的、直观形象的构图建立起相关概念间的逻辑联系,可以将枯燥和零碎的信息整合起来,通过清晰的图示使相关知识点和内容更加明确,相关知识点之间的关系也更加清楚。这样的构图可以帮助学生在脑海中建立起知识框架,实现相关记忆和思维规律的把握,从而不断提升学习成效。[4] 例如,在俄罗斯历史部分教学中,通过思维导图的方式,将相关历史事件进行整合,构建起相关历史事件及历史人物等要素之间的关系,时间先后关系或者是平行关系,因果关系或者是其他关系,等等,可以让学生在学习俄罗斯历史时一目了然,由一个事件可以联想到更多相关联的事件,建立起比较完整的网状知识体系框架,构建俄罗斯历史在脑海中的具体印象,从而提升他们对俄罗斯国情课程的学习兴趣。

将思维导图这一辅助工具引入国情课程教学中也能提高教师的教学效率和教学效果。将思维导图这一新颖的教学形式呈现在国情概况教学过程中,尤其是在运用多媒体教学的基础上,利用白板或黑板进行思维导图绘制过程的演示,进行情境创设、问题引导,不同色彩的线条能将所教授的知识变得网络化、系统化、可视化。主题鲜明的中央图像、清楚易懂的关键词,全方位调动了学生的神经,原本的填鸭式课堂开始变得生动有趣。学生也可以动手绘制不同的词汇思维导图,主动加入师生间的互动与交流。这一形式为学生创造了自由、有趣的学习条件,可以积极地促进传统国情课程学习方式的转变,促进学生的思维发展,对于促进教学改革和创新发展具有一定的积极作用。

2.2 教材资源多元化、数字化和呈现载体网络化、移动化

俄罗斯国情教材的知识信息承载量大，要满足学生多样化的学习要求，教材的部分内容就需要及时更新。鉴于此，团队在编写教材过程中应积极融合信息技术，努力促进教学内容、呈现载体、资源建设的转型升级。

传统的俄罗斯国情课的学习以语言文字为载体，以纸质材料为媒介，可以利用的信息量有限，信息的承载方式单一，教材中有些内容需要及时更新，但出版印刷却存在一定的困难。随着互联网和大数据的发展，学生可以依托互联网和大数据平台，根据学习需求和学习能力等客观实际，开展有效的学习，实现知识和信息的快速更新。教材内容的呈现方式不再拘泥于单一的语言文字，即不再局限于传统的课本，而是采取纸质与数字化相结合的形式，即教材中固定性无须经常改动的内容使用纸质形式，部分需要实时更新的内容可以以文字结合图片、动画、音频、影像等数字化的多元方式呈现，后台可以实时更新，并在选定的平台上设置相应的程序性环节，例如，习题内容游戏化等形式，实现教师和学生与数字化教程、师生之间、学生之间等的互动，引导对话、交流和分享。以这种方式逐渐过渡，也许最终可以实现集聚式数字教材形式，即教师的教学方式以学习终端为载体、以学习云平台为支撑，实现多主体、多维度、多层次的高效互动。

这样，使用形式多样化的国情教材的教学，更能提高学生的学习兴趣，方便学生选择不同的媒介开展个性化学习，实时、便捷地获得相关学习素材。

3. 俄罗斯国情课授课方式和考核方式的探索

3.1 教师合作式授课方式与"翻转课堂"式教学的尝试

由于国情课涉及范围较广、内容较多，学生需要掌握和了解的知识量较大，所以对教师本身知识体系的宽度和深度要求较高，基于此，可以尝试教师合作式授课方式，即邀请研究俄罗斯地理、历史、经济、政治、教育等不同方向的教师或者学者来讲解相应的章节，这样既能减轻国情课教师的授课负担，又能使每一部分内容的讲解不失深刻性，使学生能够清晰地判断自己所感兴趣的领域，对学生将来选择工作方向或科研方向具有良好的引导性。

相应地,国情课课堂的授课方式也不能局限于传统的"教师讲,学生听"的授课方式,还应适当结合启发式教学方法,引导学生独立思考,培养学生独立动手搜集相关资料、探索更深层次问题和独立解决问题的能力。

课下可以按照兴趣将学生分成小组,讨论不同的题目。例如将大家搜集的材料形成思维图示,并搭配相应的图片、视频和解释文字等,制作成 PPT 演示文档,在课堂上展示,供全班同学讨论。并且,随着教材数字化的发展,学生可以实现自主学习、个性化学习、泛在学习等,而教师实现"翻转课堂"等的教学方式。

3.2　课程考核方式多样化

结合以上俄罗斯国情课堂所授内容,可以将课程考核分两种方式进行,即以知识点考查为主的闭卷笔试和以拓展知识面为主的论文撰写两部分。

这样,在整个俄罗斯国情课进行过程中,学生不仅可以学习到国情课教材中的基础知识点,还能培养和提高独立学习、分析、比较、归纳、综合、概括、加工等方面的能力。

4. 结语

2015 年 5 月,在中国俄语教学研究会框架下,对外经济贸易大学召开了"丝绸之路经济带建设与中国俄语人才培养"国际研讨会,教育部副部长、中国俄语教学研究会会长刘利民做了主题发言,在发言中首次提出了"大俄语"概念。[5] "大俄语"概念,就是新型复合型外语人才的教育理念,"大俄语"人才应该具有宽阔的知识面、较强的创新能力和适应能力。但是,要想在本科阶段这有限的四年时间内,让学生从零学好一种语言,还要全面掌握地理、历史、政治、经济、贸易、法律、教育等专业知识,也是不现实的。所以,国情课的有效开展对于学生综合知识面的扩展、综合素养的提高,为学生将来在科研和工作中提供各个专业方向的"启蒙性"知识体系,培养出一批外语水平高、知识面广、应用能力强、符合"一带一路"倡议需要的新型人才,是非常重要的。如何有效地开展国情课是非常值得我们大家共同思考和探索的。

参考文献

[1]戴炜栋,胡文仲.中国外语教育发展研究:1949—2009［M］.上海:上海外语教育出版社,2009.

[2]高等学校外语专业教学指导委员会俄语组.高等学校俄语专业教学大纲[M].北京:外语教学与研究出版社,2002.

[3]王建平.论国情教育的紧迫性[J].山西大学师范学院学报(综合版),1994(3).

[4]李恺,何占航,李中军,等.以"聚集诱导发光(AIE)"理论为载体开展化学类课程思政建设的研究与实践[J].大学化学,2021,36(3).

[5]刘利民."一带一路"框架下的中俄人文合作与交流[J].中国俄语教学,2015,34(3).

[作者简介]:王琦(1980.05—),男,黑龙江齐齐哈尔人,黑龙江大学俄语学院副教授,博士,研究方向为对俄区域国别研究;闫杰(1981.03—),女,黑龙江哈尔滨人,黑龙江大学中俄学院讲师,硕士,研究方向为俄语教学。

外语专业认证理念下的课程评价研究

赵　洁

在推进当前高校教育改革的进程中,以产出为导向的教育理念得到了广泛的认可,成为提高高校教育成效、追求教育卓越的有效途径,能够从根本上实现人才培养目标,满足社会的需求。课程目标的设定应满足人才培养目标和毕业要求,并在人才培养的过程中不断进行反馈和纠正,实现持续改进。高校在推动以专业认证为突破口的高等教育改革过程中,特别重视课程评价的改革,课程评价是高校内部质量保障体系的核心环节,如何以课程评价为重点,完善内部质量评价体系,持续改进教学质量,是专业教学改革面临的重要任务。

1. 认证视角下课程评价的内涵建设

专业认证的核心理念是以学生为中心,以产出为导向,以持续改进为推动力。以学生为中心指的是立足社会需要和人的全面发展,以学生的发展成效为导向,聚焦学生在毕业时"学到了什么,能做什么",反向设计,即由外到内按照社会需求设计课程内容、教学方法和课程评价方式,然后从每门课程做起,由灌输课堂向对话课堂转变,将对学生的知识培养转变为能力培养,真正实现本科教育的"以本为本、四个回归"。

按照认证的标准,各个教学环节都需要有明确可实施的评价体系,课程的达成度评价是认定毕业要求是否达成的基础,课程评价能够反馈教学中存在的问题,为教学内容、教学方法的持续改进提供依据。在产出导向教育范式下的课程评价,是对课程大纲实施过程的评价,用以检验课程大纲以及课程体系的达成情况,并持续改进课程体系,以满足社会、学生发展的需要。

产出导向教育(OBE)是以持续改进为基础开展教学活动的。持续改进作为专业认证的核心理念之一,贯穿 OBE 教育教学活动的始终,包括持续改进培养目标,保障其与内、外部需求相符合;持续改进毕业要求,保障其与培养目标相符合;持续改进课程教学,保障其与毕业要求相符合。基于成果导向教学理念下的课程教学评价是动态的,体现在其具有一种有效的持续改进机制,课程评价结果直接反映学生的学习效果,在教学质量改进体系里,为学生学习增效提供可靠的信息来源和有效的依据,可以持续地评估学习产出和根据学习产出评估的反馈信息持续改善教学。目前我国高校的教学质量管理还停留在对教学环节进行质量监督和调控的初级阶段,缺乏优化和改进功能。

根据专业认证的理念,课程评价不仅能反映课程的教学效果,而且是评价毕业生能力的重要依据,将培养方案中所有课程的评价结果汇总起来,可以综合反映毕业生通过课程体系的教学所获得的各方面能力。

专业认证理念下的课程评价体系关注四个方面:学生要达到什么样的学习效果,为什么要达到这些学习效果,如何保障学生达到这些学习效果,如何评价学生的学习效果。其中的"评价学生的学习效果"即建立一套合理客观的学习效果评价机制,是教学效果达成情况的反馈和持续改进的关键。课程作为高等教育最基本的教学环节,对其评价理应是评价体系里最基本的出发点(牛连强、冯海文,2017)。

传统教学以"传授知识"作为课程目标,而 OBE 理念则以"通过传授知识,培养某种能力"为课程目标,因此需要对传统课程目标进行重新梳理,建立以能力为导向的课程目标体系,才能引导和推动课程评价方法改革。根据外语专业的认证标准,我们将本专业毕业生能力划分为 9 项,分解为可评价、可衡量的 28 个指标点,落实到课程。各门课程均承担相应毕业要求的培养责任,任课教师制定具体的课程目标,针对课程目标设计具体的课程教学活动,设计考核内容,选择合适的考核方式,制定评分标准,考核结果作为评价课程教学目标的重要依据。教师需要根据评价依据的重要程度赋予不同考核方式相应的权重,而且明确写入教学大纲,任课教师需严格执行,最后对考核结果进行数据分析,得到量化的评价结果,及时发现教学活动中存在的问题,并进行持续改进。课程的评价体系以检查学生对各知识点的掌握程度和应用能力为重要内容,包括课后作业、阶段性测试、期中考试和期末考试等环节。

2. 课程评价内容

课程评价指的是以改进教师教学行为、提高课堂教学质量为目的而进行的对课堂教学活动的设计、实施和效果的评价。课程教学评价指标体系,应该从课程目标的制定出发,包括课程本身评价、课程实施过程评价、课程实施效果评价等几个方面。课程评价的对象既有教师教的活动,又有学生学的活动。

课程评价是对课程大纲实施全过程的评价,课程教学活动始终处于不断生成和变化之中,受到各种教学因素和教学情境的制约,课程教学的设想与最终的效果往往是不一样的。而且教学活动是有个性的,会体现授课教师的个人风格,因此,在课程教学评价中,既要体现课程的一般特征,又要鼓励教师进行课程改革和创新,提倡个性化教学,给教师一定的发挥个性的空间。

对教师的评价应关注课堂教学是否以学生为主体,调动学生积极参与课堂讨论,鼓励学生用俄语思考和表达;是否熟练掌握教学内容;教学方法是否多样灵活,课堂是否生动有趣;是否及时更新教案,补充新材料;是否引导学生有效学习;等等。

对学生的评价内容由重知识记忆水平转向重实践能力、创新能力、思辨能力等综合能力的考查,此外,还有对学生的自主学习和探究学习、学习状态、参加创新创业活动与效果、学习成绩、是否善于与他人合作学习、是否对自己学习中遇到的问题主动进行反思等方面的评价。这样就改变了仅以课程考试为单一手段、以卷面分数为单一标准的学生学习质量评价模式,加强了对学生自主学习策略及方法的指导和训练,对确定学生的学习主体地位,推动学习观念和学习方式改革,调动学生学习积极性、主动性和创造性,促进学生全面学习和参加第二课堂活动,提高综合学习效果,形成完善的知识和能力结构,发挥了促进作用。课程评价内容的改革可以使学生的知识、情感及价值观都获得发展,感受到课堂学习的乐趣。学生善于提出问题、发表不同见解、勇于创新、体会创造的成功,可以使学生积极主动学习,并努力探索不同的学习方式或内容,同时使教师对自己的教学进行及时反思,发现问题并加以改进。

3. 课程评价方式

课堂教学评价方法包括对课堂教学信息的收集以及对收集到的信息进行分析评价。收集课堂教学信息有两种途径:直接观察课堂教学情景和采用问卷、量表间接获得课堂教学信息。

基于专业认证理念的评价方式和评价标准是多元化的,尽可能地反映不同学科、不同课程的特色,将量化评价和定性评价结合起来,相比于传统的量化评价方式,定性评价更关注学生内在的、过程性的知识和能力。评价方法除了传统闭卷笔试外,更多采用多元参照系评价。评价重心由只关注结果性评价向兼顾形成性评价和结果性评价的方向转变。例如,口译课除了期末的定量考试外,还可以根据学生平时的课堂表现进行评价,教师可以给学生分组布置翻译任务,对各组完成任务的效果采取学生自评、互评和教师评价等多种形式。对学生在翻转课堂教学模式下的自主学习情况,应该注意收集和掌握,及时进行反馈和交流。

学生既是被评价对象,又是评价的主体,应培养学生自我评价的意识和自我评价、自我监控、自我管理和自我改进的能力,指导学生依据评价标准评价自己在俄语学习过程中对学习内容的掌握程度、学习策略等,使学生在自我评价过程中,不断激发学习兴趣,提高学习积极性,提升自主学习能力,体现学生学习的真正主体性。在教学过程中,应注意将教师评价、学生的自我评价与学生间互相评价相结合。学生在评价自己和评价他人的过程中认识自我、完善自我、发展自我,学生学习的主体性和积极性得到充分发挥。这样的评价方式有助于活跃教学氛围,也有助于教师发现和改进教学中的问题,达到"以评促教"的目的。

学生个性发展和智力发展的差异使他们的认知能力、性格特点千差万别。教师应承认并保护这种差别,设计不同的评价目标,采取不同的评价方式,以利于学生充分展示自身的优势,让程度不同的学生都有获得成功的机会,能体验成功的喜悦,巩固他们的学习自信心和发展学习俄语的兴趣。因此,课程评价应采取多维度、多层次、多视角的评价方式,将多种评价形式有机地结合在一起,使学生的综合知识和能力都得以体现,这样有利于对教学及学生的学习过程进行时时监督,可以提高学生的学习积极性,最终促使学生的外语知识、能力和个人综合素质得以全面提高。

4. 课程评价仍待探索解决的问题

现行的课程教学效果评价多以量化的方法进行,即计算课程教学目标的达成度,缺乏对定性评价的考虑,没有建立全面完善的课程评价指标体系,没有设立与各个教学环节对应的评价指标。此外,评价主体也不应该仅仅是任课教师,还应该有学生参与评课,包括对课程教学方式、教学内容、考核方式、学习指导满意度等的评价,这样学生可以及时了解课程学习的目标以及自身的能力短板,增加学习主动性。同时还应有督导或专业教学指导委员会进行第三方评课,通过对学生能力提升的效果评价,得到全面的反馈信息,敦促教师寻求更适合的教学方式,切实促进课程教学质量的提升,最终达到有效产出的目的。还应该充分利用网络资源优势,增加网络资源建设,鼓励学生进行自主学习,自发进行自我评价,有意识地进行相关综合素质、知识和技能的培养。

以外语专业认证工作的开展为契机,黑龙江大学俄语专业的教学工作正在发生深刻的改革,课程评价工作逐步融入每一门专业课程的教学建设中,并逐渐形成一定的规范。在此过程中教师逐渐认识到,课程评价更深层次的作用是可以客观了解和反馈教学效果,及时引导教师发现教学中存在的问题并持续改进教学,最终促成教学质量的提高,形成良性闭环机制。

课程评价与课程性质、教学内容特点等因素密切相关,是一个动态变化的体系,需要在教学实践中进行反复探索和优化,同时需要构建良好的评价反馈体系和保障机制,以推动在课程评价方法改革方面展开进一步研究。随着经济和社会的发展、国际交往的日益加深,企事业单位对俄语专业毕业生综合素质和知识能力的要求在不断提高,课程评价方法的改革仍需切实深入地进行,以适应不断变化的人才培养需求。

参考文献:

[1] 丁朝蓬,梁国立.我国课堂教学评价研究概况、问题与设想[J].教育科学研究,2006(12).

[2] 牛连强,冯海文.关于高校课程教学开展形成性评价的思考:基于工程教育专业认证背景[J].大学教育,2017(9).

[3] 侯红玲,任志贵,何亚银,等.基于 OBE 理念反向设计教学过程研究[J].大学教育,2019(10).

[4] 彭文钊.以创新人才培养模式为导向的俄语专业本科教学综合改革:理念与实践——以大连外国语大学俄语专业为例[J].东北亚外语研究,2014(1).

[5] 徐先蓬,宋沁潞.双一流视域下课程评价模式研究[J].中国教育技术装备,2017(10).

[**作者简介**]:赵洁(1971.11—),女,黑龙江哈尔滨人,黑龙江大学俄语学院教授,博士,硕士生导师,研究方向为俄语语言学。

"需求＋俄语"学生学习问题调查与反思

周函叡

1. 引言

在"一带一路"倡议下,中国与"一带一路"沿线国家各个领域的交流日益深入和扩展。与此同时,市场对既懂专业又懂外语的复合型人才的需求也日渐凸显。这就要求我们创新人才培养模式,从单一掌握一项技术或一种语言向一专多能的复合型人才培养目标转变。

2019 年,教育司司长吴岩在第四届全国高等学校外语教育改革与发展高端论坛上指出:"高等外语教育要主动服务国家战略发展。深化公共外语教学改革,创新人才培养机制,开展校内交叉培养、校外协同培养、国际联合培养,加强院系间、学校间、国际间的交流合作。积极支持,加强外语与其他学科专业的交叉融合。"(吴岩,2019:6)

我校基于国家对俄合作战略需求、黑龙江省对俄合作切实需要,于2017 年率先进行了"需求＋俄语"对俄人才培养模式改革。先后开设了"机电＋俄语""法律＋俄语""考古＋俄语""历史＋俄语""经贸＋俄语"人才培养实验班,旨在培养具有扎实专业基础,熟练掌握俄语,能够面向专业领域教学、研究、社会服务的复合型人才。

2. 课程开设现状及毕业生情况

2.1　课程开设现状

目前我校共开设俄语实验班 12 个,其中 2017 级两个,分别为"考古＋俄语"(14 人)和"法学＋俄语"(23 人);2018 级三个,分别为"考古＋俄语"(13 人)、"法学＋俄语"(17 人)、"机电＋俄语"(5 人);2019 级三个,分别为"考古＋俄语"(13 人)、"法学＋俄语"(16 人)、"机电＋俄语"(8 人);2020 级五个,分别为"考古＋俄语"(18 人)、"法学＋俄语"(20

人)、"机电 + 俄语"（12 人）、"历史 + 俄语"（21 人）、"经贸 + 俄语"（28 人）。

2.2 毕业生情况

现有毕业生 37 人，分别为"考古 + 俄语"14 人，"法律 + 俄语"23 人。其中，通过大学俄语四级者 29 人，通过率为 78%。通过大学俄语六级者 15 人，通过率为 41%。4 人前往俄罗斯就读研究生，其中 3 人为中俄政府奖学金项目。15 人参加国内研究生入学考试，其中 12 人使用俄语作为第二语言考试科目。2 人保送研究生。其他已知就业人数中，2 人为俄语相关岗位。

从 2017 年开设第一个"需求 + 俄语"实验班至今，我们在新型人才培养模式上不断探索、调整、改进和发展，力求真正发挥我校俄语特色办学优势，为国家培养高质量的懂俄语的专业技术人才和管理人才。为了更好地提高教学质量，我们试图通过访谈的形式了解学生的学习现状和真实需求。

3. 理论基础及研究方法

3.1 理论基础——需求分析

需求分析（needs analysis）指通过内省、访谈、观察和问卷等手段研究需求的技术和方法。在外语教学领域，需求分析是语言课程设计和实施不可或缺的启动步骤（陈冰冰，2010）。它"至少有四大重要作用：(1) 为制定外语教育政策和设置外语课程提供依据；(2) 为外语课程的内容、设计和实施提供依据；(3) 为外语教学目标和教学方法的确定提供依据；(4) 为现有外语课程的检查和评估提供参考"（束定芳，2004：19）。本研究以此理论为基础，结合陈冰冰的学生需求分析模型构建"需求 + 俄语"学生个人学习需求分析模型，并根据此模型设计访谈提纲。

"需求 + 俄语"学生个人学习需求分析模型由三个维度构成：(1) 动机需求，包括①学习俄语的原因；②学习俄语的目标。(2) 学习策略需求，包括①每周用于学习俄语的时间；②目前的学习效果；③在俄语学习中遇到的问题。(3) 学习环境需求，包括①对教师教学方法和教学节奏的需求；②对教材和教学内容的需求；③对外部环境的需求。

3.2 研究方法——访谈法

访谈法是社会科学研究中一种重要的调查方法，是与文献检索法、观察法、问卷法并列的四种经典调查方法之一（颜玖，2002），也是外语教学实证研究中普遍采用的收集材料的有效方法。通过与学生面对面的、有目的的、有策略的访谈，可以有效地获取目的信息，了解学生对目的问题的观点或看法。

4.访谈程序

4.1 拟定访谈提纲

基于"需求＋俄语"学生个人需求分析模型，访谈提纲共设计 10 个问题，分别为：(1)您为什么选择学习俄语？(2)在学习俄语之前您对俄罗斯的哪些方面有所了解？(3)您的俄语学习目标是什么？(4)您目前对自己的俄语学习效果满意吗？您觉得影响您学习效果的因素有哪些？(5)您每周用于学习俄语的时间是多少？(6)您在俄语学习中遇到了哪些问题？(7)您觉得俄语课的课程节奏怎么样？(8)您对教材有什么建议？(9)您对教学内容有什么建议？(10)您对老师有什么建议？

4.2 确定访谈对象

本次访谈面向 2018 级、2019 级、2020 级三个年级 10 个班，每班选三名代表进行访谈。为使访谈对象更具代表性、访谈结果更具普遍性，本次座谈在每个班级分别选择成绩相对优异者一名，俄语学习存在困难者一名，外加学习委员共三名同学进行访谈。

4.3 实施访谈

本次访谈的形式为集中式访谈，即访谈者与 10 个班级共 30 名被访谈者共同座谈。访谈提纲在访谈前发给每位学生，便于提前准备。访谈时根据提纲按 2020 级各班、2019 级各班、2018 级各班逐个进行。各班学委负责记录问题、汇总并形成书面材料。

4.4 结果分析及对策探索

针对"需求＋俄语"学生个人需求分析模型的三个维度，得到以下反馈。

(1)动机需求。学生学习俄语的主要原因是：①兴趣爱好；②促进就业；③充实大学生活；④用俄语阅读专业文献；⑤对黑大俄语的向往；⑥专业要求。学生学习俄语的主要目标是：①可以使用俄语进行日常交际；②通过大学俄语四、六级考试；③通过对外俄语二级考试；④日后的工作可以用到"俄语＋专业"；⑤可以用俄语考研；⑥了解俄罗斯的基本国情和人民的日常生活。

(2)学习策略需求。①学习时长。不同专业、不同个体同学的学习时长有所不同,多数学生在每周10—15小时之间,最少的为5小时,最多的为20小时。学生普遍认为用于俄语的学习时长主要受专业课程多少的影响。②目前的学习效果。多数学生对自己目前的学习效果并不满意。究其原因主要有:学习时间与本专业的课程学习较难平衡,时间不足,精力有限;没有掌握高效的学习方法;自律程度不高。③目前在俄语学习中遇到的问题:单词记忆困难;语法易混淆;俄语阅读存在障碍;听说能力较弱;俄语学习材料难收集。

(3)学习环境需求。①对教师的需求:低年级口语课和外教的沟通存在困难,希望可以配备懂中文或者英文的外教。②对教学内容的需求:希望俄语学习的内容可以更多地与专业相结合;希望口语课程内容更具实用性;希望增加课上巩固时间,增加听说训练。③对教材和辅助材料的需求:希望可以使用更简单,更适合大学俄语四、六级考试的教材;希望黑大教材的配套音频部分可以得到改善;希望可以有课后习题的答案,便于自学;希望可以增加配套练习册,用于知识巩固。④外部学习环境需求:希望提供更多的俄语学习环境,如举办俄语沙龙、学术讲座等。

此次访谈,学生们畅所欲言,意犹未尽。阐述了学习现状,说出了学习中遇到的实际困难,对课程设置、教学内容、教师和教材提出了中肯的建议。基于此次访谈对学生需求分析的结果,本研究提出如下建议:

(1)教材和辅助材料方面:①加强教材建设。编写适合“需求+俄语”学生使用的专门教材,强化专业词汇和日常交际。学生的学习目标不仅仅是通过大学俄语四、六级考试,更重要的是能学以致用,真正把俄语用在专业上。②修订现有教材。针对学生提出的教材配套音频问题进行改进,对教材中出现的错误进行修订。③增加教研室教学交流活动,研讨教材课后习题答案,方便学生自学。④自编或收集配套练习,便于学生课后巩固。

(2)教师要求方面:①精讲多练,“需求+俄语”的学生受本专业课程学习影响,用于俄语学习的时间有限,所以应尽可能地增加课上练习时间,争取课上学习,课上吸收;②根据学生学习目标的需要,帮助学生收集考级资料;③注意学习方法的传授,避免学生低效努力;④外教的口语课应使用符合学生俄语水平的教材或材料,实用为主,不宜过难。

（3）环境要求方面：①定期举办俄语沙龙，为学生提供更多与俄罗斯老师或学生交流的机会；②不定期举办师生座谈，师生间交流学习方法和学习经验；③积极发布校内或校际学术讲座预告，邀请"需求＋俄语"的学生共同参加。

（4）课程设置方面：开设大学俄语四、六级考试辅导，对外俄语二级考试辅导等课程。

（5）学习反馈方面：加强过程性考核，了解学生知识掌握程度，以更好地把握课程节奏。

（6）授课形式方面：通过此次访谈，笔者发现学习时间是影响学生俄语学习的主要因素之一。"需求＋俄语"的学生不仅要完成本专业的学习任务，还要同时学习俄语，多数学生会抱怨俄语学习时间不足。面对这样的问题，我们是否可以创新授课形式，采取线上线下混合式教学模式，即线上慕课学习理论知识，线下翻转课堂充分练习和实践。这样，线上学习时间更灵活，学生可以根据自身情况安排学习时间。线下减少了课时，节约了时间成本。

5. 本研究的局限性与不足

（1）此次访谈只选取了"需求＋俄语"171 名学生中的 30 人参加，访谈结果具有一定的局限性，反映的问题不够全面。

（2）受访者限于提纲的束缚，有些问题可能没有表露出来。

（3）"需求＋俄语"人才培养模式改革在我校进行了四年，随着时间的推移，学习人数的增加，会产生更多的问题，需要我们进行不断的分析、总结、调整和改进。而本研究仅限于现阶段的问题分析。

6. 结语

"需求＋俄语"实验班是我校人才培养模式的重大改革。对学生个人学习需求的分析可以发现现阶段此项改革存在的问题，而对问题应对方法的探索可以积极地调整现状，解决问题，为改革的更好实施提供实证参考。

参考文献

[1]吴岩.新使命 大格局 新文科 大外语[J].外语教育研究前沿,2019(2).

[2]陈冰冰.大学英语需求分析模型的理论构建[J].外语学刊,2010(2).

[3]束定芳.外语教学改革:问题与对策[M].上海:上海外语教育出版社, 2004.

[4]颜玖.访谈法在社会科学研究中的应用[J].北京市总工会职工大学学报,2002 (2).

[作者简介]:周函叡(1987.07—),女,黑龙江哈尔滨人,黑龙江大学俄语学院讲师,博士,研究方向为语言学、区域学、外语教育。

研究生园地

俄语同义形容词 твердый 和 жесткий 语义差异分析

陈鸿志

1. 引言

俄语同义词一直是学者们的研究热点之一,近几年,俄罗斯学者和我国学者都从不同方面对俄语同义形容词进行了研究,从语义方面进行研究的有 Т. Б. Баранникова(2007)、于峻嵘(2016)等,从语体和修辞方面进行研究的有王利霞(2013)、И. А. Смирнова(2004)、С. И. Маликов-ская(2017)等。在研究的过程中,学者们对同义形容词的类型、特征、修辞、功能等方面都有论述,但大多数同义词辨析中,对同义形容词之间语义差异的说明略显不足。此外,在俄语同义形容词的教学中,侧重点往往是形容词与名词搭配时的语法规则,而对两者搭配时语义上的联系关注较少,这就使得俄语同义形容词的辨析长期以来一直是我们俄语学习和教学的难点之一。

就俄语形容词 твердый 和 жесткий 的词典释义而言,在不同的词典中这两个词的义项数量不同,但 твердый 的第二个义项(记作 твердый$_2$)和 жесткий 的第一个义项(记作 жесткий$_1$)都表示"硬的、硬",两者构成同义词。就 твердый$_2$ 和 жесткий$_1$ 而言,我们在理解和使用二词时,常会出现同义词使用错误的情况,本文通过元语言释义,借助义素分析法,说明 твердый$_2$ 和 жесткий$_1$ 的语义差异,并通过语料库进一步印证我们的分析。

2. твердый$_2$ 和 жесткий$_1$ 的元语言释义和义素差异

词汇语义学研究的对象不是作为一个整体的词,而是"作为义项从内容与形式统一的词中分离出来的词汇语义单位"(张家骅,2005:前言

2)。事物的特征反映在词汇中,形成词(词汇语义单位)的词汇意义。词义所反映的特征,有的是事物的本质特征,有的则是事物非本质的,但却是人们认为重要的特征。词的内容层面为义位(семема),词的义位还可以进一步分析出若干义素。词释义中的义素体现事物的特征,但并不是所有的特征都反映在词的释义中。在词的释义中出现的义素,我们称为显性义素;但有一些反映事物特征的义素不体现在词的释义中,我们称为隐性义素。

下面,我们从 твердый₂ 和 жесткий₁ 的释义出发,分析它们的义素构成,看它们的语义差异。

2.1　现有词典中 твердый₂ 和 жесткий₁ 的释义

《大俄汉词典》(2001)对 твердый₂ 和 жесткий₁ 的释义如下:

тердый₂:硬的,坚硬的(与 мягкий"软的"相对)(《大俄汉词典》,2001:2330)

жесткий₁:硬的,坚硬的;〈口语〉(指面包等)干硬的,不新鲜的;〈转〉硬性的,无伸缩余地的(《大俄汉词典》,2001:523)

从《大俄汉词典》中的释义可以看到,对 твердый₂ 和 жесткий₁ 的释义都为"硬的,坚硬的",而 жесткий₁ 用于口语时可以修饰"面包"等质地较软的食物;转义为"硬性的"时,与特定的一类事物搭配,此时与 твердый₂ 具有明显差别。当它们都用于义项中的直义"硬的,坚硬的"时,汉语释义是相同的,其中的差别并没有在释义中体现出来,它们之间的差别被汉语释义的同一性给隐没了。这使得俄语学习者在学习单词的过程中并不能够从词典中获取两个同义形容词之间的差别,无法准确理解和使用两个词。

在 C. А. Кузнецов 主编的《Большой толковый словарь русского языка》(2008)和 М. С. Шевелева 主编的《Словарь русского языка》(1984)中,对 твердый₂ 的释义分别如下:

твердый₂:такой, который с трудом поддается сжатию, сгибанию, резанию и другим физическим воздействием. (противоп.: мягкий) || жесткий₁ на ощупь(C. А. Кузнецов,2008:1309)

твердый₂:такой, который с трудом поддается сжатию, сгибанию, резанию и т. п. || жесткий₁ на ощупь(М. С. Шевелева,1984 Том Ⅳ:343)

从词典释义可以看出,两部词典对твердый₂的释义大致相同,都表示"事物难以被挤压、弯曲和切割,以及难以受到其他物理外力的影响"。它们的释义中含有жесткий₁ на ощупь,表示修饰的物体触觉上有坚硬的特点。

这两部词典对жесткий₁的释义分别如下:

жесткий₁:твердый₂,плотный на ощупь(противоп.:мягкий)‖ грубый на ощупь ‖ негибкий ‖ такой,который трудно прожевать (С. А. Кузнецов,2008:304)

жесткий₁:твердый₂,плотный на ощупь ‖ грубый(на ощупь)(М. С. Шевелева,1984 Том Ⅰ:479)

从释义可以看出,жесткий₁的释义表示所修饰的事物表面触感具有坚硬、粗糙的特点,虽然释义含有на ощупь义素,但是其释义中也包含有同义词твердый₂,这使得二词之间的区别在此并没有明显地体现出来,在学习和使用твердый₂和жесткий₁的过程中也难以被区分开。

2.2 твердый₂和жесткий₁的元语言释义

上述词典对жесткий₁的释义方式都为同义词释义,即用твердый₂解释жесткий₁,我们参照С. А. Кузнецов主编的«Большой толковый словарь русского языка»(2008)和М. С. Шевелева主编的«Словарь русского языка»(1984)两部词典对твердый₂的释义,提出твердый₂和жесткий₁的语义元语言释义,具体如下:

твердый₂ Y = Y является твердым₂ = Y является таким,который с трудом поддается сжатию,сгибанию,резанию и другим физическим воздействием.

твердый₂修饰事物 Y 时,表示 Y 事物具有难以被挤压、弯曲和切割等特征,具有这些特征的事物往往质地坚硬,因而该事物的触感也坚硬,所以释义中有жесткий₁ на ощупь这一义素,这既是被限定事物的特征,也是感知主体所感受到的特点。

而жесткий₁的元语言释义如下:

жетский₁ Y = X чувствует на ощупь,что Y является твердым₂ = С помощью осязания,по впечатления от ощупывания,прикосновения,X чувствует,что Y является твердым₂ или грубым.

жетский₁修饰事物 Y 时,表示主体 X 感受到 Y 事物表面触感坚硬、厚实或粗糙,并未提及物体本身的质地,又因为事物表面的触感与感知主体对感受评价的尺度有关,因此该词的使用更大程度上取决于句子中感知主体的感受,即主体 X 觉得事物 Y 是硬的。

根据《Большой толковый словарь русского языка》(2008)的释义可知,твердый₂ 和 жесткий₁ 的反义词皆为 мягкий,这是由于当事物本身质地软时,触摸的感觉往往也是软的,因此二者的反义词相同。

综上所述,твердый₂ 修饰的事物质地是坚硬的,且难以受到其他物理外力的影响,жесткий₁ 修饰的事物质地或是坚硬的,或是不坚硬的,但它们在触觉上的感受比同类事物来说相对坚硬,因此 жесткий₁ 比 твердый₂ 多一个义素 на ощупь,即触觉是硬的。

3. 基于语料库的 твердый₂ 和 жесткий₁ 语义差异的实证分析

为了证实上述观点,下面,我们利用语料库分析与形容词搭配的名词的异同,并从它们所修饰的对象 Y 来进一步发现 твердый₂ 和 жесткий₁ 之间的差异。

3.1 твердый₂ 和 жесткий₁ 与不同类名词搭配的定量分析

首先,在俄语国家语料库(национальный корпус русского языка)中输入 твердый 和 жесткий,并点击 поиск 按钮,按语料显示顺序选取例句;然后,搜索 твердый 和 жесткий 的阴性一格词形、中性一格词形和复数一格词形,选取含 твердый 和 жесткий 上述词形的例句各 300 句。

其次,人工分析语料中 твердый 和 жесткий 的词义,从选取出的例句中筛选出含 твердый₂ 和 жесткий₁ 的例句,经统计,含 твердый₂ 的例句85 句,含 жесткий₁ 的例句 95 句。

最后,人工分析语料中 твердый₂ 和 жесткий₁ 修饰的名词的词义,根据这些名词在例句语境中的词义,分出它们的词汇－语法类别:具体名词、物质名词、抽象名词、集合名词。分析统计后,整理为表 1 和表 2(表格中的百分比四舍五入):

表 1　与 твердый₂ 搭配的名词的词汇－语法类别

词汇－语法类别	具体名词	物质名词	抽象名词	集合名词	总计
名词数量	69	16	0	0	85
百分比	81%	19%	0%	0%	100%

表2　与 жесткий₁ 搭配的名词的词汇－语法类别

词汇－语法类别	具体名词	物质名词	抽象名词	集合名词	总计
名词数量	95	0	0	0	95
百分比	100%	0%	0%	0%	100%

由表1和表2可知，与 твердый₂ 搭配的名词只有具体名词与物质名词，各有69例与16例，分别占比81%和19%；而与 жесткий₁ 搭配的名词只有具体名词，数量为95例，占100%，这说明 твердый₂ 和 жесткий₁ 都可与具体名词搭配，твердый₂ 虽然可以与物质名词搭配，但是这种用法比较少，而 жесткий₁ 不能与物质名词搭配。

3.2　твердый₂ 和 жесткий₁ 修饰的名词的语义特征

твердый₂ 修饰的名词大致可以分为两类：

第一类名词表示非人造物，其中包括与人有关的事物：зуб（牙齿），кость（骨），шанкр（下疳），желвак（硬瘤子），шрам（刀疤）；自然界中存在的事物：плод（果实），орешек（坚果），орех（坚果），песчаник（砂岩），грунт（土壤），снег（积雪），камень（石头），ледышек（小冰块），кристалл（晶体），дерево（木头），земля（泥土），корочка（鳞皮），листья（叶子），ветка（树枝），порода（岩石），соломка（细木杆），мантия（地幔），почва（土壤），пласт（地层）。

第二类名词表示人造物，其中包括与穿着有关的事物：ткань（布），воротничок（领子），воротник（领子），панцирь（铠甲）；食物：сыр（奶酪），карамель（夹心糖）；日常生活中接触到的事物：лопаточка（小锅铲），плита（灶台），карандаш（铅笔），картон（厚纸板），переплет（封皮），кругляк（圆棒），фарфор（瓷器），столб（柱子），пластика（雕塑），обложка（封面）；工业用料和零部件：материал（材料），металл（金属），сталь（钢），пенопласт（泡沫塑料），древесина（原木），грифель（石笔）。

可见，与 твердый₂ 组合的事物，有自然的非人造物，也有人造物，并且这些事物本身质地硬实，触感也坚硬，伸缩度不强。

жесткий₁ 修饰的名词大致可以分为三类：

第一类名词表示的事物本身质地坚硬，这些名词有：диск（圆板），порог（门槛），подлокотник（扶手），табурет（圆凳），переплет（封皮），панцирь（铠甲），борт（甲板），вагон（车厢），кабан（吊顶），ноготь（指甲），винт（螺旋桨），камень（石头），каркас（骨架），припой（焊料），параллелепипед(平行六面体),шлем(头盔),наст(雪面冰层),деятель(机件),крепление(支架),покрышка(车轮的外胎),когти(脚扣),браслеты(手铐),контейнер(集装箱),клоп-рыцарь(臭虫骑士),диполь(偶极天线),смычок(拉乐器的弓子),хребет(山脉)。

第二类名词表示的事物有些质地坚硬,有些质地不坚硬,这些名词有:материал(材料),стул(椅子),сиденье(座椅),кресло(圈椅,扶手椅),обложка(封面)。

第三类名词表示的事物质地有一定的硬度,在外力作用下可变形,这些名词有:кустарник(灌木丛),кузов(柳条筐),корсет(紧身胸衣),волос(头发),футбол(足球),матрас(褥子),ус(胡子),волосок(毛发),палец(手掌),волосок-шипик(毛刺),плавник(鱼翅),локоть(肘部),шов(缝合处),шерстинка(绒毛),парус(帆),кабина(座舱),кисть(毛刷),кровать(床),борода(胡子),парашют(降落伞),ложа(包厢),седло(马鞍),перо(羽毛),брюки(裤子)。

这些事物虽然可以与 жесткий₁ 搭配,但并不是所有的事物都是"硬"的,有些事物虽然质地不坚硬,但是却可以与 жесткий₁ 搭配,原因是这些事物与其同类事物比较来说触感相对硬实和粗糙。

与 твердый₂ 和 жесткий₁ 搭配的名词中相同的如下:

твердый панцирь(坚硬的铠甲),жесткий панцирь(坚硬的铠甲);твердый пол(硬地板),жесткий пол(硬地板);твердый камень(硬石头),жесткий камень(硬石头);твердый переплет(硬封皮),жесткий переплет(硬封皮);твердая обложка(硬封面),жесткая обложка(硬封面)。

可以发现,它们和 панцирь,пол,камень,обложка,переплет 组合时,两个同义形容词的语义基本相近。和 обложка,переплет 搭配时,语义基本一致,但仍有差别:твердый 修饰 переплет,обложка 时指该封面本身为硬皮,而 жесткий 修饰 переплет,обложка 时表示该封面不一定是硬皮,但是表皮粗糙,或是封面的触感厚实;жесткий панцирь 表示抚摸铠甲时感受到的坚硬与厚实;жесткий пол 表示踩踏地板时感觉很硬;жесткий камень 表示触摸石头表面时感受到石头的粗糙,它们都突出了"感觉"义素。

再看从俄语国家语料库中选取的例句:

Тронул пальцем щечку, но грубый, жесткий палец ничего не почувствовал. 我用手指摸了摸脸颊,但粗硬的手指什么也没有感觉到。

例句中 жесткий 修饰的是 палец,句中的"我"用手指和脸颊触碰,触碰时感觉到了手指的粗糙和坚硬。在 палец 的释义"одна из пяти подвижных конечных частей кисти руки или ступни ноги у человека"(С. А. Кузнецов 2008:776)中"触感"不是显性义素,但 жесткий 修饰的是 палец 的"触感"这一义素。在 палец 前面有形容词 грубый,也表示了手指触感的粗糙,更加说明 жесткий 突出的是事物的"触感"方面。

Потом, упираясь руками в его жесткий шершавый бок, пытался катить. 然后,他用手抵住坚硬粗糙的一侧,尝试让它滚动起来。

虽然在 бок 的释义"сторона предмета(обычно по отношению к его передней и задней или верхней и нижней части)"(С. А. Кузнецов 2008:88)中"触感"这一隐性义素并未体现,但 жесткий 在句中修饰的是 бок 的表面触感,二者保持语义一致关系。句中感知主体的手和物体产生了接触面,主体感受到物体这一面的粗糙,尝试利用摩擦力让物体滚动起来,且句中的形容词 шершавый 也表示了物体粗糙的一侧,更加说明了 жесткий 突出的是"触感"这一义素,表示事物表面相对坚硬。

И Штертебекер прыгнул, а Люция вновь опустилась на жесткое дерево скамьи для свидетелей и вытянула рукава своей вязаной жакетки, закрыв ими кулаки. 施托特贝克跳了起来,而露西亚再次坐到了给证人坐的硬木上,然后拉长自己针织外套的袖子,盖住了拳头。

Наконечник был костяной(у варварских народов и в Европе до 11 – 13 века), из твердого дерева(в древнем Египете), из бронзы или твердой стали. 尖端由骨头(瓦尔瓦尔人民和11—13 世纪以前的欧洲时期)、硬木(古埃及时期)、青铜或实心钢制成。

两个例句中 жесткий 和 твердый 修饰的是相同名词 дерево,但是它们的侧重点不同。第一句话中主体露西亚坐到了硬木上,此时该硬木为木头制成的长凳,主体和物体之间有接触面积,主体对该事物有了触感,露西亚的情绪紧张,用袖子遮住自己的拳头,在她所处的环境中,一切都显得十分的冰冷和坚硬,因此此时使用了 жесткий 一词,突出了露西亚坐的凳子的坚硬与冰冷,即突出了主体对 дерево 的"感觉";第二句话是对一个客观物体的描述,不存在主体,没有人与物体有接触,并且与дерево 做同等成分的 *бронза*, *твердая сталь* 都是质地坚硬的事物,它们都是构成尖端的一部分材料,因此这里用 *твердый* 修饰名词 *дерево* 来表示木头质地的坚硬,突出的是"事物本身硬度大"。

4. 结语

综上所述,俄语同义形容词 *твердый₂* 和 *жесткий₁* 语义的共同之处在于所限定的名词都有"硬的"这一义素,虽然与二者搭配的名词有部分相同的,如 *панцирь*, *пол*, *камень*, *обложка*, *переплет* 等,但是它们仍有语义上的差别,差别在于两个形容词表示的侧重点不同,*твердый₂* 侧重于事物本身质地坚硬,或相对而言属于较硬的一类,与其组合的事物多为本身硬实的事物,由于这些事物本身质地坚硬,因此它们在触感上也具有坚硬、厚实的特点;而 *жесткий₁* 侧重于事物表面的粗糙,或质地比常见的同类事物要硬,但这些事物本身并非是硬度大的,只是它们相较于同类事物才产生"硬"的感觉,即触感硬。因此,*жесткий₁* 的使用更大程度上取决于句子中的感知主体,即 *жесткий₁* 有一个隐含的主体,它体现了主体的触感(*ощупь*),而这种差别在词典中是没有说明的,即 *жесткий₁* 表示主体 X 觉得事物 Y 是硬的,主体 X 这一义素在现有词典的释义中都未体现。

语料库示例也证实了我们的这一分析,同义形容词 *твердый₂* 和 *жесткий₁* 在和名词组合时,*твердый₂* 突出的是"事物本身硬度大"这个义素,而 *жесткий₁* 突出的是"人的感觉"这个义素,它们都属于述位(*рема*)。总之,*жесткий₁* 说明一个事物时,该事物的不同种类通常都有软硬之分,而 *твердый₂* 说明的事物基本都是硬的。

参考文献

[1] Баранникова Т Б. Семантика стилистических синонимов в сопоставительно-культурологическом аспекте[D]. Москва：Московский государственный лингвистический университет, 2007.

[2] Кожевинков А Ю. Большой синонимический словарь[M]. Санкт-Петербург：Издательский Дом «Нева», 2003.

[3] Кузнецов С А. Большой толковый словарь русского языка[M]. СПб：«Норинт», 2008.

［4］Маликовская С И. Особенности восприятия синонимов русского языка и их стилистических различий языковым сознанием современных школьников［J］. Воронеж：Воронежский государственный педагогический университет，2017.

［5］Смирнова И А. Восприятие стилистических синонимов носителями русского языка［J］. Кемерово：Кемеровский государственный университет，2004.

［6］Шевелева М С. Словарь русского языка［M］. Москва：Издательство «Русский язык»，1984.

［7］北京外国语学院俄语系《俄语常用词词典》编写组. 俄语常用词词典［M］. 北京：商务印书馆,1982.

［8］黑龙江大学俄语语言文学研究中心辞书研究所.大俄汉词典［M］. 北京:商务印书馆,2001.

［9］李岩. 俄语同义词的类词及教学［J］. 新疆大学学报(社会科学版),2003,31(A1).

［10］倪波,顾柏林.俄语语义学［M］. 上海:上海外语教育出版社,1995.

［11］文军,俞森林. 语料库研究与翻译——介绍《翻译中的词汇及其创造性:基于语料库的研究》［J］. 外国语言文学研究,2002(1).

［12］王利霞.从同义现象的修辞角度分析俄语同义词［J］.边疆经济与文化，2013(12).

［13］黑龙江大学俄罗斯语言文学与文化研究中心辞书研究所.新时代俄汉详解大词典［M］.北京:商务印书馆,2014.

［14］于峻嵘,张淑明. 语言的整合描写与同义形容词释义［J］. 河北学刊, 2016,36(1).

［15］中国社会科学院语言研究所词典编辑室. 现代汉语词典［M］. 北京:商务印书馆,2016.

［16］张家骅,等.俄罗斯当代语义学［M］. 北京:商务印书馆,2005.

［作者简介］：陈鸿志(1975.10—)，男,福建福州人,黑龙江大学硕士研究生,研究方向为语义学。

言语行为视角下俄语话语词
ну 的语用功能分析

戴丹丹

1. 引言

言语行为（речевой акт）理论最初是由英国哲学家奥斯汀提出的。奥斯汀把一个完整的言语行为分为三个次行为，也就是著名的"言语行为三分说"：言说行为（пропозициональный акт）、意向行为（иллокутив-ный акт）和取效行为（перлокутивный акт）。言说行为是指说出表达某个命题的语句，通过句法、词汇和音位来表达字面意义的行为；意向行为即"以言行事"，话语表达说话者的某种意图，说出一句话即完成了某一行为，如承诺、道谢、请求等；取效行为是话语所产生的后果或所引起的变化。约翰·塞尔在奥斯汀的研究基础上发展和完善了言语行为理论。他认为，在言语行为分类过程中，最重要的三个参数是：以言行事的目的、适从方向、说话人的心理状态，据此他将意向行为分为五类：断言类（陈述、推断、猜测等）、指令类（命令、建议、要求等）、承诺类（保证、许诺、威胁等）、表态类（道歉、感谢、欢迎等）、宣告类（宣布、任命、宣判等）。他还提出了间接言语行为（косвенный речевой акт）理论。间接言语行为指的是通过实施一种言语行为的方式来间接地实施另一种言语行为。

话语词是一种常见的语言现象，在言语交际中具有丰富的语用功能，目前已成为语用学的重要研究课题之一。在言语交际中，话语标记与言语行为共同构成语段，来保证复杂交际行为的持续进行（石彦霞、王宗华、何英，2017）。无论是直接言语行为，还是间接言语行为，说话人最主要的意向就是"以言行事"，借助一些辅助性语言手段，让听话人更清楚地领会其用意，而利用话语词可以调节、控制话语的构建和促进言语交际的互动性，同时并不影响话语的内容层面。俄语中的很多话语词在一定语境下能明示说话人所实施的言语行为或表明说话人对该命题所持的态度,并能对话语的施事语力进行调控(许宏,2008)。

2. 话语词概述

2.1 话语词的界定

话语词(дискурсивные слова)是指在话语中发挥重要语用功能的词或短语。它们传递的不是命题意义或语义意义,也就是说它们不构成话语的语义内容,而是为话语理解提供信息标记,从而对话语理解起引导作用的程序性意义(何自然、冉永平,2002)。学界目前对话语词没有形成统一的定义,并且由于不同的研究角度和侧重点,这类词在语言学界有不同的称法:话语标记语、语句联系语、语义联系语、话语操作语、语用小品词、话语标记手段等。为研究方便,本文统一使用话语词这一术语。

俄罗斯语言学界对话语词的研究开始较早。一些学者曾将这类词或短语称为"语气词"(частицы)、"插入成分"(вставные элементы)、"情态词"(модальные слова)等。К. Л. Киселева 和 Д. Пайар 指出了判断话语词的两个标准:"没有广义上的指物意义;组织建立两个或更多话语的组成成分之间的关系。"(К. Л. Киселева, Д. Пайар,1998:8)因此,传统语法中的不同词类,如:连接词、语气词、感叹词、副词、代词等均可作为话语词的组成部分。这些语言成分受词汇化、语法化、非语义化等重构现象的影响,获得了虚词的功能,具有不同的情态意义。"话语词一方面保证文本的连贯性,另一方面直接反映说话者与听话者的相互作用过程以及说话者的观点,即反映说话者如何向听话者解释事实,并且说话者如何从重要性、可信度、可能性的角度对这些事实进行评估。"(А. Н. Баранов,1993:7)

结合国内外学者对话语词的描述,本文对话语词尝试做出以下界定:从词类上说,话语词包含众多虚词(连接词、语气词、感叹词等)以及语义虚化了的实词(动词、名词等),同时不限于单个的词,可以是短语或词组(то есть,другими словами 等);从内容来看,话语词不属于句子的命题内容或语义内容,但仍属于话轮信息的一部分;从功能上看,在互动性话语的交际过程中,话语词可以起到承接语篇、调控话语的作用。说话人可以借助话语词表达自己的立场、观念、情感或态度等,让听话人充分理解说话人的意图。

2.2 作为话语词的 ну 及其变体

ну 是俄语中最常用词之一,尤其是在日常口语及文学作品当中。在大多数词典中,ну 可以被看作不同的词类:感叹词、连接词、语气词等。В. И. Даль 认为它要么是感叹词,要么是连接词。做感叹词时可以表示惊讶、咒骂、命令、威胁,而做连接词时意思和 давай 或 начал 相近,还可以表示同意、确信等意义(В. И. Даль,1981)。在 С. И. Ожегов,Н. Ю. Шведова 主编的《俄语详解词典》中,也认为 ну 可以是感叹词或连接词,做感叹词时可以表示祈使、感叹、惊讶、讽刺等。在 Д. Н. Ушаков 主编的《俄语详解词典》中,ну 除了做感叹词和连接词,还可以做语气词,有以下几种用法:1)用在疑问句中:"Да ну?"。2)加强言语表现力,强调另一个词的语义:ну хорошо,ну конечно 等;带有连接词意义,指出原因、结论:"Ну,думаю,пропал."。3)带有谓语意味,用于感叹句中第四格人称代词前:"Ну тебя совсем!"。4)同动词原形连用,表示开始,相当于давай:"И новые друзья ну обниматься,ну целоваться."。5)用在话轮中,表示条件性的假设,被迫赞同:"—Ты ходил туда? —Ну,ходил."。

可以看出,当 ну 做语气词时,在话语中具有丰富的交际语用功能,大多数时候符合我们上文对话语词的界定。同时我们注意到,由 ну 构成的许多词组、短语,以及 ну 的言语变体也在交际中承担一定的话语词功能,例如:ну да,ну хорошо,ну ладно,ну и,ну-ка,ну-ну 等,作为话语词的 ну 及其变体"一方面可以保证语篇的连贯性,另一方面用最直接的方法反映说话者和听话者相互作用的进程以及说话者的立场,即说话者怎样阐释他向听话者所报道的事实并如何从真实性、可能性、重要性程度等方面去评价它们"(А. Н. Баранов,1993:7)。此外,话语词作为交际策略之一,在言语行为的实施过程中发挥重要作用。接下来我们将借助俄语国家语料库口语模块中的语料,从言语行为的角度,探究话语词 ну 及其变体在言语行为实施过程中所起的功能和作用。

3. 言语行为中的话语词 ну 及其变体

3.1 标记言语行为

话语词也被称为"话语标记语"的重要原因是其在话语中可以起到信息标记的作用。这里我们把 ну 及其变体在言语行为实施过程中所起的标记作用分为:明确言语行为类型和指示间接言语行为。

3.1.1 明确言语行为类型

言语交际的目的就是实施言语行为,有时,话语词可以作为形式上的标记,帮助我们判断言语行为的类型:

① Ну что, уволила вас старуха? [коллективный. Форум: рецензии на фильм «Служебный роман» (2006 – 2010)]

② Соня, ну как, удалось что-нибудь узнать? [Наши дети: Подростки (2004)]

③ Ну че, вы разобрались с отзывами? [Смс-сообщения старших школьников (2004)]

从以上例子可以看到,ну 和 как, что 等词连用,可以标记询问言语行为,自然引出接下来的问题。在这样的词组中,как 和 что 不带有逻辑重音,已经失去了原本的疑问意义,而是起到吸引听话人注意、转换话题、引出话题的作用。这样的话语词使对话衔接更加连贯,问题的提出不会让人觉得突然或难以接受,一定程度上给了听话人一个"接下来需要回答问题"的心理预设。

ну как 用在疑问句中还可以表示一种忧虑、担心,是对不希望发生的事情的一种假设:

④ **Ну как**, кто-нибудь нас подслушает? [М. Е. Салтыков-Щедрин. За рубежом (1880 – 1881)]

而作为话语词的词组 ну как же 可以表达说话者惊讶、不满的内心状态:

⑤ **Ну как же**, у нас ведь теперь что ни бомж, то ликвидатор чего-нибудь такого. [Олег Павлов. Карагандинские девятины, или Повесть последних дней // «Октябрь», 2001]

⑥ **Ну как же** не выпить?! Да ты что?! [Андрей Волос. Недвижимость (2000) // «Новый Мир», 2001]

当 ну 用于单数第二人称命令式中时,主要是标记命令的言语行为,ну 的使用则增添了表达催促、不耐烦等态度的作用:

⑦ **Ну говори же**: звонить? [Ю. О. Домбровский. Факультет ненужных вещей, часть 5 (1978)]

与此类似的还有话语词 ну-ка 的作用:

⑧ **А ну-ка**, покажи, как ты выполнил классную работу? [Алевтина Луговская. Если ребенок боится ходить в школу（2002）〕

⑨ Ты чего это！**Ну-ка**，Володя，убери！〔Андрей Волос. Недви-жимость（2000）//《Новый Мир》，2001〕

ну вот，ну смотри，ну и 则可以标记断言类言语行为，暗示接下来说话人将开始陈述自己的观点、看法：

⑩ **Ну вот** свой пример приведу.〔коллективный. Форум：Универ（институт）VS школа. Плюсы и минусы. Где в итоге лучше и почему？（2011）〕

⑪ **Ну смотри**，мне кажется что профессионалы-то не платят каж-дый раз по 1000 рублей〔Переписка в icq между agd-ardin и Колючий друг（2008.02.08）〕

⑫ **Ну и** деньги само собой и одежда для этих условий.〔Переписка в icq между agd-ardin и Колючий друг（2008.01.25）〕

3.1.2　指示间接言语行为

句子具有陈述事实、提出疑问和表达命令三种功能，与之对应的句子形式分别是陈述句、疑问句和祈使句。当句子的形式和功能不一致时，句子就有了言外之意，此时说话人实施的就是间接言语行为（孙为，2020）。塞尔把间接言语行为分为规约性间接言语行为和非规约性间接言语行为。前者指在特定的文化规约下，根据话语的句法形式，按习惯就可推断出间接的"言外之意"（语用用意），例如俄语中"Не могли бы вы..."的疑问句型已经固化为表达请求的言语行为；后者指的是听话人无法从语言形式推断出说话人想要表达的意义，只有依靠说话双方共知的信息和所处的语境来进行推断。

话语词 ну 在一些特定的句式中时，结合语调、语境等因素，可以参与构成间接言语行为：

⑬ Ты все деньги потратила уже？**Ну ты молодец**！〔Переписка в icq между agd-ardin и Колючий друг（2007.12.21）〕

⑭ В тот самый день，когда у меня умер папа...**Ну спасибо тебе**，утешила.〔Александр Вампилов. Утиная охота（1968）〕

当 ну 与 молодец 连用时，在一定的语境下不是夸奖，而是一种反语，表达讽刺、批评，即用赞扬的言语行为实施批评言语行为，如例⑬；而当 ну 与 спасибо 连用时，有时实施的不是感谢言语行为，而是间接表达了说话人埋怨、不满的情绪,如例⑭。

ну 与单数第二人称命令式的否定形式连用,可以用命令的言语行为间接表达安慰:

⑮ Мамочка, **ну не плачь**, вместо той девочки теперь у тебя есть я!

⑯ — Могу я открыть окно? Здесь душно.

— **Ну открой**. [Светлана Василенко. Шамара(1994)]

在例⑯中,ну 与命令式连用,表达的却不是指令,而是一种赞同、允许,ну 显示出让步含义。

ну 用于带有复数第二人称命令式的疑问句中时,可以间接表达邀请或请求的言语行为,作用相当于 давай:

⑰ — Жена: Надо пойти еще купить майонез.

— Муж: Да?

— Жена: **Ну пойдем** в магазин? [Елена Хаецкая. Хальдор из светлого города(1997)]

⑱ — Завтра же выходной.

— Да, а что?

— **Ну пойдем** вместе в кино? [Светлана Василенко. Шамара (1994)]

在例⑰中,妻子对丈夫说,需要买沙拉酱,丈夫对妻子的暗示不为所动,妻子只好又换一种方式来实施间接言语行为,提议一起去商店。例⑱是一个年轻男孩想要邀请女孩一起看电影。在上述两例中,都是用提问的方式表达邀请或请求,话语词 ну 的使用反映出说话者因害怕被拒绝而决定使用更委婉的、试探性的询问的心理。

3.2 独立构成言语行为

除了参与构成言语行为,ну 及其变体本身在话轮中还可以直接构成某些言语行为,表达同意、赞同、批评等意义。

3.2.1 话语词 ну 单独构成言语行为

首先,ну 在反应话轮中可以表达言语主体对交际者或当前情形的态度反应。例如可以构成确认言语行为,即对对方所说的话、陈述的意见的一种肯定、赞同:

⑲ — Он вообще подлец такой.

— Ну. ［Запись LiveJournal с комментариями（2004）］

在回答对方的邀请、提议、请求时，ну 也可以构成同意言语行为：

⑳ — Ты кофе будешь?

— Ну.［Наши дети: Подростки（2004）］

ну 可以用于疑问句，在刺激话轮中构成催促的言语行为，用于刺激、引导对方将中断了的或者不完整的话语信息补全：

㉑ — Вчера я долго не могла уснуть, и я подумала, вот...

— Ну?［Как весна, так все коты // «Домовой», 2002.03.04］

而当说话人处于一种暴躁、气愤的状态时，ну 会构成命令的言语行为，有时甚至是一种威胁：

㉒ — Сегодня увидишь результат.

— Ну! Посмотрим!［Комический трагик Астерикс // «Культу-ра», 2002.04.01］

ну 除了可以催促对方回应和支撑对话，也可以催促对方做出相应的行为反应，适用于发出命令后对方没有行动的情况下：

㉓ Что ты тут молчишь? Говори!.. Ну!［Дуня Смирнова. Октя-брьская железная дорога // «Столица», 1997.05.13］

3.2.2　话语词 ну 的变体构成言语行为

ну 和一些词语连用组成固定的词组或短语时，可以构成特定的言语行为，主要有 ну ладно，ну хорошо，ну да，ну нет，ну надо же 等等。

ну хорошо 和 ну ладно 在俄语口语中经常出现，在回答话轮中，都表达赞同、同意的言语行为，并且都带有被迫、无可奈何的意味在里面，尤其是后者这种做出让步、被迫同意的含义更强。

㉔ — Вот ты тут сидел, эмоциональничал, давайте мы все-таки успокоились.

— Ну хорошо.［Ю. О. Домбровский. Факультет ненужных вещей, часть 4（1978）］

㉕ — А ты не хочешь нам рассказать?

— Ну ладно.［Андрей Геласимов. Чужая бабушка（2001）］

ну да 和 ну нет 分别表示肯定与否定的言语行为。ну 反映出说话人迟疑、动摇、不确信的内心状态。да ну 则可以用于表达说话人惊讶、不敢相信的心理：

㉖ — То есть ты точно будешь читать?

— **Ну да.**〔Олег Павлов. Карагандинские девятины, или Повесть последних дней // «Октябрь», 2001〕

㉗ — Он уехал, и после этого мы больше не виделись.

— **Да ну**?〔К начальству не допускать! // «Витрина читающей России», 2002.10.25〕

ну-ну 也是言语交际中常见的话语词,通常带有否定评价色彩,表达说话者不满或讽刺的态度:

㉘ — Мне понравилась одна девушка… Ну это совсем другая история.

— **Ну-ну.**〔Владимир Маканин. Отдушина (1977)〕

ну 和 конечно 连用时,有时也具有讽刺效果,而 ну 和 конечно же 连用时,则更多时候表达一种肯定、确信。比较:

㉙ — Мы ведь завтра поедем в зоопарк?

— Ну конечно!〔Наши дети: Подростки (2004)〕

㉚ — Хорошие вы мои.

— **Ну конечно же!**〔коллективный. Форум: Апгрейд дачной кухни (2011 – 2013)〕

ну и что, ну и че 在口语中常用来表示说话人不关心、冷漠、无所谓的态度:

㉛ — Но он же говорит по-французски.

— **Ну и что**?〔Запись LiveJournal (2004)〕

3.3 调控言语行为

20 世纪 70 年代中期,塞尔指出同一类言语行为具有同样的施事意图,但强度上会存在差异,即施事语力(иллокутивная сила),也叫作语势。后来,弗雷泽(Fraser)注意到会话中的弱化现象。在塞尔和弗雷泽研究的基础上,霍姆斯(Holmes)提出,言语行为的施事语力是话语命题内容与说话人的交际意图共同作用的结果。在交际过程中,说话人会采取一系列语言、非语言措施,对话语进行调控,以达到自己的交际目的。话语词就是主观调控的手段之一。

3.3.1 强化施事语力

当话语本身的施事语力强度低于说话人的要求时,说话人就会采用一定的策略来对其进行强化。话语词 ну 及其变体可以在不同的言语行为中起到强化语势的作用，最明显的是在指令类言语行为中：

㉜ **Ну**, марш вперед, труба зовет! [Евгений Петров, Илья Ильф. Двенадцать стульев (1927)]

㉝ **А ну-ка**, вон отсюда! Слышите?! И заберите свой веник! [Максим Милованов. Рынок тщеславия (2000)]

在上述两例中，话语词 ну 及其变体的使用加强了命令语力，使听话人感受到说话人不容反驳、抵抗的态度。

㉞ Потрите мне спинку, пожалуйста, **ну пожалуйста**, что вам, трудно, что ли... [Вадим Самодуров. Рождественские забавы: песни, порно, президент... // «Вечерняя Москва», 2002.01.10]

㉟ **Ну** вырвись на два часа ну... [коллективный. Форум: 12 часов в день? Не могу согласиться с М. Прохоровым (2010 – 2011)]

上述两例都表达了请求、恳求的言语行为。ну 与 пожалуйста 的连用强化了语势，使听话者拒绝请求的可能性降低；而在例㉟中，如果缺少了 ну 的使用，则会让人误解为生硬的命令，话语词的作用并不是弱化语势，而是强化了请求的语力。

ну 用于带有疑问词（что，где，когда 等）的疑问句前时，强化询问的语力，表达出说话人对交际对象或某事物的极大兴趣：

㊱ **Ну** где ты его нашел-то? Расскажи-ка нам. [В. М. Шапко. Кошка, пущенная через порог // «Волга», 2013]

在承诺或保证类言语行为中，说话人应遵守"真诚规则"，即有履行诺言的意愿，而话语词的使用可以传达出说话人的这种意愿和完成的信心：

㊲ — Ты приедешь?

— **Ну**, я тебя никогда не обманывал. [Валерий Володин. Повесть временных лет // «Волга», 2011]

与命令式连用时，ну 可以加强威胁、警告的语力：

㊳ — **Ну говори** уже! [В. П. Беляев. Старая крепость (1937 – 1940)]

㊴ — **Ну смотри** у меня! — с угрозой сказал Шутов. [Петр Галицкий. Опасная коллекция (2000)]

3.3.2 弱化施事语力

当话轮施事语力过强以至于可能会威胁听话人面子时,说话人也可能会采取相应的策略来减弱其语力。话语词 ну 及其变体弱化施事语力主要表现在以下几个方面:

(1)缓和面子威胁

面子理论是布朗和列文森礼貌原则的一部分,他们将面子分为积极面子和消极面子。有些言语行为的实施很容易威胁到双方的面子,例如命令、建议、提议等,这样的行为就是"威胁面子的行为",因此,言语交际中,说话人会采取一些措施去维护双方的面子。而话语词 ну 就可以起到缓和面子威胁的作用:

㊵ **Ну** что, уволила вас старуха? [коллективный. Форум: рецензии на фильм «Служебный роман» (2006 – 2010)]

㊶ А **ну** позвони, узнай, где он. [Михаил Гиголашвили. Экобаба и дикарь (1998 – 2007) // «Зарубежные записки», 2009]

在以上例句中,话语词的使用缓和了由于直接提问和生硬命令给听话人带来的侵犯和压迫感,语气更加委婉,维护了对方的积极面子(被视为同一群体,被感兴趣和被关心)和消极面子(行为不受他人的强制或干预)。

(2)维持话轮

有时,说话人在犹豫和组织话语的过程中,为了避免过长时间的停顿而造成交际中断,会使用话语词来起到延缓的作用:

㊷ — Если не получится в этот раз, что будем делать?

— **Ну**... если так, то забудем об этом, ничего страшного.
[Л. Н. Андреев. Жизнь Человека (1906)]

在上例中,说话人使用话语词 ну 表明自己已经开始了回答,在这个过程中进行了快速思考并给出了答案。同时,话语词的使用也会给听话人一个心理准备,暗示他需要一点时间来思考和回答他的问题。这样,说话人既减缓了施事语力又把持了话轮。

(3)自然转换或结束话题

在交际过程中,如果说话人不想再继续之前的话题,或者想不失礼貌地结束交谈,话语词的使用就是必要的:

㊸ — Как вы там с женой отдыхали?

— Все было хорошо. **Ну**, я услышал, приехал новый директор? [Анатолий Мельник. Авторитет (2000)]

4. 结语

　　话语词与言语行为的实施密切相关,是言语行为表达过程中不可或缺的一环。话语词的使用能够促进言语行为的实施,确保交际正常进行,协助说话人完成交际意图。作为俄语中常用的话语词之一,ну及其变体在交际过程中具有丰富的语用功能:它能够标记言语行为,帮助我们判断直接言语行为和间接言语行为的类型,也能够独立构成言语行为,实施请求、命令、赞同、评价等行为,除此之外,还能在言语行为实施过程中起到调控话语的作用,主要表现为强化和弱化施事语力,帮助说话人更有效地达到交际目的。

参考文献

[1] Баранов А Н, Плунгян В А, Рахилина Е В. Путеводитель по дискурсивным словам русского языка[M]. М.: Помовский и партнеры, 1993.

[2] Викторова Е Ю. Прагматическая полифункциональность дискурсивных слов [J]. Вестник Воронежского государственного университета, 2014(2).

[3] Даль В И. Толковый словарь живого великорусского языка[M]. М.: Русский яз., 1981.

[4] Киселева К Л, Пайар Д. Дискурсивные слова русского языка: опыт контекстно-семантического описания[M]. М.: Метатекст, 1998.

[5] Лейко И М. Прагмматические особенности употребления частицы «НУ» в речи студентов и старшеклассников[J]. Ученые записки УО ВГУ им. П. М. ашерова, 2013(16).

[6] Мухтаруллина А Р, Азаматова Г Б. Дискурсивные слова (на примере бытового общения) [J]. Вестник Башкирского университета, 2012(3).

[7] Национальный корпус русского языка[DB]. https://ruscorpora.ru.

[8] Ожегов С И, Шведова Н Ю. Толковый словарь русского языка[M]. Москва: Азбуковник, 2000.

[9] Ушаков Д Н. Толковый словарь русского языка[M]. Москва: Дом Славянской кн., 2008.

[10] Щербань Г Е. Частица НУ как актуализатор субъектно-модальных и иллокутивных значений в диалоге[D]. Санкт-Петербург:СПбГУ,1994.

[11] Эргашев Нурбек. Частица «ну» в диалогической и монологической речи[D]. М.：АДУ，2013.

[12] 冯栋丽.俄语劝说言语行为中的话语词研究[J].现代交际,2019(22).

[13] 霍永寿.从言语行为的实施看话语标记语的语用功能[J].外国语言文学,2005,22(2).

[14] 何自然,冉永平.语用学概论(修订本)[M].长沙:湖南教育出版社,2002.

[15] 孙为.言语行为视角下的俄语话语标记语"правда"[J].当代外语教育,2020(0).

[16] 孙名蕊.语用学视角下的俄语话语词研究[D].上海:上海外国语大学,2019.

[17] 石彦霞,王宗华,何英.话语标记与言语行为之关系探析[J].现代语文(学术综合版),2017(6).

[18] 许宏.俄语话语词 HY 在言语交际中的语用功能[J].中国俄语教学,2005,24(4).

[19] 许宏.言语行为视角下的俄语话语词功能研究[J].中国俄语教学,2008,27(4).

[20] 许宏.西方语言哲学与俄罗斯的语用学研究[M].北京:中国社会科学出版社,2012.

[21] 许宏.俄语"不确信"话语词的语义和语用分析[J].语言学研究,2015(2).

[22] 余坤.国内外话语标记语研究综述[J].现代交际,2018(21).

[作者简介]:戴丹丹(1996.12—),女,安徽合肥人,上海外国语大学硕士研究生,研究方向为语言学。

俄罗斯讲述体小说的叙事特征研究：声音、人称与视角

靳　涛

1. 引言

　　讲述体小说(сказ)，又译为故事体小说，是俄罗斯文学中一种独特的文体样式。与其他小说形式相比，讲述体小说中的叙述声音与人称更多元，叙述视角更多样，叙述结构也更加复杂。首先，讲述体小说的叙述声音复杂。叙述声音，即叙述者的声音。在任何一部叙事作品中，都存在叙述者(повествователь)来主导整个文本的构建。一般认为，如果小说中没有明确指明叙事主体，叙述者通常是作者①，我们将其称为"叙述者 - 作者"(повествователь-автор)；而在讲述体小说中，除了一般小说中常见的叙述者 - 作者，还会出现一个新的叙事主体即讲述人，此时我们将其称为叙述者 - 讲述人(повествователь-рассказчик)，从而构成双重的叙述声音。其次，讲述体小说的叙述人称复杂。由于作品中出现了双重的叙述者，每个叙述者又会选择不同的人称形式来叙事，就会出现"故事套故事"(рассказ в рассказе)、"童年小说"等复杂的叙事现象。最后，讲述体小说的叙述视角复杂。在双重叙述声音与多元叙述人称构成的叙述层级中，不同人称下的叙述视角更加自由，经常游离变换，使文本的叙述结构更加多维、复杂，影响文本的艺术意义生成。因此，我们有必要关注、梳理讲述体小说中的叙述声音、人称与视角，探究俄罗斯讲述体小说的叙事特征，从中管窥小说文本的叙述结构与艺术意义。

---

　　① 本文中的"作者"并非实际生活中的作家，而是指维诺格拉多夫的"作者形象"，类似于韦恩·布斯提出的"隐含作者"。

2. 讲述体小说中的叙述声音与人称

讲述体是俄罗斯小说中一种独特的叙述形态,针对这一民族化的文体形式,苏俄诸多学者纷纷从不同角度对其予以学理关注。首位注意到"讲述体"的学者是艾亨鲍姆,他用"讲述体"来指称"按照口语的原则"建构的书面叙事作品,强调了讲述体小说的口语化特征。此后,不少文论家、修辞学家都对讲述体做过深入细致的研究,其中贡献最大的当属维诺格拉多夫与巴赫金。两位学者继承、发展了艾亨鲍姆的思想,认为口语化是讲述体小说的重要语言特性,同时指出了讲述体的另一本质特征——"双声性"。维氏从文学修辞学的角度指出,讲述体——是"双重的文学建构,因为它是上置于语言结构(即独白)之上的审美建构,其中体现着文学布局构成的原则和修辞选择的原则"(B. B. Виноградов,1980:45)。易言之,维氏认为,讲述体中包含了两层叙述声音:第一层是讲述人的叙述型口头独白,讲述人根据自身的口头语习惯,讲述自己的所见所闻、所思所感;第二层是作者的文学叙事,作者按照创作意图、布局与修辞原则,把讲述人及其所述故事引入文本中,并加之一定的审美建构。几乎与此同时,巴赫金也意识到讲述体小说的口语化特征与两种叙述声音的存在:"在大多数情况下,讲述体指向他人言语,并由此指向口头语","讲述体中一系列的语调、句法和其他语言现象(当指向他人话语时),都可以用双声性来解释,即讲述体中交叉的两种声音、腔调"(M. M. Бахтин,1979:49,233),强调了讲述体的口语化特征与双重叙述声音的交叉关系。

将二者对比来看,我们可以发现,维诺格拉多夫与巴赫金都强调讲述体小说中的"口语化"特征与"双重声音",只是两位学者的理论出发点不同,对双重叙述声音之间的关系界定也有所不同。维氏从"作者形象"论出发,认为作者(形象)是作品的焦点,在讲述体小说中居于核心地位,模仿着讲述人的口头叙述语,"上置于"讲述人声音之上;而巴赫金从"对话"思想出发,将叙述话语分为"自己(作者)的"和"他人(讲述人)的"话语,认为"自己"与"他人"之间是平等的关系,讲述体是一种作者声音与讲述人声音平等对话的文学形式。然而,作者与讲述人的叙述声音之间无论是上下控制的关系,还是平等对话的关系,二者都始终涉及一个比例多少的问题——从维氏的观点看,作者虽处于核心地位,控制着讲述人的叙述声音,但讲述人的口头独白始终占据大部分的比例;而从巴赫金的观点看,作者与讲述人虽处于平等的对话关系中,但讲述体中起主要作用的还是他人话语即讲述人的口头语,否则无法称其为"讲述体"。因此,我们认为,在讲述体小说中存在着双重叙述声音,其中讲述人的口头叙述语占更大比例,起主要作用;另外要注意的是,讲述体"模仿着剧院式的个人口头即兴独白"(Е. Г. Мущенко,1978:34),有着鲜明的"口语化"特征,在修辞风格上明显区别于其他的叙事文体,故而,"双声性"与讲述人声音的"口语化"正是讲述体小说的本质特征所在。

此外,既然讲述体小说中存在着两个叙述者、两种叙述声音,那么每个叙述者(不论是作者还是讲述人)是否以实体人格形式出现、使用怎样的叙述人称,也关乎小说艺术效果的呈现。一般情况下,小说的叙述人称分为人格化的第一人称与非人格化的第三人称。第一人称叙述指的是叙述者自称"我"以及"我"的各种变体,诸如"作者""在下"等,叙述者以"我"叙事,仿佛在讲述自己的亲身经历或见闻,有利于增强故事的真实性,但同时叙述者也囿于"我"的身份限制而无法介入他人的内心世界;而非人格化的第三人称叙述指的是叙述者使用第三人称指称人物、进行叙事,此时叙述者超越了人格实体的限制,获得更大的叙事自由,他既能外在地旁观叙事、保持客观立场,又能深入人物内心,洞悉其主观心理,从而多方位地聚焦被叙述对象,但这在一定程度上又会削弱叙述的"真实感",而且,能否使客观的叙事与主观的心理描写融为一体,也是对叙述者艺术功力的挑战。因此,在讲述体小说中,双重叙述声音下的叙述人称选择、"人格化"与"非人格化"都是影响叙事效果的重要因子,影响着小说艺术结构的生成与意义价值的呈现。

根据双重叙述声音之间的比例关系,我们可以将讲述体小说主要分为两类:第一,叙述者 - 作者声音与叙述者 - 讲述人的"口语化"声音共同存在于文本之中的讲述体小说;第二,叙述者 - 作者声音完全隐退、文本中只出现叙述者 - 讲述人"口语化"声音的讲述体小说。

第一类讲述体小说是俄国文学中常见的讲述体形式,屡见于普希金、莱蒙托夫、托尔斯泰、果戈理、高尔基、肖洛霍夫等诸多作家的笔下。在这类讲述体小说中,叙述者 - 作者通常以"我"的人称叙事,一般出现在小说的开头、结尾和文中必要的解释性说明中,将讲述人及其所述故事带入叙事场,讲述人的叙述声音表现出"口语化"的特征。例如莱蒙托夫的《贝拉》一文中,过路军官"我"在途中偶遇老上尉马克西姆·马克西姆维奇,而老上尉口头讲述的关于贝拉、毕巧林的故事则构成了小说的主体部分。其中,过路军官"我"的叙述不仅以诗人笔触描绘出高加索雄奇险峻、鬼斧神工的山川景色,与讲述人口中跌宕起伏的故事情节暗相呼应,还以"我"之笔抒情、叙事,引入讲述人故事的同时营造了作品的真实感;而老上尉马克西姆以第一人称的口头语形式讲述了自己的亲身经历,更使读者对作品的真实性深信不疑,同时他以介于贵族与平民之间的上尉身份、以介乎书面语与俗语之间的口语体讲述了"文明之子"毕巧林与"自然之女"贝拉的故事,客观再现了19世纪俄国发展中社会文明与自然人性之间的冲突,刻画出一个典型的"多余人"形象。同样,托尔斯泰的《舞会之后》中叙述者-作者也以"我"的人称出现,书写了一个从众人交谈中得知的故事,其中伊万·瓦西里耶维奇作为讲述人,回忆了自己参加舞会及之后的所见所感,使故事显得真实可信;而叙述者-作者也间或插入其中表达看法,并从侧面描写了讲述人与其他听众的神态、动作、话语、观点等,使叙述呈现多声部的结构,在不同观点的碰撞中传达出"道德的自我完善"与"勿以暴力抗恶"的核心思想。此外,这类讲述体小说中还存在一种特殊现象,当叙述者-作者与叙述者-讲述人都以非人格化的第三人称叙述时,读者可以从语言修辞上区分出文本中同时存在着的两个彼此独立的叙述声音,例如列斯科夫的经典讲述体小说《左撇子》中,从第一章到第十九章一直是一个看不见、摸不着的讲述人在讲述一个关于图拉的斜眼左撇子和钢跳蚤的故事,语言中充满了夸张、双关、民间用语和花腔怪调,使用第三人称民间口语体叙事,仿佛是民间艺人在街头酒肆讲传奇故事,使故事通俗易懂,野趣盎然;只是到了正文的第二十章,叙述风格陡然一转,叙述者-作者出场,使用第三人称、采用客观的标准书面语体,对讲述人口中的传奇故事进行了艺术审美升华。对于此类现象,我们应予以特别关注,因为叙述者-作者和叙述者-讲述人都以"非人格化"的形式无形地存在于文本中,均采取第三人称叙述,我们只能通过二者在叙述风格、语言修辞上的差异来区分两种叙述声音。

在第二类讲述体小说中,我们之所以称叙述者-作者的声音"隐退"而非彻底不存在,是因为"小说只能以话语形式存在,小说世界中的人和事只能是话语的产物"(王阳,2000:61),而文本话语行为的主体正是叙述者-作者,他不是文本外、生活中的作家本人,而是创造了小说文本中叙述者-讲述人形象、声音、话语及其他一切的叙述者-作者。故而,在这类讲述体小说中,虽通篇只见叙述者－讲述人的"口语化"声音,叙述者－作者也只是"隐退"到幕后而并非彻底消失,却依然对讲述人的口头叙述语进行着文学的审美建构。列斯科夫、左琴科和巴别尔的很多短篇小说都采用了这种讲述体形式,其中讲述人可根据具体情况使用第一或第三人称的口语化叙述。例如在巴别尔的成名作《我的第一只鹅》中,叙述者－讲述人通篇采用第一人称的口语体叙述,回忆了自己起初因戴眼镜、读报纸被哥萨克取笑,后因徒手杀鹅、用语粗野而被哥萨克接纳的故事,借同一人称下的语言叙事张力,展现了战争时期野蛮与文明在同一个人身上的戏剧性融合。而在左琴科的《肝火太旺的人》中,叙述者－讲述人使用第一人称与第三人称交替的口语体展开叙述,此文中叙述者－作者从未出场,但将讲述人作为第一人称的反面人物设置在故事的边缘,借讲述人的第三人称叙述对斗殴现场进行了生动的"现场直播",讲述人虽未直接参与斗殴,但他作为一个无所作为的麻痹看客,在精神上与斗殴群众的价值观是趋同的,由此凸显出叙述者－作者对讲述人的反讽嘲弄。

是以,在讲述体小说中,叙述者－作者的声音始终存在,时而以第一人称的人格化叙述清晰地表现在文本中,时而以带有鲜明语言风格的非人格化形式出现在文本中、使用第三人称指称人物进行叙述,时而又隐退到幕后沉默不语;而叙述者－讲述人的声音则始终活跃于台前,或以第一人称自述,或交替使用第一、第三人称叙述,但始终呈现出"口语化"的特征,与叙述者－作者的声音共同构成小说的叙述结构,影响文本意义生成。

3. 讲述体小说中的叙述视角

叙述视角是小说叙述结构的重要影响因素。20世纪以来,西方批评界关于叙述视角的分类始终莫衷一是,甚至在术语上也未实现统一,有的学者使用"视角",有的学者使用"视点",有的学者从叙述眼光(谁在看)分类,也有学者以叙述声音(谁在说)进行区分,还有学者提出了与叙述距离(在什么位置看)相关的问题,众说纷纭,造成了术语内涵与分类上的混乱。我国叙事学家申丹认为,这是由于西方研究者们忽视了对"叙述声音(谁在说)"和"叙述眼光(谁在看)"的区分造成的,而内外视角区分上的混乱则是由于区分标准的不同——某些学者依据"对内心活动的观察"和"对外在行为的观察"区分内外视角,而另一些学者则依据"观察位置处于故事之内"与"观察位置处于故事之外"来区分。于是申丹提出,应将"叙述眼光(谁在看)"与"叙述声音(谁在说)"区分开来,叙述视角指的是站在谁的角度上去看、谁在看的问题,是"叙述眼光"的问题,而"叙述声音"指的是以谁的名义、身份说话的问题,例如上文中区分出的叙述者－作者与叙述者－讲述人的声音。此外,申丹还将观察位置作为内视角和外视角的区分标准,把叙述视角分为"全知全能的零视角"、"内视角"、"第一人称外视角"和"第三人称外视角"四大类(申丹,2001)。其中,内视角按照叙述人称,可分为第一人称内视角和第三人称内视角。第一人称内视角可以区分出正在经历事件的"我"和处于故事中心的"我";第三人称内视角表示第三人称叙述中使用人物眼光的情况,可分为固定使用一个人物的眼光(固定式)、交替使用多个人物的眼光(转换式)、同时使用不同人物的眼光(多重式)三个次类。而第一人称外视角可根据观察位置处于故事之外的原则,在时间和空间上分为追忆往事的"我"和处于故事边缘的"我"两类。值得注意的是,因为第一人称叙述在情感、评价上不如第三人称叙述那样客观理智,所以第一人称外视角应被视为内视角与第三人称外视角之间的中间类型。综观各家之言,我们认为,申丹教授区分了叙述声音与叙述眼光,以更符合汉语思维的"视角"来指称叙述者所处的观察位置与角度,考虑到叙述者的情感态度、所采用眼光的时空位置,对叙述视角的内涵外延予以明确的区分,分类清晰合理,客观严谨,故本文拟以申丹教授的视角分类为依据,研究讲述体小说的叙述视角。

3.1　双重叙述声音并存的讲述体小说

在第一类讲述体小说中,根据叙述者－作者是否人格化,可分出人格化的第一人称叙述和非人格化的第三人称叙述。肖洛霍夫的名篇《人的命运》①中的叙述者－作者声音就是人格化的第一人称叙述,在小说的开头部分,叙述者－作者讲述了自己与同事出行渡河的故事,此时的叙述者－作者处于故事的中心,使用第一人称内视角描述自己的所见所感,使故事显得真实可信:

①这是开春以来真正暖和的第一天。我就这样独个儿坐在篱笆上,完全置身于寂静和孤独中,并且摘下头上那顶旧的军用暖帽,让微风吹干

---

① 王立业.俄罗斯文学名著赏析(小说篇)[M].北京:外语教学与研究出版社,2015。

因为用力划船而被汗透的头发,茫然地凝视着那飘翔在浅蓝色天空中的朵朵白云,真是惬意极了。

在描写了祥和惬意的春日午间后,小说中紧接着就出现了主人公索科洛夫:

②一会儿,我看见有个男人,从村庄尽头的房子后面走来。他手里拉着一个很小的男孩子。

此时,叙述者-作者仍采用第一人称叙述,但已经从故事中心转移到故事边缘,以外视角观察着索科洛夫:

③他把一双黧黑的大手搁在膝盖上,拱起了背。我从侧面望了望他,不知怎的忽然感到很难受……你们可曾看到过那种仿佛沉浸在极度悲痛中、充满了绝望的忧郁、叫人不忍多看的眼睛吗? 在这位偶然碰到的对谈者的脸上,我看到的,就是这样一双眼睛。

作者"从侧面"外在观察着索科洛夫的一举一动,突然又采用内视角转向自己的心理活动"不知怎的忽然感到很难受",紧接着使用了第二人称"你们"与读者对话,把叙述者-作者"我"、读者"你们"和人物索科洛夫拉进同一个叙事空间,使读者产生共情感受,仿佛也亲眼看到了索科洛夫绝望、忧郁的眼睛,直视人物内心的悲痛,为后文索科洛夫讲述的故事定下情感基调。

④开头我的生活过得平平常常。……在木工合作社干活,后来进了工厂,当上了钳工。不久结了婚。老婆是在儿童保育院长大的,是个孤女,可真是个好姑娘! 又快活,又温柔,又聪明,又体贴,我可实在配不上她。

这时的叙述者已经变成了讲述人索科洛夫,文中是典型的追忆往事的"我",是讲述人对战前生活和自己妻子的回忆,此时的讲述人虽然采用了第一人称叙述,但叙述的"我"仍处于被回忆的故事之外,采用的是外视角。

⑤Другие женщины с мужьями, с сыновьями разговаривают, а моя прижалась ко мне, как лист к ветке, и только вся дрожит, а слова вымолвить не может.

别人家的女人在跟丈夫、跟儿子谈着话,我那个却贴在我的身上,好比一张叶子贴在树枝上,还浑身哆嗦,连一句话也说不出来。

从原文中我们看到,一句话中使用了四个动词,分别采用了三个未完成体现在时形式(разговаривают,дрожит,может)和一个完成体过去时形式(прижалась),时间语法的更替出现在同一个句子中,表示了视角的转变,从回忆过去的"我"转向正在经历事件的"我",从第一人称外视角变为第一人称内视角,带领听故事的叙述者–作者与读者一起穿越时空回到当时情境之中,直面主人公妻子在离别时的悲伤情绪。自此,在后文索科洛夫的叙述中,视角一直在第一人称的内视角和外视角之间来回切换,直至讲述人的故事结束,叙述视角又转移到作者之"我",回到叙述者–作者的第一人称外视角上来。在流动的转换中,作者之"我"在场的外视角观察使故事显得真实可信,内视角下的心理活动又把读者拉入叙事空间,使故事产生极强的感染力;而索科洛夫通过第一人称外视角与内视角的切换,以自述形式使故事更显真实动人。小说在作者和讲述人的双重叙述声音中分别交替使用第一人称外视角和内视角,构成双重多维的叙述结构,从外在和内里对索科洛夫思念亡妻、在厄运下的乐观坚强予以全方位聚焦,使小说显得真实而感人,传递出动人的艺术信息。

在高尔基的《伊泽吉尔老婆子》①中,叙述者–讲述人伊泽吉尔老婆子采取了"讲故事"的方式,使用第三人称的全知视角叙述,在黑暗的草原上慢悠悠地讲述一个关于英雄丹柯与愚昧族人的故事:

⑥骄傲的勇士丹柯放眼望了望面前广袤的草原,快活地看了一眼自由的大地,自豪地露出了笑容。随后他倒了下来——死了。……只有一个胆小怕事的人发现了,他有些害怕,一脚踏在了那颗高傲的心上……于是那颗心化作了草原上的火星,熄灭了……

既然丹柯的故事是民间传说,那么讲述人自然采取传统叙事中的全知视角,既可以自上而下地观察事件的外部进展,拥有描写叙述的绝对自由,又能随时进入人物内心,从丹柯和"胆小怕事的人"的视角进行感知,这种传统的叙述视角不仅为读者展现了一幅栩栩如生的故事画面,也为故事蒙上一层民间传说特有的神秘浪漫色彩,使得故事回味悠长。与此同时,叙述者–作者采取第一人称叙述,始终使用外在于被述故事的观察视角:

⑦现在,在老婆子讲完了她那个美丽的童话后,草原寂静得可怕,仿佛她也被丹柯这个为了人类点燃自己的心脏、献出生命却不求奖赏的勇

---

① 王立业.俄罗斯文学名著赏析(小说篇)[M].北京:外语教学与研究出版社,2015。

士的力量所折服。我看着她心中在想："在她的脑海中还会有多少童话与回忆呢?"我在思索丹柯那颗伟大而炽热的心,思索创造了多少美丽而感人的传说的人类的遐想。

叙述者－作者在小说中作为听故事的人,不时出现在故事讲述过程的间隙,使用第一人称外视角,位于故事之外,保持相对客观的立场,但又偶尔转向自己的内心,采用第一人称内视角,在自己一边听故事一边思索的时候,诱发读者与自己一起去"思索丹柯那颗伟大而炽热的心,思索创造了多少美丽而感人的传说的人类的遐想",成为推动情节发展、引发读者思考的契机。

当叙述者－作者以非人格化的第三人称叙述时,会构成第一类讲述体小说中的特殊现象——叙述者－作者与叙述者－讲述人均采取第三人称的非人格化叙述,我们只能通过二者在叙述风格、语言修辞上的差异来区分两种叙述声音。例如在上文提到的列斯科夫的《左撇子》①中,主导叙述的是使用民间口语的讲述人。他采用民间故事中传统的全知视角,绘声绘色地讲述了亚历山大皇帝、普拉托夫、尼古拉皇帝、左撇子工匠等各色人物的经历、想法和心情。他时而采取客观立场,描写人物的行为动作:"⑧皇帝神态安详地看了看莫尔吉麦罗夫长枪……"时而深入人物内心:"⑨不过他(普拉托夫)又觉得烦恼:皇上干吗要在这种情况下可怜英国人呢!"时而又继续推动情节发展:"这时候英国人也没有安睡,因为他们都忙得团团乱转。趁皇帝在舞会上寻欢作乐的时候,他们暗中为皇帝安排了这样惊人的新鲜事儿……"时而又再次使用外视角描写人物语言:"⑩皇帝立刻说:'老弟,这是怎么回事,我们这么看,那么看,而且也放到了显微镜底下,可是什么美妙的东西也没发现?'"从例句中我们可以看到,讲述人的视角是全知全能的,他了解所有人物的经历和他们的所感所思,得知同一时刻在不同地方发生着的事情。同时,我们可以感受到讲述人鲜明的民间口语风貌——皇帝称呼工匠为"老弟"——这只能在讲述人的艺术加工下才有可能发生。而在第二十章中,我们发现叙述者的语言风格发生了明显变化,使用"往昔之事""湮没无闻"这样的文学语言,同时也使用了远离故事、客观沉静的外视角,以阐明叙述者－作者的思想:"⑪机器铲平了才能和天赋的不平等,天才不能胜过勤勉和精确。

---

① 尼·列斯科夫.奇人录[M]. 非琴,译.上海:上海文艺出版社,2007.

机器有助于工资的提高,却无助于促进艺术家的胆略,这种胆略有时会超越一般限度,激发人民的想象力去创造这一类神奇的传说。"这篇小说中,两个叙述语层泾渭分明,叙述者－讲述人采用鲜明的民间口语风貌,使用全知全能的视角,叙述者－作者采用书面文学语体,使用第三人称外视角。虽然故事是完全虚构的,讲述人的全知视角却为我们生动刻画出各个阶层的人物,真实再现了当时俄国的社会风貌与民族精神,而作者的第三人称外视角则点明了小说题旨,促使读者去思考科技进步与人类创造才能之间的矛盾。

3.2　叙述者－作者声音隐退的讲述体小说

在第二类讲述体小说中,作者的叙述声音完全隐退,通篇只见讲述人的口语体叙述,此时讲述人采用口头语(устная речь)叙事,常用口语体(разговорная стиль),"打乱了各种语域"(王加兴,2017:30),表现出明显偏离标准语规范的"口语化"特征,以区别于其他叙事文体。左琴科和列斯科夫的很多中短篇小说都使用过这种讲述体形式,讲述人以第一或第三人称口语体叙事,其中叙述视角则取决于讲述人的选择。

当讲述人通篇使用第一人称叙述时,小说往往是讲述人对自己身世经历的追述。在左琴科那篇著名的《贵族小姐》[①]中,讲述人格里戈里·伊凡诺维奇以第一人称讲述了自己与贵族小姐交往的故事。格里戈里在讲述自己遇到贵族小姐的时候,直接引用了两人初识时的对话,紧接着对贵族小姐进行了外貌上的描写:"⑫……围上一条绒头巾,就一声不吭了。只是两个眼珠子盯着你。还有嘴里那颗金牙,一闪一闪地发亮。"此时,讲述人在回忆过去的故事,使用了第一人称叙述的外视角。而随后在描写二人相处时:"⑬我挎着她胳膊,象条狗鱼似的跟着她转悠。我也不知道该对她说点什么,只觉得在大庭广众面前挺难为情。"讲述人此时使用了正在经历事件的"我"的感知,使用第一人称叙述的内视角。最后,在讲述完整个故事"我们俩就这么吹了"又回到外视角之后,讲述人得出了结论:"⑭我不喜欢贵族小姐。"故事戛然而止,但讲述人最后这句话究竟是叙述之"我"的看法,还是被述之"我"的看法,我们不得而知,悬而未置的视角反而使小说回味悠长,引发读者进一步思考对主人公和贵族小

---

① Мих.左琴科.左琴科幽默讽刺作品选[M].顾亚玲,白春仁,译.北京:外语教学与研究出版社,1981.

姐的评价。

而在《诱饵》①一文中，讲述人同样采用了第一人称叙述了电车上一个老太婆用包诱捕小偷被众人得知的故事，虽然"我"在故事中是情节的推动者，提醒老太婆看好包却被斥责，由此引发了众人对于这件事的讨论，但"我"在整件事中作壁上观，不事评价，只是观察着电车里其他乘客的行为言语：

⑮她走了以后，有人诧异地说：

"伙计们，她干吗要这样呢？是想清除小偷吗？"

另一个乘客冷冷一笑，回答说：

"不，她不过是想让周围所有的人都来偷东西。"

拿锯子的人气冲冲地说：

"就有这么些旧制度熏染出来的鬼老婆子！"

此时的"我"作为见证者处于故事的边缘，像摄像机一样记录下每个人对老太婆的评价，却唯独放弃自抒胸臆，采取第一人称外视角，于空白之处"无声胜有声"，触发读者对老太婆和众人言行的思考。

当讲述人使用第三人称叙述时，可使用全知视角、第三人称内视角与外视角，或在其间来回切换。如《大城市之光》②中的讲述人最初采用的是外视角，在"⑯要不是这个缘故，他恐怕一辈子也没有机会到列宁格勒来看看"、"也许他干得太卖劲了"中使用了"恐怕、也许"这样表示可能性的情态词，说明讲述人只是从外部推测，并未使用人物的眼光，叙述立场客观，但在后文中讲述人逐渐切换成全知视角，既外在地讲述情节进展，又不时潜入人物内心："⑰主任非常惊奇，这老头对现实生活怎么这样看法，他真想向地方当局告他一状"、"就连他的儿子，那位饭店服务员加甫里洛夫，看见众人这样，也不甘落后"。这些片段中，讲述人一改之前推测的口吻，随时潜入各色人物内心，洞察其心理活动，展现"城里人"对"乡下人"不理解、瞧不起的心态，但在后文中，讲述人的叙述视角再次从全知视角切换回有限视角，只固定使用主人公"老头"一个人的眼光："⑱这老头儿本来打算象往常一样闹上一场的，没料到会来这么一下，简直手足无措。""这种表示尊敬和礼貌的小小的动作，过去只对将军和贵族老

① 左琴科.丁香花开[M]. 吴村鸣,刘敦健,戴安康,译.南宁:漓江出版社,1984.
② 左琴科.丁香花开[M]. 吴村鸣,刘敦健,戴安康,译.南宁:漓江出版社,1984.

爷才用的呀!""这老头儿又走到另一位民警跟前,也受到了同样的礼遇,这在他那敏感的心灵里刻下了更深的印象。"讲述人在此使用了第三人称固定式内视角,揭示了老头从"不满"大城市风气到"惊讶"城市文明,继而"深受感动"的心理活动。因此,在这篇短短三页的小说中,讲述人视角经历了从第三人称外视角到全知视角再到第三人称固定式内视角的转变,借助视角的转换,讲述人既能保持外在客观的叙事立场,又能深入不同人物的内心,揭示主人公的心理变化,巧妙地将主客观叙事融为一体,多方位地展现了城乡文化间的误解和冲突。

综上所述,在第一类双重叙述声音并存的讲述体小说中,叙述者-作者一般采取第一人称或非人格化第三人称的外视角叙述,将讲述人的口头叙述语引入文本,但在叙述者-作者声音占比较多的作品中,叙述者-作者也可能采取第一人称内视角以增加叙事的感染力;而被作者引入的叙述者-讲述人则拥有众多的视角选择,可交替使用第一人称内外视角,使叙述更加真实感人,也可使用传统的非人格化第三人称全知视角,使故事更添民间传说的神秘浪漫色彩。在第二类叙述者-作者声音隐退的小说中,通篇只见叙述者-讲述人的口头语叙述,表现出明显的"口语化"特征,此时讲述人获得更大的自由,可采取第一人称叙述,通过内外视角的切换扩大叙事时空,使故事真实可信,也可只用外视角旁观,不予置评却触发读者的思考机制;讲述人也可采取第三人称叙述,往往使用全知视角,或在内外视角间不断转换,以便获得潜入人物内心、了解人物心理的特权,将客观叙事与主观心理描写巧妙地融为一体。与其他小说形式相比,讲述体小说中包含双重叙述声音,其中讲述人声音表现出明显的"口语化"特征,混合多种语言风格类型,双重声音下的叙述人称选择更加多元,叙述视角潜含了更大的自由度和可能性,构成了多维、复杂的艺术结构。物有本末,事有始终,知所先后,则近道矣。只有在明确了讲述体小说、叙述声音、叙述人称与全知视角、内视角、外视角等概念的本质内涵后,我们才能对讲述体小说的叙述视角予以清晰区分,从而把握其复杂的语言特征与艺术结构,深入小说文本内部,解读作品丰富的艺术意义,感悟其绚丽多彩的艺术现实。

4. 结语

讲述体是俄罗斯文学中一种独特的文学样式,是以讲述人的口头叙述语为主的双重文学建构。相对于其他小说形式,讲述体小说中包含叙述者－作者、叙述者－讲述人双重叙述声音,就语言特征而言,讲述人的口头叙述语使"人民大众拥有直接以自己的名义讲话的机会"(转引自王树福 2010:79),在修辞文体上混合多种语域,革新了传统的文学书面语言,体现出强烈的文学语言民族化、民主化的倾向;就叙述结构而言,双重叙述声音中又蕴含着多元叙述人称,加之各人称叙述下的叙述视角常常游离变换,使讲述体小说的叙述结构更加复杂多维,传递出更为丰富的艺术信息与真实动人的艺术现实。本文借助西方叙事学理论,以俄罗斯经典作家列斯科夫、高尔基、左琴科、肖洛霍夫等人的文本为例,分析了讲述体小说中的叙述声音、叙述人称与叙述视角,研究了讲述体小说的叙事特征。在讲述体小说中,作者、讲述人双重叙述声音的对话,讲述人混合多种语域的口语化叙事,第一人称、第三人称叙述与内外视角的流合离变,构成了多姿多彩的艺术结构,影响了整个讲述体小说艺术意义的生成。对讲述体小说叙事特征的把握有助于我们更细致、更深刻地分析艺术文本,把握艺术结构,感悟艺术意义,为我们解读讲述体小说提供了一个新的思维路径。

参考文献

[1] Бахтин М М. Проблемы поэтики Достоевского[M]. Москва: Художественная литература, 1979.

[2] Виноградов В В. О языке художественной прозы[M]. Москва: Наука, 1980.

[3] Горшков А И. Русская стилистика[M]. Москва: АСТ: Астрель, 2006.

[4] Лотман Ю М. Структура художественного текста[M]. СПБ: Искусство,1998.

[5] Мущенко Е Г, Скобелев В П, Кройчик Л Е. Поэтика сказа[M]. Воронеж: Изд-во Воронежского госуниверситета, 1978.

[6] 李懿. 俄国文学叙述样式:故事体研究[J].中国俄语教学,2016,35(4).

[7] 管月娥. 乌斯宾斯基与艺术文本结构的视点研究[J].扬州大学学报(人文社会科学版),2009(3).

[8] 申丹.叙述学与小说文体学研究(第二版)[M].北京:北京大学出版社,2001.

[9] 王加兴.俄罗斯文学经典的语言艺术[M].北京:商务印书馆, 2017.

[10] 王树福.讲述体:一种民族化叙述体式的生成[J].外国文学.2010(5).

[11] 王阳.第三人称叙事的视角关系[J].郑州大学学报(社会科学版),2000,33(2).

[12] 韦恩·布斯.小说修辞学[M].华明,胡晓苏,周宪,译.北京:北京联合出版公司,2017.

[13] 徐岱.小说叙事学[M].北京:商务印书馆,2014。

[14] 伊萨克·巴别尔.骑兵军:播图本[M].戴骢,译.北京:人民文学出版社,2004.

[**作者简介**]:靳涛(1993.05——)女,山西运城人,北京外国语大学俄语学院博士研究生,山西大学外国语学院助教,研究方向为俄罗斯文学、文艺理论。

谈反应话轮中听话人对刺激话轮预设的指向

——以《死魂灵》中的问/答相邻对为例

梁春雪

1. 引言

对话(диалог)和独白(монолог)是交际的两个形式。纵观俄语语言学史,在相当漫长的一个历史时期内,对话研究一直没有得到俄罗斯语言学界的足够重视,而独白则是语言学家普遍热衷的研究对象。对话研究的意识萌芽要追溯到 19 世纪初,代表先驱有 Л. П. Якубинский,其在《论对话语》中全面观察和分析了言语交际的另一种形式——对话,该作是俄罗斯语言学文献中的经典,它勾勒了对话研究的初步框架,为对话研究奠定了理论基础(徐翁宇,2008)。此外,Л. В. Щерба 也曾高屋建瓴地提到,语言主要在对话中生存和发展(Л. В. Щерба, 1958),指出对话研究的重要性和紧迫性。

自此之后,直至 20 世纪中叶语言学界才逐渐形成对话研究浪潮,以 Н. Ю. Шведова, Н. Д. Арутюнова, Е. В. Падучева 等为首的语言学家们逐渐开始由独白转向对话问题研究,并出现大量研究成果。特别是 Н. Ю. Шведова 对对话研究具有里程碑式的意义,她的文章《俄语对话语研究》(«К изучению русской диалогической речи», 1956)及专著《俄语口语句法概论》(«Очерки по синтаксису русской разговорной речи», 1960)极大地推动了俄语对话的研究进程,标志着从语言的形式转向语言功能的研究,从书面语转向活的言语的研究(徐翁宇,2008)。除 Н. Ю. Шведова 外,同一时期的 Е. В. Падучева 也在对话研究领域发挥着重要作用,她在《对话联系的语用视角》(«Прагматические аспекты связности диалога», 1982)中指出,对话之间的语用构建方式共计四种,分别基于施为功能（иллокутивная функция）、有效条件[1]（условие успешности речевого акта）、预设（презумпция）及会话含义（импликатура дискурса）（Е. В. Падучева, 1982）。限于篇幅，本文仅以《死魂灵》文本为语料，分析第三种语用联系类型，探讨基于对刺激话轮预设的指向而构建的问/答相邻对。

2. 语义预设和语用预设

果戈理是19世纪俄罗斯现实主义文学的杰出代表作家之一，其长篇小说《死魂灵》（«Мертвые души»）更是奠定了他作为杰出作家的地位（吴迪，2018）。《死魂灵》主要围绕乞乞科夫分别从形象各异的地主们手里购买死魂灵的故事展开，在其分别和这些地主的交谈中，出现了包括问/答相邻对在内的大量对话文本。从连贯性角度对文本中出现的问/答相邻对进行分析，可以将其主要分为两大类别：

第一类，例如：

①— Ну, позвольте, а как вам показался полицеймейстер? Не правда ли, что очень приятный человек?

— Чрезвычайно приятный, и какой умный, какой начитанный человек! Мы у него проиграли в вист вместе с прокурором и председателем палаты до самых поздних петухов; очень, очень достойный человек.

— Ну, а какого вы мнения о жене полицеймейстера? — прибавила Манилова. — Не правда ли, прелюбезная женщина?

— О, это одна из достойнейших женщин, каких только я знаю, — отвечал Чичиков.

"请问，您觉得警察局长怎么样？都说他是个非常令人愉快的人，您说对吗？"

"一点儿不错，他聪明过人，博学多识！我跟检察长和民政厅长在他家里打过惠斯特牌，一直打到鸡叫三遍；他的确是一个值得尊敬的人。"

"那么，您对警察局长的太太看法如何？"玛尼洛夫太太又问道，"听说她是个非常和蔼的女人，是吗？"

"噢，她是我所认识的最值得尊敬的女士中的一个。"乞乞科夫回答说。

第二类,例如:

②—Куда ты дела, разбойница, бумагу?

—Ей-Богу, барин, не видывала, опричь небольшого лоскутка, которым изволили прикрыть рюмку.

"你这女贼,把纸放到哪儿去了?"

"上帝作证,老爷,除了您盖在酒杯上的那张小纸片,我根本没见过别的纸。"

例①和②中问/答相邻对的显著不同之处在于:①中反应话轮和刺激话轮之间是补足关系,玛尼洛夫太太在刺激话轮中分别问乞乞科夫对警察局长和警察局长太太的看法,乞乞科夫也同样是在回答自己对他们的印象;②中反应话轮和刺激话轮之间则无法建立句法语义层面的补足关系,二者是语用层面的联系,这是基于听话人对说话人预设的指向而建立的问/答相邻对,普柳什金问其仆人玛芙拉把他的纸放到哪里了,玛芙拉的回答显然不是对普柳什金问题的补足,而是对其预设(根本没有见过您说的纸,又何尝谈及放在哪里?)的否定。

本文讨论对象即是《死魂灵》文本中出现的类似②中的问/答相邻对,这是基于反应话轮中听话人对刺激话轮预设的指向而构建的问/答相邻对。预设(presupposition)最早是由德国逻辑学家 Frege 在 1982 年所著的《意义和所指》(*On Sense and Reference*)中,分析指别词语与现实指别的结果从而提出的,这是一种有别丁蕴涵(entailment)的截然不同的语义关系。逻辑语义学经典案例:

③Kepler died in misery.

上述命题③存在一个预设③'"There was a person called Kepler."。判断依据在于,无论命题③为真还是假(Kepler didn't die inmisery.),原命题的预设③'均为真。所以说预设③'为真是判断命题③为真或为假的前提条件:如果预设③'为真,则命题③为真或为假;如果预设③'为假,则命题③真假判断无意义。

后经 Strawson 等人的研究,越来越多的语言学家关注到预设是一种语用现象,预设不仅仅存在于语句命题内部,还与说话人、听话人、语境等有关。因此现在谈论预设,一般是将预设分为两大类型:一种是逻辑语义学家最早提出的语义预设,其将预设看作是句子和命题之间的关系;另外一种是在语义预设基础上发展而来的语用预设,关注焦点在于话语与语境因素。这里的语境因素,指的是语言外因素,因为仅靠语言语境有时无法理解话语的连贯性(武瑷华,2006)。

3. 独白中的预设

Л. В. Щерба 曾指出,从结构角度来看,对话中的话轮和独白是截然不同的构造,独白中通常没有不完全句,而话轮则允许出现不完全句(Л. В. Щерба, 1957)。从交际的角度来看,独白不以得到交际对方的话语回应而构建。

④Хорошо тебе, шпрехен зи дейч Иван Андрейч, у тебя дело почтовое: принять да отправить экспедицию; разве только надуешь, заперши присутствие часом раньше, да возьмешь с опоздавшего купца за прием письма в неуказанное время или перешлешь иную посылку, которую не следует пересылать, — тут, конечно, всякий будет святой...

你当然好啦,施普列亨·济·德伊奇,伊凡·安德列伊奇,你管的是邮政,不过是收发信件之类的物什,你大不了是让邮局提前一个小时关门,让人家扑个空,或者从一个迟到的商人那里收取一点寄信的手续费什么的,或者把不该寄走的邮包寄走了。干这种差事的人,当然都是两袖清风的啦……

例④是《死魂灵》中官员们的内心独白节选,是一个语义连贯的独白语篇。我们之所以能够肯定该语篇的连贯性,至少是因为该语篇中前后句子的预设不是互相冲突矛盾的。在向他人传递信息时,随着命题的不断增加,交际双方的语境也在随之扩大。这种语境的扩大有个非常重要的前提,即前后语句命题和命题之间及命题和预设之间不能矛盾,如果有一个命题与前语句预设有矛盾的话,独白语篇的连贯性就会被打破。例如,假设我们把例④中最后一句话"...тут, конечно, всякий будет святой..."改为"...тут, конечно, всякий будет грешный...",那么显然这句话的命题实际上是前面一系列语句预设的否定,因此独白语篇的连贯性就被最后一句话打破了。总之,在语篇信息流中,如果某一命题与前一个命题构成连贯关系,该后续命题至少不能与前一个命题的预设发生矛盾。当语篇信息块从前到后接连出现时,交际双方的共有知识不断扩大,具体交际语境得以充实和调整。预设从最初信息结构的起点,贯穿了整个语篇信息流的发展(陈铭,2019)。

4. 对话中的预设

对话的基本特点是轮流说话(索振羽,2018)。在对话过程中的任何一个时刻,一般而言只有一个人在说话,并且通常是 A 先说完,然后 B 再说(话语打断、话语重叠等情况除外),这样就构成了一个相邻对(adjacency pair)。相邻对结构本质上就是一种社会规范,相邻对的前件(如请求、邀请、提问)所执行的行为完成时,其所在的话轮就到了可能的话轮转换相关处,那么,当前讲话人就应该停止构建话轮,而交际对方此时应该开始构建自己的话轮,并在其话轮内执行相应的社会行为[请求/接受(拒绝)、邀请/接受(拒绝)、提问/回答](于国栋,2020)。

对话中的任何一个话轮很显然都是有针对性的,例如,在最典型的会话相邻对类型之一——问/答相邻对中,说话人针对听话人发出刺激话语(也称始发语),之后听话人针对该刺激话语以反应话语(也称应答语)回应。在问/答相邻对中,提问会限定回答的内容,即话题约束,因此应答语在内容上不是任意的,要受始发语的制约。如果违背这条规律,就会出现交际失败,例如 Л. П. Якубинский 所举的经典案例(Л. П. Якубинский,1986):

⑤A: Здорово, кума.

　 B: На рынке была.

　 A: Аль ты глуха?

　 B: Купила петуха.

　 A: Прощай, кума.

　 B: Полтину дала.

例⑤就是一个典型的交际失败案例,原因在于听话人 B 所说的话轮不能够和说话人 A 所说的话轮建立前后联系,这是典型的答非所问。正常来说,说话人 A 发出问候时,听话人 B 应当以问候回应,构成问候/问候相邻对,说话人 A 提问时,听话人 B 应当进行回答,构成问/答相邻对。由于听话人 B 耳聋没有听到说话人的问候,因此在和说话人 A"对话"时出了笑话。如果把此对话进行"修复"的话,那么成功交际应为:

話轮	相邻对
⑤' A: Здорово, кума.	问候 ⎤
B: Здорово.	问候 ⎦ 开场
A: Где была?	问$_1$ ⎤
B: На рынке была.	答$_1$ ⎦ 话题$_1$
A: Что купила?	问$_2$ ⎤
B: Купила петуха.	答$_2$ ⎦ 话题$_2$
A: Сколько дала?	问$_3$ ⎤
B: Полтину дала.	答$_3$ ⎦ 话题$_3$

因此,通过对比分析失败会话案例⑤和修复之后的成功交际案例⑤',可以清楚地得出听话人的答复不是任意的,不是随心所欲的,而是要受到说话人所说的刺激话轮限制的。

我们假设这样一个情景,说话人 S 想知道 Антон 是何时离开的:

⑥ S: Когда он уехал?

H$_1$: Утром.

H$_2$: Не знаю.

*H$_3$: Антон высокого роста.

根据经验得知,一般情况下 H$_3$ 不能和"Когда он уехал?"构成问/答相邻对,这样的答复显然"驴唇不对马嘴"。而⑥中的 S/H$_1$ 和 S/H$_2$ 都是在现实情境中有可能会出现的合理的问/答相邻对。在 S/H$_1$ 中,反应话轮和刺激话轮之间是补足关系,说话人以疑问副词 когда 提问,那么听话人就要以时间副词 утром 来回答,而不能以 утро,утра 等其他格的形式回答。而 S/H$_2$ 也是一种合乎情理的反应,并不会破坏对话文本之间的联系,此时反应话轮和刺激话轮之间是语用联系(预设),本文的讨论对象即是这种语用联系。

前面分析独白中的预设时我们指出,在独白语篇中,如果后一句话否定前一句话的预设,那么必然会破坏上下文之间的联系,而在对话语篇中,听话人可以否定说话人的预设,这是一种合乎情理的反应,并不会破坏对话语篇的连贯性。听话人对于说话人预设的指向,包含两种情况——对语义预设的指向和对语用预设的指向。

4.1 对刺激话轮语义预设的指向

语义预设和预设触发语相关。刺激话轮中的专有名词、修饰限定性词语、不定代词都是潜在的预设触发语。对刺激话轮语义预设的指向,是指听话人针对刺激话轮中的预设触发语所作的应答,此时听话人应当:1)凸显出刺激话轮中的某个语义成分;2)视其为说话人的预设;3)指向该预设。例如:

凸显专有名词:

⑦— A **Воробья** зачем приписали?

— Какого воробья? — сказал Собакевич.

"您怎么把沃罗别伊塞给我了?"乞乞科夫反问一句。

"什么沃罗别伊?"索巴凯维奇说。

⑧— По крайней мере знаете Манилова? — сказал Чичиков.

— А кто таков Манилов?

"玛尼洛夫的名字您总知道吧?"乞乞科夫说。

"这个玛尼洛夫是什么人?"

凸显修饰限定词语:

⑨— А не знаете ли вы какого-нибудь вашего приятеля, — сказал Плюшкин, складывая письмо, — которому бы понадобились беглые души?

— А у вас есть и беглые? — быстро спросил Чичиков, очнувшись.

"据您所知,您的朋友中有没有人要买逃跑的农奴?"普柳什金把信折起来,问道。

"您的农奴也有逃跑的?"乞乞科夫如梦初醒,急忙问道。

凸显不定代词:

⑩— А другая-то откуда взялась?

— Какая другая?

— А вот эта, что пробирается в дамки.

— Вот тебе на, будто не помнишь!

"可是这另外一个棋子是从哪儿来的?"

"什么另外一个?"

"就是这个棋子,正在向王城靠近的这个!"

"你这人真是的,难道你真的不记得了!"

上述⑦—⑩的刺激话轮中分别包含专有名词、修饰限定词语和不定代词,其在当前语境下总是指向客观物体,若说话人认为谈话的预设是有关说话人和听话人交际语境中的唯一物体,但听话人(假装)不知道说话人所指为何时,就需要说话人进一步明确其预设,因此就会出现上述情况。例如⑩是乞乞科夫在和诺兹德廖夫下棋时的对话,诺兹德廖夫耍赖,趁乞乞科夫不注意故意多走了一步棋,当乞乞科夫向诺兹德廖夫质疑该棋子怎么来的时候,诺兹德廖夫故意指向刺激话轮中的 другая-то,要求乞乞科夫进一步阐明该预设内涵。

指向该预设的方式有两种,上述⑦—⑩均以疑问句的形式要求说话人明确该预设,对刺激话轮语义预设指向的另一种方式是以陈述句的形式否定该预设,例如:

⑪— Губернатор превосходный человек, не правда ли?

— Первый разбойник в мире.

"省长是一个非常好的人,不是吗?"

"他是世界上头号强盗。"

⑫— Но позвольте спросить вас, — сказал Манилов, — как желаете вы купить крестьян: с землею или просто на вывод, то есть без земли?

— Нет, я не то чтобы совершенно крестьян, — сказал Чичиков, — я желаю иметь мертвых...

"可是,请允许我问一句,"玛尼洛夫说,"您想买农奴,采用什么方式呢? 是连土地一起买,还是只改换所有权,也就是不包括土地?"

"不,我要买的不是您所说的那些农奴,"乞乞科夫说,"我希望买死掉的那些……"

4.2　对刺激话轮语用预设的指向

正如前述所言,实际对话时,在问/答相邻对中有时会出现这样一种情况,即在相邻的话轮中,从语义上来看,没有共同的命题内容,无法建立语义层面的宏观结构(廖秋忠,1991)。这时对话语篇的连贯性不是靠语义来判断的,而是要借助语用,需要将对话看作是一种言语行为来解释理解对话语篇的连贯性。例如,在问/答相邻对中,刺激话轮就是说话人发出的提问言语行为,反应话轮则是听话人针对说话人作出的回答言语行为。提问言语行为的有效条件(Е. В. Падучева,1982):

a):S 想知道答案。

b）：S 不知道答案。

c）：S 相信 H 知道这个答案。

d）：S 相信 H 愿意提供这个答案。

听话人对刺激话轮语用预设的指向，指的是对提问言语行为的有效条件的指向：同 4.1 对刺激话轮语义预设的指向一样，语用预设的指向也分为两种方式：一种是以疑问句的形式要求说话人明确该预设；另一种是以陈述句的形式否定该预设。例如：

⑬— Эй, борода! А как проехать отсюда к Плюшкину, так чтоб не мимо господского дома?

— Нет, барин, не знаю.

"哎，大胡子，要是绕开老爷家的宅院，去普柳什金家怎么走哇？"

"我不知道，老爷。"

例⑬中的应答语是对提问言语行为有效条件 c）（S 相信 H 知道这个答案）进行否定，但是 H 的回答显然是对 S 语用预设的否定，表示自己不知道答案。此时，H 在其应答语中有时会进一步解释不知道的原因，例如：

⑭— Это, однако ж, странно, — сказала во всех отношениях приятная дама, — что бы такое могли значить эти мертвые души?

— Я, признаюсь, тут ровно ничего не понимаю. Вот уже во второй раз я все слышу про эти мертвые души; а муж мой еще говорит, что Ноздрев врет; что-нибудь, верно же, есть.

"不过这也奇怪得很，"讨人喜欢的太太说，"这些死农奴到底能有什么用途呢？"

"老实说，我一点儿也不明白。我这是第二次听人提到死农奴的事，可我丈夫却说是诺兹德廖夫胡说八道哩。这里面肯定有什么名堂。"

⑮— Да на что ж они тебе? — сказала старуха, выпучив на него глаза.

— Это уж мое дело.

"那么你要这些农奴做什么呢？"老太婆眼睛鼓出来瞪着他问道。

"这就是我自己的事喽。"

例⑮中的应答语是对提问言语行为有效条件 d）（S 相信 H 愿意提供这个答案）进行否定，但是 H 的回答显然是对该语用预设进行否定，并不

会提供给 S 答案。在实际交际中,出于礼貌等原因,H 对 S 的语用预设有时不是直接否定,而是间接否定。例如:

⑯— Будет, будет готова. Расскажите только мне, как добраться до большой дороги?

— Рассказать-то мудрено, поворотов много. — сказала хозяйка.

"快啦,马上就套好啦。可是,请您告诉我,通往驿道的路怎么走啊?"

"这条路很难跟您解释清楚,因为一路上有很多路口。"女主人答道。

除了上述 a)、b)、c)和 d)这四条语用预设之外,S 在进行提问言语行为时可以预设例如 e)双方在当前生理状况下能够听清、听明白互相之间说的话;f)双方是在讲真话等。例如:

⑰— Где же? — повторил Чичиков.

— Что, батюшка, слепы-то, что ли? — сказал ключник. — Эхва! А вить хозяин-то я!

"在哪里?"乞乞科夫又问一遍。

"怎么,难道您老兄眼瞎了?"男管家不客气地说,"嘿! 我就是这家的主人!"

⑱— Вправду? Целых сто двадцать? — воскликнул Чичиков и даже разинул несколько рот от изумления.

— Стар я, батюшка, чтобы лгать: седьмой десяток живу! — сказал Плюшкин.

"这是真的? 整整一百二十个?"乞乞科夫高声叫道,甚至惊喜得张大了嘴巴。

"老爷,我这么大岁数,是不会骗您的,我已经六十多岁了!"普柳什金说。

5. 结语

上述讨论的均是基于对刺激话轮预设的指向而构建的俄语问/答相邻对,从会话结构模式角度来看,听话人在反应话轮中对说话人在刺激话轮中预设的指向有可能会致使会话结构发生变化:(1)听话人以陈述句的形式否定说话人的预设,会使该话题会话终止(说话人追问除外),此时会话结构模式多为"问—答",如例⑪、⑬等;(2)听话人因为没有听清或不能确定说话人的预设,因此以疑问句的形式要求说话人明确该预设,会使会话结构模式繁化,此时对话通常不是按照"问—答"这样简单的模式进行,而多是在该模式中嵌入另外 N_+(正整数集合)个"问—答"序列,从而将会话结构拓展为"问$_1$—问$_2$……答$_2$—答$_1$",如例⑩。

　　通过上述研究我们发现,Е. В. Падучева 在《对话联系的语用视角》一文中提到的第二种和第三种语用联系方式实际可以归为一类,均是听话人在反应话轮中对刺激话轮语义预设(Е. В. Падучева 提到的第三种)或语用预设(Е. В. Падучева 提到的第二种)的指向。此外在实际交际中,还存在另外一种情况:说话人在提问时,在其刺激话轮中有时(故意)存在虚假预设。需要指出的是,这种情况下听话人往往具有选择的权利——要么忽视这种虚假预设直接回答说话人,要么指出该预设的不正确。

附注

1. 原文章节标题是«Реплики, обращенные по условии речевого акта. »,根据该章节后续内容,此章节标题变更为«...по условии успешности речевого акта. »更为恰当。

参考文献

[1] Падучева Е В. Прагматические аспекты связности диалога[J]. Серия литература и языка, 1982 (4).

[2] Шведова Н Ю. К изучению русской диалогической речи: реплики-повторы [J]. Вопросы языкознания, 1956 (2).

[3] Шведова Н Ю. Очерки по синтаксису русской разговорной речи[M]. М.: Изд. АН СССР, 1960.

[4] Щерба Л В. Избранные работы по языкознанию и фонетике[M]. Ленинград: Изд. ЛГУ, 1958.

[5] Щерба Л В. Избранные работы по русскому языку [M]. М.: Изд. Учпедгиз, 1957.

[6] Якубинский Л П. Избранные работы: Язык и его функционирование[M]. М.: Наука, 1986.

［7］陈铭.语篇成分中的预设研究［J］.中国俄语教学,2019,38（3）.

［8］廖秋忠.篇章与语用和句法研究［J］.语言教学与研究,1991(4).

［9］索振羽.语用学教程(第二版)［M］.北京:北京大学出版社,2014.

［10］吴笛.论果戈理《死魂灵》的史诗结构模式［J］.外国文学研究,2018（1）.

［11］武瑷华.语境因素辨析［J］.解放军外国语学院学报,2006（4）.

［12］徐翁宇.俄语对话分析［M］.北京:外语教学与研究出版社,2008.

［13］于国栋.提问对回答的话题约束——抗击新冠肺炎与新闻发言人答记者问的会话分析［J］.天津外国语大学学报,2020,27(2).

[作者简介]:梁春雪(1994—),北京外国语大学俄语学院博士研究生,研究方向为语用语言学。

俄语同语反复的构式语法分析

刘艳瑛

1. 引言

同语反复(тавтология/tautology)又称重言式、同语结构、首词重复、永真式等,常用语言表达式为"X 是 X",是一种典型的重复话语。作为自然语言中的一个普遍现象,同语反复历来颇受各国学者关注。在传统修辞学领域,同语反复被看作是能够产生积极或消极修辞效果的辞格之一(陈望道,1979;吕叔湘,1984),修辞学家张弓(1963)将其定义为:主语和表语由相同词语构成的压缩性判断句——同语式。传统句法学着眼于同语反复的形式,注重单项(X 是 X)、双项(X 是 X,Y 是 Y)和多项同语式在句中的语义和句法功能,以及各类形式变体(X 归 X、X 就 X、到底是 X ……),如:吴硕官(1985)、邵敬敏(1986)、景士俊(1995)等。从逻辑学角度看,同语反复的真值不依赖于客观世界的实际情形,由逻辑形式本身赋予,因而它是任何情况下都必然为真的命题,如:

(1)昨天是昨天。

(2)一是一,二是二。

逻辑学家感兴趣的只是命题成立与否的形式,并不考虑其意义以及在自然语言中的使用。Витгенштейн(1994)指出:语言逻辑分析中的同语反复必然为真,因为真值条件是相同且反复的。或许正是所谓逻辑上的"重复",同语反复一度被视为交际失败的病句,一种无效的言语行为,原因在于该类表达式没有交际内容,所传递的实际信息为零。事实上,任何语言形式的选择都是人们有意识的编码行为,都为生成某种意义而服务,因此作为语言学术语,同语反复是语法上、语义上均合格的句子,但在实际使用中,其语义仍需要更深层次地推导,不能单纯依靠字面意思。鉴于此,本文拟探讨三个问题,既然跨语言的考察表明同语反复现象普遍存在,那俄语同语反复有哪些形式和意义特征? 形义之间有怎样的联系? 其表层信息是否为零,不同语境下的语用含义从何而来? 也许,构式语法理论能为我们提供有力的解释。

2. 关于俄语同语反复

学界围绕如何理解同语反复这一问题,普遍有三种观点,如下表所示。对此我们仅作了解,主要来看俄语的相关成果。

—	代表人物	主要观点
激进语义派	Wierzbicka 1987	同语反复的意义是约定俗成的,但不具有跨语言普遍性
激进语用派	Grice 1975, Levinson 1983	其意义属于会话含义,源于交际语境
语义 – 语用(中立)派	Fraser 1988, Miki 1996 …	既具有独立于语境和交际双方共同背景知识的核心义,又有会话含义

2.1 以往研究回顾

俄罗斯语言学界对同语反复的研究大体上与西方方向一致,以 Т. В . Булыгина, А. Д. Шмелев(1997)为代表的纯语义派认为,用脱离具体语言的语义规则来分析同语反复是不可取的,因为它们形同实异。另外,二人还对"X есть X"和"X—это X"两类同语反复的意义进行了考究。Е. В. Падучева(2004)倾向于从语用角度解读该现象,她强调:不能在纯粹的语义层面上描写"X есть X"这类结构,还要考虑与之相关的隐含意义,即说话人所持态度,而不单单是成分 X 的词义。Ю. Д. Апресян(1995)的看法更为中庸,他一方面承认在填充词语 X 所激活的联想信息方面,同语反复具有普遍性,另一方面由于联想信息因语言文化群体差异又承认其特殊性,从这一点来看,Ю. Д. Апресян 认为同语反复既有独立于语境的规约意义,又有依赖于语境的语用意义。随着研究的不断深入,越来越多的语言学理论和研究方法被应用到该问题的分析之中,其中不乏一些历时性考察和实证性论述,比如 А. И. Васильев(2012),Е. Л. Вилинбахова(2016),但俄罗斯语言学界似乎仍停留在传统的句法、语义层面,同语反复的意义如何理解暂未得到清晰的解释。

国内俄语界对同语反复关注较少,一些语法著作只是略有提及,如张家骅(2010)的观点是,同语反复是凸显词汇单位联想信息的手段之一,系词之后的词项 X 体现的不是词汇单位的概念意义,而是充当主要交际角色的联想意义。张会森(2010)认为,есть 作为纯系词,除了能构成静词性合成谓语外,还可以构成"A есть A"("A 就是/总归是 A")的成语性典型。此外,专文探讨的有三篇:赵林(1996)总结了汉语同语结构的俄译策略;张凤(1998)列出了俄语同语反复的五种语用含义:强调、对比、转折、表示说话人的决心和态度;张静(2014)将"X есть X"结构称为"首尾词重复判断结构",她从 X 的概念指称义和附加属性义入手,借助理想化认知模型和认知语境揭示其意义生成机制。以往研究一定程度深化了我们的认识,但学者们对俄语同语反复的性质及意义本质似乎没有进行深入分析,为此,本文拟在认知语言学这一主流研究范式下以构式理论为指导探索该问题,以期获得全新的认识和理解,并为同语反复的研究提供新的参考。

2.2　概念解读

关于 тавтология,语言学大百科词典的释义是:"话语内容的冗余表现在意义相同或相近的词的重复(或以熟语的形式体现);逻辑主词与谓词存在同一性关系的命题。"(В. Н. Ярцева, 1990:501)如:

(3)Неустойчивый человек часто меняет свои убеждения и склонности.

(4)Читать не читал, но знаю.

(5)Лежмя лежать.

显然,这里的界定比较宽泛。从阅读到的文献来看,тавтология 多指系词前后重复出现的成分完全相同或基本相同,且主语和表语指称同一实体的句子结构。我们基本赞同这一观点并将它表示为"X copula X",理由是,后者更能体现 тавтология 的结构特点和词汇特征,因为俄语同语反复主要由同根词或同一词的不同语法形式构成,所以本文的考察对象也正是这类狭义的 тавтология(下文简称"同语")。说到术语,俄罗斯语言学界也使用 конструкция с повторами,редупликация,плеоназм 等词指称这一语言现象,之所以选择(языковая)тавтология,是为了将其置于语言类型学的视野下,与西方传统的 linguistic tautology 保持一致。况且,语言研究的最终目的在于揭示语言共性,也就是探索不同语言体现出的人类共同的认知机制,因此,采用该术语使得跨语言比较成为可能。

当然,本文讨论的主要是同语反复的典型式,如"X есть X,X—это X,X значит X"等结构,以及"X₁ X₅"或"X₁ X₅,Y₁ Y₅"这类已然固化的表达,后者有人称为"对举式",比如 дружба дружбой,а служба службой,据 А. А. Шахматов(2001)所述,这类同语的特殊之处在于,两个成分 X 或 Y 之间省略了系词 являться。此外,像"X был/будет X,X—это был X"等一些由非现在时构成的同语,及其省略式、否定式等,虽然出现频率不那么高,却实际存在,我们将其纳入同语反复的变体,另文探讨。

3. 作为构式的俄语同语反复

构式语法是认知语言学的一个重要组成部分,也是其语法观的集中体现。虽然构式语法有不同的理论派别,但它们在大多数问题上基本形成了共识,如:构式是一个独立的形义结合体,是语言运用的基本单位;语法不是推导出来的,而是基于使用形成的;语法是一个连续统,句法与词汇之间没有截然的分界;构式集语法、语义和语用特征于一身;语言的特异性与常规性同等重要;等等。

3.1 俄语同语反复构式的存在

对于什么是构式,Goldberg(1995:4)给出了如下定义:

"构式是形式和意义的对子。[①] 凡某一语言构式,只要其形式或意义的某些方面不能严格地从其构成部分或业已存在的结构中推知,都可以看作是构式。"

也就是说,构式是一个形义结合的有机整体,它并非组成部分的简单相加,而是大于部分之和,因而其形式或意义不可预知。据此,俄语同语反复符合作为一个独立构式的要求,一方面,如上所述,它的组成相对固定,由系词和前后两个不相连贯但彼此照应的词语 X 构成,其中系词是不变项,X 是可供选择或替换的填充词汇,即可变项,缺少任何一个该结构便不成立,从这一意义上讲,同语具备一定的能产性。另一方面,构式针对的是被作为整体来看待的事物或现象,所以单凭构成成分无法推导出整体性的结构义。以系词 есть 为例:

(6)Язык **есть** важнейшее средство человеческого общения.

(7)Сначала это была ненависть осознанная,четкая:враг **есть**

---

① 后来 Goldberg 将其进一步完善为"构式 = 形式 + 功能",其中"功能"包括语义、语用、语篇等信息。

враг.

作为 быть 的现在时形式，есть 多出现在公文、科学和政论语体中（用于下定义），如例（6），系词的前后成分指称同一实体，它是一种客观诠释；也可以用来构成同语反复"X есть X"，如例（7），看似是一个失误的等同性判断，其实不然，特定语境中它有一定的主观情态意义。这里仅凭系词无法解释两句之间的意义差别，只能归结于句式本身的不同。由此可见，同语反复的构式义并不直接由系词，即构成成分决定，相应地，形式方面也不能通过系词完全预测出来。尤其是，同语反复在俄语语法系统中也属于特殊结构，内部也好，外部也罢，基本排除推导的可能。是故，我们认为，俄语同语反复可以视为一个独立的构式。

3.2　形式特征

认知语法认为，构式可分为概括、抽象的图式构式和详细、具体的实例构式，图式构式表征实例构式的共同特征，实例构式是图式构式的具体例子（Langacker，1987；牛保义，2011）。换言之，图式构式是其具体语言表达式生成和理解的模板，两者的区别仅在于前者的形式和意义更加抽象。既如此，从形式上看，充当图式构式的"X copula X"可根据系词的性质分为以下四类实例构式，其中，每一类实例构式又能按照 X 的常用词性拥有属于自己的若干类别的实例构式。

3.2.1　X есть X

由纯系词"есть/是"构成的是最为典型的同语反复，就这类结构而言，可变项 X 可用不同词类来填充，常见的有名词性同语和代词性同语：

（8）Не знаю，— вздохнул он. — По-моему，**женщина есть женщина，мужчина есть мужчина**. Пусть Ариадна Григорьевна，как вы говорите，поэтична и возвышенна，но это не значит，что она должна быть вне законов природы. Вы сами видите，она уже в таком возрасте，когда ей нужен муж или любовник. ［А. П. Чехов，«Ариадна»（1895）］

（9）Нехорошо. **Деньги есть деньги**，они определяют заслуги человека в нашем обществе. — Он разговаривал тоном，не требующим ответа，так говорят с кошками или собаками. — Каждому по труду，от каждого как？［Даниил Гранин，«Иду на грозу»（1962）］

（10）Клянусь！Я скоро поняла，что ты не Вася，**ты есть ты**… сам по себе… Но долго не догадывалась, что увлекаю тебя к пропасти. Поняла это только тогда, когда мы оказались от нее в двух шагах и было уже поздно. [П. И. Дубровин, «Аннет» (1950)]

(11) Значит, она вообще загорается только от какой-то высшей страсти, исходящей из идеального чувства: и тут **она есть она**. Когда ее душа приходит ко мне со всей ощутительностью, то это становится больше природы, и звезды детства над нами, и аромат земли, и росы, и туманов внизу. [В. Д. Пришвина, «Мы с тобой. Дневник любви» (1940)]

3.2.2　X_1 остается/остаются X_5

该结构中的 X 通常是名词,半实体系词"остаться/终究是、总是"要求其表语用第五格,如:

(12) И потом, у меня довольно мягкий характер… Вобщем, все это гипотезы, а **факт остается фактом**: она позвала именно меня и, когда я приехал, заговорила со мной так, словно подразумевалось, что я все знаю и наверняка ей сочувствую. [Вера Белоусова, «Второй выстрел» (2000)]

(13) Вопрос о бессмертии, также, как вопрос о Боге — одна из главных тем русской литературы от Лермонтова до Л. Толстого и Достоевского. Но как бы ни углублялся этот вопрос, как бы не колебалось его решение между да и нет, — все же **вопрос остается вопросом**. Чехов первый на него ответил окончательным и бесповоротным нет… [Д. С. Мережковский, «Чехов и Горький» (1906)]

3.2.3　"X—это X, X значит/означает X, X как X"等

一些语气词能起系词作用,把主语和表语联系起来,可称之为语气系词(张会森,2012)。这当中能构成同语反复的有 это(是), значит(意味着、即), как(是)等,это 连接的成分多为名词、代词、副词, значит 多连接名词、动词等, как 一般连接名词,例如:

(14) Может с родней она меня и перетирает, но не с сыном. Потому как для нее **семья — это семья**. Никто не вправе туда лезть. По крайней мере сознательно, чтобы нагадить. [«Беременность: Планирование беременности (форум)» (2005)]

（15）А мы не такие. Потому что если бы мы были такими, мы бы стали теми, кто есть они, а так **мы — это мы**, а **они — это они**. Нужны ли еще доказательства того, что они — соль земли, а мы — неудачники? Время от времени происходят сбои. [Герман Садулаев, «Таблетка» (2008)]

（16）— **Раньше — это раньше. А теперь — это теперь!** — с ленивой наставительностью сказал База. — А потом вообще по кругу пустишь? [Елена Белкина, «От любви до ненависти» (2002)]

（17）Все точно профильтровано, все настоящее. **Любовь значит любовь, жажда значит жажда.** [Г. А. Газданов, «История одного путешествия» (1938)]

（18）Недумаю, чтобы дисциплина держалась на одном законе. Действовало правило: **работать — значит работать.** [Николай Амосов, «Голоса времен» (1999)]

（19）На поверку оказалось — **город как город**, и проспект Ленина на месте, и телевышка торчит, где положено, и лица на улицах попадаются не ужаснее, нежели встретишь, скажем, у Большого театра или в Кременчуге. [Вячеслав Пьецух, «Крыжовник» // «Знамя» (2002)]

3.2.4 $X_1 X_5$或 $X_1 X_5$, $Y_1 Y_5$

这类结构省略了系词являться,要求主语和表语用名词第一格和名词第五格,交际中多以并列形式出现,如:

（20）Как минимум православным матерям и отцам надо понять, что семейную жизнь надо беречь и что **учеба учебой**, а отношения с ребенком имеют преимущественную ценность. [«Проблемы многодетной семьи сегодня»//«Журнал Московской патриархии» (2004.11)]

（21）**Теория — теорией, а практика — практикой**, по мнению ученых, уже сейчас антивеществу можно найти применение. [Александр Волков, «Антимиры напоминают о себе» // «Знание-сила» (2012)]

（22）Он мне присылает на гулянье пирог, а я отплачу ему дочерью. При том же сказать, **шутка шуткой**, а **дело делом**: я не люблю тех пышных свадеб, на которых в несколько дней столько денег издерживают, что после в год не поправишься![И. А. Крылов, «Пирог»(1799 – 1801)]

可见，"X copula X"就是从众多的"X есть X，X—это X，X значит X，X как X"等实例构式中抽取出来的且能代表这些实例构式共同特征的抽象构式。与此同时，每一类实例构式本身也是图式构式，比如，"X—это X"既是"X copula X"的实例构式，又可以有自己的诸如"NP—это NP，ProP—это ProP，AdvP—это AdvP"等实例构式，以此类推，最后是实际使用中填充了词汇的具体语言表达式。

3.3 意义特征

如上所述，构式义独立于词汇，具有自上而下的整体性特征，然而一直以来正是这种特性，使不少学者坚持"构式只有一个意义/功能"，并非像Goldberg(1995:33)所言，"一个构式对应的是一组不同但又相互关联的意义"。对此我们的理解是，构式义既是语义信息，也包括语用含义，它是语言普遍性与特殊性的统一，因此可有多种意义。理由如下：在认知语法的意义观下，二者没有本质区别，只不过是一个规约化程度不同的连续统，那些语境依赖性越强的，规约性就越弱，越不容易被当作构式的语义；反之，规约性较强的往往不需要借助语境，越容易被理解为构式的语义。何况，构式语法本就是基于使用的理论模型，它强调构式源于人类的身体经验，与经验中基本情景的语义结构紧密相连(Goldberg,1995;Langacker,1991)。俄语同语反复作为一种简单句构式，体现了我们对客观情景的主观识解，其基本构式义可概括为：强调两实体之间的同一性关系或类属关系。除此之外，受语境影响，该构式的潜在语用含义不尽相同，对它的理解需要高度依赖上下文。

3.3.1 同一性关系

所谓"同一性"，指"X copula X"构式的主语和表语指称同一实体，二者之间是一种等同关系。通常认为，这种同一性为"逻辑学同语"特有，因为两个X除形式相同外，指称也相同，整句话没有任何有效信息。但其实，自然语言中的同语也有"同形同质"的情况，与逻辑同语不同的是，其看似为零的表层信息在交际中却能表达丰富的意义。

首先，当交际双方缺少共同的背景知识时，同语多表达实体的同一性关系，确切来讲是元语言式的同一性，说话人以此来确认并强调 X 的本义,或者说最普遍接受的意义,从而消除受话人可能产生的误会或理解偏差。如例(23),前台回答客人有关宾馆住宿的时间问题,显然客人之前并不清楚;类似的还有例(24),"好就是好"(不是别的),语气强烈,带有不容置疑的肯定性。

(23)— Утро — это до какого часа? **Утро — это утро**, до десяти. Но телефон не входит. — В каком смысле? [Сергей Юрский, «Сеюки» (1997 – 1998)]

(24)— Я потому тебе показываюсь, что у тебя художественный вкус. Раз ты говоришь, что **хорошо, значит, хорошо**. — А тюрбан тоже Наташа шила? — Нет, она не скорняк. [Владимир Орлов, «Альтист Данилов» (1980)]

其次,同一性在同语反复对比使用的语境中也有所体现,旨在反映不同范畴之间的差别,强调 X 与 Y 界限分明,不容混淆。比如,例(25)中的мы 和 он,例(26)中并列出现的 чай 和 ужин 以及上文例(16)中的раньше 和 теперь,它们均有各自的本质属性。要说明的是,有些实体,像"我们"和"他"("茶"和"晚饭")本身并不对立,这种对立由语境临时赋予,以突出二者的不同。

(25)Разве можно сравнить наши заботы с его тревогами и заботами? **Мы есть мы**, каждый о себе, а он думает обо всех немцах. Штирлиц обвел внимательным взглядом подвал: ни одной отдушины здесь не было, аппаратуру подслушивания сюда не всадишь. [Юлиан Семенов, «Семнадцать мгновений весны» (1968)]

(26)— Да мы сейчас будем пить чай, тетушка. — **Чай чаем**, батюшка, а **ужин ужином**. Да что это мы стоим?.. Богдан Ильич, прошу покорно! [М. Н. Загоскин, «Москва и москвичи» (1842 – 1850)]

最后,在对 X 进行客观描述时,两实体也是等同的,此时多用来表达实体自身不容改变的客观性或无法破坏的权威性。如例(27)中的"历史终究是历史",历史代表着过去与回忆,象征一代人经历的往昔岁月,而我们能把握的只有现在;例(28)中,说话人强调法律所具有的至高无上的权威,不管谁以身试法,都将受到法律严惩。上文例(12)中的 факт остается фактом(谁都无法否认和改变"事实")和例(18)中的 работать значит работать(工作就是工作)等亦是如此,不再赘述。

（27）**История историей**，только люди нашего времени впервые увидели лох-несское чудовище в 70-х годах прошлого века. Именно эту реальную встречу и можно считать началом подлинной истории Несси.［В. Дмитриев，«Несси отмечает свое столетие» // «Техника-молодежи»（1975）］

（28）Закон не должен зависеть ни от состояния погоды，ни от нашего благорасположения，ни от чего другого. **Закон есть закон**. И если закон нарушен，то нарушитель должен предстать перед судом，кто бы он ни был，хоть мой папа или ваша мама.［Борис Можаев，«Падение лесного короля»（1975）］

总之，名词性、代词性、副词性、动词性同语反复等都可以表达实体的同一性关系。

3.3.2 类属关系

相对于"同形同质"而言，"同形异质"（即两个 X 有相同的形式却有不完全一致的指称）更为常见，特别是在名词性同语反复的使用中，这就是俄语同语反复的另一个构式义——强调"一个实体具有其所属范畴典型特征"的类属关系。众所周知，范畴化是人们认识世界的基本方式，在确定实体范畴时我们往往依据的是其是否涉及某一范畴的典型特征，而不是边缘性的个别特征和所谓的充分必要条件。因自身指别度高、信息量大，且拥有更多的范畴共性，具备典型特征的实体处于认知上的基本层次范畴，由此可实现向上概括、向下细化（束定芳，2008）。在"X_1 copula X_2"中，表语 X_2 以重复主语的方式对基本层次位的实体 X_1 进行修饰或限定，表明"什么是怎么样的"，显然，这是对 X_1 更细致的划分，X_2 的描述旨在凸显其属性。例如：

（29）— Вы знаете，у меня сын приучен быть опрятным，поэтому я не помню，чтобы я ему каждый вечер чистила костюм. — А я чистила каждый вечер. **Дети есть дети**. И обшлага пиджака после каждого выхода к доске надо было чистить от мела，после уроков рисования — от красок，мелков…［«коллективный» // «Форум: Школьная форма. За и против»（2007 – 2010）］

（30）А тот，кто играет в игры покрупнее，также не считается с ними，как они со своими фишками. Все забывают，что **игра — это**

игра, что это не жизнь. 〔Наталья Щербина, «Перестук Каблуков» (2002)〕

(31) **Магазин как магазин**. На прилавке — курага и грецкие орехи. Лаваш под стеклянным колпаком, чернильница, потрепанная конторская книга. 〔Екатерина Акимова, «Записки из подполья» // «Столица» (1997)〕

言语交际中,说话人为避免重复共享知识,常以同语做简洁表述,希望受话人意识到,自己强调的是所涉及事物的某个典型特征,或者说是某个类别。例如,例(29)中的受话人是新话轮的发话者,她认为,孩子既然属于“孩子”的范畴,理应具备该范畴的诸多典型特征,像淘气、不讲卫生、自制力差、问不停等,很明显,当下语境突出的是第二类还没有卫生认知的孩子。再如例(30),句中并未提及游戏的规则性和竞争性,而是突出表现其消遣娱乐、虚拟等属性,这就决定了它与现实是两码事,所以不必太认真;同理,例(31)中的“商店到底是商店”说明商店本就该供应齐全,各类商品应有尽有,而不是其他“宽敞”“便宜”“坑人”等特性。值得注意的是,作为某种属性的集合,X 代表的是一个包含着许多性状特征的语义范畴,而同语反复的使用究竟为凸显其中的哪些特征,就要具体情况具体分析了。

3.3.3　语用含义

同语反复的基本构式义不受制于特定的语境条件,无论何时,只要使用该构式便会有此义,与之不同的是,作为整体构式义的一部分,其语用含义在启动语境参数后会发生改变,因此这方面意义不可预测。关于语用含义,其实前面的例句分析中已经提到,它主要表现为交际主体意欲表达或强调的个人情感和主观倾向,与说话人的交际用意直接相关。按照语用学的基本观点,含义属于话语中的非字面信息,体现的是言外之意、弦外之音,是一种含蓄、委婉的表达(冉永平,2006)。由此我们可以发现,字面信息与构式传递的表层意义对应,是基本构式义,而非字面信息正是构式的深层意义,即潜在语用含义。结合例(23)—(31),请看:

基本构式义语用含义

(23)、(24):同一性(元语言式)强调本义,不要怀疑其真值意义(不耐烦)

（25）：同一性（对比式）解释差异，我们与他相互独立

（26）：同一性（对比式）指出不同，轻 X 重 Y

（27）：同一性（客观描述式）强调客观，珍惜当下把握未来

（28）：同一性（客观描述式）彰显权威，应遵纪守法

（29）：类属限定类别，对孩子天性的包容和理解

（30）：类属说明特征，要理性对待游戏

（31）：类属凸显属性，对其"地道"表示认可

还有一种情况，即便是同一个语言表达式，也会产生不一样的语用含义。言语主体或者无所谓感情色彩，或者带有明显的褒贬倾向，而这需要根据语境和常识来判断，例如 женщина есть женщина，женщина 一词有［＋温柔］、［＋善良］、［＋心细］、［＋博爱］等积极属性和［＋感性］、［＋唠叨］、［＋胆小］、［＋脆弱］等消极属性，如果孤立地看待这句话，我们不清楚说话人有何意图，态度怎样（欣赏还是抱怨），因此其意义是模糊的，只有结合语境才能准确理解，正所谓"不同语境凸显实体的不同特性，进而表达各不相同的意义"。

4. 俄语同语反复意义的生成与理解

由以上分析可知，"X copula X"构式的基本构式义较为固定，而语用含义有很大的不确定性，随着交际语境的变化会产生诸多的可能。至于这样一种多义性，究其原因，除了语言符号自身的局限性（系统中的图式构式相对于人类丰富多彩的经验而言是有限的），我们认为，语言运用过程中的认知方式发挥着重要作用，也就是说，同语反复意义的生成离不开转喻映射。

通常来讲，转喻映射发生在同一个或相近的概念域内，涉及的是实体之间的邻近性。既然是邻近，就未必限于某种固定的关系，只要两者间存在某种形式的联系，其中一个就可以是另一个的转喻（束定芳，2008）。由于实体认知上的邻近性，转喻常用于增强交际信息的关联度，从而通过其意义特征的凸显实现各类由此及彼的转指。

以 солдат$_1$ есть солдат$_2$ 为例，第一种情况，солдат$_1$ 和 солдат$_2$ 是同一性关系，此时表语位的 солдат$_2$ 以范畴转指与该范畴相关的本质特征。但是直接说明 солдат 这一范畴的本质特征，还是间接通过本质特征强调солдат 与其他范畴之间的区别，我们不得而知，只能恢复其话语环境寻

求与之最相关的意义。比如例(32)明显是范畴间的对比,相比于特征凸显度较高的直接转指,这里 солдат 本质特征的凸显度略低。第二种情况,二者是类属关系,солдат₁表示士兵这一集合范畴,солдат₂指士兵的一些常规属性或是基本特征——忠于使命、无私奉献、勇于担当、无惧生死、严守纪律等,这些都包含在"士兵"的概念域里,由相同经验组成,并与"士兵"构成邻近关系。然而,具体语境下不是所有的特征都被用于强化信息,倘若将例(33)当作上下文,那凸显的特征就是"无私奉献",提取"以国家利益和人民利益至上"的意义。

(32)И хоть работа у них та же, что и у гражданских железнодорожников, условия и требования — особые. **Солдат есть солдат.** [А. Лехмус, «Солдат — везде солдат» // «Вокруг света» (1984)]

(33) **Солдат** должен забыть о собственной значимости, о том, что он — самоценная личность. [Герман Садулаев, «Шалинский рейд» // «Знамя» (2010)]

除事物外,事件也可以当作一个整体与其分事件以及参与者角色(施事、受事、工具、时间、地点等)相互关联。如例(34)中的动词性同语反复,"开始"作为"做"的一个分阶段,凸显起始性特征,因此,表语位的 начать 转指包括这一阶段在内的整个事件。再比如例(35)中,后一个副词 завтра(明天)以行为发生的时间转指行为本身。

(34)Серые, глубокие глаза Лобастого тихо сияют. — **Начать — это начать,** — бормочет он. — По-моему, он уже сообразил, как надо делать. [Василий Шукшин, «Как мужик переплавлял через реку волка, козу и капусту» (1972 – 1974)]

(35)Мне не понятно, что они там будут делать с турникетом … Но я не высказываю своих сомнений Анатолию Парфеновичу — **завтра, значит, завтра.** И я звоню на следующий день — что там с моим турникетом? Он немного словен. [Юрий Нечипоренко, «Схватка человека с турникетом» // «Столица» (1997.09.02)]

例(32)—(35)的讨论证实,"转喻"既适用于名词所指的事物,也适用于动词所指的事件、副词所指的动作或状态的特征,甚至是代词所指的事物(试比较代词性的 мы есть мы)。当我们看到"X copula X"构式时,首先在大脑中激活的是 X 这一认知框架,因为它是人们根据经验建立起来的概念与概念之间相对固定的关联模式,这种联系在生活中反复同现,就像各种整体与部分(如范畴与成员/属性或特征)、部分与部分(参与者角色),彼此间是相互联系的统一体。然后再依据语境寻找框架中与之最佳关联的意义选项,随之获得准确理解。这就是表语位 X 转指的机制,也是"X copula X"构式具有多义性的实质所在。

5. 结语

本文基于构式理论对俄语同语反复进行了形义分析,并解读其意义生成的认知理据。分析表明,这类结构的形式或意义均有不同程度的不可预测性,故而是一种独立存在的构式,可表示为"X copula X"。俄语同语反复不仅对应抽象的图式构式,还对应填充了具体词汇的实例构式,两者都具有"强调两实体间的同一性关系或类属关系"的基本构式义。除此之外,进入交际层面的实例构式,或者说具体语言表达式,还能够表达丰富的语用含义,可谓是"言有尽而意无穷",而这,是转喻思维的产物,也是人们使用语言编码经验世界的必然结果。需要指出的是,X 并不限于以上列举的词类,据了解也有数词、前置词词组和一些限定结构,但究竟哪些能进入到该构式当中,值得进一步研究。

附注

本文例句出自:

Ярцева В. Н. Лингвистический энциклопедический словарь. М.: Советская энциклопедия, 1990.

俄语国家语料库(НКРЯ),网址:www. ruscorpora. ru.

北京大学 CCL 语料库,网址:ccl. pku. edu. cn/corpus. asp.

参考文献

[1] Апресян Ю Д. Избранные труды Т. Ⅱ: Интегральное описание языка и системная лексикография[M]. М.: Школа «Языки русской культуры», 1995.

[2] Булыгина Т В, Шмелев А Д. Языковая концептуализация мира (на материале русской грамматики)[M]. М.: Школа «Языки русской культуры», 1997.

[3] Васильев А И. Фразеологическая тавтология в древнерусском языке[J]. Rhema. Рема, 2012(1).

[4] Вилинбахова Е Л. Сопоставительные тавтологии в русском языке[J]. Вопросы

языкознания，2016(2).

［5］Витгенштейн Л. Философские работы. Ч. I.［M］. М.：Гнозис，1994.

［6］Падучева Е В. Динамические модели в семантике лексики［M］. М.：Языки
славянской культуры，2004.

［7］Шахматов А А. Синтаксис русского языка［M］. М.：Эдиториал УРСС（Edito-
rial URSS），2001.

［8］Ярцева В Н. Лингвистический энциклопедический словарь［M］. М.：Советская
энциклопедия，1990.

［9］Fraser B. Motor oil is motor oil：An account of English nominal tautologies［J］. Jou-
rnal of Pragmatics，1988(2).

［10］Goldberg Adele E. Constructions：A Construction Grammar Approach to Argument
Structure［M］. Chicago：University of Chicago Press，1995.

［11］Grice H P. Logic and conversation［M］//Syntax and Semantics. Vol. 3：Speech
Acts. Cole P，Morgan J L.（eds.）. New York：Academic Press，1975.

［12］Langacker Ronald W. Foundations of Cognitive Grammar，Vol. I：Theoretical Prere-
quisites［M］. Stanford Cal.：Stanford University Press，1987.

［13］Levinson S. Pragmatics［M］. Cambridge：Cambridge Univ. Press，1983.

［14］Miki E. Evocation and tautologies［J］. Journal of Pragmatics，1996(25).

［15］Wierzbicka A. Boys will be boys："radical semantics" vs. "radical pragmatics"
［J］. Language，1987(63).

［16］陈望道. 修辞学发凡［M］.上海：上海教育出版社,1979.

［17］景士俊. X 是 X 句补析［J］. 语文学刊,1995(1).

［18］吕叔湘. 语文杂记［M］.上海：上海教育出版社,1984.

［19］牛保义. 构式语法理论研究［M］.上海：上海外语教育出版社,2011.

［20］冉永平. 语用学：现象与分析［M］.北京：北京大学出版社,2006.

［21］邵敬敏. "同语"式探讨［J］.语文研究,1986(1).

［22］束定芳. 认知语义学［M］.上海：上海外语教育出版社,2008.

［23］吴硕官. 试谈"N 是 N"格式［J］,汉语学习,1985(3).

［24］张凤. 谈俄语中的同语［J］.解放军外国语学院学报,1998,21(6).

［25］张弓. 现代汉语修辞学［M］.天津：天津人民出版社,1963.

［26］张会森. 当代俄语语法［M］.北京：商务印书馆,2010.

［27］张家骅. 新时代俄语通论·上册［M］.北京：商务印书馆,2006.

［28］张静. X есть X 结构的意义生成机制［J］.外语研究,2014(6).

［29］赵林. 怎样用俄语表达汉语中的"同语"结构［J］.俄语学习,1996(3).

[**作者简介**] 刘艳瑛(1992.12—),女,河南洛阳人,北京大学外国语学院博士研究生,研究方向为俄语理论语言学。

论杜勃罗留波夫文学观的革命性思想

彭永涛

1. 引言

作为 19 世纪俄国批判现实主义文学的"三巨头",杜勃罗留波夫同别林斯基和车尔尼雪夫斯基一道为 19 世纪现实主义文论的发展起到了重要的奠基作用。三人在文学哲学基础、文艺理论、现实主义创作方法、美学观点等方面的见解具有明显的传承性,他们提出了"形象思维""美是生活""现实的批评"的文艺理论特征,强调民族性、现实性、典型性、人民性的美学审美特点,坚持历史的批评原则、现实的创作手法、革命的哲学思想。三人虽都将文学艺术看作是反映现实的镜子,但对其与现实的结合程度和具体指向方面的看法仍有所不同。别林斯基虽然广泛而深入地批评了各种唯美主义观点和流派,但其文学批评思想仍然是建立在黑格尔的唯心主义哲学理念之上的,车尔尼雪夫斯基虽然将长期由黑格尔唯心主义统治的美学移植到了费尔巴哈机械唯物主义的基础上,但其以人本主义哲学思想指导美学的观点依旧存在着某种缺陷和局限性。而随着时代的变化,杜勃罗留波夫在对二人思想的继承和发扬的基础上,取其精华,去其糟粕,"接受了另一种哲学思想,那就是实证主义哲学,避免了德国古典哲学和美学的思辨性"(邱运华,2015:262),完成了从"主义模式批评"到"实证批评"的批判范式转型,将俄国文学批评的现实性彰显到了极致。

19 世纪 50—60 年代的俄国处于激烈的社会变革和阶级斗争当中,从克里米亚战争战败到专制暴君尼古拉一世去世,从风起云涌的农民起义到 1861 年废除农奴制,"严重的权力腐败,普遍的贫穷和司法不公,底层人的苦难,无辜者的眼泪,凡此种种,无不折磨着俄罗斯作家的良心,刺激着他们的人道主义情感"(李建军,2017:5)。当时的俄国波澜起伏,而这正是杜勃罗留波夫的文学批评观点和政治文论理念产生和发展的现实背景,其坚定的圣徒苦修精神和强烈的底层社会反抗性又造就了他革命民主主义批评观的战斗性和革命性。正如1857年他在日记中写的,"我是一个极端的社会主义者"(日丹诺夫,1955:227)。从这个角度上可以说,杜勃罗留波夫可谓是反对农奴制、沙皇专制和资本主义剥削的英勇斗士,是"痛恨暴政、热切期待人民起来反对'国内土耳其人',即反对专制政府的作家"(列宁,1986:290)。在他看来,只有将革命性思想浸透到文学创作中,才能唤醒民众的人民性;只有通过人民革命,才能建立公正合理的社会制度,因此,他把文学批评中的革命性思想当作抗争专制制度的武器,把教育人民迎接革命斗争当作自己的终生任务,"他由于热爱人民而燃烧"(车尔尼雪夫斯基语)。

因此,从这个方面来看,杜勃罗留波夫同另两位一样,就其当时所处俄国社会的身份层次来看,他们首先是革命家,然后是思想家、文学批评家,其哲学、美学、历史和文学方面的理论活动都是他们革命实践的组成部分,都是为了找寻正确的革命理论,指导俄国的革命运动,实现俄国人民的思想解放。而正是这种革命者的身份为杜勃罗留波夫的文学批评注入了革命性的思想和灵魂,即坚定站在人民立场,深刻批判社会现实,大力宣传革命思想,彻底推翻封建统治。这种根植于人民群众的革命性思想,深刻体现在杜勃罗留波夫的美学原则和对作家世界观的评判中,使其提出了"人民性"的批评观点和"现实的批评"的批评主张。

2. 民主主义美学原则的革命性

忠实的革命民主主义信仰和坚定的唯物主义立场是构成杜勃罗留波夫文学观的两大要素,在此基础上,他在创作实践中又将文学与现实结合起来,使文学批评以服务政治为目标,以唤醒人民为方向,系统地论述了美学和文学理论的许多重要议题,极大地丰富了革命民主主义的美学体系。在遵循别林斯基和车尔尼雪夫斯基文艺美学观点的基础上,杜勃罗留波夫为革命民主主义美学的进一步形成和确立构建了创作标准和原则,并进一步发展了现实主义创作手法。别林斯基反对"为艺术而艺术",他认为艺术在如实再现生活本来样子的同时,更要具有明确的帮助现实变革、促进社会发展的目的性。他在对"纯艺术派"的论战中创建了革命民主主义美学,开辟了俄国文学史上的一个新时期,使冷静地观察社会现实、深刻地揭露社会矛盾、尖锐地批判社会弊病成为时代文学的主要任务,因此被列宁称为"解放运动中完全代替贵族的平民知识分子的先驱"(列宁,1960:183)。相比之下,车尔尼雪夫斯基更为激进,"他善于用革命的精神去影响他那个时代的全部政治事件"(列宁,1960:205),"把俄国引上公开的阶级斗争大道"(列宁,1960:251)。他提出"美是生活"的唯物主义美学原理,为革命民主主义美学发展奠定了坚实的理论基础。杜勃罗留波夫与车尔尼雪夫斯基一道共同继承并捍卫了别林斯基的革命民主主义美学观点,但杜勃罗留波夫根深蒂固的革命性思想使其具有更加高昂的战斗激情,更加深刻的社会见解,更加善于通过文学批评解决社会重大问题。

从别林斯基的现实主义"再现"论,到车尔尼雪夫斯基"美是生活"的原理,再到杜勃罗留波夫"现实的批评"的主张,他们文学观的现实性和革命性越来越强,寻找能正确引导革命胜利的方法的愿望越来越迫切。杜勃罗留波夫在《俄国文学发展中人民性渗透的程度》中明确指出:"不是生活按照文学理论而前进,而是文学随着生活的趋向而改变……相反是不会有的;要是有时候你似乎觉得,好象生活正按着文学上的见解走,那,这是幻想,这种幻想是由于,我们往往在文学中才第一次发现有一种我们所不曾留心,但早已在社会中实现的运动。"(杜勃罗留波夫,1959:130—132)这就是革命民主主义美学的基本原则,其战斗性和革命性的思想特征贯穿于杜勃罗留波夫的全部美学思想当中,并通过对文章的文学批评表现出来。

首先,在美学原则的哲学基础方面,杜勃罗留波夫"反对梭罗古卜、雅兹柯夫、波多林斯基、波隆斯基等唯心主义在文学上的信徒们把文学的反映对象从现实生活上引开,引导到主观臆造的创作道路上去,建立'纯艺术'的企图"(马家骏,2000:11),他认为文学是认识现实、反映现实的手段,是通过形象来认识、评价和再现生活的一种特殊的文艺形式,"文学作品的主要价值是它的生活真实"。文学不仅仅是映射社会现实的一面镜子,更应该广泛"把握生活的各个方面",深刻反映社会中"现象的本质"(杜勃罗留波夫,1959:174),积极干预生活,推动人民前进,激起人们对真理和善的向往。其次,杜勃罗留波夫十分重视文学参与现实变革,充分发挥其宣传革命的作用,即文学的功利性目的。他认为"文学是一种服务的力量(它的意义是在宣传,它的价值决定于它宣传了什么,它是怎样宣传的）"（杜勃罗留波夫,1959:360）。所以他深刻揭示文学作品内容上和形式上的革命性与宣传性体现,在文学批评中毫不留情地直接指出专制制度的腐败和剥削本质,主张必须通过人民革命来建立新的制度,推动历史的变革进程,将在"人民群众中很好地推广教育和合理倾向"作为文学的最主要作用,把"艺术和哲学作用的全部发挥在这方面:唤醒人民的沉睡力量从梦中醒来"（杜勃罗留波夫,1959:142）。最后,杜勃罗留波夫将文艺创作与革命的政治斗争结合起来,重视艺术的社会作用,强调艺术的思想性。他认为文学存在的社会意义就是对旧制度与旧秩序的批判,是对生活中不堪状况的揭露和纠正,是对人民奋起反抗专制制度的启示和呼吁,是对实现公正与平等的新世界的宣传与描绘。所以,他明确地指出,文学艺术就是社会生活的产物,是社会生活的"晴雨表",而文学作品中的革命性思想就是这"晴雨表"的指针,为人民指明社会生活的风云变幻。

3. 文学作家世界观的革命性

作为一名坚定的革命民主主义者,杜勃罗留波夫清晰地看到文学之于现实的重要社会作用,不仅自身自觉地将文学创作从属于民主革命的政治斗争,而且强调文学作家革命的创作世界观的普遍适用性,他指出:"一个在自己的普遍的概念中,有正确原则指导的艺术家,终究要比那些没有发展的或者不正确地发展的作家来得有利,因为他可以比较自由地省察他的艺术天性的暗示……那时候现实生活就能够更加明白,更加生动地在作品中反映出来。"（杜勃罗留波夫,1954:167）他认为文学家不应该仅仅是一名艺术家,更应该是一名人民的艺术家,是一名坚守创作原则,如实还原现实原貌,并通过作品传达革命性暗示的革命民主主义者,我们"要把担当着人民的自然的、正确的追求这一种代表的作者,跟那些变成各种虚伪做作的倾向和要求的代言人的作者分别开来"（杜勃罗留波夫,1959:363）。在杜勃罗留波夫看来,所谓的能够担当起"人民的自然的、正确的追求"的文学艺术家首先应该是接近人民的,了解人民的,能够想民之所想、创民之所好、颂民之所愿的,而要做到这一点就应该具备人民的世界观、革命的世界观,将创作内容紧密地同反映现实联系起来,将创作目的同政治斗争联系起来,将呼唤人民觉醒、促进民族崛起、推动解放运动作为文艺创作的根本所在,将粉饰现实、麻痹群众、维护专制统治作为文学批判的终极目标。杜勃罗留波夫从唯物主义的立场出发，将"为艺术而艺术"流派的文艺创作视为宣传反动思想的洪流，认为具备这种理想型世界观的文学作家是病态的、虚伪的、有害的，是妨碍革命运动发展的绊脚石，是同时代要求背道而驰的盲目者，唯有将革命的民主主义世界观作为创作的基本底线，将革命的文艺批评活动作为批判的基本原则，才能成为一名真正的人民的艺术家。

同时，在反映现实时，杜勃罗留波夫提出了衡量一个作家、艺术家才能高低的基本原则，"只要拥有一种能够体会和描写生动逼真的真实现象的本领，那么由于这一种承认，他的作品就使人有充分的理由，去探讨唤起作家写出某一种作品的生活环境，探讨它的时代。在这里，衡量作家才能的尺度就是：他所概括的生活的广阔到了什么程度，他所创造的那些形象，又是怎样巩固和包罗一切的"（杜勃罗留波夫，1959：262）。他认为，作为时代的作家不应该仅有反映现实的才能，还应该形成具有广度和深度的革命性世界观，文学创作不应该仅仅限于对旧体制与旧秩序的批判和揭露，同时必须在作品中体现呼吁人民同农奴制度奋勇斗争的倾向，塑造为争取"真正的白天"到来的"黑暗王国的一线光明"的典型形象。在杜勃罗留波夫看来，作家的才能要随着社会的变化表现出新的元素，"现在我们需要的，不是那些越来越'高出于周围现实'的人，而是那些把现实本身提高到——或者教导我们提高到我们已经认识的理性要求的水平上的人。总之，我们需要实践的人，而不是抽象地、永远是伊壁鸠鲁式地议论的人"（杜勃罗留波夫，1959：269）。他确信文学作品的创作目的并不仅在于对现实社会的揭露和批判，而更在于发挥它的战斗性和革命性作用，真正有思想的作品都出自于有才能的作家，也就是要求作家的创作观念中要有高度的为人民革命奉献自我的倾向性，要有高度的为改造社会做出贡献的世界观，将手中的笔和纸作为最有力的宣传武器，真正唤醒人民争取幸福的勇气和热情。

杜勃罗留波夫还从艺术家与哲学家的区别中指出了世界观与创作间的复杂关系，他认为："作者的一般的理论信念……还没有和他的艺术天性从现实生活的印象中所提炼出来的东西，达到完全的和谐。"（杜勃罗留波夫，1954：268）在他看来，哲学家是靠严格的科学之助才能把握社会变化的规律，而文学家要比哲学家敏感，他们能够凭借天性去察觉哲学家凭借理性去发现的东西，他的世界观越准确，他的作品反映的人类社会演化规律就越深刻。艺术家相比哲学家"虽然还没有能够在理论上解释这种事实的思考能力；可是他却看见了，这里有一种值得注意的特别的东西，他就热心而好奇地注意着这个事实……加以孕育……终于创造了典型"（杜勃罗留波夫，1954：164）。相反地，如果艺术家的世界观仅局限于个人生活，仅局限于个人，那么他的世界观就是反社会性的，是与人类的进步发展背道而驰的。因此，文学艺术家应当处理好世界观与创作间的关系，将现实的、社会的、革命的世界观，深刻地体现在其创作中，实现艺术天性与现实生活的和谐统一。

4. 人民性批评标准的革命性

以"别、车、杜"为代表的 19 世纪俄国重要的现实主义批评家都十分关注社会问题，具有极强的正义感和同情心，将文学创作的功利性和目的性作为文学批评的基本原则，将民族性和人民性作为评判文学艺术家才能高低的标准。别林斯基是俄国历史上第一个提出人民性问题的文学批评家，但是他所谓的"人民性"是相对的，是以当时西欧的民族性为参考的，是包含俄国社会各阶层在内的整体的俄罗斯民族的人民性，具有明显的超阶级性，所以可以说别林斯基主张的人民性在很大程度上就是指与欧洲民族相对立的俄罗斯的民族特性，并没有将现实与特定阶级和阶层联系起来，而这一点在车尔尼雪夫斯基的文学批评中得到了突破。车尔尼雪夫斯基认为现实的美、生活的美、美的本质、美的概念并不是普遍意义上的，是由不同的立场、不同的环境、不同的阶级所决定的，是以生活条件和这些阶级对劳动的态度为转移的，也就是说，不同的阶级有不同的审美标准，有不同的美学观。在上流社会来看，一个贵族少女必须有着"纤细的手足"、"耳朵必须是小的"，要有点"病态、柔弱、委顿、懒倦"（车尔尼雪夫斯基，1978：543），才是美的，甚至连偏头痛这种疾病也成了贵族们眼里可羡慕的事情。而在农民看来，这些美是病态的、虚骄的、颓废的。杜勃罗留波夫在继承车尔尼雪夫斯基观点的基础上，更加明确地指出：人民性的获得，不是一般地等同于民族性、时代性，而是直接地与民众最为关心的现实关系联系在一起："文学在许多地方促进了公众对自觉性与明朗性的追求。——我们在这一点上要给以充分的公正。为了不要过分越出例子之外，我们只指出这一点：现在全俄罗斯所最关心的，把其余一切问题都远远推到后面去的——就是改变地主和农民之间的关系。"（杜勃罗留波夫,1959:133)杜勃罗留波夫不仅清楚地指明了人民性的内涵,而且直接阐述了其鲜明的革命性本质。他认为,文学的人民性思想就在于要在人民的思想中表现人民的生活,反映人民的愿望,在于传递出人民为改变自身命运而斗争的力量,在于宣传奋起抵抗封建专制统治的革命性思想。

　　与别林斯基主张的民族性和车尔尼雪夫斯基强调的阶级性相比,杜勃罗留波夫倡导的人民性则更加具有明确的指向性、针对性、战斗性和革命性。通过对作家、艺术家数量与俄罗斯民众数量的对比,他认识到在俄国文学中渗透人民性的艰难处境,杜勃罗留波夫认为,尽管"一切人都渗透着这样的精神,虽然——再重说一遍——在文学的内在的内容方面,还没有向前推进,它的思想的范围还没有扩大"(杜勃罗留波夫,1959:125),所以在他看来,必须秉持彻底的、革命的态度,将人民性作为评判俄国文学家的标准。一个文学艺术家不仅要明白"我们所以站得住脚,只是因为在我们脚下有坚固的基础——真正的俄罗斯人民"(杜勃罗留波夫,1959:179),还要清楚创作本身必须要接近人民,并能够让人民理解,不能带有局部的性质,仅代表少数人的愿望,而应该从人民的观点来解释,着眼于人民的立场和人民的利益。杜勃罗留波夫认为:"要真正成为人民的诗人,还需要更多的东西:必须渗透着人民的精神,体验他们的生活,跟他们站在同一的水平,丢弃阶级的一切偏见,丢弃脱离实际的学识等等,去感受人民所拥有的一切质朴的感情。"(杜勃罗留波夫,1959:84)可见,杜勃罗留波夫所指的人民性就是那些生活在农奴制压迫之下的普通民众的意愿和精神,与此同时,他不仅强调文学作品中需要表现人民性,更在意作品本身对人民的引导和改造,唤醒民众身上潜藏的为改变自身命运而奋起斗争的力量。从这个意义上来说,人民性问题的实质就是一个艺术家把自己的全部感情奉献给民众的生存命运的问题,所以杜勃罗留波夫指出:"要是我们的文学发展进程,以果戈理为结束,那么可以说,我们的文学到现在为止,还几乎从来就没有完成过使命:表现人民的生活,人民的愿望。"(杜勃罗留波夫,1959:187)简言之,杜勃罗留波夫的人民性观点在俄国文学批评史上具有最鲜明的战斗性和革命性。

5. 现实的批评方法的革命性

　　作为一名优秀的文学批评家,杜勃罗留波夫始终坚持文学的价值观标准,以实事求是的态度遵循文学批评的真实性原则。他认为,批评家"对待艺术家作品的态度,应该正像对待真实的生活现象一样"(杜勃罗留波夫,1954:160),凭借可靠的尺度和判断将作品的优点和缺点呈现出来,指示他正确的道路,"以文学作品为依据,解释生活本身的现象,而并不把任何预先编撰好的观念和课题强加在作者身上"(杜勃罗留波夫,1959:262)。杜勃罗留波夫把这种革命性的批评方法称为"现实的批评",他认为一个真正的文学批评家不仅要有发现天才和杰作的眼光,还要有对劣作深刻批评的勇气,要直揭其弊,不加讳掩,在实践中践行"现实的批评"的批评方法,明确文学批评的功利性目的,增强作品的直接性表述,真正实现"批"得深入、直接,"评"得全面、准确,从而坚定地站在人民的立场,激发潜藏的革命性情绪,推翻这种充斥着暴力和不公的社会制度,解除人与人之间存在的等级鸿沟。为实现这样的目的,杜勃罗留波夫倡导把对作家创造的形象的美学分析与研究这些形象的生活根源联系起来,揭示作品形象的社会意义,引导读者深刻地理解俄国现实,帮助他们得出革命的结论。《什么是奥勃洛摩夫性格?》《黑暗王国》《黑暗王国中的一线光明》《真正的白天何时到来?》这四篇文学批评就是杜勃罗留波夫的"现实的批评"的生动、完整的体现。

在《什么是奥勃洛摩夫性格?》一文中,杜勃罗留波夫分析了冈察洛夫的创作特点,称他是"善于把生活现象的完成性表现出来的艺术家",他的作品是"客观的艺术创造",认为作品的成功之处就在于"解开俄罗斯生活中许多现象之谜的关键"(杜勃罗留波夫,1954:70)。杜勃罗留波夫不只是重视和强调艺术典型性的独创性,而且看到这种典型性之所以存在的原因:人物所处的社会阶层地位和社会环境,并通过"现实的批评"将典型人物、典型性格、典型经历产生的背景归咎于封建专制的社会制度,从而呼吁人民认识到自身所处阶级受到的压迫,将革命性的思想转化为实际行动。《黑暗王国》一文主要是评价奥斯特罗夫斯基剧作的批判性内容,揭示其对俄国社会现实的不满和否定。他指出:"奥斯特罗夫斯基戏剧中,一切戏剧冲突和灾难,都是由于两个集团——老年的与青年的、富的和穷的、专横的和谦卑的之间冲突的结果。"(杜勃罗留波夫,1954:176)他认为这个黑暗的世界里没有真理,没有纯洁,只有毫不讲理的野蛮和疯狂,只有统治阶级的丑恶和欺骗,人类的尊严和自由、民众的个性和信仰都只不过是可以被专横顽固随意碾碎的尘埃。杜勃罗留波夫强调"黑暗王国"的黑暗性就是为了激发民众的革命意识,从而达到干预社会的目的,推动革命运动的发展。

但是杜勃罗留波夫在奥斯特罗夫斯基的早期作品中并没有看到塑造的具有抗争意识的典型人物形象,直到剧作《大雷雨》的问世,才让其"呼吸到了一种新的生命"。于是在对《黑暗王国中的一线光明》的评论中,他明确地指出了《大雷雨》中表现出来的蕴藏在人民之中的反抗性,并以此来引发民众广泛的抗争意识,号召人们体会到这个行动的合法性和重要性,呼吁人们采取坚决的行动推翻俄国专制顽固势力。在《真正的白天何时到来?》一文中,杜勃罗留波夫通过总览屠格涅夫的《前夜》,看到了俄国社会困难而痛苦的过渡状态,看到了叶莲娜和英沙罗夫形象所表现出来的俄国新一代进步青年的特点,将他们身上所体现的善,界定为"积极的善"。他尖锐地评判俄国的专制制度,将其视为一切不幸的根源:"归根结底——所有原因,又要归结于我们过去一切内部灾难的那个重要来源——对人们的农奴制的统治。"(杜勃罗留波夫,1959:241)

所以,杜勃罗留波夫预言,俄国正面临着反对内部敌人的俄国的英沙罗夫出现的"前夜",人民"不再被人家强力束缚在垂死的过去时代的死尸上"(杜勃罗留波夫,1959:330)的真正的白天一定即将到来。可以说,杜勃罗留波夫的这四篇评论不仅深刻地分析了作品,完整地体现了"现实的批评"的创作方法,而且发展完善了现实主义文学批评的理论,从根本上启发了广大俄国民众的革命性社会意识,直接指导了当时的文学运动和革命运动,充满了战斗性和革命性。

综上所述,杜勃罗留波夫在继承别林斯基和车尔尼雪夫斯基的文学批评观、美学观和创作观的基础上,将强烈的革命性思想贯穿于其民主主义美学原则、作家的世界观、人民性和现实的批评方法中,将《俄国文学发展中人民性的渗透程度》作为评判文学作品的标准,深刻讨论了在《黑暗王国》中《什么是奥勃洛摩夫性格?》,回答了《真正的白天何时到来?》,让读者真切地看到了《黑暗王国中的一线光明》。

参考文献

[1] 车尔尼雪夫斯基. 车尔尼雪夫斯基论文学:上卷[M]. 辛未艾,译. 上海:上海译文出版社,1978.

[2] 日丹诺夫. 杜勃罗留波夫(俄文版)[M]. 莫斯科:青年近卫军出版社,1955.

［3］马家骏.论杜勃罗留波夫的文学观［J］.宝鸡文理学院学报（社会科学版），2000，20（2）.

［4］列宁.列宁全集：第5卷［M］.北京：人民出版社，1986.

［5］列宁.列宁论文学与艺术：第1卷［M］.北京：人民文学出版社，1960.

［6］杜勃罗留波夫.杜勃罗留波夫选集：第1卷［M］.辛未艾，译.上海：新文艺出版社，1954.

［7］杜勃罗留波夫.杜勃罗留波夫选集：第2卷［M］.辛未艾，译.上海：新文艺出版社，1959.

［8］李建军.黑暗王国的一道精神闪电——论杜勃罗留波夫的文学批评［J］.扬子江评论，2017（5）.

［9］邱运华.俄罗斯文学思想选读［M］.北京：高等教育出版社，2015.

［作者简介］：彭永涛（1991.07—），男，吉林白山人，黑龙江大学俄语学院博士研究生，研究方向为俄罗斯文学、俄罗斯文学理论。

俄语带前缀运动动词的汉译方法探析

——以"前缀 + идти"为例

孙露露　关秀娟

学界对于俄语带前缀运动动词的研究主要集中在其语义配价分析和教学法上,对其汉译方法少有深入研究和客观描写。本文探究了该类动词的汉译方法,以规范译文的准确性,为翻译从业人员提供借鉴。翻译过程包括理解、转换、表达(黄忠廉,2007)。在汉译时,应首先理解俄语带前缀运动动词在原文中的意义,即剖析其前缀和词根的意义,其次对比其在俄语和汉语中的不同,找到双语转换的矛盾,最后针对双语矛盾选择译语表达方式,实现译语的有效表达。

1. 带前缀运动动词的意义

带前缀运动动词由"前缀"和"运动动词"两部分构成,带前缀运动动词中,不同的前缀与词根结合表达出不同的含义,这些含义主要通过所加前缀来呈现。"当定向和不定向运动动词加上前缀后,即构成具有新词义的词汇。"(李仁杰等,2010:156)前缀表示运动的方向,词根表示运动的方式。一般运动动词的方向意义多集中为"定向与不定向",即方向是否一定。带前缀的运动动词不再具有定向和不定向之分,但也可表示运动方向,这种方向是由前缀体现的。

运动动词前缀法构词过程中常用到 при-、вз-、вы-、по-、до-、от-、за-等前缀,它们在不改变原动词基本意义的情况下赋予其空间补充意义或者非空间补充意义(张俊翔,2007)。空间意义即前缀本身所表现出来的"从……出来、进入"等含义,非空间意义即动作的开始、动作行为进行多长时间等含义。常见带前缀运动动词见下表(李仁杰等,2010):

常见带前缀运动动词表

前缀	前缀本身含义	带前缀运动动词	带前缀运动动词含义
при-	到、来、最终达到目的	прийти	来
под-	接近、临近	подойти	走近
по-	开始行动	пойти	开始走
вз-/взо-	向上	взойти	登上、走上
вы-	由里向外	выйти	走出
у-	离开、脱离	уйти	走去
во-/в-	进入	войти	走入
разо-/раз-	从一个地方向四周散开	разойтись	走散、散开
до-	动作的完成、达到某种程度、终结	дойти	走到
за-	开始、顺便	зайти	顺便走到，顺便走到……之后、之外
про-	从某物穿过或越过	пройти	走过、通过
пере-	越过、穿过、横越	перейти	走过
со-/с-	从上而下、往下、向下	сойти	下来、下去、从四面八方聚集到某地
от-	从某人或某物旁边离开、引开、拿开、开启	отойти	离开
обо-/об-	绕行、包围；行为及于事物的全部、周围	обойти	绕过、走遍

2. 带前缀运动动词的汉译矛盾

俄语带前缀运动动词在汉译过程中存在前缀和词根含义显隐不均的情况，其中，词汇层面出现的缀根均显最普遍、缀显根隐相对多见、缀隐根显较少数。句子层面出现极少数的缀根转移情况，但是前缀与词根在翻译过程中存在一定呼应和内在逻辑，且需要结合具体语境来体现其真正含义。"具体语境可以帮助译者选择词义，确定句义，明确原文作者的写作意图。"（关秀娟，2020:9）译者和读者对于具体语境的共享程度增大，也在一定程度上有助于读者理解译文。

2.1 缀根均显

缀根均显是指俄语带前缀运动动词汉译时,前缀和词根意义均得到凸显,既表现出前缀的运动方向意义,也表达出词根的运动方式意义。缀根均显是带前缀运动动词汉译过程中最普遍的情况。例如:

(1)Я **подошел**,как она вдруг раскроет глаза.(М. А. Булгаков,«Мастер и Маргарита»)

我**走到跟前**,突然她睁开了眼睛。(高惠群 译)

(2)Работа всегда располагается рядом с метро. Так чтобы работа была далеко от метро,чтобы от работы нельзя было бы **дойти** до метро — такого не бывает,вообще никогда.(Дмитрий Данилов,«Вечное возвращение»)

试译1:工作地点总是位于地铁站附近。没有单位离地铁很远,从单位**走不到**地铁站的情况,基本没有。

试译2:工作地点的分布总是临近地铁。所以远离地铁,**到不了**地铁站的工作是根本不存在的。

例(1)中带前缀运动动词 подойти 的前缀 под- 表达"接近、临近"之意,词根 -йти 的含义是"走"。结合上下文语境,下一句中的"睁开了眼睛"是走近后才可以看到的状态,因此这里翻译成"走到跟前",前缀、词根含义都得到了凸显。例(2)中的 дойти,前缀 до- 表达"动作的完成、达到某种程度、终结",词根 -йти 表示"走"。二者结合翻译成"走到",前缀和词根含义均得到显现。对试译1、试译2进行比较:试译2忽略了运动方式,译文注重强调运动的方向性。结合具体语境,原文中运动动词的方向意义与方式意义均得到了凸显,在译文中需被显化,所以,试译1更可取。这也在一定程度上提醒翻译人员,翻译运动动词时应避免只强调运动的方向性,应该全方位关注运动动词的方向意义和方式意义。

2.2 缀显根隐

缀显根隐是指俄语带前缀运动动词汉译时,前缀意义凸显、词根意义隐藏。在该种情况下,表现出了前缀的运动方向意义,而词根的运动方式意义不被体现。带前缀运动动词通常和前置词进行搭配,缀显根隐是带前缀运动动词在汉译过程中出现的较多见情况。例如:

(3)Он **пришел** к нам в гости и привез свою подругу.

他**来**我们这做客,还带了女友。(黄颖 译)

（4）И — Ты знаешь, — говорила Маргарита, — как раз когда ты заснул вчера ночью, я читала про тьму, которая **пришла** со Средиземного моря...（М. А. Булгаков, «Мастер и Маргарита»）

"你知道吗，"玛格丽特说，"就在昨晚你睡着的时候，我读了有关**来**自地中海的黑雾……"（严永兴 译）

例(3)、例(4)中出现的带前缀运动动词прийти，前缀при-表达"到、来"之意，词根-йти 的含义是"走"。例(3)翻译成"来"，前缀при-的意义凸显，词根 -йти(走)的意义隐藏。前缀при- 和前置词 к 进行搭配，"前置词 к + 第三格"有"到说话人这里来"的含义，深化了 прийти 的含义。例(4)中前缀при- 和前置词 c 进行搭配，前置词 c 有"自……"之意，对应译文中的"自"，прийти 翻译成"来"，表示运动的方向，前缀意义凸显，词根意义隐藏。

2.3 缀隐根显

缀隐根显是指俄语带前缀运动动词汉译时，前缀意义隐藏、词根意义凸显。前缀的运动方向意义不被表现，体现出词根的运动方式意义。缀隐根显是带前缀运动动词在汉译过程中出现的少数情况。例如：

（5）Смотритель **пошел** домой ни жив, ни мертв.（А. С. Пушкин, «Станционный смотритель»）

驿站长半死不活地走回家去。（卢永 译）

（6）Часовой сидит у стены и сторожит дверь: только изредка **пойдет** к углу, посмотрит и опять отойдет.（А. Гйпар, «Школа»）

哨兵坐在墙边守护着大门，偶尔**走到**墙角，看看又走开。（张会森 译）

例(5)中出现的带前缀运动动词 пойти，前缀 по- 表达"开始、一会儿"之意，词根 -йти 的含义是"走"。这里翻译成"走"，前缀 по- 的含义进行了隐藏，只有词根 -йти(走)的含义显现出来。例(6)翻译成了"走到"，前缀 по- 表达"开始"的含义被隐藏，词根 -йти(走)的含义凸显，体现出了运动的方式。

2.4 缀根转移

缀根转移是指俄语带前缀运动动词汉译时所产生的缀转移或根转移。缀转移是指前缀含义发生转移、运动方向发生改变；根转移是指词根意义发生转移、运动方式发生变化。缀根转移是带前缀运动动词汉译过程中出现的极少数情况。例如：

（7）Однако в поле уж темно；

Скорей! **пошел, пошел**, Андрюшка!

Какие глупые места!（А. С. Пушкин,《Евгений Онегин》）

不过,田野里已经没一丝光亮；

加把劲儿! 快**跑**,快**跑**,安得留什卡!

这种鬼地方多么讨人嫌!（智量 译）

野地里黑了,看不到光亮；

快赶车,安德留什卡! 快、快!

这是个多么无聊的地方!（丁鲁 译）

例(7)中出现的带前缀运动动词 пойти,前缀 по- 表达"开始"之意,пойти 表示"开始走"。词根 -йти 的意思是"走",在这句话中翻译成了"跑"。"跑"有"急走"的释义(辞海编辑委员会,1999)。该句中运动方式由"走"变成"跑",根据上下文语境体现出催促"跑"这一动作的产生,表现出焦急之情。词根意义发生转移,运动方式发生改变。译者着重表现动作之快的含义,类似的表达在丁鲁的译本中也有所体现。丁译本中把翻译带前缀运动动词的情态意味放在首位,而运动动词的具体含义次之。

3. 带前缀运动动词的翻译方法

针对俄语带前缀运动动词在汉译过程中出现的缀、根矛盾,有必要探索出适当的翻译方法。"'翻译方法'含二义:1. 译者在翻译过程中对传达原作内容和形式的总的设想、途径和策略;2. 也指在翻译过程中解决具体问题的方法,亦称'翻译技巧'。"(方梦之,2018:1)翻译不应局限于词汇的翻译,更应结合具体的语境,以小句为中枢进行翻译。为解决带前缀运动动词在汉译过程中的一系列俄汉转换矛盾,可用兼顾缀根法、立足前缀法、锁定词根法、缀根联想法等翻译方法。

3.1 兼顾缀根法

兼顾缀根法指在保留词根意义的基础上,结合各个前缀本身的含义进行综合翻译。能与运动动词进行搭配的前缀,前缀本身都具有丰富的意义。运用此方法,需要结合具体的语境,对前缀的含义进行选择,进而结合词根意义进行翻译。既体现各个前缀的含义,词根 -йти(走)的含义也表现出来。例如：

（8）Тот после первого привета,

Прервав начатый разговор,

Онегину, осклабя взор,

Вручил записку от поэта.

К окну Онегин **подошел** и про себя ее прочел.（А. С. Пушкин, «Евгений Онегин»）

彼此寒暄几句,刚开始谈话,

这位先生便停住不往下讲,

两眼含着笑对奥涅金望望,

把诗人的一封信交给了他。

奥涅金接过信**走到**窗前,

默默无声地读过一遍。（智量 译）

（9）**Нашла** коса на камень.

刀碰到石头上;针尖对麦芒。（张建华等,2014:484）

例(8)中出现的带前缀运动动词 подойти,前缀 под- 表示"接近、临近"之意,有"来到说话人跟前"的含义。词根 -йти 表示"走","走"是运动方式,"到……前"是运动的方向,二者结合翻译成"走到……前",是"前缀 + 词根"含义一起进行翻译的结果。例(9)中的 найти,前缀 на- 表"向上",найти 表示运动含义时,只可以与 на что 连用,表示"在行进过程中碰上,撞上……"之意。这里保留了词根的含义,"上"突出了前缀的含义,翻译成"碰上"。词根、前缀含义均有所体现,而且此处 найти 是一种转义,译成"刀碰到石头上",即谚语"针尖对麦芒"。

3.2 立足前缀法

立足前缀法,即准确把握带前缀运动动词各个前缀的含义,再结合运动动词词根 -йти 表示"走"的运动方式,综合具体的语境进行翻译。俄语带前缀运动动词的含义大部分通过前缀来表达,厘清前缀的含义有利于更好地翻译带前缀运动动词。针对"缀显根隐"的俄汉矛盾,可采用该方法,例如:

（10）Мы **пришли** на кладбище, голое место, ничем не огражденное, усеянное деревянными крестами, не осененными ни единым деревцем.（А. С. Пушкин, «Станционный смотритель»）

我们**来到**墓地,一片光秃秃的地方,没有栅栏,满眼都是木头十字架,没有一棵小树遮阴。(卢永 译)

(11)Когда она ***взошла*** на него, она, к удивлению своему, услышала, как где-то бьет полночь, которая давным-давно, по ее счету, истекла.(М. А. Булгаков,«Мастер и Маргарита»)

当她**登上**高台上,令她惊奇的是她竟然听到了什么地方敲响了子夜的钟声,按照她的计算,自也早已过去。(严永兴 译)

针对例(10)中的带前缀运动动词 прийти,首先要明确前缀 при- 的含义为"来、到"。这里词根 -йти 表示运动方式"走",前缀 при- 表示运动的方向。如果译文翻译成"来到 + 走",则不符合汉语的习惯,词义表达出现叠加,显得十分冗杂。这里翻译成"来到",将词根"走"的含义隐藏。例(11)中的带前缀运动动词 взойти,首先明确前缀 взо- 表示"向上"的含义,词根 -йти 表示"走",前缀 взо- 表示运动的方向。如果翻译成"向上 + 走",则显得过于口语化,因此翻译成"登上",将"走"的含义进行隐藏。

3.3 锁定词根法

锁定词根法,即在保留词根 -йти(走)含义的基础上,清楚分析上下文语境进行翻译。这里前缀的含义仅仅是隐藏,并不是消失。对于缀隐根显的矛盾,可以采用该方法来解决,这组矛盾集中体现在带前缀 по- 和 на- 的运动动词翻译上。清楚了各个前缀的含义后,需要立足词根来进行翻译,例如:

(12)Он воротился, и поравнявшись с кучером: «Чья, брат, лошадь? —спросил он, —не Минского ли?»—«Точно так, —отвечал кучер, —а что тебе?»—«Да вот что: барин твой приказал мне отнести к его Дуне записочку, а я и позабудь, где Дуня-то его живет». —«Да вот здесь, во втором этаже. Опоздал ты, брат, с твоей запиской; теперь уж он сам у нее». —«Нужды нет, —возразил смотритель с неизъяснимым движением сердца, —спасибо, что надоумил, а я свое дело сделаю». И с этим словом ***пошел*** он по лестнице. (А. С. Пушкин, «Станционный смотритель»)

他折了回来,走到车夫跟前。"老弟,是谁的马?"他问,"不是明斯基的吗?""正是,"车夫回答,"你有什么事?""是这么回事:你家老爷吩咐我送一张字条给他的杜尼娅。可我把他的杜尼娅住在哪儿给忘记了。"
"就在这儿二层楼上。你的信送晚了,老兄,现在他本人已经在她那里
了。""不要紧,"驿站长心里激动得不可名状,"多谢你的指点,可是我还
是要把我的事办完。"说着他就**走**上楼梯。(卢永 译)

（13）Я быстро перешел на ее сторону и, подходя к ней, ответил.
（М. А. Булгаков, «Мастер и Маргарита»）

我迅速**走到**她那边,靠近她说话。（严永兴 译）

例（12）中出现的带前缀运动动词 пойти,前缀 по- 表达"开始行动"
之意,пойти 表示"开始走"。此处根据上文语境,通过 возразил смотри-
тель с неизъяснимым движением сердца（激动得不可名状）已经表达出
"开始走"的趋向,翻译时不必再译成"开始走",直接处理成表达运动方
式的"走"。例（13）中的 перейти,前缀 пере- 表达"越过、穿过、横越",
-йти 表示"走",前缀表示运动方向的含义进行了隐藏,凸显了词根运动
方式的意义,译成"走到"。

3.4 缀根联想法

缀根联想法,即保留词根意义,通过前置词与前缀、词根联系,兼顾上
下文语境,准确选择前置词的具体含义,进而确定带前缀运动动词的整体
含义。缀根转移的矛盾分为缀转移和根转移两种,且呈现出与前置词搭
配使用的情况。运动动词与表方向状语有密切关系,因此带前缀运动动
词要求与表示一定方向意义的前置词连用（孟英丽等,2008）。针对缀根
转移的矛盾,可以采用该方法,例如:

（14）И Маргарита в черном плаще, мастер в больничном халате
вышли в коридор ювелиршиной квартиры, в котором горела свеча и
где их дожидалась свита Воланда.（М. А. Булгаков,«Мастер и Марга-
рита»）

于是,玛格丽特披着黑色披风,大师穿着住院服**来到**珠宝商太太单元
的走廊,走廊里点着支蜡烛,沃兰德的侍从们在这里等候着他俩。（严永
兴 译）

改译:于是,玛格丽特披着黑色披风,大师穿着住院服**走进**珠宝商太
太单元的走廊,走廊里点着支蜡烛,沃兰德的侍从们在这里等候着他俩。

（15）Не прошло и получаса, как сердце его начало ныть, ныть, и
беспокойство овладело им до такой степени, что он не утерпел, и по-

шел сам к обедни.（А. С. Пушкин, «Станционный смотритель»）

过了不到半小时,他觉得心里烦躁,六神不安,忍不住自己也**跑**去做礼拜。（卢永 译）

例(14)中出现的带前缀运动动词 выйти,前缀 вы- 表达"向外、往出、出",词根 -йти 表示"走",前置词 в 有"进入、向里、往里"之意。原义为"来到",强调了目标地点。前缀 вы- 和前置词 в 搭配使用体现"一出一进"的过程,这里将前缀 вы- 的含义转换成前缀 в- 的含义,应改译成"走进"。例(15)中的带前缀运动动词 пойти,前缀 по- 表达"开始"之意,пойти 表示"开始走",在这句话中翻译成了"跑"。运动方式由"走"变成"跑",前置词 к 对应"去"。"跑"指"物体离开了应该在的位置"（中国社会科学院语言研究所词典编辑室,2016:981）。这里并不是真正表达"跑"这一动作,而是这一动作的趋向,表示"急着去"的心理状态。

4. 结语

俄语带前缀运动动词在汉译过程中由于语境的原因其前缀与词根产生了不同的对应情况。前缀和词根构成俄语带前缀运动动词的词义,在该类动词的汉译过程中存在普遍的缀根均显、较多见的缀显根隐、少数的缀隐根显和极少数的缀根转移情况。为了提高翻译质量,可采用兼顾缀根法、立足前缀法、锁定词根法、缀跟联想法等汉译方法。译者在翻译带前缀运动动词的过程中容易忽视词根本来的含义,仅注重前缀的含义。通过采用以上列举的方法可以强化译者全方位、多角度的翻译意识。由于篇幅有限,对于形成俄语带前缀运动动词的翻译策略的深层原因并未详细论述,在后续的论文中将进行专门探讨。

参考文献

[1]辞海编辑委员会. 辞海[M]. 上海:上海辞书出版社,1999.

[2]邓克. 俄语运动动词剖析[J]. 北京工商大学学报(自然科学版),1987(2).

[3]方梦之. 中外翻译策略类聚——直译、意译、零翻译三元策略框架图[J]. 上海翻译,2018(1).

[4]关秀娟. 全译语境作用机制论[M]. 北京:科学出版社,2020.

[5]黄忠廉,李亚舒. 科学翻译学[M]. 北京:中国对外翻译出版公司,2007.

[6]黄颖. 新编俄语语法[M]. 北京:外语教学与研究出版社,2008.

[7]李仁杰,李秋琦,李江华. 简明俄语前缀[M]. 青岛:中国海洋大学出版社. 2010.

[8]孟英丽,王利众,孙晓薇. 俄语动词[M].哈尔滨:哈尔滨工业大学出版社.2008.

[9]中国社会科学院语言研究所词典编辑室. 现代汉语词典[M]. 北京：商务印书馆, 2016.

[10]张会森. 当代俄语语法[M].北京:商务印书馆,2010.

[11]张建华,等. 现代俄汉词典[M].北京：外语教学与研究出版社,1998.

[12]张俊翔.带前缀运动动词中的同音异义词[J].俄语学习,2007(6).

[**作者简介**]:孙露露(1995—),女,黑龙江大学俄语学院硕士研究生,研究方向为翻译学;关秀娟(1975—),女,黑龙江大学俄语学院教授,博士,硕士生导师,研究方向为翻译学、外语教育。

中俄术语与定义国标文本对比分析

张智慧

1. 引言

当代社会已经进入知识剧增的信息时代,新术语大量涌现,出现术语的使用混乱无序以及各个领域关于术语规范化工作联系不够紧密等问题,这就需要各个领域的专家以及学者对术语进行统一和审定。

与此同时,不同行业的技术人员、专家以及学者开始更加关注术语标准化工作。俄罗斯对术语的无论是理论还是实践应用研究都占世界领先地位,其术语标准化工作一直优先于我国。术语和定义标准化的首要且重要的一步就是需要统一的原则和方法来规范和指导,所以对比中俄两国术语与定义制定的国标文本具有理论意义。同时,参考两国制定术语与定义的标准文件,不仅对研究不同科学领域的术语工作有所帮助,也具有一定的实践价值。

2. 中俄两国术语与定义国标文本中术语涵盖量对比

制定术语和定义标准关键在于要遵循其原则与方法,如果制定术语和定义国标的原则与方法标准不同,制定出的某一领域的术语和定义自然也就不同。本文旨在讨论俄罗斯标准文件 P 50.1.075-2011 «Разработка стандартов на термины и определения» (《术语和定义标准的制定》)与中国标准文件 GB/T 10112—2019《术语工作 原则与方法》二者的不同。

在讨论两国国标文本的术语涵盖量之前,有必要熟悉两国国标文本的主体内容。俄罗斯国标文本 P 50.1.075-2011 的主体内容主要分为 4 部分:科技术语标准化的基本原理、科技术语标准草案的制定、对术语的要求和对定义的要求。中国国标文本 GB/T 10112—2019 的主体内容分为术语和定义、客体、概念、定义、指称 5 部分。从上述主体内容不难看出,"术语"与"定义"两个术语是两国国标文本研究的重点对象。俄罗斯国标文本 P 50.1.075-2011 主要是对概念、概念系统、术语与定义 4 个术语进行大篇幅的讨论。而中国国标文本 GB/T 10112—2019 不仅涉及了概念、概念系统、术语与定义 4 个术语,还对客体、特征、指称、名称、符号、术语资源、术语产品、术语编纂产品 8 个术语进行定义及细致描述。

两国国标文本涵盖的术语数量不同,我国国标文本 GB/T 10112—2019 涵盖的术语数量多于俄罗斯国标文本 P 50.1.075-2011。国标文本 GB/T 10112—2019《术语工作 原则与方法》是我国 2019 年颁布的第三个术语工作原则和方法标准文件,而俄罗斯现行的是继 1989 年 P-50-603-1-89 «Разработка стандартов на термины и определения»(《术语和定义标准的制定》)之后第二个关于术语与定义标准制定的国标文件。从中俄两国的标准文件代码上可以看出,我国国标文本发布于 2019 年,而俄罗斯国标文本发布于 2011 年,我国的国标文本发布时间相对较新。术语随着科技的进步不断更新扩容,国家标准文件所涵盖的术语也应不断拓展。现今我国术语工作得到了重视,术语及其所衍生的术语产品等也在不断发展,所以我国在国标文本 GB/T 10112—2019 中涉及了一些较新的术语与定义。其次,从名称中可以看出,俄罗斯制定国家标准时注重的是术语与定义并行,所以文章主体的大部分都是围绕"术语"与"定义"两个术语进行阐述的。而我国国标文本更侧重于如何制定术语,阐释术语工作的原则与方法时难免要涉及一些专业术语,所以所涉及的术语数量较多。

3. 中俄两国国标文本关于"术语"的描述

3.1 术语的定义

俄罗斯国标文本关于术语的描述在标准的第 5 部分:对术语的要求。首先对术语进行定义:术语是用于专业领域的词或者词组,是概念的指称,需要对其进行定义。术语命名科学概念,术语与所在系统的其他术语是某个知识领域的科学理论的组成部分。词、词组与单词符号都可以作为术语。(Термин — это слово или словосочетание специальной сферы употребления, являющееся наименованием понятия и требующее дефиниции. Термин именует научное понятие и в совокупности с другими терминами данной системы является компонентом научной теории определенной области знания. В качестве терминов используют следующие лексические формы: слова, словосочетания и символы-слова.）（P 50.1.075-2011:10）。我国国标文本关于术语的描述主要是在第 7 条的第 2 点以及附录 A。指称分为三类:术语、名称与符号,我国将术语归为指称的一类。在 7.2 中首先阐释了术语的定义:术语是特定领域中由特定语言的一个或多个词表示的一般概念的指称。简单术语仅含一个词,包括两个或多个词的术语称为复合术语（GB/T 10112—2019:24）。毫无疑问,两国的国标文本都将术语定位到表示专业领域的词或词组,并且术语可以用一个或者多个词表示。但是两国的国际文本对于术语的定义存在不同之处,侧重点也各不相同。

首先,俄罗斯国标文本仅指出术语为概念的指称,而我国国标文本则指出了术语是一般概念的指称,并且在第 5 条中将概念分为一般概念与个体概念,特意阐释了一般概念与个体概念的区别:术语用于指称一般概念,而名称用于指称个体概念。本文认为将术语用于指称一般概念的表述更为严谨。

其次,俄罗斯国标文本提到术语与所在系统的其他术语是某个知识领域的科学理论的组成部分,对术语概念的系统性给予了较大的关注,而我国国标文本在定义中并未涉及。术语概念系统是术语工作的重点,我国也应该在国标文本中涉及。

最后,符号是符号学的基本概念之一,符号范围广,可以是文字、语言、电码、化学符号等等。两国国标文本的侧重点不同,俄罗斯国标文本仅指出了单词符号也可作为术语,而我国国标文本将符号与术语并列,认为二者属于指称的一种,并未单独提及单词符号是否属于术语。由于文化国情不同以及汉字的特殊性,在我国国标文本中存在一种特殊情况:将汉字作为一种图形标志传递形状信息的术语不应该归为符号,而是术语。

两国国标文本对于术语的定义有优点,也有缺点,二者应该相互借鉴,取长补短。

3.2　对术语的要求:

俄罗斯国标文本 5 与中国国标文本 7 分别提出了对术语的基本要求。其中有 5 项是类似的,如表:

中国对术语的要求	俄罗斯对术语的要求
7.2.2 单名单义性	5.4 术语和概念相对应
7.4.2.2 顾名思义性	5.5 术语意义与概念相符
7.4.2.5 简明性	5.7 简洁性
7.4.2.6 可派生性	5.8 具有派生能力
7.4.2.8 母语优先性	5.9 术语符合俄语规范

不同点：

（1）两国标准在对术语的基本要求方面有差别。

首先，俄罗斯标准文件中一个术语表达一个概念，术语和概念相互对应，反之亦然。应该消除同义和多义现象，并指出消除办法。而中国标准文件并未指出必须消除同义和多义现象，而是指出单独叙述同形同音异义和同义性。

其次，俄罗斯标准文件中关于"术语意义与概念相符"是指："Буква-льное значение термина（т. е. значение входящих в его состав терми-ноэлементов с учетом их морфологии и синтаксических связей）до-лжно соответствовать выражаемому им понятию."（Р 50. 1. 075-2011，2011:12）[术语的字面意义（即，考虑其形态和句法关系，包括在其组成中的术语元素的含义）应与其所表达的概念相对应。]中国标准文件中的"顾名思义性"则是指"如果不需要定义或任何解释，就能由一个术语或名称推测出其所指称的概念，那么该术语或名称就是顾名思义的"（GB/T 10112—2019，2020:27）。

再次，俄罗斯标准文件中的"简洁性"是指术语应该有对于该术语系统最佳的长度。而中国标准文件中的"简明性"则是指"术语宜尽可能简明，提高交流的效率"（GB/T10112—2019，2020:28）。

除此之外，俄罗斯标准文件中关于术语的"具有派生能力"指的是基于现有术语形成新术语。而中国标准文件中关于术语的"可派生性"则是指术语宜便于构词，并且构成派生词的方法要遵循汉语的语言习惯。

最后，俄罗斯标准文件举例说明术语应该符合俄语规范要求。中国标准文件中的"母语优先性"则指表示相同概念含义的术语，汉语语言表述的术语优先于直接借用外来的术语。

（2）俄罗斯标准文件中指出，术语的词汇形式可以是单词、词组和符号与单词的组合。单词术语可以分为非派生词、派生词、复合词和缩略词。词组术语可以分为带前置词与不带前置词的。而单词符号形式的术语包括字母、数字、图形符号。中国标准文件未提及。

（3）俄罗斯标准文件中提到了关于术语的构成方法：语义构成法、句法构成法、形态构成法、外语借用法。中国标准文件则在附录 B 详细介绍：

新词	借用已存在词汇	跨语种转借
1. 派生法	1. 术语化	1. 直接借用
2. 复合法	2. 语种内语义转借	2. 翻译借用
3. 缩略法	3. 跨学科转借	

（4）俄罗斯标准文件中除上述 5 种对术语的基本要求以外，还提出术语"系统性"要求。术语中不仅要包括一般概念，还应包括区别特征。中国标准文件并无对应要求。

（5）中国标准文件把关于术语的概述归在指称当中，认为指称包括术语、名称和符号。详细解说了名称的特性、格式以及命名法。术语的构成同样适用于名称的构成。而俄罗斯标准文件并未涉及此方面。

（6）中国标准文件提出术语一致性、术语拒用、音译和抄写。除上述构成术语的基本要求以外，还有贴切性、一致性和正确性。而俄罗斯标准文件中并无对应项。

通过对比中俄两国国标文本对术语要求的异同可以看出，虽然两国均遵守国际 ISO 标准，但都根据本国国情需要进行了部分修改，对其术语的定义也不尽相同，这给两国之间的科技交流带来了阻碍。术语标准制定的不同，对两国的经济交流与贸易往来也会产生负面影响。充分了解两国对于术语与标准制定的异同，可以对两国术语标准相互借鉴起到一定的推动作用。

4. 中俄两国国标文本关于"定义"的描述

4.1 对"定义"的定义

俄罗斯国标文本对术语的定义是"定义是逻辑手段，可以区分、发现与表述概念。定义总是指的是与其相关的主题领域。定义也称为记录在标准文本中的逻辑过程的结果"（Определение — это логический прием, позволяющий отличать, отыскивать и формулировать интересующее понятие. При этом всегда подразумевают некоторую предметную область, по отношению к которой формируется определение. Определением также называют результат логического процесса, зафиксированный в тексте стандарта.)(Р 50. 1. 075-2011 ,2011 :15)。我国对定义的描述是:定义应尽可能确定概念的外延,并与该领域内的其他概念相区别。(GB/T 10112—2019 ,2020 :17)

两国对于定义的描述不一,侧重点各不相同。俄罗斯国家标准文本更加注重逻辑,认为定义是逻辑过程所产生的结果,所以在进行术语的定义时,应多注重逻辑层次的问题。我国国家标准文本认为定义应该注重概念,概念外延是定义的主要内容。

4.2 对定义的要求

中俄两国国标文本对定义提出的基本要求有部分内容相似。整合为下表:

中国	俄罗斯
6.1 定义的性质	6.1 对定义的概述
6.3.1 依据本国语言规范撰写	6.12 定义的语言准确
6.5.2 避免循环定义	6.6 不可以使用循环定义
6.5.3 不精确定义(属于不恰当定义)	6.3 定义的一致性
6.5.4 否定义	6.8 肯定概念不应该有否定定义

不同点:

(1)俄罗斯标准文件指出对定义形式和定义系统的要求与对概念形式和概念系统提出的要求类似。我国标准文件中没有这方面叙述。

(2)俄罗斯标准文件中除上述基本要求之外,还提出 6 条基本要求:定义中仅包含本质特征;定义的系统性;不能同语反复;定义的单义性;不能与其他标准的术语相矛盾;定义的简短性。我国标准文件中缺少这几条基本定义。

(3)中国标准文件在 6.1 关于定义的性质中提出定义标准化,定义与指称不可混淆,在提供与概念相关的信息时,一定要考虑受众需求。俄罗斯标准文件并未提及。

(4)中国标准文件在 6.2 中提出内涵定义,指出"内涵定义中应包括直接的上位概念以及紧跟的区别特征"(GB/T 10112—2019 ,2020 :18)。俄罗斯标准文件中并未指出。

(5)中国标准文件在 6.3 中提出定义的撰写,包括了内涵定义的系统特征,也就是:定义应反映出概念体系中概念的特征,以及概念之间的相互关系;定义是不构成完整句子的陈述;通过不同词性表示的概念内涵定义应该以相应的词性开头进行撰写。还包括了撰写的专业领域、替代原则以及内涵定义的表示。俄罗斯标准文件并未提及定义撰写相关内容。

(6)中国标准文件中有 6 种定义补充信息特征,分别是:注释、概念描述、百科全书式描述、解释说明、示例、语境。俄罗斯标准文件中并未有相关说明。

(7)中国标准文件提出 3 种不恰当定义,即循环定义、不精确定义和否定定义。虽然在俄罗斯标准文件中未提及,但是在基本要求中有类似内容。

(8)中国标准文件在附录 A 提出了定义的其他类型:外延定义、例证定义、词汇定义、精确定义、约定定义。俄罗斯标准文件中无此方面论述。

中俄国标文本中对定义的要求也各不相同,虽然我国对定义的描述详尽,但是由于过多,相互关联性不强,容易使读者,尤其是非专业人士阅读困难。俄罗斯国标文本对定义的描述相对精简一些,使人一目了然,但是内容涵盖不够完整。这说明两国可以相互借鉴,增进交流,不断发展完善关于术语与定义的国标文本。

5. 结语

标准化工作一直是发达国家所重视的。现代社会科学与技术蓬勃发展,无论是社会生产,还是日常生活中,哪怕是国际间贸易,标准化的作用都无处不在。近年来,我国对标准化的重视也开始不断加强。对于标准化工作来讲,术语标准化是其基础,国标文本是术语标准化取得的暂时性成果。要制定某一专业领域的术语,必须以术语和定义的国标文本为基础作为参照,两国的科技交流离不开术语交流,本文从三个方面,分别是术语的涵盖量、术语和定义方面分析了两国制定术语及定义国标文本的异同。只有在制定术语上相互理解、相互渗透,才能对两国的文化科技交流起到推动作用。

参考文献

[1]Лейчик В М. Терминоведение: предмет, методы, структура[M]. М.: Изд-во

ЛКИ，2007.

[2]Татаринов В А. Теория терминоведения. том 1[М]. Москва：Московский Ли-цей，1996.

[3]Р 50.1.075-2011 «Разработка стандартов на термины и определения»[S].

[4]GB/T 10112—2019《术语工作 原则与方法》[S].

[5]冯志伟.现代术语学引论[M].北京：语文出版社，1997.

[6]冯志伟.中国术语学研究的八大特点[J].中国科技术语,2019,21(2).

[7][俄]格里尼奥夫.术语学[M].郑述谱,等译.北京:商务印书馆,2011.

[8]梁爱林.术语学概念研究的再思考[J].中国科技术语,2020,22(1).

[9]王平.标准和标准化概念的多学科观点(之二)——De Vries 的定义[J].标准科学，2019(12).

[10]吴丽坤.术语的意义[J].术语标准化与信息技术,2007(2).

[11]郑述谱.俄罗斯当代术语学[M].北京:商务印书馆,2005.

[作者简介]:张智慧(1996.11—),女,内蒙古赤峰人,黑龙江大学俄语学院研究生,研究方向为俄语语言文学。

俄罗斯高等教育服务出口：
现状、举措及意义

朱香玉

随着经济全球化的发展和教育国际化进程的加快,高等教育正在逐步打破国境的限制,全球范围内高校师生的流动性不断加强。各教育强国纷纷制定具有针对性的对外教育政策,以期吸引优质的教育生源,扩大教育出口份额。目前,高等教育出口主要以接收外国留学生和在境外开办教育机构两种形式进行。

俄罗斯已经明确提出,要把拓展教育进出口服务、增强俄罗斯教育系统的国际吸引力作为加快国家创新发展和提高国家竞争力的重要手段之一。2017年5月俄罗斯批准了《俄罗斯教育出口潜力开发专项计划》,把教育出口潜力的开发看作是一项重要的国家任务,并提出教育出口的目的就是提高俄罗斯教育在国际舞台上的吸引力和竞争力。[①]

1. 俄罗斯高等教育服务出口的历史与现状

从苏联时期起,高等教育就被视为建设社会主义阵营的手段之一。尤其在第二次世界大战后,苏联开始全面贯彻教育服务出口的国家政策。从20世纪50年代起,社会主义阵营的所有国家都将俄语和马克思主义基本原理纳入高校必修课程。到60年代末期,苏联已经成为世界上留学生人数众多的国家之一。苏联政府抓住这一时机,努力通过教育资源的输出扩大其政治影响力。尽管外国留学生人数有所增长,但当时的教育资源出口只关系到苏联为数不多的几所高校,实际上并未涉及整个国家

---

① Паспорт приоритетного проекта «Развитие экспортного потенциала российской системы образования» [EB/OL], http://static. government. ru/media/files/DkOXerfvAnLv0vFKJ59Zeq-TC7ycla5HV. pdf,2017-05-30/2020-11-27.

的高等教育系统。

从 1949 年到 1991 年，赴苏留学总人数超过 50 万，其中 70% 的留学生是在俄罗斯苏维埃联邦社会主义共和国接受的教育，而 75% 的留学生来自亚洲、非洲和拉丁美洲的发展中国家，剩下的 25% 主要来自与苏联交好的东欧国家。苏联解体前夕，苏联高校共有 12.65 万留学生，占全球留学生总量的 10%，位列世界第三，仅次于美国的 41.96 万和法国的 13.69 万。① 当时最受留学生欢迎的专业是工程技术专业和自然科学专业。

苏联解体后，俄罗斯于 1992 年通过了新的《教育法》，逐步开始教育办学体制的私有化改革，由国家垄断的单一办学体制演变为国家、地方、社会和公民个人等多主体、多形式的办学模式。同时，新的《教育法》允许各高校制定国际招生项目及出台新的留学生教育方案，但收效甚微。俄高校留学生人数及占比在 20 世纪 90 年代仍呈现持续滑坡态势（见图1），直至 2000 年起才开始出现改变。进入 21 世纪后，俄罗斯高校外国留学生人数及占俄罗斯高校在校生总数的比重稳步攀升。截至 2017—2018 学年，赴俄高校留学生总数已达 33.45 万人，占俄高校在校生总人数的 7.88%，是 2000—2001 学年在俄留学生人数的 4.6 倍。②

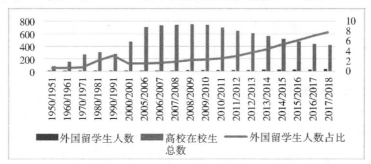

图 1　历年来俄罗斯高校外国留学生人数及占俄罗斯高校在校生的比重（单位：万人，%）

资料来源：根据 Institute of International Education 的历年数据整理。https://www.iie.org/Research-and-Insights/Project-Atlas/Explore-Data/Russia

从赴俄留学学生的生源地来看，2017—2018 学年留学生主要来自独

① Арефьев А. Л. Российские вузы на международном рынке образовательных услуг [М]. М: Центр социального прогнозирования, 2007, C. 57.

② Экспорт российских образовательных услуг: Статистический сборник. Выпуск 9 // Министерство науки и высшего образования Российской Федерации. М.: Центр социологических исследований, 2019, C. 521.

联体成员国以及中国、印度等发展中国家。独联体成员国与俄罗斯在历史、文化和语言等方面有着深刻的渊源,成为俄罗斯高校留学生的最主要来源。来自独联体国家的留学生占俄罗斯外国留学生总数的 60.2%。另外,近年随着中俄关系的不断深化,中国赴俄留学的人数也在不断增长。在 2017—2018 学年度中国已经成为俄罗斯高校留学生的第二大来源国,总人数达到 2.71 万人。①

留学生学习的专业方向相较苏联解体前夕也有所变化。苏联解体前,俄罗斯外国留学生的专业设置主要以俄罗斯的优势学科,即工程类为主,占当时留学生专业类别的 53.0%。其次为自然科学及人文社科专业,占比 18.0%,医学和药学占比 17.0%。经过 30 多年的发展,赴俄留学生的学科种类选择更加丰富。从 2017—2018 学年赴俄留学生所选的专业来看,工程类专业依旧备受青睐,占比 21.9%。排在第二位的是经济管理类专业,其次是健康卫生类专业和人文社科类专业。②

从留学生的学历层次来看,就读本科的留学生数量从 2005 年的 16.1% 增长到 44.6%。而选择就读传统"专家"学位的留学生数量则大大减少,从 48.8% 下降到 22.3%。选择就读硕士学位的留学生比重也在增长,从 2005—2006 学年的 5.4% 上升到 2017—2018 学年的 8.4%,而选择就读更高层次的副博士和博士学位的留学生比重均有所下降。③

留学生的区域分布也是极不均匀的。俄罗斯的留学生主要集中在中央联邦区、西伯利亚联邦区、伏尔加河沿岸联邦区,仅莫斯科和圣彼得堡市就集中了俄罗斯近三分之一的外国留学生。这主要得益于这两个城市拥有数量众多的高校,集聚了俄罗斯顶尖的高教资源,同时又是俄罗斯经济最发达的地区。而自然环境恶劣、经济发展相对落后的远东联邦区对于留学生的吸引力则相对较弱。

在境外设立合作大学、分校和代表处是俄罗斯高等教育服务出口的

① Экспорт российских образовательных услуг: Статистический сборник. Выпуск 9 // Министерство науки и высшего образования Российской Федерации. М.: Центр социологических исследований, 2019. С. 521.

② Institute of International Education 机构于 2019 年发布的数据, Research-and-Insights/Project-Atlas/Explore-Data/Russia.

③ Экспорт российских образовательных услуг: Статистический сборник. Выпуск 9 // Министерство науки и высшего образования Российской Федерации. М.: Центр социологических исследований, 2019, С. 531

第二种主要形式。这种"走出去"的教育形式能够直接增强俄罗斯的对外教育吸引力,从而有力地提升俄罗斯在国际教育服务市场的竞争力。早在20世纪,苏联就有在国外建立高等教育机构的传统。解体前,苏联就已经在国外36个国家建立了包括大学、学院、分校等在内的66个高等教育机构。2006年,俄罗斯跨境高等教育机构的拓展达到苏联解体以来的鼎盛时期,96所俄罗斯高校在35个国家建立了10所合作大学和学院、80所境外分校和160多所境外分支机构。[①] 而后俄罗斯为了提升教育质量和国家教育标准,同时由于教育机构所在国的教育部也提高了合作办学机构的监管力度与评估手段,俄罗斯关闭了大批不合格、教育质量不达标的跨境高等教育机构,尤其是大量以提供函授教育资源为主的跨境高等教育机构。[②]

在所有境外合办的高校中,表现较为突出的均为俄罗斯与独联体国家合办的斯拉夫大学。2017—2018学年,俄罗斯 – 吉尔吉斯斯坦斯拉夫大学共有在校生9654人,俄罗斯 – 塔吉克斯坦斯拉夫大学共有在校生7019人,俄罗斯 – 亚美尼亚斯拉夫大学共有在校生2695人。另外,俄罗斯的车里雅宾斯克国立大学、莫斯科罗蒙诺所夫国立大学、俄罗斯国立社会大学、普列汉诺夫经济大学、莫斯科创业和法律学院等几所高校在境外开设的教育分支机构也深受外国留学生的欢迎。

2. 俄罗斯扩大高等教育服务出口的战略举措

在当前条件下,现代化的教育服务出口战略可以重塑俄罗斯在教育领域的地位,使其重新挖掘巨大的教育出口潜力,同时促进本国教育的国际化与现代化。近年来,俄罗斯采取了一系列战略举措,希望提高自身在国际高教服务出口市场上的竞争力。

2.1 对内优化高等教育结构,整合高校教育资源,打造世界一流高校

为与国际教育接轨,俄罗斯于21世纪初着手进行高等教育改革,其重点就是加入"博洛尼亚进程",在此框架下展开系统性的教育改革。在

---

① Экспорт российских образовательных услуг: Статистический сборник. Выпуск 5 // Министерство науки и высшего образования Российской Федерации. М.: Центр социологических исследований, 2015, С. 408 – 410.

② 刘淑华. 21世纪以来俄罗斯高等教育国际化战略:动因、举措和特征[J]. 中国高教研究, 2018(03).

学位体系的建立上,由培养传统的专家型教育体制过渡到以学士和硕士为基础、"专家培养"并行的学位结构;建立标准的欧洲学分转换体系,以"学分"代替"学时"衡量学生学习量和教师工作量;建立"学位文凭"附件,既保障俄罗斯承认欧洲国家的学位学历证书,又保障欧洲国家承认俄罗斯的学历学位证书。

2012 年,俄罗斯联邦设立了"5—100 计划",其目的在于加快俄罗斯世界一流大学建设的进程,提高俄罗斯高校的世界竞争力。在 2019 年的俄罗斯大学排名中,绝大部分俄罗斯大学排名均有所提升,验证了俄罗斯"5—100 计划"开始取得成果。在 2019 年的 QS 世界大学排行榜中,俄罗斯共有 27 所大学入围排行榜。根据毕业生的就业情况,在排名前 500 的大学中,共有 13 所俄罗斯院校上榜。①

2013 年,俄罗斯开启了一项旨在推动"大学合并"的改革项目,其目的是整合高校资源、提高专业教育水平和加强优质教育资源的流动。俄罗斯关闭了多所私立高校,合并了一些传统的专业类院校,改革和重组了多所国立高校。时任的俄罗斯教育和科学部部长德米特里·里瓦诺夫提出了《高校最优化计划纲要(2013—2015 年)》。该纲要的核心内容是在未来的两到三年俄罗斯高校的数量将减少 20%,而高校分校的数量将减少 30%—35%。② 2018—2019 学年,俄罗斯的高校数量从 2010—2011 学年的 1115 所减少至 741 所,下降了 33.5%。③

2.2 对外设立教育推广机构,提升俄高校的国际吸引力

在实施高等教育服务出口战略时,除了俄罗斯教育和科学部,俄罗斯国际人文合作署(Россотрудничество)和"俄语世界"基金会(Фонд «Русский мир»)也发挥着重要作用。俄罗斯国际人文合作署的基本工作方向之一就是在境外推广俄罗斯高等教育,扩大俄罗斯的国际影响力。2014 年 3 月,俄罗斯外交部批准公布了《以俄罗斯国际人文合作署境外代表处为平台推广俄罗斯教育构想》。在该构想基础之上,俄国际人文

---

① В топ – 500 лучших университетов мира по устройству выпускников попали 13 российских вузов [EB/OL], https://meduza. io/news/2019/09/19/v-top-500-luchshih-universitetov-mira-po-trudoustroystvuVypusknikov-popali-13-rossiyskih-vuzov, 2019-09-19/2020-12-20.

② Ливанов Д. Число вузов в РФ сократится на 20%, число филиалов на 30% [EB/OL], https://ria. ru/20120726/709840939. html, 2012-07-26/2020-12-20.

③ Россия в цифрах. 2019. Краткий статический сборник [M]. M.: Росстат, 2019, С. 9.

合作署每年都出台新的实施方案,旨在加强国际科学教育合作、选拔优秀学子公费赴俄学习和加强与俄(苏)高校外国毕业生的联系。① 截至目前,俄国际人文合作署在全球 80 个国家已经拥有 93 个代表处。② 这些代表处是俄罗斯在境外的科学和文化中心,在其职权范围内拓展俄高等教育的海外市场,如参与国际教育展览会、举办俄罗斯高校展览和推广教育资源等活动。在 2019 年,通过俄罗斯国际人文合作署开展的俄罗斯高校推介活动遍布亚洲、欧洲、南美洲和非洲。在其帮助下,俄罗斯"5—100 计划"的参与高校还加入了亚太国际教育联盟举办的教育大会。另外,俄国际人文合作署还多次举办奥林匹克竞赛活动,旨在推广俄罗斯高等教育的同时,选拔境外优秀学生赴俄高校进行深造。

而"俄语世界"基金会的成立则以加强俄语在世界的地位、普及俄语和俄罗斯文化为主要目的。目前,"俄语世界"基金会共实施两项国际方案,一是在境外开设俄语中心,二是设立"俄语世界"基金会奖金。开设俄语中心的目的在于传播俄语与俄罗斯文化、支持境外的俄语学习和发展跨文化交流。设立"俄语世界"基金会奖金是为了实施传播俄语语言和文化的各种方案与计划,包括支持创建境外俄语学校、俄语学习班、境外高校俄语教师团队、俄语远程教学和学习计划等。截至 2019 年,"俄语世界"基金会已经在全球 48 个国家成立了 107 所俄语中心。俄语中心的运行基本上依附于当地开设俄语专业的高校。"俄语世界"基金会给予俄语中心大量的财政资助,用于开办与俄罗斯教育、文学、语言等主题相关的讲座、研讨会、竞赛与展览等。这些活动都在一定程度上加强了国外高校对俄罗斯国家的好感度,从而促进了俄罗斯教育的海外推广。

2.3 主导成立区域性教育联盟,积极参与国际教育交流与合作

俄罗斯横跨欧亚大陆,近年来正逐步落实欧亚发展战略。无论是在政治上还是在经济上,都不能忽视俄罗斯在欧亚区域的重要影响力。

首先是构建以俄罗斯为核心的独联体统一教育空间。1997 年 1 月 17 日,独联体成员国阿塞拜疆、亚美尼亚、白俄罗斯、哈萨克斯坦、吉尔吉

---

① Концепция продвижения российского образования на базе представительств Россотрудничества за рубежом [EB/OL], http://tur. rs. gov. ru/uploads/document/file, 2014-03-27/2020-12-10.

② Представительства Россотрудничества в мире [EB/OL], http://rs. gov. ru/% 20/contacts, 2020-12-27.

斯斯坦、摩尔多瓦、塔吉克斯坦、俄罗斯签署了《形成独联体统一教育空间的构想》。① 该构想规定了构建独联体统一教育空间的总章程、基本原则、基本方向以及实施步骤,并指出,形成统一的教育空间是独联体成员国合作发展的优先方向之一。独联体统一教育空间是一个通过强化和深化独联体国家教育系统的关系、为独联体国家的文化交流和共同发展创造条件而设立的一个独立空间。② 为了更好地落实独联体教育领域的合作,同年,以俄罗斯为首的独联体国家还成立了教育合作委员会,其宗旨在于促进独联体统一教育空间的形成,基本任务是进一步发展独联体内教育领域的全面合作,促进科研人才和师资力量的培养及其相应的资格认证;与国家间、地区间和民族间教育组织和机构保持紧密联系;宣传独联体国家在教育领域的发展经验。

2008 年,独联体国家人文合作委员会发起了建设"独联体网络大学"的倡议。目前参与该倡议的有 9 个独联体国家,28 所高校。该倡议的主要方向是组织和实施高质量的硕士联合培养大纲、强化高等技能专家的联合培养、促进研究生交流、为培养副博士进行合作性学术研究。参与该倡议的大学的学生有机会在俄罗斯的著名高校读书,并取得相应的高等教育学位证书。

其次是以上海合作组织为平台,开拓欧亚教育一体化新路径。上海合作组织作为当今世界幅员最广、人口最多、前景可期的最大区域性国际组织,在欧亚地区乃至全球事务中正发挥着日益重要的作用。上海合作组织大学是在上海合作组织成员国现有高校校级合作基础上搭建的具有共同教学大纲的教育机构网络,旨在为成员国各方培养社会经济建设和各领域交流合作所需要的优秀人才。

目前上海合作组织大学合作院校已达 80 多所,培养方向覆盖"区域学""生态学""能源学""信息技术""纳米技术""IT 技术""教育学""经济学",旨在为各成员国培养文化、教育、经济等优先合作领域的高水平人才。上海合作组织成员国均为发展中国家,国际化优秀人才的需求愈

---

① Соглашение о сотрудничестве по формированию единого（общего）образовательного пространства Содружества Независимых Государств［EB/OL］, http：//www. cis. minsk. by/page. php? id = 7552, 2010-10-24/2020-12-10.

② Гукаленко О. В. Образобательное пространство СНГ：проблемы и перспективы развития［J］. Педагогика,2007（2）.

发凸显与迫切。俄罗斯作为上合区域教育一体化的主导国之一,针对成员国公民扩大教育培训网,提供教育机会和培养高级人才,可增强俄罗斯高等教育服务领域的出口潜力,同时有助于提升俄罗斯高校在国际教育领域的品牌认知度。上海合作组织大学在推进国际教育合作和区域教育一体化进程中形成了独特的发展路径,为促进高等教育国际化提供了新的视角。

莫斯科国际关系学院世界政治教研室主任玛琳娜·列别杰娃认为,独联体网络大学(Сетевой университет СНГ)和上海合作组织大学(УШОС)旨在创建一个欧亚教育空间,这两个项目的实施将进一步确保成员国之间更密切的合作。① 所以,以俄罗斯为主导的独联体网络大学和上海合作组织大学是俄罗斯扩大教育出口在区域级教育联盟的典范,也使作为组建倡导国的俄罗斯在大学的模式设置和内容设置上拥有更多的话语权,从而有利于俄罗斯更具针对性地扩大教育影响力。

除了主导成立独联体网络大学和上海合作组织大学这两项区域性教育空间外,俄罗斯还是联合国教科文组织、金砖国家网络大学、欧亚-太平洋大学联盟等在内的全球性或区域性多边组织活动及倡议的积极参与者。

2.4 政府长期主导规划,提供教育服务出口的制度保障

2002 年,俄罗斯联邦政府通过了《关于外国人在俄罗斯教育机构接受教育的政策》。在此份文件中,俄罗斯将教育服务出口作为联邦教育发展大纲中优先发展的方向,由此拉开了俄罗斯对外教育新发展的序幕。其中明确规定了教育出口的基本方向和内容,包括:(1)制定和完善教育服务出口的方案与监管政策;(2)提高外国公民享受俄语教育的机会;(3)创新教育服务出口模式;(4)采用国际标准评估教育服务出口的教学质量;(5)制定外国留学生学位证书授予的相关文件;(6)加大教育出口的宣传力度。② 2009 年,俄罗斯在联邦教育发展专项项目框架内制定了《2011—2020 年俄罗斯联邦教育服务出口构想》。作为高等教育国际化

---

① Лебедева М. М. Международно-политические процессы интеграции образования [J]. Интеграция образования, 2017 (3).

② Концепция государственной политики Российской Федерации в области подготовки национальных кадров для зарубежных стран в российских образовательных учреждениях[EB/OL], http://www.russia.edu.ru/information/legal/law/inter/conception/, 2002-10-18/2020-12-15.

最重要的政策文本,该构想分别对政府部门、教育机构、公共组织做了任务安排,明确指出了提升俄罗斯高等教育国际化发展的目标。其中的一项主要目标就是要提升俄罗斯教育在世界服务市场上的地位,扩大俄罗斯教育的影响力。①

2017 年 6 月 8 日,俄罗斯总统普京批准"教育出口项目(2017—2025年)"为国家优先战略,该项目旨在提升俄罗斯教育在国际教育服务市场的吸引力和竞争力,从而增加俄罗斯的非资源性出口。该项目主要推行六方面的举措,包括改善俄罗斯留学环境、进一步加强国际合作、创建丰富的在线资源、制定以市场需求为导向的留学专业、提升高校的国际化水平、促进欠发达地区公民的国际化思维发展。②

为了吸引更多留学生来俄留学,俄罗斯政府增设奖学金,简化留学生的入境程序,改善社会保障、医疗服务和安全等方面的现代化基础设施。另外,根据俄联邦 2013 年 10 月 8 号第 891 号文件《为外国公民及无国籍人士提供赴俄留学名额》规定,俄罗斯每年提供 1.5 万个赴俄公费学习名额。③ 俄罗斯政府还调整移民法,简化留学生入境签证手续。2018 年1 月普京签署了《关于修改〈俄罗斯联邦外国公民法律地位法〉第 5 条第17 款的联邦法律》。这份文件规定,外国留学生在俄罗斯完成预科学习后可直接在俄境内办理继续学习深造的手续。2019 年梅德韦杰夫批准了《2025 年服务出口发展战略》,详细阐述了至 2025 年俄罗斯教育服务出口的重点发展领域和任务,包括支持俄罗斯高校参与国际合作办学,努力提升俄高校的国际知名度;降低教学过程中的语言障碍,为留学生提供免费的俄语培训班;改善教学基础设施,提高留学生学习生活的舒适度;确保教育教学信息的通达性,提高留学生奖励机制等。④

---

① Концепция экспорта образовательных услуг Российской Федерации на период 2011-2020 гг. [EB/OL], http://vi. russia. edu. ru/news/discus/concept/3783, 2011-02-07/2020-12-28.

② О приоритетном проекте «Экспорт образования» [EB/OL], http://government. ru/info/27864/, 2017-06-08/2020-11-28.

③ Постановление Правительства Российской Федерации «Об установлении квоты на образование иностранных граждан и лиц без гражданства в Российской Федерации» от 8 октября 2013 года № 891[EB/OL], http://government. ru/media/files/41d49508643d1f64e871. pdf, 2013-10-08/2020-12-25.

④ Стратегия развития экспорта услуг до 2025 года[EB/OL], http://government. ru/docs/37669/, 2019-08-14/2020-01-08.

3. 俄罗斯推进高等教育服务出口的战略意义

教育和教育出口在一国的"软实力"竞争中意义重大。一方面,教育可以培养更多优秀的人才,为本国发展积累雄厚的人力资本。另一方面,教育可以促进意识形态和思想文化的传播,从而掌握世界人文空间的话语权和控制权。

3.1 巩固与独联体成员国的联系,捍卫俄罗斯的传统利益区

自苏联解体后,独联体区域始终是俄美地缘政治博弈的舞台。西方势力通过经济援助、政治支持和军事干预等手段强势入侵,严重威胁了俄罗斯在独联体区域的主导地位。但是独联体共同的历史发展传统为俄罗斯开展独联体外交提供了无可替代的优势,这也是确保独联体各国在政治经济和文化教育领域中依旧维持紧密联系的天然纽带。

俄罗斯深刻地意识到,国际舞台斗争的焦点逐步转向"软实力"的竞争。在对待独联体的外交发展方向上,俄罗斯逐步增强文化教育等人文领域的渗透力。2012 年普京在《俄罗斯与不断变化的世界》中指出,"我们应当不断地让本国的教育和文化更多地参与世界教育与文化发展,并且有计划地在那些说俄语或懂俄语的国家大力传播俄罗斯的教育和文化理念"①。所以,独联体作为俄语圈与俄语文化的核心环节,不仅在俄罗斯的外交方面处于绝对的优先地位,在教育输出方面,也拥有绝对的优先权。2017—2018 学年在俄罗斯的外国留学生中,来自独联体国家的留学生占比超过一半。2019 年赴俄学习的独联体国家全日制留学生 136090 人,其中公费生比例接近 50%。② 由此可见,俄罗斯的高等教育在独联体国家中的吸引力十分强大。

3.2 通过高等教育服务出口开展教育外交,提升俄罗斯的国际话语权与影响力

虽然"软实力"一词近年来才在俄罗斯的官方文件中正式出现,但是 2002 年普京在《关于在俄罗斯教育机构培养外国留学生的政策构想》中

---

① Путин В. В. Россия и меняющийся мир // Российская газета, 2012. 27 февраля [EB/OL], http://www.rg.ru/2012/02/27/putin-politika.html, 2012-02-27/2020-11-09.

② Экспорт российских образовательных услуг: Статистический сборник. Выпуск 9 // Министерство науки и высшего образования Российской Федерации. М.: Центр социологических исследований, 2019, С. 184.

就已经阐明,教育出口的基本目标就是提升俄罗斯高校毕业生在国际劳务市场上的竞争力,从而确保俄罗斯的地缘政治影响力和社会经济利益。① 而在 2009 年颁布的《2011—2020 年俄罗斯联邦教育服务出口框架》中也明确提出教育出口要"推进俄罗斯在特定领域实施外交政策","确保其在国际社会中拥有强大和权威的立场,最大限度地让俄罗斯联邦成为现代世界中最具影响力的中心之一,并为其在政治、经济、知识和精神潜力的增长方面提供必要条件"。② 可见俄罗斯试图通过教育服务出口的扩大,增强自身的软实力发展。

俄罗斯国际事务委员会研究员雅罗斯拉夫·里斯夫利在文章《教育联盟和俄罗斯的"软实力"》中称,如果对发展中国家的援助可以更多地集中在教育和医疗领域,则援助效果将更具针对性,对双边关系和受援国的发展也更重要。③ 因此,在俄罗斯的对外战略中,教育援助也是一个重要的发展领域。但是俄罗斯教育服务输出的积极影响不仅辐射后苏联空间,也包括亚非等发展中国家,尤其是对非洲不发达国家的教育援助。如今在俄高校的非洲留学生数量已经超过一万,且超过半数的非洲留学生属于公费留学。近年来,为了扩大地缘政治影响力,俄罗斯开启"重返非洲"的战略计划,所以教育领域的输出潜力也在不断被挖掘。从俄罗斯高校全日制外国留学生人数变化(见表 1)可以看出,除了独联体国家外,来自亚洲、近东及非洲的留学生人数增长最多,而这些地区恰是世界上发展中国家的聚集地,其教育资源远落后于俄罗斯,可见俄罗斯在境外的教育援助正在逐步落实,在发展中国家的教育影响力十分巨大。

①　Концепция государственной политики Российской Федерации в области подготовки национальных кадров для зарубежных стран в российских образовательных учреждениях. http://www. russia. edu. ru/information/legal/law/inter/conception/.

②　Концепция экспорта образовательных услуг Российской Федерации на период 2011-2022 гг. // Официальный сайт Министерства образования и науки Российской Федерации. http:/vi. russi. edu. ru/news/discus/concept/3783/.

③　Лисоворик Я. Образовательные альянсы и мягкая сила России [EB/OL], https://ru. valdaiclub. com/a/highlights/obrazovatelnye-alyansy-i-myagkaya-sila-rossii/#1, 2019-04-10/2020-11-25.

表 1　俄罗斯高校全日制外国留学生人数变化　（单位：人）

来源地区	2008—2009	2017—2018	增幅
独联体	39268	136090	+96822
波罗的海三国	1216	1645	+429
东欧和巴尔干地区	3249	3247	−2
北欧	825	678	−147
西欧	4742	6314	+1572
亚洲	41604	64621	+23017
近东及北非	7233	22180	+14947
撒哈拉以南非洲	7047	14589	+7542
拉丁美洲	1726	5339	+3613
北美及大洋洲国家	1965	2161	+196
共计	108875	256864	+147989

资料来源：Экспорт российских образовательных услуг：Статистический сборник. Выпуск 9 / Министерство науки и высшего образования Российской Федерации. М.：Центр социологических исследований，2019，С. 9 – 51。

3.3　提升俄语的世界地位，传播俄罗斯文化，打造专属俄罗斯的人文品牌

语言的传播和使用广度是一个国家综合国力的体现。"俄语安全问题"被俄罗斯政府视为带有政治意义的"非传统安全问题"。为了确保恢复或者重塑俄语的地位，俄罗斯采取了多种手段维护、传播和推广俄语，努力确保俄语成为保障俄罗斯社会团结并且进入世界政治、经济、文化空间的战略手段。

教育领域作为推广和普及俄语的最佳场所，成为俄罗斯传播俄罗斯文化的重要阵地。目前，在俄境外的科学与文化机构学习俄语的人数不断增多。2002 年在俄罗斯科学与文化机构学习俄语的外国公民为 6518人，而 2018 年此人数增长到 17118 人。在所有学习俄语的外国公民中，来自西欧国家的公民占 21.5%，其次是东欧国家和巴尔干地区国家，占19.7%，近东和北非国家占 17.1%，亚洲国家占 16.6%。[①] 所以。俄罗斯不仅要捍卫俄语和俄罗斯文化在后苏联空间的主导地位，更要借助推广

---

① Экспорт российских образовательных услуг：Статистический сборник. Выпуск 9 // Министерство науки и высшего образования Российской Федерации. М.：Центр социологических исследований，2019，С. 521.

教育服务出口,增强俄语和俄罗斯文化在全球的号召力,以此提高俄罗斯在国际人文空间的领导力。

3.4 吸引外国优秀人才,召唤海外俄裔回归,缓解国内人口危机

对于俄罗斯来讲,日益严峻的人口问题始终是影响俄罗斯国家前途和民族命运的重大政治和经济问题。俄政府亟须依靠外来移民数量的增加解决日益严重的人口问题,但是又必须合理地控制移民的进程和规模,严禁犯罪、恐怖和极端组织的流入。因此,移民政策逐步转向吸引外国的高技能专家和在俄留学生。目前,对留学生这个潜在且优质的移民群体,俄政府正在努力采取一系列诸如简化海关和移民政策、给予特殊移民优惠等措施支持其中的优秀者自愿成为俄罗斯公民。

当然,俄罗斯政府更支持俄罗斯的海外同胞在自愿基础上迁回俄罗斯联邦。所以推广俄罗斯教育服务出口也是为了能够保护境外俄罗斯族的利益,确保其享受平等的教育权,保障海外同胞学习俄罗斯语言文化的权益,给予海外同胞公费赴俄学习的机会,以此吸引散落在海外的俄罗斯青年学者同胞回归俄罗斯,为俄罗斯的发展贡献力量。

4. 结语

"同化权力是一个国家造就一种情势,使其他国家效仿该国发展倾向并界定其利益的能力。这一权力往往来自文化和意识形态吸引、国际机制的规则和制度等资源。"①俄罗斯作为世界上的一个重要大国,加深自身文化和意识形态的吸引力,可以增强其国际话语权。教育作为文化和意识形态的有力传播媒介,具有潜移默化且深刻持久的影响。可以说,在苏联时期,国家通过计划促进高等教育的输出,正是对"软实力"政策的真正贯彻。如今,俄罗斯已经将扩大教育服务出口上升到国家战略的高度。对内俄政府提供资金支持和制度保障,打造世界一流大学,提升俄高校的品牌认知度;对外积极建构区域化教育空间,主导区域性教育联盟,大力发展教育援助。俄罗斯试图通过提高教育软实力来扩大自身在国际舞台的影响力,并在同西方国家的较量中努力维护国家形象,掌握世界人文空间的话语权和控制权。

---

① 约瑟夫·奈. 硬权力与软权力[M]. 北京:北京大学出版社, 2005,第107页。

参考文献

[1] Арефьев А Л. Российские вузы на международном рынке образовательных услуг [M]. М.: Центр социального прогнозирования, 2007.

[2] Гукаленко О В. Образобательное пространство СНГ: проблемы и перспективы развития [J]. Педагогика, 2007(2).

[3] Лебедева М М. Международно-политические процессы интеграции образования[J]. Интеграция образования, 2017(3).

[4] Ливанов Д. Число вузов в РФ сократится на 20%, число филиалов на 30% [EB/OL]. https://ria.ru/20120726/709840939.html, 2012-07-26/2020-12-20.

[5] Лисоворик Я. Образовательные альянсы и мягкая сила России [EB/OL]. https://ru.valdaiclub.com/a/highlights/obrazovatelnye-alyansy-i-myagkaya-sila-rossii/#1, 2019-04-10/2020-11-25.

[6] Нефедова А И. Модель экспорта российского высшего образования [J]. Всероссийский экономический журнал, 2017(12).

[7] Путин В В. Россия и меняющийся мир //Российская газета, 2012. 27 февраля [EB/OL]. http://www.rg.ru/2012/02/27/putin-politika.html, 2012-02-27/2020-11-09.

[8] 刘淑华. 21 世纪以来俄罗斯高等教育国际化战略:动因、举措和特征[J]. 中国高教研究, 2018(3).

[9] 约瑟夫·S.奈. 硬权力与软权力[M]. 门洪华, 译. 北京:北京大学出版社, 2005.

[作者简介]:朱香玉,北京外国语大学俄语学院博士研究生,研究方向为俄罗斯高等教育。